"十二五"职业教育国家规划教材
经全国职业教育教材审定委员会审定

物业管理实务

第 2 版

主　编　鲁　捷　于军峰
副主编　穆林林　施元忠
参　编　赵　儒　周　虹　姚　莹　刘　强
主　审　蔡菊茹

机械工业出版社
CHINA MACHINE PRESS

本书是"十二五"职业教育国家规划教材，经全国职业教育教材审定委员会审定，普通高等教育"十一五"国家级规划教材。全书从物业管理招标与投标、前期管理、承接查验、客户服务管理、入住服务管理、装修管理、房屋及设施设备管理、保洁服务、绿化管理、公共秩序管理、租赁管理、多种经营服务、档案管理、不同类型物业的管理与服务和物业管理质量管理体系等方面，较为全面、系统地介绍了物业管理中阶段性、日常性工作以及一些主要工作的作业程序和作业标准。

本书基于实际工作过程进行内容开发与设计，教材的体例结构改传统的"章节式"结构为"学习情境+单元"结构，较好地体现"工学结合"的内涵，充分展示"校企合作、'双元'育人"的理念，有利于实现"教、学、做"一体化。在内容编排上，充分考虑专业学习的整体过程，循序渐进，将物业管理实践的阶段性和日常性工作进行区分，并有所侧重。各个学习情境（除学习情境十八）先进行"单元一 知识准备"的学习，再进入各专业模块的学习；在各个单元相关位置内设置工作实践中所需的作业程序或工作规程等内容，并以独立手册的形式体现，注重日常使用的适用性；在理论与技能阐述中又适当融入具体案例和阅读资料，增强可读性，易于对知识内容的理解和掌握；并且，本书还配有与各个学习情境相对应的实训练习题，以巩固学习效果，提升职业技能。

本书可作为高等职业教育物业管理专业教材，同时也可作为物业管理行业从业人员的岗前培训用书或参考读物。

为方便读者学习，本书配有电子课件、实训练习题等教学资源，凡使用本书作为教材的老师可登录机械工业出版社教育服务网www.cmpedu.com注册下载。教师也可加入"机工社职教建筑QQ群：221010660"索取相关资料，咨询电话：010-88379934。

图书在版编目（CIP）数据

物业管理实务 / 鲁捷，于军峰主编 . —2 版 . —北京：机械工业出版社，2021.2（2024.2 重印）
"十二五"职业教育国家规划教材 经全国职业教育教材审定委员会审定
ISBN 978-7-111-67225-8

Ⅰ . ①物… Ⅱ . ①鲁… ②于… Ⅲ . ①物业管理 – 职业教育 – 教材 Ⅳ . ① F293.347

中国版本图书馆 CIP 数据核字（2020）第 272472 号

机械工业出版社（北京市百万庄大街 22 号　邮政编码 100037）
策划编辑：沈百琦　　责任编辑：沈百琦　覃密道
责任校对：张莎莎　　封面设计：马精明
责任印制：任维东
北京联兴盛业印刷股份有限公司印刷
2024 年 2 月第 2 版第 7 次印刷
184mm×260mm · 25 印张 · 630 千字
标准书号：ISBN 978-7-111-67225-8
定价：65.00 元（含样本手册）

电话服务　　　　　　网络服务
客服电话：010-88361066　　机 工 官 网：www.cmpbook.com
　　　　　010-88379833　　机 工 官 博：weibo.com/cmp1952
　　　　　010-68326294　　金　书　网：www.golden-book.com
封底无防伪标均为盗版　　机工教育服务网：www.cmpedu.com

第 2 版　前言

　　在高职教育人才培养中，教材起着非常关键的作用。从全国整体来看，高职物业管理专业虽然已走过了 10 余年的办学历程，专业建设得到了长足的发展，但仍未形成完善的物业管理科学体系，教材建设与物业管理行业实践需求仍存在较大的差距，所以，教材建设是亟待解决的重点问题。本次修订，在第 1 版的基础上力求淡化理论，突出"实务性"课程特征，以"有主有次、有所侧重"和"打牢基础，为后续课程学习服务"为编写原则，在侧重于掌握业务处理程序和处理现实工作问题能力的培养的基础上，再求突破，形成了以下特色：

　　1. 真——以就业为导向，构建"学习情境+单元"结构。本书以物业管理专项业务为主线，用企业一线的实践内容归纳学习情境；以完成专项业务所需知识与作业程序为基础，设计学习单元，形成教材科学合理的结构，强化教材的岗位情境，实现高效培养职业岗位能力的教学目标。

　　2. 做——以"理实一体化"理念，设计学习情境表现模式。借鉴企业培训思维，学习单元的安排既有"实务"属性的作业程序，也有"理论"属性的知识准备，从表现模式上搭建理实一体化的桥梁，为践行"学中做""做中学""学做一体化"的教学理念提供基础条件。学习情境中的"知识准备"部分包括专项业务基础知识、职业岗位权利与义务、相关法规政策标准等内容，为准确把握作业程序夯实"够用"的理论基础。

　　3. 统——主次分明、各有侧重，强化与其他课程衔接效度。对前设课程已学知识，如招标投标程序不再详细展开，只在"知识准备"部分作简单回顾，重点侧重在市场调研分析、方案策划；对后续课程，以"打牢基础，为后续课程学习服务"为原则，做好内容的有机衔接，如与物业环境管理、房屋维修管理等后续课程的内容衔接。

　　4. 融——融入行业企业标准、职业资格标准，实现教学目标与职业能力高效对接。依托编写团队的行业、企业专家，完善教材内容对岗位的适应性，将行业、企业标准融入教材内容中，让教材内容与职业岗位、物业管理职业证书有效衔接，为"双证书"打牢基础。

　　5. 丰——进一步加强教材的立体化建设，开发与教材配套的、适合学生网上学习的教学资源库。如电子课件、实训练习题（包含所有学习情境）、样本手册（包含企业的相关岗位职责与标准、岗位作业程序）、案例库等资源。

　　6. 思——融入育人元素，注重培养职业素养、职业精神。书中各任务有机融入育人元素，通过对实际工作岗位内容的讲述以及引入相关案例，培养细致严谨的工作作风、开放创新的思维模式、知法守法的思想品德等，强调对学生职业道德、职业素养、职业行为习惯的培养。

　　为贯彻党的二十大精神，加强教材建设，推进教育数字化，编者在动态重印过程中，对全书内容进行了全面梳理，优化了版式设计，丰富了相应的配套资源。

　　本书由沈阳师范大学管理学院鲁捷、佳木斯大学于军峰任主编；沈阳工程学院穆林林、辽宁生态工程职业学院施元忠任副主编；沈阳师范大学赵儒、华润置地（沈阳）物业服务有限公司周虹和姚莹、辽宁瑞嘉物业服务有限公司刘强参与编写。具体编写分工如下：学习情境一、二、三、四、六由鲁捷、周虹、刘强编写，学习情境八、九、十、十一由穆林林、姚莹编写，学习情境五、七、十三、十七由于军峰编写，学习情境十四、十五、十八由施元忠编写，学习情境十二、十六由赵儒编写。

在本书的编写队伍中有院校教师，也有企业专家，他们提供了丰富的企业资料，并对教材内容进行了认真的审核，提供了有益的建议。这充分体现了校企合作的办学精神，借此对他们表达深深的谢意！

　　本书由沈阳其仕物业服务有限公司总经理蔡菊茹通读审稿，并提出许多宝贵的改进意见，谨致谢忱。

　　教材编写中，我们力求做到尽善尽美，但由于能力和实践经验有限，不足之处在所难免，还望大家不吝赐教。

编　者

目　录

第 2 版前言

学习情境一　物业管理招标 1
单元一　知识准备 1
单元二　物业管理招标文件的准备 6
思考题 10

学习情境二　物业管理投标 11
单元一　知识准备 11
单元二　物业管理投标可行性分析与投标策略技巧 14
单元三　物业管理投标报价的测算 19
单元四　物业管理方案的制订 22
单元五　物业管理投标书的准备 26
单元六　物业管理定标后的工作 29
思考题 32

学习情境三　物业管理早期介入 33
单元一　知识准备 33
单元二　立项决策阶段的早期介入 37
单元三　规划设计阶段的早期介入 39
单元四　建设施工阶段的早期介入 43
单元五　销售租赁阶段的早期介入 45
单元六　竣工验收阶段的早期介入 48
思考题 50

学习情境四　物业的承接查验 51
单元一　知识准备 51
单元二　物业承接查验的内容与要求 54
单元三　物业承接查验的作业程序 58
思考题 63

学习情境五　客户服务管理 64
单元一　知识准备 64

单元二　客户接待服务 …… 68
单元三　报修接待服务 …… 70
单元四　投诉接待服务 …… 72
单元五　客户沟通 …… 74
单元六　客户满意度调查 …… 76
思考题 …… 77

学习情境六　入住服务管理 …… 78
单元一　知识准备 …… 78
单元二　业主入住前准备工作 …… 80
单元三　业主入住办理作业程序 …… 90
思考题 …… 95

学习情境七　装修管理 …… 96
单元一　知识准备 …… 96
单元二　装修管理的程序 …… 103
单元三　装修监管工作 …… 109
思考题 …… 110

学习情境八　房屋及设施设备管理 …… 111
单元一　知识准备 …… 111
单元二　房屋维修管理 …… 115
单元三　物业设施设备管理 …… 126
思考题 …… 131

学习情境九　保洁服务 …… 132
单元一　知识准备 …… 132
单元二　内业保洁服务 …… 137
单元三　外业保洁服务 …… 141
单元四　垃圾收集与清运 …… 142
思考题 …… 144

学习情境十　绿化管理 …… 145
单元一　知识准备 …… 145
单元二　室外绿地养护 …… 150

  单元三 室内绿化养护 …………………………………………………… 155
  思考题 ………………………………………………………………………… 158

学习情境十一 公共秩序管理 ………………………………………………… 159

  单元一 知识准备 ………………………………………………………… 159
  单元二 公共安全防范管理 ………………………………………………… 164
  单元三 车辆与道路管理 …………………………………………………… 169
  思考题 ………………………………………………………………………… 175

学习情境十二 消防安全管理 …………………………………………………… 176

  单元一 知识准备 ………………………………………………………… 176
  单元二 消防设备管理 ……………………………………………………… 182
  单元三 消防安全管理制度与作业程序 ………………………………… 188
  思考题 ………………………………………………………………………… 189

学习情境十三 突发事件处理预案 ……………………………………………… 190

  单元一 知识准备 ………………………………………………………… 190
  单元二 突发事件处理预案的编制 …………………………………………… 193
  单元三 常见的突发事件处理预案 …………………………………………… 200
  思考题 ………………………………………………………………………… 201

学习情境十四 物业租赁管理 …………………………………………………… 202

  单元一 知识准备 ………………………………………………………… 202
  单元二 物业租赁管理程序 ………………………………………………… 206
  思考题 ………………………………………………………………………… 211

学习情境十五 多种经营服务 …………………………………………………… 212

  单元一 知识准备 ………………………………………………………… 212
  单元二 多种经营服务项目的策划 …………………………………………… 214
  单元三 多种经营服务项目的运作 …………………………………………… 219
  思考题 ………………………………………………………………………… 222

学习情境十六 物业管理质量管理体系 ………………………………………… 223

  单元一 知识准备 ………………………………………………………… 223
  单元二 质量管理体系的建设 ……………………………………………… 227
  思考题 ………………………………………………………………………… 237

学习情境十七　物业档案管理 ………………………………………………… 238
　单元一　知识准备 …………………………………………………………… 238
　单元二　物业档案的收集与整理 …………………………………………… 243
　单元三　物业档案的保管与利用 …………………………………………… 251
　思考题 ………………………………………………………………………… 254

学习情境十八　不同类型物业的管理与服务 ………………………………… 255
　单元一　住宅小区物业的管理 ……………………………………………… 255
　单元二　写字楼物业的管理 ………………………………………………… 258
　单元三　商业物业的管理 …………………………………………………… 262
　单元四　工业物业的管理 …………………………………………………… 266
　单元五　其他物业的管理 …………………………………………………… 269
　思考题 ………………………………………………………………………… 276

参考文献 ………………………………………………………………………… 277

物业管理实务样本手册

学习情境一

物业管理招标

单元一　知识准备

学习目标
1. 了解物业管理招标的基本知识，并在实践中能够灵活运用。
2. 熟悉物业管理招标的概念、原则及招标方式，能正确地指导物业管理招标工作。
3. 掌握物业管理招标程序的进程、内容，能科学地安排招标工作计划。

〖物业管理招标的概念、方式〗

物业管理招标是指招标人，包括业主、业主委员会（代表业主大会）或开发商，在为其物业选择物业服务人时，通过向社会公开其所制定的管理服务要求和标准的招标文件，由多家物业服务企业竞投，从中选择最佳物业服务人，并与之订立物业服务合同的过程。

在物业管理实践中，物业服务企业针对某一项或多项专业管理服务项目，如公共秩序维护、保洁、绿化等，在征得业主同意的前提下，公开选聘物业专营企业的过程，也属于物业管理招标，业内称之为物业管理服务项目分包或外委。

物业管理的招标行为是通过市场化方式实现的双向选择。根据《前期物业管理招标投标管理暂行办法》的规定，招标活动中必须遵循"公开、公平、公正和诚实信用"的原则。

物业管理招标按照不同的标准，可以划分为不同的类型。按服务内容和要求划分，可分为整体物业管理招标、单项物业管理招标、委托咨询型物业管理招标和物业管理与资产经营招标；按招标方式划分，可分为公开招标和邀请招标；按物业类型划分，可分为住宅物业招标和非住宅物业招标；按招标主体划分，可分为开发商主持的前期物业管理招标、业主委员会代表业主大会的物业管理招标和物业服务企业的物业管理项目分包招标等。

物业管理招标最常见的划分方式是按招标对象的广度划分，即公开招标、邀请招标。

1. 公开招标

公开招标是指招标人以招标公告的方式邀请不特定的物业服务人参与投标。

2. 邀请招标

邀请招标是指招标人以投标邀请书的方式邀请特定的物业服务人投标。

〖物业管理招标程序〗

1. 成立招标机构

成立招标机构主要有两种方式：一种是招标人在政府物业管理行政主管部门备案后，在政府物业管理行政主管部门建立的专家库聘请物业管理专家，自行成立招标机构，组织招标；另一种是由招标人委托专门的物业管理招标代理机构进行招标。招标人可根据自己的意愿和自身的情况选择合适的方式。

2. 编制招标文件

招标文件是招标人向投标人提供的介绍招标项目基本情况、招标人要求以及投标人参与竞标所必须填写、编制的文件规范等组成的文件包。

3. 制定标底

标底是招标人为标的计算出的一个合理的基本价格，即一种预价格，它是招标人审核报价、评标和确定中标人的重要依据。因而标底是招标单位的"绝密"资料，不能向任何人员泄露。标底制定得是否正确，一是很大程度上取决于招标文件中工作量的说明是否正确，要力争将招标文件中计算出的工作量与实际工作量的误差控制在 5% 以内；二是标底的制定应建立在一个可行的物业管理方案的基础上。

4. 发布招标公告（或投标邀请书）

（1）**发布招标公告的渠道** 发布招标公告应根据物业项目类型和自身特点选择适当的渠道。常见的发布渠道有官方指定的网站媒体，房地产或物业管理专业期刊、报纸等。商业类物业项目往往同时通过几种渠道发布公告，不拘泥于某一渠道；而住宅小区物业项目一般是通过所在地政府物业管理行政主管部门或物业管理行业协会的网站发布招标公告。

投标邀请书一般是通过邮政快递或专人送达的方式送至受邀物业服务人。

（2）**发布招标公告的时间安排** 为使潜在的投标人对是否投标进行考虑、准备，招标人在发布招标公告前，一是要考虑媒体发布招标公告的时间周期；二是要考虑投标人准备投标所需时间。按照《前期物业管理招标投标管理暂行办法》的规定，公开招标的物业项目，自招标文件发出之日起至投标人提交投标文件截止之日止，最短不得少于 20 日。按照行业惯例，投标人准备投标时间不得少于 45 天。

5. 组织资格预审

若招标人预计投标人较多，可对投标人进行资格预审，剔除条件或管理能力、经验较差的投标人，重点选择 5～7 家投标人参与投标，这就是所谓的早期预审；若投标人较少，则可待投标人递送投标文件且开标之后进行资格预审，这也就是所谓的后期预审。资格预审的程序：先是发出资格预审通告（或资格预审邀请书）；再出售资格预审文件；最后进行评审。

资格预审申请书不必公开开启，由招标人组织专家进行评审。资格预审的内容重点是投标人的经验、过去完成类似项目的情况，人员及设备能力，投标人的财务状况，包括过去几年的经营收入情况和可投入本项目的启动资金等。

资格预审的评审方法，目前广泛采用的是"定项评分法"，就是对申请人提交的资料进行分类，并按一定标准采用比较简便的百分制计分，最后确定投标资格最低分数线，达到或超过最低分数线即视为合格，可以参加投标；未达到的则视为不合格，不能参加投标。

6. 召开标前会议

资格预审后，应尽快通知合格的投标人按时到指定地点购买招标文件，同时安排标前会议。标前会议的主要目的是澄清投标人提出的各类问题，通常是在招标人所在地或招标物业项目所在地召开，便于招标人组织投标人进行现场勘察。

招标人也可要求投标人在规定日期内将需要澄清的问题以书面形式寄送给招标人，以便招标人汇集研究，给予统一的书面解答。这种情况下，招标人无须组织标前会议。

7. 开标

开标，是由招标人主持，邀请所有投标人和政府物业管理行政主管部门或公证机构人员参加，在招标文件预先约定的时间和地点当众对投标文件进行开启的法定流程。

通常情况下，开标时间在招标文件中一般会安排在递交投标书的截止日。如有特殊情况需要推迟的，必须事先以书面形式通知各投标人。

开标时，所有投标人或其代表出席开标会议，由招标人面对到场所有投标人或其代表将封套的投标文件当众开封，并宣读投标报价。其一般程序为：

1）宣布评标委员会成员名单。
2）招标人代表讲话，介绍此次招标情况。
3）招标委员会负责人宣布唱票内容、评标纪律、注意事项和评标原则。
4）宣布因投标文件逾期送达而被取消资格的投标人，并将此情况记录在案，必要时由评标委员会及公证人签字。
5）公证人当场验证投标标函，主持抽签，决定唱标顺序。
6）唱标。由评标委员会负责人按交标顺序逐个启封，并检查是否合格。合格的即由投标人宣读标书。

不合格的标书包括以下几种情况：无投标企业法人代表印鉴或签字的标书；未密封或密封后未加盖投标企业公章的标书；逾期送达的标书；投标企业法人代表未按时参加开标会议，未按规定格式填写、字迹模糊难以辨认或内容不全的标书。不合格标书应当场宣布作废，由合格的投标人宣读其投标文件。

投标人在宣读标书时对于评标委员会成员的提问应及时说明，但对投标标价和承包期限等实质性内容不得改动。其他人员在投标人宣读标书时不能提出任何疑问。

7）公证人宣读公证词，表明本次开标经公证合法有效。
8）开标会议结束，编写开标会议纪要。

若开标时出现如下情况,可能使投标作废:招标人认为各投标人标价都过高或无法达到招标文件所规定的服务要求;合格投标文件过少,不能保证一定的竞争性。宣布投标作废后,招标人应组织第二次招标。

8. 评标

评标是指开标之后评标委员会按照招标文件确定的评标标准和方法,对投标文件进行评审和比较,并由评标委员会向招标人推荐中标候选人的过程。

物业管理评标常用的方法有两种:一是低价评标法,二是评分法。无论采取哪种方法,招标文件设有标底的,都应参考标底进行评定。

(1)**低价评标法** 适用于通过了严格资格预审、其他评标内容都符合要求的投标书的评定。其做法是将投标人按报价高低依次排序,取其报价接近标底而略低于标底的投标人,再结合投标文件中的具体实施方案,综合比较,择优定标。

(2)**评分法** 评标委员会按标准将事先准备的评标内容划分为若干指标,并就每一指标确定其评分标准(表1-1);然后对照评分标准,对投标书每个指标所能达到的满足程度给予评分;最后,统计投标人的得分,得出投标人的总评分及排名。评分法要求评标人员具有较好的专业判断及丰富经验。在工程实践中大多采用此法。

表 1-1 物业管理投标评分标准表

(可作为招标评标的参考,假设有 A、B、C、D 四家物业服务企业投标)

项目指标	分数	现场打分				备注
		A	B	C	D	
1. 开发建设期的协调与管理	10					
主动协调,提出建议	10					
被动接受,调整服务	6					
不予参与,独立运行	2					
不能协调	0					
2. 报价	10					
报价较优	10					
报价符合招标底价	7					
报价可以接受	4					
报价不尽合理	1					
3. 管理措施	10					
管理方法较优,各种技术力量强大,管理设备先进	10					
管理方法适合,拥有各种技术力量,配备所需管理设备	8					
管理方法一般,拥有一般技术力量,配备一些管理设备	5					
管理方法陈旧,技术力量薄弱,管理设备较少或陈旧	2					
4. 服务机构设置	10					
机构设置科学合理,管理人员、工作人员数量、素质、职称结构较优	10					
机构设置、管理人员、工作人员数量、素质、职称结构满足需要	8					
机构设置、管理人员、工作人员数量、素质、职称结构一般,大体能满足需求	5					

学习情境一　物业管理招标

（续）

项目指标	分数	现场打分 A	B	C	D	备注
机构设置、管理人员、工作人员数量、素质、职称结构混乱，不能满足要求	2					
5. 日常服务	30					
有类似经验，能超质量完成	30					
有管理经验，能完成要求	20					
有较少经验，服务与要求略有出入	10					
无管理经验，服务与要求有较大出入	5					
6. 特约服务	10					
主动为住户着想，提供高质量服务	10					
能按业主要求完成	8					
能部分完成业主要求	5					
不能完成业主要求	2					
7. 管理制度	10					
有严格的管理监督制度，并保证运行	10					
有运行制度，但缺乏严格的监督制度	5					
无严格的管理运行制度	2					
8. 现场答辩	10					
答辩人答辩内容充实，能正确迅速地回答问题，回答问题严密合理	10					
答辩内容一般，基本能正确地回答问题，回答问题基本合理	6					
答辩内容欠妥，不能正确迅速地回答问题，回答问题不尽合理	3					

9. 定标

定标也称决标，是指招标人根据评标委员会对所有投标文件的筛选评定结果最终确定中标人的过程。评标委员会完成评标后，应向招标人提供书面评标报告并推荐合格的中标候选人。

招标人根据评标委员会提出的书面评标报告和推荐的中标候选人，针对投标人情况及投标文件（包括报价）予以综合评议，确定中标人。

招标人也可以授权评标委员会直接确定中标人。

[案例1-1]　哪些标书不能通过预审

某市某住宅小区物业管理项目进行公开招标。在招标文件中，开发商明确规定了标价应按确定价格报送，而且物业服务企业应在物业承接查验期间就承接物业开展工作；在服务内容上，除普通的日常管理外，还要求能提供病人照料、老年人护理及儿童上学放学接送等特约服务。

此次招标收到的投标文件中，经审查发现有4份投标文件不尽符合要求，具体情况如下：

标书A：未按要求在部分文件上签字。

标书B：以固定价格报价，但要求调整报价。

标书C：注明接管物业日期为物业竣工验收之后的一个月内。

标书D：没有提出提供特殊服务的保证措施。

评析：

1）标书 C、D 是不能通过预审的。因为它们没有提供招标文件所要求的重要文件或没有就重要内容做出说明，并且这样的遗漏很可能导致投标人不能按业主或开发商的要求完成物业管理服务。评标人可以拒绝这两份标书。

2）标书 A、B 可以通过预审。它们并不会影响投标者中标后的物业管理工作。评标人可以要求有关投标人予以澄清补充之后参与评标。

想一想： 以上评析你是否认同？你认为哪份投标文件不能通过预审？为什么？

〖相关法规政策标准〗

1）《中华人民共和国招标投标法》。
2）《中华人民共和国招标投标法实施条例》。
3）《物业管理条例》。
4）《前期物业管理招标投标管理暂行办法》。

单元二　物业管理招标文件的准备

学习目标

1．了解物业管理招标文件、程序类文件的组成，能保证招标文件准备得全面完整。

2．熟悉物业管理招标文件的格式、内容与撰写要求，为今后编制招标文件奠定必要的写作知识基础。

3．掌握招标公告、投标人须知等主要招标文件的专业要求，能撰写招标公告、投标人须知。

〖物业管理招标文件〗

物业管理招标文件是物业管理招标人向投标人提供的指导投标工作的规范文件。

不同类型的物业项目其招标文件的内容各异，总体来讲，招标文件的内容可归纳为五要素，即招标公告（或投标邀请书）、技术规范及要求、投标人须知、合同条款（合同一般条款、合同特殊条款）、附件（附表、附图、附文等）等。具体内容包括三大部分，第一部分，投标人应了解的信息及遵循的规定，包括招标公告（投标邀请书）、投标人须知、技术规范及要求；第二部分，投标人必须按规定填报的投标书格式文件，这些格式文件将组成附件作为招标文件的一部分；第三部分，中标的物业服务企业应签订的合同条件（包括一般条件和特殊条件）及应办理的文件及格式规范。

1．招标公告（或投标邀请书）

招标公告与投标邀请书的撰写目的一致，即招标人向投标人提供必要的招标信息与物业项目信息，使潜在投标人依此进行初步分析，决定是否参加投标。其主要内容包括：招标人名称，项目名称，地点、范围、物业管理资金来源（如业主分摊或开发商预付等），招标目的（邀请资格预审还是邀请投标），项目性质、规格及管理要求，购买招标文件的时间、地点和价格，接受标书的最后日期和地点，招标人的地址、电话等联系方式。

招标公告应以简短、明了和完整为原则。招标公告的基本内容，如招标人的名称和地址，招标项目的性质、数量、实施地点和时间以及获得招标文件的办法等关键事项必须载明，而招标公告的具体内容和格式可以根据招标人的具体要求进行变通。如果需要，还应规定资格预审的标准以及提供资格预审文件的日期、份数和使用语言；必要时规定投标保证金的金额。

投标邀请书是招标人向特定投标人发出的正式投标邀请，其作用等同于招标公告，内容和格式与招标公告基本相同。

2. 技术规范及要求

技术规范及要求是详细说明招标物业的管理服务标准、具体工作量等技术要求的文件，通常是以"技术规范一览表"进行综合说明，是招标文件的重点之一。这一部分主要是说明招标物业项目的具体内容及服务所应达到的标准、要求，如对于某酒店项目，招标人要求该清洁卫生标准应达到五星级，就应在"技术规范及要求"部分写明。另外，在技术规范部分，还应出具物业说明书以及物业的设计施工图纸。说明书和图纸应在附件部分作详细说明。

3. 投标人须知

投标人须知是招标人告知投标人关于投标的要求、指导及手续的规则性文件。投标人须知是为整个招标投标过程制定的规则，是招标文件的重要组成部分。其内容主要包括投标条件、投标文件要求、招标程序说明等三部分。

投标条件是为了保证投标人的合格性，对参加投标或资格预审的投标人须递交的证明资料以及为便于统一审查而要求的格式所做的规定。为保证投标公平、公正、诚实信用，招标人要求投标人必须交纳投标保证金，此处规定了投标保证金的比例、交纳方式及保证书格式等。

投标文件要求是招标人对投标文件编写与装订格式的统一要求以及对投标文件封存和递交的规定，目的是为了便于开标和评标工作的进行。

招标程序说明是为了保证招标工作的公平、公正，所要公开的开标、评标和定标等招标环节的关键内容，注明标前会议的日期。

投标人须知的格式由六部分组成，即总则说明、招标文件说明、投标文件编写、投标文件递交、开标和评标、授予合同，具体撰写要求如下：

（1）**总则说明**　主要对招标文件的适用范围、常用名称、专业术语、投标人条件要求和投标费用进行说明。

（2）**招标文件说明**　主要是对招标文件的构成、招标文件的澄清、修改进行说明。

（3）**投标文件编写**　主要是对投标书编写的具体要求，如投标文件的组成、投标文件格式、语言文字及计量单位、投标报价、投标货币、投标有效期、投标保证金、投标文件的份数及签署等。如果采取邀请招标或议标，还应要求投标人按预定格式和要求递交投标人资格的证明文件。

投标书编写要求的说明一般有两种：一是文字说明，应归入投标人须知部分；另一种是在招标文件中列出投标文件的一定格式，要求投标人按要求填写内容。这些格式通常包括投标书格式、授权书格式、开标一览表、投标价格表、项目简要说明一览表及投标人资格证明书格式等，统一归入"附件"部分。

（4）**投标文件递交**　主要是对投标文件的密封和标记、递交投标文件的截止时间、迟交的投标文件、投标文件的修改和撤销等内容的说明。

（5）**开标和评标**　包括以下内容：

1）对开标规则的说明。

2）组建评标委员会的要求。

3）对投标文件响应性的确定，即审查投标文件是否符合招标文件的所有条款、条件和规定且没有重大偏离和保留。

4）投标文件的澄清。写明投标人在必要时有权澄清其投标文件内容。

5）对投标文件的评估和比较（说明评估和比较时所考虑的因素）。

6）评标原则及方法。

7）评标过程保密。

（6）**授予合同**

1）定标准则。说明定标的准则和依据等。

2）资格最终审查。说明招标人会对低报价的投标人进行履行合同能力的审查。

3）接受和拒绝任何投标的权力。

4）中标通知。

5）合同协议书的签署。说明合同签订的时间、地点以及合同协议书的格式。

6）履约保证金。为保证物业服务合同的履行所应提供的资金额度与形式。

4. 合同条款

合同条款分为一般性条款和特殊性条款。一般性条款通常是物业管理招标的行业性约定俗成，通常由技术条款、商务条款和法律条款组成；特殊条款是针对每个物业项目自身的特点而制定的个性化条款。特殊性条款优于一般性条款；两者不一致时，合同应以特殊性条款为准。

（1）**一般条款**　通常包括以下内容：

1）定义。解释合同中的关键名称、专业术语。

2）适用范围。写明合同的适用范围。

3）技术规格和标准。内容一般与招标文件的第二部分"技术规范及要求"的内容相一致。

4）合同期限。一般可参照委托管理的期限。

5）价格。物业费的计取，一般应与中标人的投标报价表相一致。

6）索赔。主要说明在投标人发生违约行为时，招标人有权按照索赔条款规定提出索赔。其具体内容包括索赔的方案和索赔的程序。

7）不可抗力。在发生预料不到的、人力无法抗拒事件的情况下，合同一方难以或不可能履行合同时，对由此导致的法律后果所作的规定。其条款一般包括三个部分：不可抗力的内容；遭受不可抗力事件的一方向另一方提出的报告和证明文件；遭受不可抗力事件一方的责任范围。

8）履约保证金。主要是规定中标人在签订合同后，为保证合同履行而须提交的履约保证金的比例以及提供履约保证金的形式。

9）争议的解决。主要内容是预先规定合同双方在合同履行过程中发生争议时的解决途径和方法，如在该条款中规定以协商、调解、仲裁或诉讼等作为解决争议的途径等。

10）合同终止。主要内容是说明合同的期限和合同终止的条件，如物业服务企业违约情节严重、业主破产、物业被征用等。

11）合同修改。申明对于合同的未尽事项，需进行修改、补充和完善的，甲乙双方必须就所修改的内容签订书面的合同修改书，作为合同补充协议。

12）适用法律。写明合同适用的法律。

13）语言与计量单位。语言是采用汉语还是英语等，计量单位要统一。

14）合同文件及资料的使用。写明合同文件及资料的使用范围及事宜，如对保密的规定等。

15）合同份数。

16）合同生效时间。

（2）**特殊条款** 为了适应特殊情况和特殊要求做出的特殊规定，如对执行合同过程中更改合同要求而发生偏离合同的情况作出某些特殊规定。此外，合同特殊条款还可以是对合同一般条款未包括的某些特殊情况的补充，如关于延迟接管而赔偿的具体规定以及有关税务的具体规定等。

5. 附件

附件是对招标文件主体部分文字说明的补充，包括附表、附文和附图。

（1）**附表** 附表内容包括：投标书格式、授权书格式、开标一览表、项目简要说明一览表、投标人资格的证明文件格式、投标保函格式、协议书格式、履约保证金格式（通常为银行保函）等。

（2）**附文** 物业说明书。

（3）**附图** 物业的设计和施工图样。

〖物业管理招标程序类文件〗

1. 资格预审通告

资格预审通告是由招标人撰写的有关投标人资格预审相关信息的文书。其主要内容包括招标项目简介、项目资金来源、参加预审的资格、获取资格预审文件的时间及地点、接受资格预审申请的时间及地点。按照惯例，从刊登资格预审通告的日期到申请截止日期一般不少于45天。

2. 资格预审文件

资格预审文件是提供招标人及招标项目的全部信息，以及要求投标人填写文件、表格及要求的文书。其内容应比资格预审通告更为详细，如规定申请资格预审的基本资格、条件要求等；投标人所需填写资格预审申请表和资料递交的份数、时间和地点及要求等。对于预审中必须提交的重要内容，应当在资格预审文件中予以说明或制成表格，要求投标人按要求填写。这些内容主要包括：

（1）**投标人的基本情况**　包括物业服务人名称、地址、电话和传真、资质等级、注册资本、关系企业等，以及与本合同有关的主要负责人、项目授权代表，物业服务人组织机构情况，专业人员及管理人员的人数，物业服务人历年承包合同的类型、金额及主要所在地区等。

（2）**投标人的财务状况**　包括物业服务人资产负债表、损益表等财务报表，银行过去几年的资信证明以及对未来两年财务情况的预测。

（3）**投标人的经验以及过去的表现**　包括过去几年内物业服务人完成的类似项目的基本情况，如这些项目和业主的名称、项目工作量、合同金额、服务期限、业主评价等。

3. 评标报告

评标报告是评标委员会撰写的有关评标过程、方法、结果等基本情况的报告。其主要内容应包括参加竞标的投标人总数及各自名称，因各种原因投标书被列为"废标"的投标人名称；概述评标的具体原则、方法等；评述可能中标的几份标书；分析标价的合理性、与标底价的比较结果；说明标书是否符合招标文件要求；评价投标人资信及类似经验等。

［阅读资料1-1］　某物业管理招标文件，参见本书配套资源。

思　考　题

1-1　简述物业管理招标概念，以及物业管理招标原则。

1-2　物业管理招标程序包括哪些环节？

1-3　在招标准备阶段与实施阶段应做哪些工作？

1-4　发布招标公告（或投标邀请书）应考虑哪些问题？

1-5　简述评标的方法。应如何设计物业管理投标评分标准表？

学习情境二

物业管理投标

单元一　知识准备

学习目标
1. 了解物业管理投标的基本知识，并在实践中能够灵活运用。
2. 熟悉物业管理投标程序，能合理安排投标工作进程计划。
3. 掌握物业管理投标各环节的主要内容，能突出重点地开展工作。

〖物业管理投标的概念、原则〗

　　物业管理投标是指符合招标文件要求的投标人根据招标文件确定的各项管理服务要求与标准以及国家有关法律、法规与本企业的实力，编制投标文件，参与投标的活动。

　　物业管理投标应遵守真实性原则与正当竞争原则。所谓真实性，即投标文件内容要真实，不能弄虚作假。所谓正当竞争，一是参加投标的投标人要反对其他参与竞投的投标人进行不正当竞争行为，倡导投标人遵守商业道德；二是参加竞投的投标人要约束自己、守法竞争。

〖物业管理投标程序〗

1. 收集招标物业项目相关资料

　　招标物业项目的相关资料是投标人进行投标可行性研究必不可少的重要信息，因此，在投标初期乃至日常工作中，应多渠道全方位收集招标物业项目的全面资料，既包括招标人和招标物业项目的具体情况，又包括投标竞争对手的情况。收集资料的渠道来源主要是市场调查、期刊、网络信息和行业内交流等。

2. 进行投标可行性分析

　　投标可行性分析的内容，一是招标物业项目条件分析，即物业性质、招标背景、特殊服务要求、开发商状况等;二是投标人自身投标条件分析,即以往类似的物业管理经验、人力资源优势、技术优势、财务管理优势、劣势分析等;三是竞争者分析,即潜在竞争者、同类组织的规模及其现有接管物业的数量与质量、当地竞争者的地域优势、经营方式差异等;四是风险分析,即通货膨胀风险、经营风险、自然条件和其他风险等。

3. 购买并阅读招标文件

按照招标公告或投标邀请书说明的时间、地点购买招标文件。取得招标文件后应认真阅读,要对招标文件中的各项规定,如开标时间、定标时间、投标保证书等,尤其是图样、设计说明书和管理服务标准、要求和范围予以足够重视,仔细研究。另外,招标文件可能会因篇幅较长而出现前后文不一致、某些内容表述不清的情况。因此,投标人必须认真仔细地阅读招标文件,并尽可能找出疑点,再按其不同性质与重要性,将其划分为"招标前由招标人明确答复"和"计入索赔项目"两类。

4. 考察项目现场

招标人按照招标程序,会组织投标人统一考察现场,并向投标人介绍物业项目基本情况,帮助投标人充分了解物业项目情况。在考察过程中,投标人必须就以下几方面进行深入了解:

1)在项目竣工前期进行考察时,应现场查看工程土建构造,内外安装的合理性,尤其是消防安全设备、自动化设备、安全监控设备、电力交通通信设备等,必要时做好日后养护、维护要点记录,图样更改要点记录。

2)在项目竣工后期进行考察时,应按以下要素考察项目:工程项目施工是否符合合同规定与设计图样要求;技术经检验是否达到国家规定的质量标准,能否满足使用要求;竣工工程是否达到窗明、地净、水通、电亮及采暖通风设备是否运转正常;设备调试、试运转是否达到设计要求;是否确保外在质量无重大问题;周围共用设施分布情况等。

3)业主主要情况,包括收入层次、主要服务要求与所需特殊服务等,投标人可自行安排人员与时间进行调查。

4)当地的气候、地质、地理条件等与接管后的服务密切相关的条件,如北方地区,冬季需要采暖,应注意供暖单位与相应的供暖设备的维修管理。

5. 参加标前会议

标前会议的目的是澄清投标人提出的各类问题。投标人应在规定日期内将阅读招标文件中的疑点问题用书面形式向招标人提出质询,招标人在标前会议上予以答复。应特别注意的是招标人提供的标前会议记录和各种问题的统一解释或答复,应视为招标文件的组成部分。当标前会议形成的书面文件与原招标文件不一致时,应以标前会议文件为准。投标人不得以未参加标前会议为由对招标文件提出异议或要求修改投标文件与报价。

6. 制定管理服务方法及工作量

通常投标人可根据招标文件中的物业情况和管理服务范围、要求,详细列出完成所要求的管理服务任务的内容、方法及工作量,为制定相应的管理方案打下基础。制定方案应考虑将招标物业项目参数列出,全方位考虑,越细越好,如人员、设备、设施的数量等;分析项目的难点，确定重点，有针对性地拿出管理思路；合理配置人力，如人员配备要精简，一专多能；确定分阶段达到的目标；服务项目达到的满意率；成本测算；经济效益分析；社会效益分析；需要招标人提供的帮助、条件，如物业管理用房、停车场等，应列专章提出；整体工作安排。

7. 制定资金计划

资金计划应当在确定了管理服务内容及测算工作量的基础上制定。制定资金计划的目的，一是复核投标可行性研究结果；二是做好答辩准备。资金计划应以资金流量为依据进行测算，资金流入应当大于流出，这样的资金计划安排对评标委员会才具有说服力。

8. 标价试算

以上工作完成后，投标者便可进行标价试算。试算前，投标人应确保明确领会了招标文件中的各项服务要求、经济条件；计算或复核服务工作量；掌握了物业项目现场基础信息；掌握了标价计算所需的各种单价、费率、费用；拥有分析所需的、适合当地条件的经验数据。

9. 标价评估与调整

由于标价试算所用的基础数据可能部分是预测性的，部分为经验性的，不够精确可靠，估价人员应当对预测和经验数据的适用基础进行审查，必要时予以调整；风险等不可预见费用是主观设定的，应在计算结束后予以复核，综合各渠道所得信息分析做出报价决策；可能由于估价人员的原因，致使估价偏高或偏低，对此要参考几个估价人员的估价结果，取平均值做出最终报价。因而，对于试算结果，投标人必须经过进一步评估、调整，才能最后确定标价。

10. 办理投标保函

投标人一旦中标就必须履行相应的义务，为防止投标人违约给招标人带来经济损失，在报送投标书时，招标人通常要求投标人出具一定金额和期限的保证文件，以确保在投标人中标后不能履约时，招标人可通过出具保函的银行，用保证金额的全部或部分赔偿经济损失。投标保函通常由投标人开户银行或其主管部门出具。投标保函的期限、索赔及返还条件通常在投标人须知中规定。

投标人的保证金将作为投标文件的组成部分之一。投标人应于投标截止之日前将保证金交至招标机构指定处。投标保证金可以以银行支票或现金形式提交，保证金额依据招标文件的规定确定。未按规定提交投标保证金的投标，将被视为无效投标。

11. 封送标书、保函

投标文件全部编制好后，投标人可派专人或通过邮寄将投标文件递送给招标人。

封送标书的一般做法是：投标人应将所有投标文件按照招标文件的要求，准备正本和副本（通常正本1份、副本2份）。标书的正本及每一份副本应分别包装，而且都必须用内外两层封套分别包装与密封，密封后打上"正本"或"副本"的印记（如正本和副本有差异，以正本为准），两层封套上均应按投标邀请书的规定写明投递地址及收件人，并注明投标文件的编号、物业项目名称、"在某日某时（指开封日期）之前不要启封"等。内层封套是用于原封退还投标文件的，要写明投标人的地址和名称；若是外层信封上未按上述规定密封及做标记，则招标人对于把投标文件放错地方或过早启封概不负责。

所有投标文件都必须按招标文件中的规定,在投标截止时间之前送至招标人。

〖相关法规政策标准〗

1)《中华人民共和国招标投标法》。
2)《中华人民共和国招标投标法实施条例》。
3)《物业管理条例》。
4)《前期物业管理招标投标管理暂行办法》。
5)《物业服务收费管理办法》。
6)《物业服务定价成本监审办法(试行)》。

[阅读资料2-1] 南京龙江小区物业管理招标投标活动效果分析,参见本书配套资源。

单元二 物业管理投标可行性分析与投标策略技巧

学习目标

1. 了解并熟悉物业管理投标可行性分析的内容,能有针对性收集信息。
2. 熟悉投标的策略、技巧的内容,能确定合理的投标策略与技巧。
3. 掌握物业管理投标可行性分析的基本思路与方法,能进行物业管理投标可行性的基本分析。

〖物业管理投标可行性分析〗

1. 招标物业项目条件分析

(1)**物业性质** 了解、区分招标物业项目的性质非常重要,因为不同性质的物业项目所要求的服务内容不同,所需技术力量不同,这对投标人的要求有明显差异,与此相适应,投标人采取的措施、制定的方案也自然不同。如同是住宅物业,其目的都是要为居民提供一个安全、舒适、和谐、优美的生活空间,但小区的物业管理就要求能增强住宅功能,搞好小区设施配套,营造出优美的生活环境;而服务型公寓则更注重一对一的特色服务,它既要为住户提供酒店式服务,又要营造出温馨的家庭气氛,其服务内容也就更加具体化、个性化,除了日常清洁、安全、绿化服务外,还应提供各种商务、医疗服务等。写字楼管理重点则应放在"安全、舒适、快捷"上,其管理内容应侧重于加强闭路监控系统以确保人身安全,增设保安及防盗系统以保证财产安全,开辟商场、酒店、娱乐设施及生活服务设施以方便用户生活,完善通信系统建设以加强用户与外部的联系。

(2)**物业项目招标背景** 有时招标文件会因招标人的利益趋向而呈现出某种明显偏向,这对于其他投标人而言是极为不利的。因此在阅读标书时,投标人应特别注意招标公告中的一些特殊要求,做出优劣势判断。如招标文件上写明必须提供某项服务,而本地又仅有一家物业专营企业可提供该项服务,则投标人应注意招标人与该物业专营企业是否关系密切以及其他投标人与该物业专营企业是否有合作关系等。

（3）**特殊服务要求** 有些物业项目可能会因其特殊的地理环境、特殊的服务对象及某些特殊功用等，需要一些特殊服务。这些特殊服务很可能成为某些投标人的竞投优势，因此，必须认真对待，考虑其支出费用、自身的技术力量以及可寻找的分包伙伴，从而形成优化的投标方案；反之，则应放弃竞标。

（4）**开发商状况** 物业的质量取决于开发商的设计、施工质量。因此，投标人通过对开发商的技术力量、信誉度、已建物业质量的调查以及该开发商与物业服务人合作的情况，分析判断开发商的可靠性，并尽量选择信誉较好、易于协调的开发商。

2. 投标人自身投标条件分析

（1）**以往类似的物业管理经验** 已接管物业项目往往可使投标人具有优于其他投标人的管理方法或合作经验，这在竞标中极易引起招标人的注意。从成本角度考虑，以往类似的管理经验可以在管理人员、设备或固定的业务联系方面节约许多开支。因此，投标人应针对招标物业项目的情况，分析自身以往类似经验，确定竞争优势。

（2）**人力资源优势** 指投标人是否有人才储备，在已接管物业项目中是否具有经验丰富的管理人员或是否进行了人员培训。

（3）**技术优势** 指能否利用高新技术提供高品质服务或特殊服务，是否拥有如工程师、园艺师、护士等专业技术人员。

（4）**财务管理优势** 指投标人在财务分析方面是否有完善的核算制度和先进的分析方法，是否拥有优秀的财务管理人才资源，是否能多渠道筹集资金，并合理开支。

（5）**劣势分析** 这主要体现在与竞争者的优势比较上。

3. 竞争者分析

（1）**潜在竞争者** 指可能参与竞投的投标人有哪些，他们的经营状况、财务状况、人才结构、技术力量、社会信誉等，这些对竞投结果都会产生影响。

（2）**同类投标人的规模及其现有接管物业的数量与质量** 一般大规模的投标人就意味着成熟的经验、先进的技术和优秀的品质，这在很大程度上将影响招标人的选择判断。其他投标人正在接管的物业项目数量、所提供服务的质量则更为真实地印证其实力大小。

（3）**当地投标人的地域优势** 当地的投标人可以利用其熟悉当地文化、风俗的优势提供令业主满意的服务。与异地投标人相比较，他们可能具有公共关系的特殊优势，一可减少进入障碍；二可利用以往业务形成业务网络，具有成本优势。

（4）**经营方式差异** 实体经营与分包经营具有不同的优劣势，也将导致报价出现相应差异，投标人可针对招标物业项目所在地、项目类型、服务要求等具体情况权宜从事。

4. 风险分析

（1）**通货膨胀风险** 主要是指由于通货膨胀引起的设备、人工等价格上升，导致其中标后实际运行成本费用大大超过预算，甚至出现亏损。

（2）**经营风险** 指投标人由于自身管理不善或缺乏对当地文化的了解，不能提供高质量服务，导致亏损或遭业主辞退。

（3）自然条件 如水灾、地震等自然灾害发生而又不能构成合同规定的"不可抗力"条款时，投标人将承担的部分损失。

（4）其他风险 如分包公司不能履行合同规定义务，而使投标人遭受经济损失甚至影响信誉。

此外，当投标人从事国际投标时，还可能面临政治风险。这些因素都可能导致投标人即使竞标成功也会发生亏损。投标人必须在决定投标之前认真考虑这些风险因素，并从自身条件出发，制订出最佳方案规避风险，将其发生的概率或造成的损失减少到最小。

〖物业管理投标可行性分析方法〗

SWOT分析法又称态势分析法，从某种意义上来说隶属于企业内部分析方法，是物业管理投标可行性分析的方法之一。SWOT分析法是将投标人内外环境所形成的优势（Strengths）、劣势（Weaknesses）、机会（Opportunities）和威胁（Threats）四个方面的情况，结合起来进行分析，以确定物业管理投标是否可行。

1）优势（S）是指在竞争中相对优越的方面，是投标人的内部因素，具体包括有利的竞争态势、充足的资金来源、良好的企业形象、较强的技术力量及规模经济、产品质量好、市场份额大、成本优势和公关优势等。

2）劣势（W）是指在竞争中相对薄弱的方面，也是投标人的内部因素，具体包括设备老化、管理混乱、缺少关键技术、研究开发落后、资金短缺、经营不善、产品积压和竞争力差等。

3）机会（O）是指竞争中相对有利的方面，是投标人的外部因素，具体包括新技术、新市场、新需求、解除市场壁垒和竞争对手失误等。

4）威胁（T）是指竞争中相对不利的方面，也是投标人的外部因素，具体包括新的竞争对手、替代产品增多、市场紧缩、行业政策变化、经济衰退、客户偏好改变和突发事件等。

上述四个方面可以分为外部环境和内部条件。

其中，外部环境包括潜在外部威胁（T）和潜在外部机会（O）。潜在外部威胁（T），如市场增长较慢、竞争压力较大、不利的政府政策、新的竞争、客户讨价还价、用户需要与爱好逐步转变、通货膨胀递增及其他等。潜在外部机会（O），如纵向一体化市场增长迅速、可以增加互补产品、能争取到新的客户群、有进入新细分市场或市场面的可能、有同种行业竞争业绩、优良拓展产品线满足客户需求及其他等。

内部条件包括潜在内部优势（S）和潜在内部劣势（W）。潜在内部优势（S），如技术成本优势、竞争优势、具有规模经济良好的财务资源、高素质的管理人员、公认的行业领先者、客户的良好印象、适应力强的经营战略及其他等。潜在内部劣势（W），如队伍老化、战略方向不同、竞争地位恶化、产品线范围太窄、不善战略实施的历史记录、不佳资金拮据、相对竞争对手的高成本及其他等。

通过运用各种调查研究方法，获取上述信息，分析出投标人所处外部环境因素和内部条件因素，将调查得出的各种因素根据轻重缓急或影响程度等排序，构造SWOT矩阵。在这个过程中，要将那些对投标人发展有直接的、重要的、大量的、迫切的、久远的影响因素优先排列出来，而将那些间接的、次要的、少许的、不急的、短暂的影响因素排在后面。然后按以下步骤进行分析：

1）确认企业外部环境的变化。

2）根据企业资源组合情况，确认企业的关键能力和关键限制。

3）按照通用矩阵或类似的方式打分评价，把识别出的所有优势分成两组。分组时要以两个原则为基础，即它们是与竞投中的潜在机会有关，还是与潜在威胁有关。用同样的办法把所有的劣势分成两组。

4）将结果在 SWOT 分析图上定位或者用 SWOT 分析表，将以上分析的优势和劣势按机会和威胁分别填入表格。

最后，通过信息比较以及关联性分析，得出结论。

〖 物业管理投标策略技巧 〗

1. 投标策略

（1）**攻势策略**　投标人在物业管理行业占据较大市场份额，其资金与技术都较强大，对招标物业项目与业主的档次已有足够了解，并在以往的管理中积累了大量的类似经验，不仅能满足招标人的服务要求，而且可以提供更为全面的特殊服务，就是说其竞争优势甚为突出。在这样的形势下，投标人可以以行业强者身份参与竞争，并在标价的计算中确定一个高于平均水平的加价幅度，在谈判中则尽可能利用其雄厚实力争取有利于自己的条件。

（2）**守势策略**　投标人在物业管理行业有一定经验或具有某些特殊优势，但在众多竞争者中优势并不突出，此时投标人应尽可能与其他投标人接触，获取更多信息，找出其他投标人的弱点，伺机而动或联合投标，以获取胜利。

（3）**低成本策略**　这一策略可以是纯报价策略，也可以结合其他策略进行。采用这种策略的投标人既可是实力雄厚的大企业为实现其扩大市场份额的目标，也可是小企业进入市场的先行步骤。但投标人应注意的是：报价确定不应过低（甚至低于其成本），更不能为了压低成本而降低服务质量。因为在物业管理这样的服务行业中，服务质量是首要的决定性因素，以降低服务质量为代价争取中标，只能是得不偿失。

（4）**差异策略**　由于不同物业性质的差异，其要求的服务内容重点亦不同，各投标人在不同类型的物业管理上各具优势。投标人则可利用这些差异，扬长避短，争取在自己熟悉擅长的领域中获得成功。这一策略的成功应用，应当建立在投标人对市场和竞争对手正确和充分了解的基础之上。

（5）**集中实力、重点突破策略**　在众多的招标物业项目中，投标人不可能面面俱到，每个都参加，因为投标既花费精力时间，又花费金钱。因此，投标人应当寻找那些符合自身经营目标的物业项目进行投标，这样既可以从投标中获取利润，又能积累从业经验。

（6）**客观分析、趋利避害策略**　投标人投标前必须对所投物业项目进行仔细且客观的分析，考虑自身是否能够满足招标文件提出的方案、计划及技术要求，及早要求招标人澄清不够明确或可能差错的地方。如果预计风险大于可能获得的利润，投标人就应当放弃投标。

（7）**精益求精、合理估算策略**　标价估算失误的类型有两种，一是估算过高，一是估算过低。估算过低导致报价过低，结果可能导致利润减少，甚至无利可图。事实上，估算要达到高度精确既不现实也不可能，投标人所应做的就是尽可能按严密的管理组织计划计算标价，做到不漏项、不出错。

（8）**适当加价、灵活报价策略**　投标报价是技术性、技巧性极强的工作，在投标的过程中，需要不断调整策略，使报价更接近标底，同时补充一些投标人有能力承担的优惠条件作为报价的附加。

2. 现场答辩技巧

（1）**熟悉情况**　应选择经验丰富、性格沉稳、对物业项目情况熟悉的答辩人，在开标前应对答辩人员进行模拟演练，正确把握招标文件的要点、投标文件的重点内容、对物业项目的熟悉程度等，对重点问题、难点问题、普遍性的问题——准备答辩要点。

（2）**保持良好状态**　开标前，答辩人员应该保持良好的精神状态，在现场答辩时要果断、明确，避免匆忙回答或含糊其辞。

（3）**控制时间**　在正式开标时，要求在规定的时间内完整地将标书主要内容、特点做概要性介绍。答辩人员应当围绕招标人和评委普遍关注的问题集中阐述，突出重点，讲透难点，特色鲜明，从而体现投标人的信心和实力，感染并打动招标人和评委。

（4）**巧用媒介**　投标人应尽可能采用先进的宣传工具（VCD、多媒体、投影等），有效地利用视觉材料把标书的特色和管理的特别做法、精华之处全面展现出来。在答辩过程中答辩人员运用视觉材料能够提高招标人和评委的兴趣和记忆效果，并能帮助招标人和评委形成对答辩人员的个人特点和可信度的看法，留下正面的深刻印象。另外，在答辩中运用视觉材料能大大减少答辩人员的紧张感，提高自信心。

（5）**把握心理**　把握评委的心理等于平添胜算。由于时间限制，评委不可能对标的和标书非常了解，因而在向答辩人员提问时，评委一般都是问自己特长的问题，作为答辩人员一定要以谦虚的姿态认真回答，不要争辩。同时，评委在听取答辩时，更看重听取投标人有哪些独特的做法和具体措施，作为答辩人员应准备充分，必须清楚哪些术语和缩略用语是评委已耳熟能详的，哪些是他们可能还没听说过的。

（6）**体态制胜**　答辩人员的着装应舒适而且适合答辩会的场合，并充分考虑到与会者可能的穿着。站立笔直，两脚有力，双肩稍向后，这种姿势能够表现自信和自尊的气质。答辩过程其实就是沟通交流的过程，答辩人员必须充满热情，让听众很快接受你的观点，学会适时地表现幽默是答辩过程中的重要技巧。答辩人员要发音清晰，不要出现语言含混不清或者把句子的末尾词语"吞掉"的情况；足够大的音量，让在场的人都能听到你的讲话。

（7）**巧妙站位**　答辩人员的最佳位置是站在视觉材料（屏幕）的右边，这样，听众的视线在转移到视觉材料之前会集中在发言者身上。如果你在发言的过程中需要走动，记住要站在不会挡住屏幕的位置上。

答辩人员与招标人和评委要保持目光接触，这一点非常重要。在答辩过程中，即使他（她）已讲完话，你的眼神也不要移开。如果必须移开，也要做得慢一点，让对方感觉到你对他的注意。手势和举止要自然，可用手势来强调重点内容。

（8）**巧用数据**　答辩常遇的问题有项目的基本情况和相关数据、财务预算的合理性和合法性、目标和承诺的实现方式、管理工作的流程和人力资源问题等，回答时最好引用数据，引用法规政策，引用以往成功经历和方法，自信果断和技巧相结合。

3. 签约谈判技巧

在签约谈判时要准确把握对方的真实意图，准确判断对方履行合同的诚意和能力，对进驻物业项目和实施常规物业管理必备的条件应明确约定。

慎重考虑物业管理目标、前期投入费用及奖罚条件等方面的任何承诺。如对物业管理区域刑事案件、业主与物业人身和财产安全损失等的承诺必须依法依规明确责任。

预测承接物业项目后可能出现的各种风险，将其列入相应的合同条款中加以规避。

［阅读资料2-2］ 万科物业投标技巧，参见本书配套资源。

单元三　物业管理投标报价的测算

学习目标
1. 了解并熟悉物业管理投标报价测算的内容，能正确地收集相关信息。
2. 掌握物业管理投标报价测算的基本思路与方法，能进行简单的报价测算。

〖物业管理投标报价测算的内容〗

投标报价取决于管理费用的正确测算以及确定合理的利润率。管理费用包括：开办费用、物业费、年度能源费与年度管理支出费用。

开办费用（主要适用于前期物业管理阶段）包括办公设备购置费、工程设备购置费、清洁设备购置费、通信设备购置费、安保设备购置费、商务设备购置费、绿化设备购置费等；年度能源费包括水费、电费、锅炉燃油费等；年度管理支出费用包括人员费用、办公及业务费用、共用事业费用、维修消耗费等。确定合理的利润率，目前国内的通行做法，利润率是实际发生的管理费用的 5%～15%。

以下着重介绍物业费及测算方法。

根据《物业服务收费管理办法》规定，物业费主要包括：管理服务人员的工资、社会保险和按规定提取的福利费等，物业共用部位、共用设施设备的日常运行、维护费用，物业管理区域清洁卫生费用，物业管理区域绿化养护费用，物业管理区域秩序维护费用，办公费用，物业管理企业固定资产折旧费，物业共用部位、共用设施设备及公众责任保险费用，经业主同意的其他费用及法定税收等。各项具体费用的测算方法如下：

1. 管理服务人员的工资、社会保险和按规定提取的福利费用的测算

工资及福利费用主要由物业服务企业人员的基本工资以及按规定提取的职工福利费、加班费、服装费（不含奖金）等构成。

（1）**基本工资（元/月）** 基本工资标准应根据当地工资水平以及企业性质、效益、工作岗位等因素确定。

（2）**福利费（元/月）** 福利费包括：福利基金，按职工工资总额的14%计算；工会经费，按职工工资总额的2%计算；教育经费，按职工工资总额的1.5%计算。

社会保险费包括：医疗保险、工伤保险、养老保险、待（失）业保险、住房公积金等。其

中待（失）业保险按工资总额的1%计算，其他各项按地方规定由物业服务企业自行确定。

（3）加班费（元/月）　通常按人均月加班2天，乘以日平均工资（月平均工资除以22天），每月按22个工作日计算。

（4）服装费（元/月）　按每人每年2套测算，将年服装费总额除以12个月，测算出每月服装费。

根据以上测算，求出每月每平方米建筑面积的工资及福利费。

每平方米建筑面积工资及福利费=（工资+福利费+加班费+服装费）÷总建筑面积

2. 物业共用部位、共用设施设备的日常运行、维护费用的测算

公共设施、设备的日常运行、维修及保养是指住宅小区的公共部位如过道、门厅、楼梯及区间道路等土建零星维修费，室外上下水管道、电气、燃气部分的日常运行维修和保养费，楼宇公共照明费等。该项费用的测算，既可以根据以往从事物业管理的经验确定，也可以按以下方法测算。

普通多层住宅公共设施、设备的建造成本按房屋建筑成本的15%提取，其折旧费按25年计算，公共设施、设备的维修保养费按月折旧费的40%提取。测算步骤为：

（1）测算公共设施、设备的建造成本　公共设施、设备的建造成本=房屋每平方米建筑成本×15%。

（2）测算公共设施、设备的月折旧费　月折旧费=建造成本÷25÷12。

（3）测算公共设施、设备的维修保养费　维修保养费=月折旧费×40%。

除了以上方法外，一般公共设施维护费还可以分别列项进行计算，然后加总求和。一般公共设施维护费的构成如下：

1）公共照明系统费用=电费+维修费，其中：电费=照明电器的总功率×每日开启时间×30×电费单价；维修费通常根据以往经验估算得出。

2）给水排水费用=电费+维修费，其中：电费=给水排水设备用电总功率×每日开启时间×30×电费单价；维修费通常根据以往经验估算得出。

3）供配电、发电系统设备维修费。

4）消防系统维修费。

5）公共建筑道路维修费。

将上述5项费用加总求和，再除以所管物业总面积，即为每平方米公共设施维护费用。

（4）测算电梯费用　电梯费用包括电梯能耗费用（含电梯系统电费和电梯通风、照明、降温电费）、电梯保养费和电梯年检费用。电梯费用是否计入物业费或是单独收取，按所在地规定执行。

电梯能耗电费=（电梯功率×总台数×每天运行时间×30天×电费/kW·h）÷12个月

电梯通风、照明、降温电费=（电梯通风、照明、降温等设备数量×功率×总台数×每天运行时间×30天×电费（kW·h）÷12个月

电梯保养费=电梯保养费单价×电梯台数÷12个月

电梯每月年检费=电梯年检费×电梯台数÷12个月

3. 物业管理区域清洁卫生费用的测算

物业管理区域清洁卫生费用包括：清洁工具购置费、劳保用品费、卫生防疫消杀费、化粪池清理费、垃圾外运费等。各项费用的测算根据以往的经验或参照同行业的测算标准确定。

每月每平方米建筑面积分摊的清洁卫生费＝（年清洁工具购置费＋年劳保用品费＋年卫生防疫消杀费＋年化粪池清理费＋年垃圾外运费＋年其他费）÷（12×总建筑面积）。

4. 物业管理区域绿化养护费用的测算

物业管理区域绿化养护费用包括：绿化工具费、劳保用品费、绿化用水费、农药化肥费、杂草清运费、景观再造费及其他费。可按实际面积算出每项费用的年总支出，再分摊到每月每平方米建筑面积中。

每月每平方米建筑面积分摊的绿化费＝（年绿化工具费＋年劳保用品费＋年绿化用水费＋年农药化肥费＋年杂草清运费＋年景观再造费＋年其他费）÷（12×总建筑面积）

5. 物业管理区域秩序维护费用的测算

物业管理区域秩序维护费是指封闭小区公共秩序的维护费，它包括装备费、秩序维护人员人身保险费、秩序维护用房及人员住房租金等。各项费用根据以往的经验或参照同行业的测算标准确定。

每月每平方米建筑面积分摊的秩序维护费＝（年装备费＋年人身保险费＋年秩序维护用房及人员住房租金）÷（12×总建筑面积）

6. 办公费用的测算

办公费主要包括交通费（车辆的耗油、维修保养、保险养路费用）、通信费（含电话、电传、手机等）、低值易耗品费（含纸张、笔墨、打印费等）、书报费、广告宣传费、社区文化活动费、办公水电费、节日装点费、审计费等。各项费用根据以往的经验或参照同行的测算标准综合测算得出。

每月每平方米建筑面积分摊的办公费＝各项办公费用之和÷（12×总建筑面积）

7. 物业管理企业固定资产折旧费的测算

物业管理企业固定资产折旧费是指物业项目管理处所拥有与物业管理直接相关，使用年限在一年以上的资产所提取的折旧费，其计算公式为：

固定资产月折旧额＝固定资产原值÷（12×预计使用年限）

每月每平方米建筑面积分摊的折旧费＝固定资产月折旧额÷总建筑面积

8. 物业共用部位、共用设施设备及公众责任保险费用的测算

物业共用部位、共用设施设备及公众责任保险费用是指购买物业共用部位共用设施设备及公众责任保险所支付的保险费用，以所在地保险公司收取的保险费标准为准。

9. 经业主同意的其他费用的测算

经业主同意的其他费用是指经业主或业主大会同意由物业费开支的费用。

10. 法定税收

物业服务公司应缴纳的各项税费。

［阅读资料2-3］ 物业管理投标报价的测算，参见本书配套资源。

单元四　物业管理方案的制订

学习目标

1. 了解物业管理方案的内容与要求，能抓住制订物业管理方案的工作重点。
2. 熟悉物业管理方案制订的要点、方法与程序，具备制订物业管理方案的清晰思路。
3. 掌握物业管理方案的结构与内容，能撰写物业管理方案。

〖物业管理方案的内容与要求〗

1. 物业管理方案的基本内容

物业管理方案的基本内容主要包括招标物业项目的整体设想与构思、管理方式与运作程序、组织架构与人员配置、管理制度的制订、档案的建立与管理、早期介入及前期物业管理服务内容、常规物业管理服务综述、费用测算与成本控制、管理指标与管理措施、物资装备与工作计划等。

上述各项内容按其在物业管理投标活动中所起的作用可分为以下几个方面：

（1）**关键性内容**

1）物业项目管理的整体设想与构思，包括项目总体模式与物业管理服务工作重点的确定。
2）物业项目管理处组织架构与人员配置。
3）管理费用测算与成本控制。
4）管理方式、运作程序及管理措施。

（2）**实质性内容**

1）公众和内部管理制度的制订。
2）档案的建立与管理。
3）人员培训及管理。
4）早期介入及前期物业管理服务内容。
5）常规物业管理服务综述。
6）管理指标。
7）物资装备。
8）工作计划。

以上内容一般是对招标文件中物业管理服务需求的具体响应，也是具体实施物业管理各项服务的实质性方案。在制订方案时要结合物业项目的实际情况，在满足招标文件的规定和招标人需求的基础上，综合反映企业的管理服务水平和管理特色，并注意不能缺失或遗漏，包括细节或单个业务项目的阐述。

2. 制订物业管理方案的基本要求

1）物业管理方案的内容、格式、投标报价必须响应并符合招标文件（包括答疑文件）中对物业管理服务需求的规定，不能有缺项或漏项。

2）方案的各项具体实施内容必须是根据物业项目的基本情况和特点制订，整体方案必须是在调研、评估的基础上制订，方案的内容必须符合国家法律法规及地方政策的规定。

3）方案中对招标文件要求作出的实质性响应内容必须是投标人能够履行的，包括各项服务承诺、工作目标、计划、具体项目的实施方案等。

4）制订物业费标准必须合理，具体实施内容应该在满足招标人需求的基础上制订设计科学、运行经济的方案。

〖 制订物业管理方案的要点、方法与程序 〗

1. 制订物业管理方案的要点

物业类型不同，其物业管理方案会有很大的区别，但基本上都必须遵循以下的要点：

1）根据物业项目性质、特点等因素确定物业管理方法。

2）制订服务标准与管理方法后，提出服务承诺和具体指标，列出具体落实措施。

3）根据开发计划、施工进度及楼盘销售情况，制订楼盘早期介入计划、承接计划。

4）根据服务标准、管理方法及公司支持情况，确定组织架构、人员配备，编制适合本物业项目的岗位责任制、运作方法等。

5）针对物业项目规划设计、周边情况、规划配套、环境及业主构成等，制订有针对性的日常管理措施。

6）根据物业项目前期的承接计划，编制开办费用预算。

7）按日常管理项目、设备设施、服务项目和管理标准计算管理费用收支预算，确定物业服务费的收费标准。

8）对物业项目出入、交通、配套设施设备提出合理化建议。

9）对重点管理内容要展开叙述，如停车场、财务管理、秩序维护等。

10）提出各种有特色的管理设想和提升管理服务水平的设想。

2. 制订物业管理方案的方法

（1）做好招标物业项目的整体设想与构思　物业管理方案编制前，需做好以下准备工作：

1）收集物业项目资料。如开发商情况、地理位置、物业项目规模、开发计划、施工计划及目前进度规划配套、设施设备、物业管理用房等，市场定位、销售价格、售楼承诺、楼盘销售情况、业主构成等，周边环境、治安状况、交通状况等。

2）掌握招标人对管理服务质量标准的要求。

3）掌握业主的职业、经济收入、年龄、文化素质构成及对管理服务的需求和要求。

4）掌握该地区同等档次物业项目物业管理服务水平及收费水平。

5）掌握本公司对该物业项目承接策略、目标及可支配资源。

6）准备现有的管理方案作为参考。

（2）确定管理方式与运作程序　　管理方式与运作程序一般由组织架构的设置、运作程序与支持系统设计和管理机制的确定等内容组成。

1）组织架构的设置。组织架构的设置需要综合考虑物业项目的规模和服务内容，在确保最大限度满足业主服务需求的前提下，设计高效运作的组织架构。

2）运作程序与支持系统的设计。运作程序包括物业项目整体运作流程、内部运作流程与客户服务及需求信息反馈流程，一般采用流程图的方法进行展示。流程设计要遵循全面、高效、合理的原则，准确、真实地反映组织架构的功能和运作方式。

支持系统一般也设计为表格或流程图的形式，综合反映投标人集中资源优势构建对项目的支持体系。

3）管理机制的确定。管理机制是反映投标人实现物业项目管理服务目标的基础，一般由目标管理责任制、激励机制、监督机制组成。其中，目标管理机制就是将项目的管理目标、经营目标、竞争目标以量化的形式作为重要职责交给项目的管理团队，并赋予相应的权利；激励机制是在目标管理机制的基础上设计相应的激励办法，将目标的实现与管理团队的切身利益挂钩；监督机制是通过政府、业主、社会舆论和企业内部管理等渠道来实现对经营管理的监督。

（3）做好人员的配备、培训与管理

1）人员配备。人员配备是指物业项目各部门、各岗位的人员编制与专业素质要求等内容。人员配备一般依据物业类型、规模、服务内容及需求标准、工作重点来确定，并可参照物业项目所在地政府指定的物业管理费指导标准和同类物业的管理经验。

2）人员培训。人员培训方案要对各类管理人员的培训内容、培训计划、方式、目标进行详尽的描述，可以采用综合性阐述与相关表格、流程图相结合的方式。

3）人员管理。人员管理包括录用与考核、竞争机制、协调关系、服务意识、量化管理及标准化运作等，一般根据招标文件的要求进行描述。

（4）制订管理指标与措施

1）管理指标。管理指标通常由物业管理质量指标和经济效益指标两部分组成，在招标文件中一般都有具体的要求，在物业管理方案中要对招标人提出的各项管理指标进行明确的响应。

2）管理措施。管理措施是投标人为完成招标文件规定的各项管理指标和承诺拟采取的措施，可以采用表格的形式将管理指标与主要的管理措施相对应，进行详细的阐述。

（5）制订管理制度　　管理制度主要由内部管理制度和公众制度两大部分组成，其中内部管理制度包括岗位职责、员工考核、行政管理、财务管理、客户服务、工程技术管理、安防管理等内容；公众制度主要包括社区文化、日常行为约束、装修管理、消防管理、入住管理、电梯使用管理、物业承接查验管理、共用设施维护管理、临时用水电管理、清洁卫生及垃圾处理等内容。一般在方案中以表格形式列出各项制度的目录即可，招标文件有具体要求的除外。

（6）档案资料的建立与管理　　档案资料应采取系统、科学的方法进行收集、分类、储存和利用。档案资料的体系内容可以用表格形式进行阐述，具体的管理可以采用流程图与文字表述相结合的方式。对于政府类的物业管理，在档案资料的管理方案中应重点突出保密性的管理措施。

（7）**制订早期介入及前期物业管理服务的内容**　早期介入及前期物业管理服务方案的制订需要根据物业的实际情况和工程进度、存在的隐患或问题进行编制，并对工作计划进行合理安排，使方案能够全面真实地反映物业管理在这两个阶段的重要作用。

（8）**做好常规物业管理服务综述**　在编制常规物业管理服务综述中需要把握的重点是将各项管理服务内容的工作要求、重点、运行管理及应急方案、计划等进行详细阐述，对于招标人或招标物业项目有特殊性服务需求的要突出描述。

（9）**制订工作计划**　在物业管理方案中，整体工作计划的制订应该紧扣物业管理项目总体策划中的指导思想、工作重点，并结合招标文件的具体要求综合考虑。工作计划的制订大体分为三个阶段，即筹备期、交接期和正常运作期。制订计划过程中，要考虑物业管理方案实施不同阶段的工作重点、项目、内容、时间要求等因素，可采用表格法、图表法等表现方式。

（10）**制订物资装备计划**　物资装备必须以满足物业项目管理需要为目的，在制订物资装备计划时，应该围绕物业管理的开展为核心，从作业工具与物业项目管理处机构的交通工具、员工办公生活用品等方面进行合理配置、综合考虑，同时还应根据工作进度和需要分轻重缓急，根据不同阶段的需求合理安排物资装备的到位。工作计划的内容一般采用表格方式表述。

（11）**测算费用**　在测算过程中，根据承接项目的类型、性质、市场定位、配套设施设备的具体情况及管理要求和服务项目，并根据物业所在地物业管理市场同类物业的收费标准及企业现有的管理经验进行全面、具体的测算。

（12）**做好成本控制方案**　成本费用控制应贯穿于成本费用形成的全过程，而不仅仅是对于部分费用支出的控制。成本费用控制应与提供优质的物业管理服务相结合，不能为控制而控制，即不能为降低耗费而不提供或少提供服务或者降低管理服务标准。

3. 制订物业管理方案的程序

物业服务企业在确定参与招标活动后，应组织相关人员在对招标物业项目基本情况进行分析和对物业管理模式进行确定的基础上，制订切实可行的物业管理方案。制订物业管理方案的程序为：

1）组织经营、管理、技术、财务人员参与物业管理方案的制订。
2）对物业项目的基本情况进行分析，收集相关信息及资料。
3）根据招标文件规定的需求内容进行分工、协作。
4）确定组织架构和人员配置。
5）根据物业资料及设施设备技术参数、组织架构及人员配备、市场信息、管理经验等情况详细测算物业管理成本。
6）根据招标文件规定的物业管理需求内容制订详细的操作方案。
7）测算物业费（合同总价和单价）。
8）对拟定的物业管理方案进行审核、校对、调整。
9）排版、印制、装帧。

［阅读资料2-4］　物业管理方案的结构与内容，参见本书配套资源。

单元五　物业管理投标书的准备

学习目标

1. 了解物业管理投标书的组成，能在实际工作中保证投标书的完整性。
2. 熟悉物业管理投标书的主要内容、注意事项，能在实际工作中保证投标书内容的完整、规范。
3. 掌握物业管理投标书的写作技巧，能撰写物业管理投标书。

〖物业管理投标书的组成与主要内容〗

物业管理投标书是指物业管理投标文件，即投标人须知中规定投标人必须提交的全部文件。

物业管理投标书是对投标人前述准备工作的总结，是投标人的投标意图、报价策略与目标的集中体现，其编制质量的优劣将直接影响投标竞争的成败。因此，投标人除了应以合理报价、先进技术和优质服务为其投标成功打好基础外，还应学会如何包装自己的投标文件，如何在标书的编制、装订、密封等方面给评委留下良好的印象，以争取关键性评分。

1. 物业管理投标书的组成

（1）**投标致函**　又叫投标综合说明，实际上就是投标人的正式报价信，其主要内容有：

1）表明态度，明确表达愿意完全按照招标文件中的规定承担物业管理服务任务，并写明自己的总报价金额。
2）表明投标人接受该项目合同委托管理期限。
3）表明本投标如被接受，投标人愿意按招标文件规定金额提供履约保证金。
4）说明投标报价的有效期。
5）表明本投标书连同招标人的书面接受通知均具有法律约束力。
6）表明对招标人接受其他投标人的理解。

投标综合说明书参见样本1内容。

（2）**附件**　附件的数量及内容按照招标文件的规定确定，但应注意各种商务文件、技术文件等均应依据招标文件要求准备齐全，缺少任何必需文件的投标书将被排除在中标之外。这些文件主要内容包括：

1）投标人简介。概要介绍投标人的基本情况、以往业绩等情况。
2）投标人法人地位及法定代表人证明。包括资格证明文件（营业执照、税务登记证、企业代码、授权书、代理协议书等）、资信证明文件（保函、已履行的合同及商户意见书、中介机构出具的财务状况书等）。
3）投标人对合同意向的承诺。包括对管理方式、价款计算方式、服务款项收取方式和材料设备供应方式等情况的说明。
4）物业管理专案小组的配备。简要介绍主要负责人的职务、以往业绩等。
5）物业管理组织实施规划。说明对该物业项目管理运作中的人员安排、工作规划、财务管理等内容。

法定代表人资格证明书参见样本2内容，物业管理专案小组配备参见样本3内容。

2. 物业管理投标书的主要内容

物业管理投标书除了按规定格式要求响应招标文件中的问题外，最主要的内容是介绍物业管理服务要点、服务内容、服务形式和费用。

（1）**介绍投标人概况和经历**　除介绍企业概况外，主要介绍以前管理过或正在管理物业项目的名称、地址、类型、数量，着重指出与投标物业项目相类似的管理经验和成果，并介绍主要负责人的专业、物业管理经历和经验。

（2）**分析投标物业项目和管理要点**　主要指出本投标物业项目的特点和日后管理上的重点、难点，可列举说明；还要分析业主和物业使用人对管理的期望、要求等。在具体编写投标书时，应针对物业项目具体性质与业主情况，就最突出的问题作详细分析。

（3）**介绍投标人将提供的管理服务内容及功能**　具体包括开发设计建设期间的管理顾问服务内容，物业竣工验收前的管理顾问服务内容，入住及装修期间的管理顾问服务内容，管理运作服务内容。

（4）**说明管理模式、费用和期限**　介绍物业管理服务所采用的模式，并阐述优势；提出物业费标准及其他服务收费标准与依据，说明费用主要支出情况；明确提供物业管理服务的合同期限。

〖投标书写作技巧〗

1. 投标书的标题

投标书的标题一般由三部分组成，即投标对象名称、内容、文种，如×××小区物业管理投标书。如果前面要冠以投标人就是四个组成部分，即投标人、投标对象名称、内容、文种，如×××物业管理公司关于×××小区物业管理的投标书。投标书名称有"标书""建议书""投标方案"等。

2. 投标书的序言

投标书的序言主要包括三个方面：公司简介、认定投标对象、简述管理策略。

3. 管理的方式、方法

（1）**内部管理机构设置**　即物业项目管理处的机构设置。

（2）**运作机制**　包括计划目标管理、协调监督管理、经济管理、行政管理、质量管理、协调管理、经理日常管理责任制等。

（3）**业务流程**　其内容主要有物业查验与承接流程，入住管理流程，住宅装修管理流程，日常管理工作流程及质量标准，房屋维修养护工作流程及质量标准，清扫保洁、绿化、交通、治安、消防、机电设备、档案等各项管理流程及质量标准，客服管家工作流程，空置物业管理规程等。

（4）**信息反馈渠道**　客户服务中心位置、联系方式、网站网页、电子邮箱等。

（5）管理工作的控制方式　主要是对上至经理下至各部门的人员情况动态的掌握和控制，以求从岗到人落实各个岗位工作。

4. 管理人员

（1）管理人员的配备　依照高效、精简原则，结合物业项目实际情况配置。

（2）管理人员的培训　规定物业项目管理处经理应具有上岗证，员工上岗前须经专业培训和考试，制定培训制度与培训计划、适当的培训方式和明确的培训目标。

5. 必须具备的物资装备计划

必须具备的物资装备计划包括物业管理用房和员工住房计划，器械、工具、通信、秩序维护装备以及办公用品计划。

6. 经费收支测算

经费收支测算包括测算依据；经费收支预算表；收支情况简表及分析；调整物业费标准后，收支预算一览表；其他因素，如入住率及公建配套不完善而影响收入等因素。

7. 管理规章制度

管理规章制度包括公约规章等管理条规、内部岗位责任制、管理运作制度、档案管理制度等。

8. 各项管理指标

管理指标包括指标要求、不达标的处理、争创荣誉称号的设想等。

9. 便民服务项目

便民服务项目包括有偿服务和无偿服务，列出各种代办服务和特约服务项目的内容。

10. 社区文化

社区文化包括社区文化建设、社区文化活动、社区公共服务等拟实施计划。

11. 愿意承受的有关奖罚内容

愿意承受的有关奖罚内容包括合同约定、满意率达标的奖励政策，以及合同违约、侵权等行为的惩处。

〖编制物业管理投标书的注意事项〗

1. 确保填写无遗漏，无空缺

投标文件中的每一空白都需填写，如有空缺，则被认为放弃意见；重要数据未填写，可能被作为废标处理。因此投标人在填写时务必小心谨慎。另外，单项管理的投标可以参照上述有关条目编写，但是比较简单；又由于是单项管理，所以要求对该投标项目编写得更详细一些，数据更确定一些。

2. 不得任意修改填写内容

投标人所递交的全部文件均应由投标人的法人代表或委托代理人签字；若填写中有错误而不得不修改，则应由投标人的负责人在修改处签字。

3. 填写方式规范

投标书一般要求用电子文本填写，或者用墨水笔工整填写。除投标人对错处作必要修改时，投标文件中不允许出现加行、涂抹或改写痕迹。

4. 不得改变投标文件格式

若投标人认为原有投标文件格式不能表达投标意图，可另附补充说明，但不得任意修改原标书格式。

5. 计算数字必须准确无误

对单价、合计数、分步合计、总标价及大写数字仔细核对，做到准确无误。由于唱标一般只唱正本投标文件中的"开标一览表"，所以要尤其重视严格按照招标文件的要求填写"开标一览表""投标价格表"等。

6. 报价合理

报价要合理，既要考虑管理运营的经济因素，还要考虑业主的经济承受能力。

7. 包装整洁美观

投标文件应保证字迹清楚、文本整洁，纸张统一，装帧美观大方。

单元六 物业管理定标后的工作

学习目标
1. 了解并熟悉物业管理投标后的工作内容，能有计划地安排并完成各项工作。
2. 掌握物业服务合同签订与实施的相关要求，能在实际工作中顺利完成此项工作。

〖中标后的合同签订与实施〗

经过评标与定标之后，招标人将及时发函通知中标人。中标人自接到通知之时起应做好准备，进入合同的签订阶段。

通常，物业服务合同的签订需经过发送中标函、签订前谈判、签订谅解备忘录、签订合同协议书几个步骤。由于在合同签订前双方还将就具体问题进行谈判，中标人应在准备期间对自己的优劣势、技术资源条件以及业主状况进行充分分析，并尽量熟悉合同条款，以便在谈判过程中占据主动优势，避免在合同签订过程中利益受损。同时，中标人还应着手组建物业管理专案小组，制订工作规划，以便合同签订后及时进驻项目。

物业管理工作自身的特点决定了物业服务合同签订时，除了遵循签订合同时的一般性注意事项外，还要注意以下事项。

1. 遵守"宜细不宜粗"的原则

为确保合同双方的权益，中标人在与招标人洽商合同时，要遵循"宜细不宜粗"的原则，明确各自的责任、权利、义务，以减少日后的纠纷。

（1）**业务项目**　逐项写清管理服务项目，如房屋建筑共用部位的维修、养护和管理；共用设施设备的维修、养护、运行和管理；公共部位清扫保洁等。同时还要明确哪些项目允许中标人分包，分包的原则要求和限制条件。

（2）**业务项目的具体内容**　业务项目所包含的具体内容，应表述清楚，越详细越好。如共用部位的维修、养护和管理，项目内容是否包括楼盖、屋顶、外墙面、承重结构等。

（3）**服务质量与标准**　制定业务项目具体内容的管理服务质量标准，应以所在地政府颁布的物业管理服务等级标准作为参考和依据。同时，在定性的基础上能量化的尽可能量化。这种量化标准有两个层次，一是工作量的量化，二是质量检查评定标准的量化。如保洁要一天1次还是2次，这是对工作量的量化；而环境卫生的清洁标准则是属于质量检查评定的标准。要注意在明确质量标准时要少用或不用带有模糊概念的词语，如"整洁"，因为是否整洁不易给出准确判断。

各地物业管理行政主管部门的物业管理服务等级标准，可作为参考和依据。

（4）**管理和服务费用**　业务项目在上述的管理服务内容与质量标准下应收取的费用，要经过详细的内容测算和横向比较，还应详细讨论再确定。

（5）**约定奖惩条款**　洽商招标人拟定的惩处性条款，中标人不可一概拒绝，应具体分析，协商确定，对不符合法律法规的要坚决拒绝，合理合法的可以保留。但同时也应争取一些奖励条款，以维护自身利益。

上述五项是物业服务合同的必备内容，也是物业服务合同的实质性内容，须重点关注。

"宜细不宜粗"的原则，可能会导致物业服务合同正文篇幅过长。为防止这一情况，合同可采用附件形式。在《前期物业服务合同（示范文本）》中，包括物业构成细目、物业管理服务质量目标、物业共用部位明细、物业共用设施设备明细四个附件，双方还可就具体问题增加附件。

2. 不应有"无偿无限期"的约定

除招标人对中标人需无偿提供物业管理用房外，在物业服务合同中不应有无偿无期限的约定。这是因为无偿提供的管理服务是有成本的，中标人不可能也不应该长期承担这笔费用，因而，其成本易转移或变相转移至物业费成本，导致管理服务标准降低；合同无期限的约定是合同法所不允许的。

合同中不应有中标人无偿提供如新年联欢会、"六一"儿童节等社区文化活动，或对老人、困难家庭给予收费优惠等公益性活动的约定，因为这些不属于物业服务合同所应约定的市场活动行为。

3. 注意实事求是与留有余地

物业服务合同一旦签订，中标人就要认真、严格地履行，凡未履行或履行不到位的，中标人都应承担相应的责任。因此，在合同谈判中，既要实事求是，更要留有余地。

（1）要量力而行　中标人要量力而行，要根据物业项目的档次、具体情况以及自身条件，约定物业管理服务标准。

（2）对分期建设项目、分期建成使用的物业管理的约定　物业的开发建造是一个过程，经常是分期建设施工完成的。洽商前期物业服务合同时要充分考虑这一情形，做出合同履行的分阶段约定。如24小时热水供应，当最初个别业主入住时，一般无法提供，在合同中就要约定提供该项服务的时机条件，以及未提供时适当减免物业费的承诺；分期建造的物业项目，不应把全部建成后才能提供的管理服务项目内容列入首期入住的约定。

4. 明确界定违约责任与处理方式

在物业管理的实践过程中，合同双方不可避免地会产生各种各样的问题、矛盾与纠纷。对于不同性质、不同程度的问题、矛盾与纠纷要约定不同的途径、处理方式来解决。

（1）对违约责任的约定　应按照《中华人民共和国合同法》的相关规定明确双方违反合同约定应承担的违约责任，约定要有实用性和可操作性。首先，要明确区分责任以及承担相应责任的前提条件；其次，要明确解决问题的方式和途径，要事先约定解决的期限及费用的处理等条款。

（2）对免责条款的约定　在物业服务合同约定中，订立合同各方应本着公平合理、互谅互让的原则，根据物业的具体情况设立免责条款，明确免责的事项和内容。对于不可抗力的损失应该免于赔偿；明确约定物业费不包含业主与物业使用人的人身保险、财产保管等费用，排除中标人对业主和物业使用人的人身、财产安全保护、保管等义务，以免产生歧义，引发不必要的纠纷。

〖未中标的总结〗

未中标的投标人应在收到通知后及时对本次失利的原因做出分析，避免重蹈覆辙。可从以下几方面进行分析。

1. 准备工作是否充分

投标人在前期收集的资料可能不够充分，致使对招标物业的主要情况或竞争者了解不够，因而采取了某些不当的策略，导致失利。

2. 估价是否准确

投标人可分析报价与中标标价之间的差异，并找出存在差异的根源，是工作量测算得不准，还是服务单价确定得偏高，或是计算方法不对等。

3. 报价策略是否得当

报价策略是否得当的影响因素很多，投标人应具体情况具体分析。

对于以上分析得出的结果，投标人应整理并归纳，形成书面报告，以备今后参考使用。

〖招标投标资料的整理与归档〗

无论是否中标，投标人在竞标结束后都应将投标过程中的一些重要文件进行分类归档并保存，以备查核。这些文件既是中标后在合同履行中解决争议的原始依据，也是竞标失利后分析失败原因的资料。

通常这些文档资料主要包括招标文件、招标文件附件及图样、对招标文件进行澄清和修改的会议记录和书面文件、投标文件及标书、同招标人的来往信件和其他重要资料。

[案例 2-1] 物业管理公司这样做行不行

某小区业主委员会在对小区物业管理公司的财务收支状况进行审核时，发现该物业管理公司把维修费、秩序维护费以及绿化保洁费划拨给其他物业专营企业，并不像业主原来想象的这些专业服务人员都属于小区物业管理公司。部分业主认为，如果这些人员不属于物业管理公司，那他们进行服务时，业主们怎么能放心呢？那么物业管理公司能否自行决定选择物业专营企业？

评析：物业管理公司是依据物业服务合同对受托的物业实施管理的，在管理的过程中，物业管理公司可以行使一定的权利。这些权利中就包括了"选聘物业专营公司或聘用专人承担清洁、秩序维护、绿化等专项服务业务"。由此可见，物业管理公司是有权自主选择专业服务公司来承担专项管理服务工作的。

想一想：物业管理公司虽然有权将保洁、绿化等某些专项服务业务分包给专业公司，但是否应征求业主或业主委员会的意见，取得同意呢？该物业管理公司现在的做法是否得当？如果是你，将怎样处理？

思 考 题

2-1 简述物业管理投标及投标原则。
2-2 物业管理投标程序包括哪些环节？
2-3 简述物业管理投标可行性分析以及 SWOT 分析法。
2-4 简述物业管理方案的基本内容与基本要求。
2-5 简述物业管理方案制订的方法。
2-6 简述投标书的组成与主要内容。
2-7 物业管理定标后需要做好哪些工作？
2-8 简述签订物业服务合同的注意事项。

学习情境三

物业管理早期介入

单元一　知识准备

学习目标
1. 了解物业管理早期介入的概念及法规政策，在实践中能够灵活运用。
2. 熟悉物业管理早期介入的作用，在实践中能通过早期介入提高物业服务质量。
3. 掌握物业管理早期介入的阶段划分，具备合理安排早期介入工作的能力。

〚物业管理早期介入的概念、作用〛

物业管理早期介入是指物业服务企业在物业的开发设计阶段就介入，从事物业形成前各阶段的顾问咨询、管理协调等工作。即指物业服务企业在承接物业之前，参与房地产项目的投资立项、规划设计、施工建设、销售租赁、竣工验收等过程，从物业管理的角度为开发商或投资商提出从项目规划、楼宇设计、功能确定、施工监理、设备选用、材料选择等多方面的建设性意见和建议，以便建成后的物业能够更好地满足业主和使用人需求的顾问咨询、管理协调等活动。

物业服务企业早期介入的咨询服务对象，主要是开发商或投资商，其费用应由开发商或投资商承担。

对于一项物业来说，存在着开发——经营——管理三个阶段。通常所说的物业管理，是在物业的管理阶段进入，即在物业交付使用时进入。但是，从物业管理的实践来看，因为开发设计是物业项目能否形成完整、舒适、便利的功能区域的先天制约阶段，而房地产开发商在规划设计中只考虑房屋和配套设施建造时的方便和节约，设计人员只考虑国家现行的技术标准和建设成本，很少从日后使用和管理要求的角度进行综合考虑，造成建成后物业使用和管理上的许多不尽如人意的地方。如现在常见的停车位不足，房屋使用功能落后，设备设施科技含量滞后，水、电、煤气、通风、交通等配套方面的不完善等问题。这种在设计规划上的先天不足，使业主多有抱怨，影响物业管理工作的顺利开展，但却难以甚至无法弥补。如果开发商在规划设计阶段就选择好物业服务企业，利用物业服务企业的丰富经验和专业知识，从利于业主使用和物业管理的角度对规划设计提出建议和意见，不仅可以使规划设计更符合使用和管理的要求，为以后的管理工作打下良好的基础，而且还可以充分满足人们对工作或居住功能、环境的需求，保持其产品的竞争力。

早期介入对物业项目的形成有以下几个方面的作用：

1. 完善物业的使用功能，避免出现先天性缺陷

物业的开发建设，最应考虑的就是物业的使用功能。开发建设要能够满足业主和物业使用人日益提高的生活、工作要求，开发商不仅要执行国家和地方的有关物业规划、建设方面的技术规范，更要考虑业主和物业使用人的生活、工作习惯，使物业的功能得以完善和提高。物业项目涉及规划布局、建筑造型、户型设计以及建筑材料选用、设备设施配套、安装保养与维护、工作和居住环境、交通电信以及能源供应等方面，物业服务企业由于在长期物业管理中与业主和物业使用人接触密切，了解他们的使用习惯和使用要求，能够从物业的使用者和管理者的角度对物业开发建设的各类问题向开发商提出具有建设性和可操作性的解决意见，及时纠正设计、施工中的不足，避免先天性缺陷，完善物业的使用功能。

2. 加强施工过程质量监督，确保物业的建设质量

物业质量的好坏，直接影响到业主和物业使用人的使用效果，影响到物业管理阶段的难易程度和管理成本。物业服务企业对物业的使用和管理、维护具有丰富的经验，熟知物业使用和管理、维护过程中易出现的工程质量问题。物业服务企业参与早期介入，就会从今后物业管理的角度，以强烈的责任心参与物业的建设过程，加强施工过程质量监查，尽量减少可能出现的质量隐患，特别是隐蔽工程和重点部位的质量隐患，确保物业的建设质量。

3. 全面掌握物业的基本情况，为物业管理工作奠定基础

物业项目、楼宇建筑物内配套设备设施众多，各类管线错综复杂，如果物业服务企业在物业交付使用时才承接物业，可能出现图纸资料不足或图纸资料与实际情况不符等情况，加大管理工作的难度，造成维护工作效率低下，业主和物业使用人不满意。如果物业服务企业能够早期介入，参与从设计、施工到验收、销售的全过程，就会做到对物业的土建工程、建筑材料的特性、隐蔽工程、管线走向、设备设施的安装等实际情况与资料一清二楚，能够全面了解、熟悉物业，为今后物业的承接查验和物业管理打下坚实的基础，便于后期物业管理工作的顺利进行。

如何做好早期介入工作，从物业管理的实践来看，对于物业服务企业而言，由于将来的业主拥有决定续聘、选聘或解聘物业服务企业的权利，因此，在早期介入中物业服务企业能否从业主至上的观念出发，主动站在业主的立场，充分考虑业主的需要，是一个能否在业主心目中树立起忠实可信的好"管家"的关键机会。但是，我们还应看到物业服务企业的早期介入活动，是受开发商聘请，为开发商提供咨询管理业务的，因而，也要考虑开发商的具体利益。因此，做好早期介入工作的核心是物业服务企业在工作实践中的自身位置的把握，处理好与开发商、业主之间的三方关系，兼顾好三方的利益。

〖 物业管理早期介入的阶段划分 〗

物业管理早期介入一般包括立项决策、规划设计、建设施工、销售租赁和竣工验收等五个

阶段。

1. 立项决策阶段的早期介入

立项决策阶段的早期介入是指物业服务企业在房地产开发项目可行性研究阶段开始介入，此时的主要内容就是对项目的可行性提出意见和建议。

2. 规划设计阶段的早期介入

规划设计阶段的早期介入是指物业服务企业在房地产开发已确立的项目设计规划阶段开始介入，此时的主要内容就是完善物业的使用功能和管理功能的设计。

3. 建设施工阶段的早期介入

建设施工阶段的早期介入是指物业服务企业在房地产开发已确立的项目建设施工阶段开始介入，此时的主要内容就是进行工程监查和熟悉项目的整体情况。

4. 销售租赁阶段的早期介入

销售租赁阶段的早期介入是指物业服务企业参与开发商的物业销售与租赁，配合开发商根据物业项目的销售定位，制定物业管理区域相关的公共管理制度，制定物业管理的整体策划方案，做好物业销售与租赁的宣传。

5. 竣工验收阶段的早期介入

竣工验收阶段的早期介入是指物业服务企业在房地产开发已建成，项目竣工验收阶段开始介入，此时的主要内容就是参与工程的验收，与开发商商定前期物业管理的委托事宜。

〖 物业管理早期介入的方式 〗

1. 市场调研

市场调研是指物业服务企业通过对同类物业项目、物业项目所在市及物业项目周边房地产市场情况进行调研，了解市场需求、走向尤其周边物业项目定位情况；了解新技术应用与发展趋势；了解物业项目交通、教育、医疗等相关配套情况；了解各种不利因素，综合分析评估，形成市场调研报告，提出有针对性的建议，交予建设单位。

2. 图纸会审

图纸会审是指物业服务企业参与开发商会同设计单位、施工单位、监理单位等对图纸进行分析、论证的研讨会议，从物业使用、物业管理的角度提出建设性建议。

3. 对标管理

对标管理是指物业服务企业通过对同类物业项目的客户定位、服务定位、物业管理方案、物业管理服务标准等的收集、分析，并作为基准进行比较的方法，就本物业项目的服务定位、管理服务模式等向开发商提供建议。

4. 过程监查

过程监查是指物业服务企业通过对建设施工现场的跟踪勘察，针对建设施工过程中出现的各种问题，向开发商报告情况，提交改善建议等。

〖物业管理早期介入的实施形式〗

针对以上物业管理早期介入的方式，其实施形式主要包括物业服务企业通过定期参加由开发商组织的项目沟通会，以书面函件方式提交报告、建议书等；了解物业项目进展情况，并就相关问题交换意见。物业管理早期介入形成的书面文件均应建档留存。物业管理早期介入的具体实施形式包括以下内容：

1. 开发商提供资料

开发商应及时提供各阶段基础资料，如项目运营计划、施工计划、方案图、施工图、施工图变更单、项目经济技术指标、建造标准等。

2. 物业服务企业参加会议

开发商应通知物业服务企业参加方案设计、施工图设计、建造标准、工程例会、监理例会等会议，及时了解信息，把握相关各方的态度与意见。

3. 物业服务企业组织会议

开发商应组织设计单位、施工单位、监理单位参加早期介入团队各阶段的交底会议、每月设计及施工质量问题专题讨论会、竣工验收问题分析会。

4. 完成后评估

物业服务企业对物业管理早期介入各阶段全面回顾，并结合物业项目移交后的运营情况进行总结评价，以利今后承接、开展同类工作。评估报告应提供给开发商，为今后合作做好铺垫。

〖相关法规政策标准〗

1）《中华人民共和国城市房地产管理法》。
2）《中华人民共和国土地管理法》。
3）《中华人民共和国民法典》。
4）《中华人民共和国城乡规划法》。
5）《中华人民共和国建筑法》。
6）《建设工程质量管理条例》。
7）《房屋建筑工程和市政基础设施工程竣工验收备案管理暂行办法》。

8）各类工程建设国家标准。

［阅读资料 3-1］ 物业管理早期介入的一般工作程序，参见本书配套资源。

单元二　立项决策阶段的早期介入

学习目标

1. 了解物业管理立项决策阶段早期介入物业服务企业的介入形式，能在实践中做到角色定位准确，和谐友好共事。

2. 熟悉物业管理立项决策阶段早期介入物业服务企业的方法与要点，能在实践中做到沟通畅通有效，突出重点地开展工作。

3. 掌握物业管理立项决策阶段早期介入的具体内容，具备市场调查的基本思路，能就物业项目定位提出有建设性的意见。

〖立项决策阶段早期介入的内容〗

立项决策阶段是房地产开发的第一个阶段，这个阶段要解决的主要是开发什么、能否开发等问题。首先，物业服务企业应基于市场的调查分析，协助开发商或投资商对物业项目定位进行可行性研究，做出是否开发及开发周期、开发规模等有关问题的建议。其次，物业服务企业应该对拟开发的物业项目，提出物业管理的专业建议，并在可能的情况下，就该项目今后的物业管理方案提出书面咨询报告，以便开发商或投资商在决策时，能够综合考虑包括物业管理目标和模式定位在内的各方面意见，减少决策的盲目性和随意性。在这一阶段，物业服务企业咨询建议的重点在后者，即物业管理的专业建议。物业服务企业在立项决策阶段早期介入包括以下的内容。

1. 项目的市场定位

项目市场定位的内容主要包括以下几个方面：

（1）**明确用途功能**　根据城市规划，按照最佳最优原则确定开发类型、项目功能。

（2）**确立消费档次**　根据地域的消费能力，确定开发项目的形象风格、租售价位。

（3）**筛选目标客户**　以有效需求为导向，确定项目的目标客户。

（4）**推出主打房型**　根据目标客户的具体情况，提出主打房型、面积和使用功能。

（5）**选择入市时机**　根据经济实力和投资流量，分析和选择适当的入市时机。

2. 潜在客户的构成

（1）**目标客户定性调查**　根据项目市场定位，确定客户群体的职业、收入、年龄。

（2）**目标客户定量调查**　符合定性条件的客户群体的数量。

3. 消费水平与需求

项目所在地的经济状况、产业发展状况、居民收入状况、市场需求状况及目标客户对项目的基本需求和特殊需求等因素，会对项目进行合理定位，确定项目品质在城市中的地位，以及项目规模、后期的规划设计与营销推广等具有潜在影响。

4. 项目周边情况

以步行30分钟为半径，了解项目周边人文习惯（如常住人口受教育程度、饮食习惯、风俗习惯等）、区域配套设施（如医院、购物场所、学校、派出所、政府机构等）和公共设施（如供电、供水、供暖、供气、排水等）等情况。

5. 周边物业管理概况

了解周边项目物业管理模式的定位、物业管理的内容、管理服务的标准，最具吸引力和差异化的亮点。

6. 日后的物业管理内容

针对周边物业管理概况，根据项目定位确定今后管理水平，确立物业管理档次。首先，要初步确定物业管理模式、内容、服务标准等；然后，据此测算管理的成本费用，设计与客户目标相一致并具备合理性价比的物业管理框架性方案。需要注意的是物业管理模式要尽量凸显差异化，表现个性主张；制定物业管理方案应考虑项目的硬件条件能否满足物业管理服务活动的开展，并应遵循以下原则：

1) 根据物业建设及目标客户群的定位确定物业管理的模式。
2) 根据规划和配套确定物业管理服务的基本内容。
3) 根据目标客户情况确定物业管理的总体服务质量标准。
4) 根据物业管理成本初步确定物业管理服务的收费标准。

立项决策阶段早期介入的形式、方法和要点

立项决策阶段物业服务企业早期介入的形式主要是充当顾问角色，通过交流会、建议书等方式，在开发商或投资商的决策过程中，主要从项目的物业管理档次定位、管理模式以及物业管理服务要求的角度，提出建设性的咨询建议。

立项决策阶段介入的方法和要点主要是：

1) 向开发商或投资商提供物业管理的专业咨询意见，同时对未来的物业管理进行总体策划。
2) 对物业项目进行档次定位，包括物业项目的销售定位和物业管理定位，侧重在物业管理定位。
3) 根据物业项目的档次定位，科学地测算物业的使用、管理成本。
4) 选用知识面广、综合素质高、策划能力强的专业人员组建队伍，开展顾问工作。

[案例3-1] 华侨城的项目定位

深圳市的华侨城地产项目——波托菲诺被公认为华南地区最具规模和旅游文化特色的高尚住宅区。整个项目总占地面积达88万 m^2，总建筑面积108万 m^2，整个区域规划以意大利Portofino为蓝本，结合华侨城的旅游文化、自然山水资源精心构筑。波托菲诺不但包容现行的

城市居住区的构成概念与原则，而且更强调居住空间的主体性、生态性、社会性、文化性和现代性。华侨城称为深圳城市的"第三轴线"，在这条用自然生态雕琢的轴线上，有着4.8平方公里的深厚绿色以及4大主题公园和多个生态广场。依托原有的燕含山、杜鹃山、麒麟山等自然环境资源，当别人还在城市中建花园，华侨城已经开始在花园中建城市了；从世界之窗、锦绣中华、民族文化村、欢乐谷到生态广场、雕塑走廊，华侨城向人们展现的是一个与自然完美结合的高尚国际大社区，留给人们最深刻印象的就是两个字"绿色"。这里很好地表现了其主体设计思路，就是对华侨城现有生态环境的利用和包容，在环境设计上充分考虑到了与整个华侨城大环境的融合，力求实现一个共享的生态华侨城，凭借优异的自然资源去成就一个非凡的生态国际社区。它是一种集居家、休闲、度假、购物、旅游等功能于一体的国际新型生活形态。

住在华侨城的居民由两部分组成，一是原有当地住户，二是外来移民。外来移民在数量上远远超过当地住户，加之华侨城地块开发相对较晚，所以原有的居住习惯特性并不明显。外来移民的整体素质较高，80%以上有大专及以上学历，收入相对较高且很稳定。受华侨城整体规划影响，该区域居民对环境、生态、居住氛围要求很高。

华侨城区域配套独具特色，该区域拥有世界之窗、锦绣中华、民族文化村、欢乐谷等一大批旅游景区，形成了丰富的旅游景区配套；还有一座高科技园的科技配套作为支持。超市、医院、邮局、学校等配套设施相对集中且非常完善。

分析： 接管该项目的华侨城物业公司针对这一特殊的区域性特征，开创了"景区式物业管理"模式，即以营造波托菲诺小镇生活格调为努力目标，以波托菲诺社区的生态环境、高品位的社区文化、开放的社区形态、便利的沟通方式等四个基本要素为管理主体，以业主、游客为服务主体，导入景区管理理念，实行"物业管理+景区管理"模式，体现"社区处处是景点，员工人人是导游"景区式物业管理思想。通过他们的不懈努力，不断满足业主、游客持续增长的多样化需求，给业主以"财富人生的尊贵，悠闲和畅意的体会"，给游客以"观景赏景尽兴的享受"，达到了组织、引导、培育高尚高雅的社区文化氛围的目的。

想一想： 假设你是物业服务企业参与该物业项目早期介入的人员，你认为针对这一项目，在物业管理的内容上，还应该为开发商提出哪些具有特色的建议？

单元三　规划设计阶段的早期介入

学习目标

1.了解物业管理规划设计阶段早期介入物业服务企业的介入形式，能在实践中通过准确的角色定位，实现咨询建议的有效落实。

2.熟悉物业管理规划设计阶段早期介入物业服务企业的方法与要点，能在实践中以清晰的思路提出建设性的建议。

3.掌握物业管理规划设计阶段早期介入的具体内容，具备统筹思考问题的能力。

〖规划设计阶段早期介入的内容〗

规划设计阶段是房地产开发的第二个阶段，物业服务企业这个阶段的介入主要是协助开发商完成物业项目整体规划设计、单体建筑设计及户型功能、外部环境、智能化等各项工作；要从业主和物业使用人的角度、物业管理的角度，针对以往物业管理服务实践中总结的规划设计上的种种问题或缺陷提出修改方案，优化、完善规划设计中的细节，尽量避免或减少日后使用中难以解决的问题。

物业项目的规划设计是各功能区能否形成完整、舒适、便利的先天制约因素。但设计人员主要是从设计技术角度考虑问题，常常忽略今后的使用和管理问题，给业主和物业使用人使用、物业服务企业管理带来了许多不便与隐患。物业服务企业因长期从事管理服务工作，对业主和物业使用人的各种需求、管理服务的要求最为了解。因此，物业服务企业根据物业管理服务工作经验，对于项目的整体规划设计、功能配置、设备设施配套等提出的意见与建议，以及针对规划设计中存在的问题和缺陷提出的意见，更加贴近业主和物业使用人的实际需求，满足今后管理服务的要求，有利于避免项目规划设计阶段给今后使用、管理带来的"先天不足"。

物业服务企业在规划设计阶段早期介入所提出的专业意见与建议，应综合考虑整体环境设计、小区的合理布局、房屋或楼宇的使用功能、建材的选用、居住的安全舒适、硬件设施、设备配备和服务配套等实际问题，主要围绕物业的结构布局、功能方面；物业环境及配套设施的合理性、适应性；设备、设施的设置、选型及服务方面；物业管理用房、社区活动场所等公共配套建筑、设施、场地的设置、要求等方面展开。规划设计阶段早期介入的具体内容包括以下几个方面。

1. 配套设施

物业项目开发是一种综合性的开发行为，仅仅满足居住和工作的需求是不够的，还需要考虑到人们社会生活中的各种需求，这就要求物业项目的配套设施要完善。对于大多数住宅小区，不仅要考虑其环境的美化、道路交通的规划、休闲场所、场地的布点和安全防卫系统等；而且还要考虑这些设施的规模和档次，要考虑好是否需要幼儿园、学校、医院等公共服务设施以及各类服务网点（饮食店、邮电所、银行）等商业设施的配套。对于写字楼、商贸中心等商业物业，商务中心面积以及停车场大小尤为重要。

环境的布置要给人舒适感，绿化应考虑物业项目所在地的气候、环境条件，从造型、布局等方面做到科学合理的搭配；垃圾处理方式要根据各地的不同情况，考虑垃圾分类收集设施的选型以及垃圾清运方式与垃圾中转站位置。

安全防卫系统，除门禁系统外，要全面考虑防盗监控系统和消防报警喷淋系统的配套，尤其是消防报警喷淋系统应着眼于各种消防管理死角，如大楼的通道部分、电缆井部分等应要求配备灭火器或灭火沙箱，以弥补自动喷淋装置覆盖不到的地方。

2. 水电气等的供应容量

水电气的供应容量是项目规划设计时的基本参数。设计人员在设计时，通常参照国家的标准进行设计，国标仅规定各项条款的下限，即最低标准，只要高于此限就算达到设计要求。但随着社会生活水平的不断提高，生活、工作中的耗能设备将会越来越多，对这些能源的需求量不断增加；再加之地域的气候、地理环境等因素的差异，也会造成实际用量的差异。因此，在规划设计时，要考虑到这些因素，给水电气等的供应容量特别是电的容量要留有余地，以满足人们现在及未来生活需求。

3. 建筑材料的选择

建筑材料的选择不仅影响着工程的质量、造价，而且也影响以后的物业管理服务水平。不同的建筑材料由于其材料特性的不同，使用养护要求不同，随之要求的养护设备、管理工作量就不同。如玻璃、大理石、陶质墙砖、涂料等不同建筑材料的外墙饰面，对保洁的要求就不同。物业服务企业应根据自己以往的管理经验，本着节约资源、保护环境的原则，提出选择建筑材料的意见，为今后的物业管理服务工作提供一定的便利。

4. 其他

在规划设计时，一些细节性的问题往往容易被设计人员忽略，会给日后的使用和管理带来许多的不便，物业服务企业应予以关注，提出建议，尽量减少类似的缺陷。如小的方面有电路接口的数量、位置是否方便日后检修，插座开关的高度、数目及具体的位置是否适当、方便使用，冰箱、洗衣机预留位置及下水口是否适当等；大的方面有室内各种管线的布局、位置是否适用，住宅空调统一留位、防盗网门统一安装、尽量减少二次装修影响公共外观的不统一，还有以上材料尽可能采用不锈、耐用材料，以免长时期锈迹、污染外墙、影响整体美观等。

〖规划设计阶段早期介入的形式、方法和要点〗

规划设计阶段物业服务企业早期介入的形式主要是充当顾问角色。通过参加设计图纸会审，提出会审意见；参加有开发商、规划设计部门、工程建设主管部门等参与的意见交流会。撰写楼盘规划设计建议书等，主要从规划设计应满足人与居住环境相和谐入手，全面考虑房屋使用功能的合理、实用，建筑造型、色调与周边环境的协调，居住的安全与舒适，有利于物业管理服务的实施等涉及业主生活和物业管理服务的相关因素，对开发商研讨的规划设计方案提出建设性的咨询建议。从实践看，在进行施工图设计之前，把意见提供给设计部门，并说服其接纳，是最为理想的。

物业项目的开发建设应具有超前意识，物业管理专业人员对规划设计阶段的早期介入职责主要表现在从业主和物业使用人使用物业的角度、从物业管理的角度全面细致地向开发商和设计单位提出建议。其方法主要是参与有关规划设计的讨论会，并从使用、维护、管理、经营以及未来功能的调整和物业保值、增值等角度，对设计方案提出意见或建议，帮助开发商和设计单位优化设计或从使用维护等角度上对设计方案进行调整，使物业项目在总体上更能满足客户的需求，减少后续的更改和调整，降低开发风险。

规划设计阶段物业服务企业早期介入的要点主要应考虑以下几个方面的问题。

1. 实用性

房屋的功能首先满足实用功能，要综合考虑物业项目的总体布局，空地、绿化开发与利用，采光、通风、隔热等；中央监控室、设备层、物业管理用房、大门、总台等的设置与标准；垃圾容器及堆放、清运点的设置，外立面附属物预留位置及孔洞大小等，都应满足业主和物业使用人的基本要求。从物业项目的现有总量、使用人口数量、发展趋势和消费需求等出发，考虑各类商业网点和生活、教育、娱乐设施的服务内容、服务半径、服务对象来决定这些设施配备，以满足日后管理服务的需要。

2. 安全性

物业项目尽量设计成"封闭型"，以利公共秩序维护管理；利用智能化监控系统做到人防、机防相结合，提高安全防范能力；建筑材料、装修材料的选用，除了美观、耐用性外，要注意安全性、阻燃性等，要能满足业主和物业使用人生活、工作安全的需要。

3. 功能性

除了正常规划设计应考虑的物业项目功能外，还应注意一些经常被忽视的功能性设施的配备，如住宅楼空调机预留位及空调冷凝水集中排水管的配备；集中"能源计量表"的功能配备，即通常所说的"三表出户"，水、电气能源量按功能区分，集中安放公共区间；标识牌的设置，即各种指标牌、小区（大厦）平面图、设备管理、警示标识牌等；物业管理用房的配备，包括办公室、客服中心、值班室、控制中心和仓库等的统筹；防火、防盗，访客接待以及休闲活动区域、购物活动场所、绿化道路、围墙护栏等；邮政、交通、通信等功能。

4. 耐用性

所谓耐用性，即物业寿命的持久性。在物业项目规划设计中，耐用性最易受到的影响是美观。有些开发商往往单纯考虑物业的美观，为了某些艺术性的造型，往往采用一些寿命短的材料（挂灰板、铁网）进行装饰装修，就会影响到物业整体的使用寿命，这给业主和物业服务企业造成了很大的后期管理的经济负担。物业服务企业在早期介入时如果能建议开发商妥善处理好耐用与美观的关系，就会很好地解决这个问题。解决这一问题的关键是建筑材料的选用，既要考虑其使用效果，还要考虑其养护、维修乃至更换的成本费用。

5. 节能性

绿色、环保、节能，是现代物业项目规划设计的基本要求之一，应给予足够的重视。规划设计中，物业项目节能性的体现，主要是依靠节能理念的树立与实施，一是物业项目所选用的设备全应是节能设备、所用的材料都应是节能材料，各楼宇的电气线路、各种管道、设备的选型、设备的数量等各个方面都要考虑节能的需要，要注意各种节能材料、节能设备的科学合理运用，如太阳能技术、绿色保温材料的使用等；二是要关注细节，如公共区域照明应尽量采用节能灯，开关组合设计配备要尽量细化，应按功能、节能配备开关（如按照不同时间段，分别用开关控制路灯），而不是一个开关控制一片灯等。

［阅读资料 3-2］ 物业服务企业在开发商对项目规划设计时应提出的意见，参见本书配套资源。

单元四　建设施工阶段的早期介入

学习目标

1. 了解物业管理建设施工阶段早期介入物业服务企业的介入形式，准确把握角色定位，处理好与开发商、施工单位的关系。

2. 熟悉物业管理建设施工阶段早期介入物业服务企业的方法与要点，能及时发现施工问题，并妥善解决问题。

3. 掌握物业管理建设施工阶段早期介入的具体内容，具备施工监查的初步能力。

〖 建设施工阶段早期介入的内容 〗

建设施工阶段是物业项目质量保证的一个关键阶段，这个阶段施工质量的控制对物业项目的质量有直接的影响。此阶段物业服务企业早期介入的内容主要涉及设备的购置安装、建筑材料的选择、工程的监查与查验。物业服务企业一方面通过参与工程监查，使工程质量多了一份保证，加强了工程监理的力量；另一方面也是对开发项目的全面了解，尤其是对基础隐蔽工程、机电设备安装调试、管道线路的铺设和走向等会有所了解，对保证后续的承接查验和管理服务的连续性有诸多益处。这个阶段由于设计人员、监理人员、开发商以及物业服务企业都要参与，所以对发现问题的处理容易出现扯皮推诿、产生监管部门多而监管力度差的现象。物业服务企业要把握好"配角"的角色，明确责任，按程序行使职权，避免越权和推卸责任。这个阶段介入的内容主要包括以下几个方面。

1. 设备购置安装

采购重要大型设备、设施，应建议开发商选择供货、安装、调试、售后维修保养一体化的供应商；供应商应为物业管理相关技术操作人员提供正规的培训；就质量保修责任签署明确的书面协议；提供设备、仪表校验许可证明，经营资质证明，产品的产地、合格证明，设备订购合同，材料供货价目表，采购供应地址及单位联系电话等。

2. 建筑材料的选择

建议开发商选择各种建材、装饰材料、水电器材等常规材料和配件要选用普通规格的标准件和通用件；对建筑结构、防水层、隐蔽工程等的钢筋以及管线材料购置选择要注重耐久性、耐腐蚀性和抗挤压性。

3. 跟进现场施工

在熟悉规划设计内容的基础上，对现场施工全程跟踪，观察施工工艺，掌握施工质量，为后期物业管理收集工程信息；对发现的工程问题及时告知开发商，并结合现场情况提出整改建议。

4. 记录现场施工

记录现场施工过程，尤其是基础工程、隐蔽工程、管线铺设等情况，特别注意在设计资料或常规竣工资料中一般不会体现的内容，逐步形成现场施工档案，为后期物业管理奠定基础。

5. 跟进安装调试

跟进设施设备的安装调试，了解设施设备的使用功能、保养要求、操作要领等，并收集相关的技术资料；对发现的问题及时告知开发商，并结合现场情况提出整改建议。

6. 沟通解决问题

与开发商或通过开发商与施工单位就现场施工问题召开项目现场工作协调会，提出整改意见与咨询建议，使问题及时得到整改。

〖建设施工阶段早期介入的形式、方法和要点〗

建设施工阶段物业服务企业早期介入的形式主要是充当准监理的角色，要注意此阶段介入的方式方法，既要有认真的态度、积极的行为，又不能影响正常的施工、监理等工作。

之所以说是准监理，一是因为物业服务企业不具备监理企业的资质，二是因为与开发商的早期介入合同所约定的内容是咨询服务，包括对施工质量的建设性评价，不是对工程建设过程的监控、对施工质量的认定，而是向开发商提供有关施工质量的咨询建议，包括施工质量状况评价、质量问题的解决意见等。由于物业服务企业对物业使用中常出现的各种工程质量问题有较多了解，因而其咨询建议更具有针对性，如卫生间、厨房的漏水问题及其成因，如何施工能更有效地避免，水电管线如何走向才有利于安全和便于管理，什么样的墙体易渗水等。如此，才能保证后期物业质量的稳定性和持久性。

建设施工阶段物业服务企业早期介入的方法主要是安排工程技术人员进驻现场，按照施工安装进度进行现场跟进，对建设工程进行观察、了解和记录，与开发商、施工单位就施工中发现的问题共同商榷，及时提出并落实整改方案。建立对日常各项工作的监督和记录制度，如通过建立一套主要内容包括工作计划、检查情况及对问题处理建议的报表体系规范各项工作；建立介入情况周报制度，将在施工现场发现的问题以周报的形式书面呈报给开发商相关部门，并跟进所呈报问题的解决情况；定期参加开发商组织的项目现场工作协调会，及时沟通相关问题和进度；对介入中发现的重要问题应以书面报告的形式上报给开发商，并跟进问题整改落实情况。

建设施工阶段物业服务企业早期介入的工作要点是了解委托项目各类机电设施设备配置或容量、设施设备的安装调试、各类管线的分布走向、隐蔽工程、房屋结构等，并指出设计中缺陷、遗漏的工程项目，加强常见工程质量通病及隐蔽工程等特殊过程的监查；从业主使用功能角度，注意完善相关规划设计的缺陷，包括各类开关、空调位（孔）、插座、排水、预留电源、排烟道和门的开启方向等。主要是把好质量关，并就有关问题提出建议和意见。重点在通过积极的咨询服务，从物业管理的角度，协助开发商对一些在今后使用和物业管理中容易出现问题的地方、部位进行指导、监督；仔细做好现场记录，为今后物业管理提供资料，为将来处理质量问题提供重要依据。

［案例 3-2］ 早期介入提佳策

某小区尚处于施工阶段，开发商委托物业管理公司早期介入。在整个早期介入过程中，物业管理公司针对一些细节，向开发商提出改进意见，既为开发商节约了资金，提升了楼盘的品质，也为日后的管理和业主生活提供了便利。

物业管理公司根据管理经验，发现该小区在高层或多层住宅的楼道、走廊两边的墙上，东一块、西一块补丁般地布满了有线电视、水表、电表、电子保安、电话等箱子。于是，就向开发商提出应根据不同房型的特点，留出一定的空间，将所有的表箱安装在合适的位置，既方便不同单位来安装，又为今后抄表工作省去不少麻烦。物业管理公司在小区设计图纸中发现，原先的垃圾房设计不够合理，就向开发商建议设置骑墙式垃圾房，一面朝向小区存放垃圾，一面朝向区外道路，便于装运垃圾。此垃圾房建筑面积在 20m² 左右，内外设门，内墙面贴瓷砖，设水龙头便于清洗，下置排水道，外墙面与小区整体建筑风格相协调。开发商欣然接受，并着手改造。

物业管理公司还发现，有几幢楼的楼板内无任何预埋管道，这将影响今后的"穿线"工作。物业管理公司向开发商汇报了此事，开发商立刻命令施工队返工，并要求物业管理公司和监理方共同监督施工过程。

分析：本案例是一家物业管理公司在早期介入阶段向开发商提出了几条合理化建议，既使开发商节约了成本，又避免日后因这些细节引发纠纷。物业管理早期介入的最大好处，是物业管理公司能从业主的利益、需求出发提出意见，从物业管理服务审慎的思维角度、从是否有利于日后物业管理服务等具体细节上提出意见或建议，从而把一般楼盘开发中容易出现的问题降到最低限度。

想一想：假设你是在物业管理企业早期介入的工作人员，在你所介入的项目中有如下情况，你会怎样处理？

某建筑每层面积为 800 多 m²，有两道分布合理的消火栓及其立管就足以满足国家消防规范的要求；然而某设计院却为其设计了三道，这意味着不仅无谓增加了 30 多万元的建筑成本，而且还无端影响了户内布局。于是，你提议开发商抓紧找设计院洽商变更设计，取消一道消火栓及其立管。开发商也认为你的建议确实很有道理，便马上和设计院进行交涉。不过，设计院不愿意否定自己的设计方案，开发商反复交涉也未获认可，只好找你商议此事的解决办法。

单元五　销售租赁阶段的早期介入

学习目标

1. 了解物业管理销售租赁阶段早期介入物业服务企业的介入形式，以准确的角色定位，为物业租售树立良好的形象。

2. 熟悉物业管理销售租赁阶段早期介入物业服务企业的方法与要点，能主动通过物业管理服务内容的展示促进物业租售。

3. 掌握物业管理销售租赁阶段早期介入的具体内容，具备市场推广宣传能力。

〖销售租赁阶段早期介入的内容〗

物业销售租赁阶段是物业项目的营销阶段，在这个阶段物业服务企业的早期介入主要是根据实际情况，参与开发商的物业销售租赁的宣传推广活动。随着房地产市场消费心理的日渐成熟，人们的消费观念发生了根本性变化，在注重物业品牌和内在质量的同时也越来越注重物业管理服务。因此，在物业销售租赁期间，物业服务企业的早期介入可以保证物业项目的营销导向，以良好的物业服务形象及物业服务品牌吸引大量的购房者，帮助开发商树立物业项目品牌形象，进而实现促进物业销售租赁的目的。

具体而言，由于物业管理人员与业主联系最密切，熟知业主在使用中的各种需求，并且对在管的各项物业项目优缺点了如指掌，可以协助开发商通过市场细分化，确定目标市场，并按照目标市场的需求，确定整体营销策略（产品策略、价格策略、促销策略、分销策略、广告策略等），引导潜在客户购买或租赁物业。这个阶段早期介入的内容主要包括以下几个方面。

1. 提供咨询建议

参与营销策划，从销售案场设计、样板房设计方案充分展示后期物业管理理念、体现物业管理品质，以及从贴近客户使用现实感的角度出发，向开发商提出调整意见和咨询建议；对于广告宣传推广，要配合开发商认真审核物业管理相关的内容，以保证其中有关物业管理的承诺合法合规、合情合理；协助开发商起草拟定前期物业服务合同、临时管理规约，并提出不侵犯业主合法权益且有助于双方长远利益的咨询建议；评估物业项目区域内外不利于销售租赁期的影响因素，向开发商提出整改建议。

2. 策划物业管理方案

针对物业项目在正式完成营销推广方案前，需要确定包含管理模式、服务创新、内部管理机制、管理服务标准、品质控制方法、管理费测算等内容的物业管理方案。物业管理方案经开发商确认后，据此在房屋销售前与开发商签订前期物业服务合同；物业服务企业还应协助开发商在销售时，与购房者签订前期物业服务合同。

3. 准备营销资料

物业服务企业应主动了解开发商在销售时对外宣传和承诺的内容，根据开发商需要提供售楼宣传所需要的物业管理服务的推介资料。开发商有关物业管理服务方面的宣传和承诺的内容需要获得物业服务企业的书面确认。

4. 培训售楼人员

对售楼人员进行物业管理服务基础知识培训，统一并规范有关物业管理服务方面的承诺，提高售楼人员的物业管理专业素质，以保证销售租赁过程中物业服务企业与开发商的协调一致，树立良好的销售租赁形象。

5. 现场咨询服务

安排物业管理专业人员在销售租赁现场解答购房者对物业管理服务方面的咨询；在销售现场协助开发商进行销售推广，了解购房者情况，进行客户调查；将购房者在销售租赁过程中对物业项目的合理要求反馈给开发商；负责售楼处及样板房的秩序维护、保洁指导。

6. 提供销售案场物业管理

接受建设单位委托，负责销售案场、样板房的全面物业管理，重点是样板房的秩序维护、保洁服务，做好客户接待服务、客户信息登记等，展示入住后的物业管理品质与特色。

〖销售租赁阶段早期介入的形式、方法和要点〗

销售租赁阶段物业服务企业早期介入的形式主要是充当顾问的角色。物业服务企业需配合开发商做好销售中心、样板房保洁、秩序维护服务；客户的接待咨询服务；协助开发商开展业主联谊活动；加强楼盘宣传，挖掘潜在客户群等工作，要充当好开发商与业主沟通的桥梁。

销售租赁阶段物业服务企业早期介入的方法，一是准确全面地展示未来物业管理服务的内容，二是征询购房者对物业管理服务的需求。其工作要点是物业管理方案策划、物业管理模式研究以及准备销售推介资料的内容，具体内容是完成物业管理方案及实施进度表；拟定物业管理的公共管理制度；拟定各项费用的收费标准及收费办法，必要时履行各种报批手续；对销售人员提供必要的物业管理基本知识培训；派出现场咨询人员，在售楼现场为客户提供物业管理咨询服务。

这一阶段需要注意的问题是在销售过程中，物业服务企业与开发商应对物业管理服务相关问题统一口径，规避不一致的承诺。

[案例3-3]　早期介入促销售

某物业项目位于粤西的一个沿海城市，开发规模较大，总建筑面积达40余万m^2，是当地最大的住宅建设项目，因此倍受当地居民和政府的关注。整个项目分三期建设，第一期为经济适用房，同时被列为该市重点工作，整个小区在建设中已申报国家康居示范工程小区。

该物业建设单位前期已开发过多项物业项目，自己组建了物业管理企业。为把这个项目建设好、经营好，该开发商拟聘请有经验的物业管理企业担任项目的物业管理顾问，帮助解决前期的物业管理问题。

由于该地的房地产开发和物业管理水平在广东地区相对落后，消费者的置业观念和物业管理意识和其他地区比较还有差异，房地产售价和物业管理收费都处于较低的水平，因此，物业服务企业销售阶段的介入主要做了以下工作：

1）在销售前，将物业管理方案整理并全面完成，将许多涉及业主买房应知的内容，以书面文件的形式确定下来。

2）销售前对售楼人员进行系列的物业管理培训，使他们对物业管理的基本概念和基本知识有所了解，对将来该小区的物业管理内容和模式有统一的理解。

3）在售楼现场设立了专职的物业管理咨询人员，接受购房者的咨询，这种咨询和宣传沟通起到了很好的效果，避免了开发商对物业管理的随意承诺，也使未来业主对物业管理有了信心，增加了购买的欲望。

4）为使购房者对物业管理有所了解，在销售时，就让已招聘的部分物业管理人员上岗，如清洁人员、秩序维护员、绿化人员的规范化工作，更使得未来业主对物业管理的印象加深。

该项目已取得了明显的经济效益和社会效益，同时也使该项目成为粤西地区最具有影响力的项目和物业管理的范例。

分析： 该项目成功后，开发商的形象得到很大提升，使很多其他开发商提高了对物业管理早期介入的认识，纷纷邀请物业服务企业合作和加盟。这说明物业管理的早期介入对开发商、物业服务企业和业主都有很大的益处，是解决物业建设与物业管理衔接问题的有效手段，应引起各方面的重视。只有大家都能认识到早期介入的重要性，物业管理市场的发育才可能进一步完善。

想一想： 从本案例物业项目所在地区的实际情况看，你认为该物业服务企业在案情所介绍的具体工作中，应抓的重点工作是什么？

单元六　竣工验收阶段的早期介入

学习目标

1. 了解物业管理竣工验收阶段早期介入物业服务企业的介入形式，把握好角色定位，通过参与验收掌握物业项目质量状况。

2. 熟悉物业管理竣工验收阶段早期介入物业服务企业的方法与要点，通过参与验收发现问题缺陷，并尽快解决。

3. 掌握物业管理竣工验收阶段早期介入的具体内容，尽快熟悉物业项目，为承接查验打好基础。

〖 竣工验收阶段早期介入的内容 〗

物业竣工验收阶段是房地产开发项目的最后一个阶段，这个阶段是施工单位把符合设计文件规定要求且具备使用条件的开发项目交给开发商。竣工验收是对开发项目质量控制的最后把关，其工作的认真、细致与否，不仅对开发项目质量最终认定产生直接的影响，而且对物业服务企业承接查验也将产生影响。物业服务企业在此阶段尽管是以参与者的身份介入，但是在认识和操作上，都不能有丝毫的懈怠，以便为接下来的承接查验打好基础。这个阶段工作主要包括以下几个方面。

1. 提供法律政策支持

收集与验收相关的法律法规、标准规范以及所在地规章政策，为建设单位提供法律政策支持。

2. 验收的准备

组成验收小组，协助开发商编制竣工验收方案，其中包括验收计划和验收标准，以保证验收工作能够按计划、有步骤地进行，避免验收疏漏的出现。

验收小组在参与竣工验收时，应准备竣工验收的表格资料，以便现场做好详细记录，为今后的承接查验以及日常管理等工作奠定基础。参与竣工验收使用的表格资料主要有房屋接管验收表、室内接管验收遗留问题统计表、公共配套设施接管验收遗留问题统计表、机电设备接管验收表、机电设备接管验收遗留问题统计表等。在参与竣工验收过程中，还应了解工程建设的各个环节，审阅工程档案资料，实地查验建筑工程和设备安装情况，并对工程设计、施工和设备质量等方面的问题结合各类统计表汇总后提交给开发商。

3. 验收的实施

在早期介入中，通常竣工验收分为四种情况，即隐蔽工程验收、分期验收、单项工程验收和全部工程验收。隐蔽工程验收是指对被其他工序施工所隐蔽的分部分项工程的验收；分期验收是指对分期进行的工程项目或个别单位工程，达到使用条件，需要提前动用时所进行的验收；单项工程验收是指对工程项目的某个单项工程已按设计要求施工完毕，具备使用条件，能满足投产要求时，施工单位向开发商发出交工通知而进行的验收；全部工程验收是指对整个建设项目按设计要求全部落成并达到竣工验收标准时，进行全部工程的验收。

无论参与哪种情况的竣工验收，都应做到：

1）提醒开发商注意保持物业原设计图样、设计变更、竣工图和设备出厂合格证书及设备试运行记录等技术检验资料验收的完整性。

2）提醒开发商注意按移交设备清单核清设备的规格型号、设计要求、安装数量、安装位置等。

3）应注意对房屋水、电、土建、门窗、电器设备等进行全面检查，并作好记录。

4）提醒开发商对在验收过程未达到验收标准的物业、设施、设备，提出书面整改报告并限期进行整改。

5）对未达到验收标准的物业、设施、设备，要通过摄像、摄影手段留存影像资料。

4. 协助善后事宜

协助开发商跟进竣工验收遗留问题的整改，协助开发商收集、整理竣工验收资料，建档存留。

〖 竣工验收阶段早期介入的形式、方法和要点 〗

物业竣工验收阶段物业服务企业早期介入的形式主要是参与。竣工验收的主体是开发商与施工单位，是建设工程项目竣工后开发商会同设计、施工、设备供应单位及工程质量监督部门，对该项目是否符合规划设计要求以及建筑施工和设备安装质量进行全面检验的过程。物业服务企业在此阶段主要是参与各项工程的竣工验收，其目的是为了掌握验收情况，收集存在的工程质量、功能配套以及其他方面存在的遗留问题，为物业项目的承接查验做准备。

竣工验收阶段物业服务企业早期介入的方法主要是随同相关验收小组观看验收过程，了解验收人员、专家给施工单位或开发商的意见、建议和验收结论，并认真记录，填写好相关表格。具体的做法是参与开发商的房屋、设备、设施的竣工验收，并建立验收档案；发现可能存在的施工隐患，并列出遗漏工程项目；参与重大设备的调试和验收；参与制订物业验收流程；指出工程缺陷，就改良方案的可能性提出建议。

竣工验收阶段物业服务企业早期介入的要点是参加人员要尽可能熟悉有关的施工验收规范，了解设计要求，抓住要点。这些要点包括：检验设备设施的性能是否达到设计要求，如柴油发电机能否手动、自动启动；启动的时间是否达到要求，消防 30 秒，人防 15 秒；输出电压和频率是否稳定，配电开关能否自动切换等；开启湿式报警阀的试验阀，测试消防喷淋泵是否能自动启动等；检查施工工艺，如设备是否有编号；配电柜、控制柜及其各回路、电器元件是否标识清楚；配线是否整齐；接线是否牢固；有多条（3条）以上零、地线的要设置零线、地线汇流排；多股线要压接线耳；线槽盖、线盒盖是否齐全；设备、设施外观检查，是否有损坏、生锈或残缺。

［阅读资料3-3］ 物业早期介入应重点关注的工作，参见本书配套资源。

思 考 题

3-1 什么是物业管理早期介入？物业管理早期介入可以分为哪几个阶段？

3-2 物业管理早期介入的作用有哪些？

3-3 立项决策阶段早期介入的形式是什么？其要点有哪些？

3-4 规划设计阶段早期介入的形式是什么？其要点应考虑哪些问题？

3-5 建设施工阶段早期介入的内容有哪些？简述其工作方法。

3-6 销售租赁阶段早期介入的内容有哪些？

3-7 为什么说竣工验收阶段物业服务企业早期介入的形式主要是参与？

学习情境四

物业的承接查验

单元一　知识准备

学习目标
1. 了解物业承接查验相关知识及法规政策，在实践中能够灵活运用。
2. 熟悉物业承接查验的条件，能明确承接查验的主体，并在条件具备时依规查验、承接。
3. 掌握物业承接查验的范围，能做好查验、承接的准备工作。

〖 承接查验的概念、意义 〗

承接查验是指物业服务企业根据物业服务合同的约定，在承接物业前，对新建物业或原有物业按照国家、地方有关规定和行业承接查验标准，与交接人即开发商、业主或业主委员会共同对物业共用部位、共用设施设备以及物业相关资料进行检查和交接的活动。

这是根据住建部于2010年10月14日颁布、自2011年1月1日起施行的《物业承接查验办法》中"物业承接查验，是指承接新建物业前，物业服务企业和开发商按照国家有关规定和前期物业服务合同的约定，共同对物业共用部位、共用设施设备进行检查和验收的活动。""前期物业服务合同终止后，业主委员会与业主大会选聘的物业服务企业之间的承接查验活动，可以参照执行本办法"的规定，总结归纳的。

对于新建物业，开发商应当在物业交付使用15日前，与选聘的物业服务企业完成物业共用部位、共用设施设备的承接查验工作。物业承接查验费用的承担，根据《物业承接查验办法》的规定，由开发商承担。原有物业的承接查验参照《物业承接查验办法》执行。

物业承接查验的原则是诚实信用、客观公正、权责分明以及保护业主共有财产。承接查验重点查验物业共用部位、共用设施设备的配置标准、外观质量和使用功能；对移交的资料进行清点和核查，重点核查共用设施设备出厂、安装、试验和运行的合格证明文件。在完成承接查验后，整个物业就移交给物业服务企业管理。

物业的承接查验是物业服务企业承接物业前的一个重要环节。物业服务企业通过承接查验，与交接人签订物业承接查验协议，能够弄清承接物业的实际状况，有利于界定清楚交接双方对物业所应承担的责任。从物业管理实践的角度看，承接查验能促使开发商和施工单位按照规划设计进行施工和建设，确保物业具备正常的使用功能，减少日后管理过程的维修、养护工作量，为物业管理创造良好条件。因此，物业服务企业要高度重视承接查验工作，按照有关规定进行承接查验，确保承接查验工作的质量，杜绝和防止出现遗留问题，给后续物业管理活动带来不必要的麻烦。

〖物业承接查验的条件〗

物业承接查验的情况有两种，一是新建物业，即开发商已完成竣工验收的建设项目，其交接人为开发商；二是物业管理机构更迭，即指前期物业服务合同或物业服务合同期满或终止，业主大会选聘新的物业服务企业，所签合同生效时进行的承接查验活动。

1. 承接查验的条件

无论是新建物业的承接查验，还是物业管理机构更迭的承接查验，所要具备的最主要前提条件是物业服务企业通过参与招标投标活动，与开发商、业主或业主委员会代表业主大会签订了前期物业服务合同或物业服务合同，取得了该物业项目的委托管理权。

（1）**新建物业承接查验的条件** 对新建物业的承接验收，其交接双方是物业服务企业与开发商，其承接查验行为以前期物业服务合同为依据。新建物业承接查验的条件，根据《物业承接查验办法》的规定为：

1）建设工程竣工验收合格，取得规划、消防、环保等主管部门出具的认可或者准许使用文件，并经建设行政主管部门备案。

2）供水、排水、供电、供气、供热、通信、公共照明、有线电视等市政共用设施设备按规划设计要求建成，供水、供电、供气、供热已安装独立计量表具。

3）教育、邮政、医疗卫生、文化体育、环卫、社区服务等公共服务设施已按规划设计要求建成。

4）道路、绿地和物业服务用房等公共配套设施已按规划设计要求建成，并满足使用功能要求。

5）电梯、二次供水、高压供电、消防设施、压力容器、电子监控系统等共用设施设备取得使用合格证书。

6）物业使用、维护和管理的相关技术资料完整齐全。

7）法律、法规规定的其他条件。

（2）**原有物业承接查验的条件** 对原有物业的承接验收，其交接双方是物业服务企业与业主或业主委员会，其承接查验行为以物业服务合同为依据。原有物业承接查验的条件目前没有明确规定，但实践中一般要求：

1）业主或业主委员会代表业主大会与原物业服务企业解除了前期物业服务合同或物业服务合同。

2）业主或业主委员会代表业主大会与新选聘物业服务企业签订的物业服务合同生效。

2. 承接查验的依据

承接查验的法律依据是《物业管理条例》；其一般依据，根据《物业承接查验办法》的规定，实施物业承接查验，主要依据下列文件：

1）物业买卖合同。
2）（临时）管理规约。
3）（前期）物业服务合同。
4）物业规划设计方案。
5）开发商、业主或业主委员会代表业主大会移交的图纸资料。
6）建设工程质量法规、政策、标准和规范。

〖物业承接查验的范围〗

1. 物业相关资料

1）竣工总平面图，单体建筑、结构、设备竣工图，配套设施、地下管网工程竣工图等竣工验收资料。
2）共用设施设备清单及其安装、使用和维护保养等技术资料。
3）供水、供电、供气、供热、通信、有线电视等准许使用文件。
4）物业质量保修文件和物业使用说明文件。
5）承接查验所必需的其他资料。

2. 物业共用部位、共用设施设备

（1）**共用部位** 一般包括建筑物的基础、承重墙体、柱、梁、楼板、屋顶以及外墙、门厅、楼梯间、走廊、楼道、扶手、护栏、电梯井道、架空层及设备间等。

（2）**共用设备** 一般包括电梯、水泵、水箱、避雷设施、消防设备、楼道灯、电视天线、发电机、变配电设备、给水排水管线、电线、供暖及空调设备等。

（3）**共用设施** 一般包括道路、绿地、人造景观、围墙、大门、信报箱、宣传栏、路灯、排水沟（渠、池）、污水井、化粪池、垃圾容器、污水处理设施、机动车（非机动车）停车设施、休闲娱乐设施、消防设施、安防监控设施、人防设施、垃圾转运设施以及物业服务用房等。

根据《物业承接查验办法》的规定，开发商应当依法移交有关单位的供水、供电、供气、供热、通信和有线电视等共用设施设备，不作为物业服务企业现场检查和交接的内容。

〖相关法规政策标准〗

1）《物业管理条例》。
2）《建设工程质量管理条例》。
3）《物业承接查验办法》。
4）国家有关建筑专业、强电系统、电梯与升降系统、空调系统、给水排水系统、消防系

统和弱电系统等的验收标准或规范。

［阅读资料4-1］ 物业承接查验方案，参见本书配套资源。

单元二　物业承接查验的内容与要求

学习目标

1. 了解并熟悉物业承接查验的内容，能全面地做好承接查验的工作计划。
2. 掌握物业承接查验内容的具体要求，能保证高质量地完成承接查验工作。

物业承接查验的具体内容与要求（标准）可参照中国物业管理协会设施设备技术委员会编著的《物业承接查验操作指南》及各地区根据本地区实际情况颁布的地方规章制度等。

〖图纸、资料、文件类承接查验的内容与要求〗

1. 物业产权资料

1）项目开发批准报告。
2）规划许可证。
3）投资许可证。
4）土地使用合同。
5）建筑开工许可证。
6）用地红线图。

2. 综合竣工验收资料

1）竣工图（包括总平面布置图、建筑、结构、水、暖、电、气、设备、附属工程各专业竣工图及地下管线布置竣工图）。
2）建设工程竣工验收证书。
3）建筑消防验收合格证。
4）公共配套设施综合验收合格书。
5）供水合同。
6）供电协议书、许可证。
7）供气协议书、许可证。
8）光纤合格证。
9）通信设施合格证。
10）电梯准用证。

3. 施工设计资料

1）地质报告书。
2）全套设计图纸。

3）图纸会审记录。
4）设计变更通知单。
5）工程预决算报告书。
6）重要的施工会议纪要。
7）隐蔽工程验收记录。
8）沉降观测记录。
9）其他可能会影响将来管理的原始记录。

4. 机电设备资料

1）机电设备出厂合格证。
2）机电设备使用说明书（要求中文）。
3）机电设备安装、调试报告。
4）设备保修卡、保修协议。

5. 业主资料

1）业主姓名以及联系电话、房屋的位置及面积等。
2）业主的付款情况或付款方式。

〖建筑工程承接查验的内容与要求〗

建筑工程承接查验可参照《建筑工程施工质量验收统一标准》（GB 50300—2013）、《建筑装饰装修工程质量验收标准》（GB 50210—2018），主要对抹灰工程、门窗工程、吊顶工程、轻质隔墙工程、饰面板（砖）工程、幕墙工程、涂饰工程、裱糊与软包工程、细部工程和建筑地面工程等子分部工程进行查验，以及收验施工现场质量管理检查记录、检验批质量验收记录、分项工程质量验收记录、分部工程质量验收记录、单位工程质量竣工验收记录、隐蔽工程验收记录等资料。

〖强电系统承接查验的内容与要求〗

强电系统承接查验可参照《建筑电气工程施工质量验收规范》（GB 50303—2015），主要对变压器、箱式变电所安装，成套配电柜、控制柜（台、箱）和配电箱（盘）安装，电动机、电加热器及电动执行机构检查接线，柴油发电机组安装，UPS及EPS安装，电气设备试验和试运行，母线槽安装，梯架、托盘和槽盒安装，导管敷设，电缆敷设，导管内穿线和槽盒内敷线，塑料护套线直敷布线，钢索配线，电缆头制作、导线连接和线路绝缘测试，普通灯具安装，专用灯具安装，开关、插座、风扇安装，建筑物照明通电试运行，接地装置安装，变配电室及电气竖井内接地干线敷设，防雷引下线及接闪器安装，建筑物电位联结等进行查验；以及收验设计文件和图纸会审记录及设计变更与工程洽商记录，主要设备、器具、材料的合格证和进场验收记录，隐蔽工程检查记录，电气设备交接试验检验记录，电动机检查（抽芯）记录，接地电阻测试记录，绝缘电阻测试记录，接地故障回路阻抗测试记录，剩余电流动作保护器测试记录，电气设备空载试运行和负荷试运行记录，EPS应急持续供电时间记录，灯具固定装置及悬吊装置的载荷强度试验记录，建筑照明通电试运行记录，接闪线和接闪带固定支架的垂直拉力测试记录，接地（等电位）联结导通性测试记录，工序交接合格等施工安装记录等资料。

电梯与升降系统承接查验的内容与要求

电梯与升降系统承接查验可参照《电梯工程施工质量验收规范》（GB 50310—2002），重点对电力驱动的曳引式或强制式电梯安装工程、液压电梯安装工程的设备进场验收；土建交接检验；驱动主机；导轨；门系统；轿厢；对重（平衡重）；安全部件；悬挂装置、随行电缆、补偿装置；电气装置；整机安装等进行查验。对自动扶梯、自动人行道安装工程的设备进场验收、土建交接检、整机安装等进行查验，以及收验土建布置图；产品出厂合格证；门锁装置、限速器、安全钳及缓冲器的型式试验证书复印件；梯级或踏板的型式试验报告复印件或胶带的断裂强度证明文件复印件；对公共交通型自动扶梯、自动人行道应有扶手带的断裂强度证书复印件；装箱单；安装、使用维护说明书；动力电路和安全电路的电气原理图；液压系统原理图；土建交接检验记录表、设备进场验收记录表、分项工程质量验收记录表、子分部工程质量验收记录表；分部工程质量验收记录表等资料。

空调系统承接查验的内容与要求

空调系统承接查验可参照《通风与空调工程施工质量验收规范》（GB 50243—2016），重点对风管与配件、风管部件、风管系统安装、风机与空气处理设备安装、空调用冷（热）源与辅助设备安装、空调水系统管道与设备安装、防腐与绝热等进行查验；以及收验图纸会审记录、设计变更通知书和竣工图，主要材料、设备、成品、半成品和仪表的出厂合格证明及进场检（试）验报告，隐蔽工程验收记录，工程设备、风管系统、管道系统安装及检验记录，管道系统压力试验记录，设备单机试运转记录，系统非设计满负荷联合试运转与调试记录，分部（子分部）工程质量验收记录，观感质量综合检查记录，安全和功能检验资料的核查记录，净化空调的洁净度测试记录，新技术应用论证资料等资料。

给水排水系统承接查验的内容与要求

给水排水系统承接查验可参照《建筑给水排水及采暖工程施工质量验收规范》（GB 50242—2002），重点对室内给水系统，包括给水管道及配件安装、室内消防栓系统、给水设备；室内排水系统，包括排水管道及配件安装、雨水管道及配件安装；室内热水供应系统，包括管道及配件安装、辅助设备安装；卫生器具，包括卫生器具安装、卫生器具给水配件安装、卫生器具排水管道安装；室内采暖系统，包括管道就配件安装、辅助设备及散热器安装、金属辐射板安装、低温热水地板辐射采暖系统安装；室外给水管网，包括给水管道安装、消防水泵接合器及室外消火栓安装；室外排水管网，包括排水管道安装、排水管沟及井池；室外供热管网，包括管道及配件安装；建筑中水系统及游泳池水系统，包括建筑中水系统管道及辅助设备安装、游泳池水系统安装；供热锅炉及辅助设备安装，包括锅炉安装、辅助设备及管道安装、安装附件安装、换热站安装等进行查验。以及收验开工报告，图纸会审记录、设计变更及洽商记录，施工组织设计或施工方案，主要材料、成品、半成品、配件、器具和设备出厂合格证及进场验收单，隐蔽工程验收及中间试验记录，设备试运转记录，安全、卫生和使用功能检验和检测记录，检验批、分项、子分部、分部工程质量验收记录，竣工图等资料。

〖消防系统承接查验的内容与要求〗

消防系统承接查验可参照《火灾自动报警系统施工及验收规范》（GB 50166—2019），重点对火灾自动报警系统，包括火灾报警控制器及其现场部件；家用火灾安全系统；消防联动控制器及其现场部件；消防专用电话系统；可燃气体探测报警系统；电气火灾监控系统；消防设备电源监控系统；消防设备应急电源；消防控制室图形显示装置和传输设备；火灾警报、消防应急广播；防火卷帘系统；防火门监控系统；气体、干粉灭火系统；自动喷水灭火系统；消火栓系统；防排烟系统；消防应急照明和疏散指示系统；电梯、非消防电源等相关系统联动控制；系统整体联动控制功能等进行查验。以及收验竣工验收申请报告、设计变更通知书、竣工图，工程质量事故处理报告，施工现场质量管理检查记录，系统安装过程质量检查记录，系统部件的现场设置情况记录，系统联动编程设计记录，系统调试记录，系统设备的检验报告、合格证及相关材料等。

参照《自动喷水灭火系统施工及验收规范》（GB 50261—2017），重点对供水设施安装、消防水泵安装、消防水箱安装和消防水池施工、消防气压给水设备和稳压泵安装、消防水泵接合器安装、管网及系统组件安装、系统试压和冲洗等进行查验；以及收验竣工验收申请报告、设计变更通知书、竣工图，工程质量事故处理报告，施工现场质量管理检查记录，自动喷水灭火系统施工过程质量管理检查记录，自动喷水灭火系统质量控制检查资料，系统试压、冲洗记录，系统调试记录。

参照《建筑灭火器配置验收及检查规范》（GB 50444—2008），重点对手提式灭火器的安装设置、推车式灭火器的设置进行查验；以及收验建筑灭火器配置工程竣工图、建筑灭火器配置定位编码表，灭火器配置设计说明、建筑设计防火审核意见书，灭火器的有关质量证书、出厂合格证、使用维护说明书等资料。

〖弱电系统承接查验的内容与要求〗

弱电系统承接查验参照《智能建筑工程质量验收规范》（GB 50339—2013），重点对智能化集成系统、信息接入系统、用户电话交换系统、信息网络系统、综合布线系统、移动通信室内信号覆盖系统、卫星通信系统有线、电视及卫星电视接收系统、公共广播系统、会议系统、信息导引及发布系统、时钟系统、信息化应用系统、建筑设备监控系统、火灾自动报警系统、安全技术防范系统、应急响应系统、机房工程、防雷与接地等进行查验；以及收验工程技术文件，设备材料进场检验记录和设备开箱检验记录，自检记录，分项工程质量验收记录，试运行记录等资料。

单元三 物业承接查验的作业程序

学习目标

1. 了解并熟悉物业承接查验程序，具备物业承接查验组织计划能力。
2. 掌握物业承接查验方案的制定思路与方法，能制定物业承接查验方案。
3. 掌握移交有关图纸资料，查验共用部位、共用设施设备的要点，能在承接查验中有重点地开展工作。
4. 掌握物业承接查验的注意事项，能保证承接查验工作的顺利实施。

〖物业承接查验程序〗

根据《物业承接查验办法》的规定，物业承接查验的程序为：确定物业承接查验方案，移交有关图纸资料，查验共用部位、共用设施设备，解决查验中发现的问题，确认现场查验结果，签订物业承接查验协议，办理物业交接手续，办理备案手续。

1. 确定物业承接查验方案

在物业服务企业与开发商、业主或业主委员会签订前期物业服务合同或物业服务合同之后，物业服务企业应在合同中规定的承接物业日期之前，及时组建承接查验小组，确定物业承接查验方案，周密地安排时间进程，以确保承接查验工作的顺利完成。

（1）**承接查验小组的组建** 承接查验小组的组建可考虑由物业服务企业工程部、行政部、客户服务中心等相关人员组成。其分工如下：

1）由行政部负责接管物业的产权、工程、设备资料的查验移交工作。
2）由客户服务中心负责业主资料的移交及协助楼宇的查验移交工作。
3）由工程部负责具体的物业本体、公共设施、机电设备的查验移交工作。

（2）**承接查验的准备工作** 承接查验开始之前，承接查验小组应做好以下准备工作：

1）与开发商、业主或业主委员会确定承接查验的日期、进度安排、验收标准等。
2）要求开发商、业主或业主委员会提供承接查验详细清单、建筑图纸、相关单项或综合验收证明资料。
3）派出技术人员提前介入到承接查验现场了解情况，为承接查验做准备。
4）提前参与开发商组织的竣工验收和机电设备最终安装、调试工作。
5）组织相关人员制定承接查验方案。

（3）**承接查验方案的内容**

1）时间进程安排。承接查验的项目较多，一般需要分批分阶段进行，因此，要根据承接物业项目的实际状况，科学合理地安排好承接查验的时间进程。物业服务企业如果是早期介入新建物业，其承接查验可与竣工验收同步进行。

2）应准备的资料：国家、地方法规标准和企业管理制度，如房屋承接查验标准、公共设备设施验收标准、工程质量问题处理程序、竣工资料清单等；工作流程文件，如交接查验作业规程、物业查验的内容及方法、承接查验所发现问题的处理流程等；常用的记录表格，如物业资料移交清单（表 4-1）、公共配套设施承接查验表（表 4-2）、公共配套设施承接查验遗留问题统计表（表 4-3）、房屋承接查验表（表 4-4）、房屋承接查验遗留问题统计表（表 4-5）等。

表 4-1　物业资料移交清单

序号	移交资料名称	单位	数量	备注

移交人：＿＿＿＿＿＿＿＿＿＿＿＿＿　　　　　　　　　　　　　　日期：＿＿＿＿＿＿＿＿

表 4-2　公共配套设施承接查验表

设施名称	存在问题简述	备注

接管人：＿＿＿＿＿＿＿＿＿＿＿＿＿　　　　　　　　　　　　　　日期：＿＿＿＿＿＿＿＿

表 4-3　公共配套设施承接查验遗留问题统计表

设施名称	遗留问题简述	备注

统计人：＿＿＿＿＿＿＿＿＿＿＿＿＿　　　　　　　　　　　　　　日期：＿＿＿＿＿＿＿＿

表 4-4　房屋承接查验表

栋号：　　　　　　　　　　承接查验时间：　　年　　月　　日

编号	存在问题简述					备注
	土建设施	照明	给水排水	门窗	其他	

接管人：＿＿＿＿＿＿＿＿＿＿＿＿＿　　　　　　　　　　　　　　日期：＿＿＿＿＿＿＿＿

表 4-5　房屋承接查验遗留问题统计表

栋号、房号	遗留问题简述	备注

统计人：_____　　　　　　　　　　　　　　　　　　日期：_____

3）确定查验范围及内容。承接查验的项目见前述物业承接查验的范围（本学习情境任务一）。

对原有物业的承接查验，还要注意关注这样几个问题：物业资料情况除检查前面所述新建物业承接查验所应接收的相关资料外，还要对原物业服务企业在管理过程中产生的重要质量记录进行接管；掌握各项费用与收支情况、物业项目管理处运行情况，包括物业费、停车费、水电费、其他有偿服务费的收取和支出，维修资金的收取、使用和结存，各类押金、欠收款项，待付费用等财务情况；其他情况：如物业管理用房，产权属全体业主所有的设备、工具、材料，与水、电、通信等市政管理单位的供水、供电的合同、协议等。

4）承接查验组织计划。确定承接查验小组人员及职责分工，进行人员培训、实地模拟演练，验收承接查验作业程序，安排承接查验计划等。

2. 移交有关图纸资料

根据《物业承接查验办法》的规定，现场查验 20 日前，开发商、业主或业主委员会应当向物业服务企业移交资料。移交资料前，开发商、业主或业主委员会应认真填写物业资料移交清单。承接查验的资料范围，按前述内容确定。物业服务企业接收到开发商、业主或业主委员会移交的物业资料移交清单与物业资料后，应认真核实。未能全部移交物业承接查验办法所规定资料的，开发商、业主或业主委员会应当列出未移交资料的详细清单并书面承诺补交的具体时限。

有关图纸资料既是承接查验的内容，也是查验共用部位、共用设施设备的依据，因此，接收有关图纸资料，是物业承接查验很重要的基础性工作，必须高度重视。对物业资料查验中发现的资料不全、不真实、不合格等问题，经核实后，承接查验小组应当将问题逐项记录在移交物业资料遗留问题登记表中，交开发商、业主或业主委员会签字确认，并积极同开发商、业主或业主委员会协调补齐相关资料。

3. 查验共用部位、共用设施设备

接到开发商、业主或业主委员会承接查验的通知后，承接查验小组核对所接受的资料，具备条件的，应在 15 日内签发查验复函并约定查验时间。根据承接查验方案的时间进程安排，组织好现场查验。

现场查验时，开发商、业主或业主委员会应当委派人员参与，与物业服务企业共同确认现场查验的结果。也可以邀请业主代表以及物业所在地房地产行政主管部门、街道办事处或乡镇人民政府监督参加，或聘请相关专业机构协助进行。物业承接查验的过程和结果可以公证。

现场查验主要根据承接查验一般性依据中的物业规划设计方案；开发商、业主或业主委员会移交的图纸资料；建设工程质量法规、政策、标准和规范，综合运用核对、观察、使用、检测和试验等方法，查验物业共用部位、共用设施设备的配置标准、外观质量和使用功能，重点查验设备和主材的规格型号、容量、制造厂并清点数量、安装位置等。其中，实物查验，应做到"三符合"，即图纸与设备规格型号、数量符合；主要设备的实际安装位置与设计安装位置符合；设备包括设备连接的整个系统的技术性能，应与设计的功能符合。

现场查验应当形成书面记录。查验记录应当包括查验时间、项目名称、查验范围、查验方法、存在问题、修复情况以及查验结论等内容，查验记录应当由开发商、业主或业主委员会与物业服务企业参加查验的人员共同签字确认。

4. 解决查验中发现的问题

对承接查验中发现的问题，物业服务企业一定要进行认真记录，并将物业共用部位、共用设施设备的数量和质量不符合约定或者规定的情形分类整理，形成物业查验整改通知单，书面通知开发商、业主或业主委员会，约定整改完成时间与复验时间，并提交给开发商、业主或业主委员会签字确认。开发商、业主或业主委员会应当及时解决承接查验中发现的问题，并组织物业服务企业复验。

对于查验中发现的工程质量，由开发商提出处理意见。在实际工作中，物业服务企业在提出质量问题的同时，还可以提出相应的整改意见，便于开发商有针对性地进行整改。从发生原因和处理责任看，工程质量问题可分为两类：第一类是由施工单位引起的质量问题，若质量问题在保修期内发现或发生的，按《房屋建筑工程质量保修办法》的规定，应由开发商督促施工单位负责维修；第二类是由于规划、设计考虑不周而造成的功能不足、使用不便、运行管理不经济等问题，应由开发商负责做出修改设计、改造或增补相应设施。

5. 确认现场查验结果

为使查验中发现的问题及时得到圆满的解决，物业服务企业要做好整改跟踪工作。物业服务企业应安排专业技术人员分别负责不同专业领域，在整改实施的过程中进行现场跟踪。待开发商、业主或业主委员会约定的复验时间，对整改完工的项目进行验收，办理复验手续，对整改不符合要求的项目则应继续督促解决，直至合格。

复验重点放在查验时记录在案的问题上，其结果记录在查验交接记录表中。查验合格后，各专业根据查验后的情况，写出单项工程查验报告。承接查验小组根据单项查验报告，做出综合性查验评定及意见书，并将查验报告送给公司总经理审批。

6. 签订物业承接查验协议

根据《物业承接查验办法》规定，物业服务企业应当与开发商、业主或业主委员会签订物业承接查验协议。物业承接查验协议应当对物业承接查验基本情况、存在问题、解决方法及其时限、双方权利义务、违约责任等事项作出明确约定。

物业承接查验协议作为物业服务合同的补充协议，与物业服务合同具有同等法律效力。

7. 办理物业交接手续

根据《物业承接查验办法》规定，开发商、业主或业主委员会应当在物业承接查验协议签订后10日内办理物业交接手续，向物业服务企业移交物业服务用房以及其他物业共用部位、共用设施设备。

交接工作应当形成书面记录。交接记录应当包括移交资料明细，物业共用部位、共用设施设备明细，交接时间、交接方式等内容。交接记录应当由开发商、业主或业主委员会和物业服务企业共同签字确认。

分期开发建设的物业项目，可以根据开发进度，对符合交付使用条件的物业分期进行承接查验。开发商与物业服务企业在承接最后一期物业时，办理物业项目整体交接手续。

8. 办理备案手续

物业交接后30日内，物业服务企业应向物业所在地的区、县（市）房地产行政主管部门办理备案手续。办理备案手续需提交（前期）物业服务合同物业服务合同，（临时）管理规约，物业承接查验协议，开发商或业主及业主委员会移交资料清单，查验记录，交接记录以及其他承接查验有关的文件。

开发商和物业服务企业应当将物业承接查验备案情况书面告知业主。

物业服务企业应当将承接查验有关的文件、资料和记录建立档案并妥善保管。前期物业服务合同或物业服务合同终止时，业主大会选聘新的物业服务企业的，原物业服务企业应当在物业服务合同终止之日起10日内，向业主委员会移交物业承接查验档案。

［阅读资料4-2］ 物业承接查验标准作业规程，参见本书配套资源。

〖物业项目承接查验的注意事项〗

1）开发商制定的临时管理规约，应当对全体业主同意授权物业服务企业代为查验物业共用部位、共用设施设备的事项作出约定。

2）物业承接查验的内容没有约定或者约定不明确的，开发商、业主或业主委员会与物业服务企业可以协议补充。不能达成补充协议的，按照国家标准、行业标准履行；没有国家标准、行业标准的，按照通常标准或者符合合同目的的特定标准履行。

3）如果发现物业质量和设计问题以及其他遗留问题，应及时提请开发商、业主或业主委员会解决。

4）现场查验时，交接双方应严格按照有关标准执行。验收不合格时，双方协商处理办法，并商定再次查验时间，按约定返修合格后，组织复验。

5）自物业项目交接之日起，物业服务企业应当全面履行前期物业服务合同或物业服务合同的约定，承担因管理服务不当致使物业共用部位、共用设施设备毁损或者灭失的责任。

6）物业项目交接后，开发商未按照物业承接查验协议的约定，及时解决物业共用部位、共用设施设备存在的问题，导致业主人身、财产安全受到损害的，应当依法承担相应的法律责任。

7）物业项目交接后，发现隐蔽工程质量问题，影响房屋结构安全和正常使用的，开发商应当负责修复；给业主造成经济损失的，开发商应当依法承担赔偿责任。

8）开发商应按照国家规定的保修期限和保修范围，承担保修责任。开发商可以委托物业服务企业提供保修服务，服务内容和费用由双方约定。

9）物业承接查验中发生的争议，可以申请物业所在地房地产行政主管部门调解，也可以委托所在地物业管理行业协会调解。

[案例 4-1] 承接查验不可掉以轻心

A 公司建造了一座涉外商务大厦，由于 A 公司自身并不具备直接管理大厦的经验和能力，便聘用 F 公司负责项目的物业管理工作。由于 F 公司是以低价中标，因而财务压力很大，在实际管理运作中经常偷工减料，对管理成本进行非正常压缩，造成客户大量投诉，大厦形象受到影响。在这种情况下，A 公司决定提前一年终止委托合同，自己组建机构接管。项目交接时双方分别就项目现状进行了逐项检查和记录，在检查到空调机组时，因正值冬季，环境温度无法达到开机条件，在粗略看过机房后，接收人员便在"一切正常"的字样下签了名。春夏之交，在进行空调运行准备过程中发现，F 公司对机组的维护保养工作做得很差，竟然在过去的一年里从未给机组加过油，有的机头已不能启动，需要更换部分零件。F 公司要求 A 公司支付双方约定的提前终止委托管理的补偿费用，而 A 公司则认为 F 公司在受委托期间未能正常履行其管理职责，造成设备受损，补偿费用要扣除相应的部分。这时 F 公司的律师出具 A 公司工作人员"一切正常"签字的交接验收记录的复印件向 A 公司提出了法律交涉。

分析：案例中 A 公司的失误在于空调机组验收时没有进行开机运行，如果当时不具备开机条件，则应标注存疑。事情的发展颇有"柳暗花明"的味道，当 F 公司的律师提出法律交涉时，由 A 公司起草，A、F 两公司共同签署的"终止委托物业管理协议"中的一个条款使 A 公司的权益得到了保护，该条款规定 A、F 公司必须对"遗留问题备忘录"予以签署确认后，该协议方能生效，而这个备忘录中 A 公司将空调机组存在的问题已经作了补充，F 公司尚未签署也未给予足够重视。真可谓"一字千金"。

想一想：假设 A、F 两公司共同签署的"终止委托物业管理协议"中的没有规定"A、F 公司必须对遗留问题备忘录予以签字确认后，该协议方能生效"的条款，你认为 A 公司应该怎样做？

思 考 题

4-1 什么是物业的承接查验，根据《物业承接查验办法》的规定，新建物业承接查验的条件有哪些？

4-2 简述承接查验的范围及内容。

4-3 结合有关图纸、资料、文件类承接查验的内容与要求，谈谈在物业管理实践中遇到的具体问题。

4-4 结合有关房屋本体承接查验的内容与要求，谈谈在物业管理实践中遇到的具体问题。

4-5 结合有关公共配套设施、机电设备承接查验的内容与要求，谈谈在物业管理实践中遇到的具体问题。

4-6 简述物业承接查验程序。

4-7 简述物业项目承接查验的注意事项。

4-8 简述物业承接查验程序及承接查验中所发现问题的处理方式与方法。

学习情境五

客户服务管理

单元一 知识准备

学习目标
1. 了解客户服务的概念，知道加强物业管理客户服务的必要性和具体的工作职务与工作职责。
2. 熟悉客户服务管理的内容，能够快速进入工作角色之中。
3. 掌握客户服务的基本礼仪要求，并能灵活运用于物业管理的客户服务工作中。

〖 客户服务的概念、内容 〗

客户服务是指一种以客户满意为导向的价值观，是以客户为对象，以产品或服务为依托，以挖掘和开发客户的潜在价值为目标，为客户开展的各项服务活动。广义而言，任何能提高客户满意度的内容都属于客户服务的范畴。

客户服务是一个过程，是在合适的时间、合适的场合，以合适的价格、合适的方式向合适的客户提供合适的产品和服务，使客户合适的需求得到满足，价值得到提升的活动过程。

物业管理中的客户服务是为响应和满足业主或物业使用人的需求而开展的一系列活动。而客户服务管理是指物业服务企业为了了解和创造客户（业主或物业使用人）的需求，以实现客户满意为目的的企业全员、全过程参与的一种经营行为和管理方式。本单元的客户服务特指物业项目管理处的客户服务，是对客户的日常事务进行处理与其发生接触部分的活动。

在物业管理服务过程中，强化客户服务的意义在于：

1. 加强客户服务是企业发展自身的需要

极致的服务是物业服务企业服务规模扩大的基础。物业服务企业通过加强沟通协作、完善评价和培训体系等一系列措施来加强内部管理工作，目的是更好地为客户服务和提升企业竞争力。物业服务企业可以凭借对客户的优质服务获取客户的满意度和忠诚度，实现企业的经营目标，进而获得市场的认可。因此，物业服务企业要向更高的层次发展，要想在物业管理市场上"开疆扩土"，在做好物业管理基础服务的前提下，就必须加强客户服务的管理和创新。

2. 加强客户服务工作是顺应客户的需求

在市场竞争日益激烈的今天，客户是每个企业生存和发展的基础。企业必须把客户的需求放在首位。客户关注的不仅仅是安全、舒适、优美环境等基础服务，更多的是精神感受、服务感知等方面的要求。因此，作为物业服务企业，必须认真分析研究，了解客户的需求，关注客户的感受，通过热情周到的服务，让客户的服务期望得到合理的满足，进而与客户建立一种融洽、和谐、互动的客户关系，使物业管理工作获得广泛的理解和支持，从而树立企业良好的服务品牌，提高企业的市场竞争力。

〖 客户服务的组织机构与职能 〗

物业服务企业一般在物业项目管理处设置客户服务中心负责物业管理区域内的客户服务工作。客户服务中心是物业项目管理处接待客户咨询、报修和投诉并进行跟踪、回访的一个部门，主要承担日常客户接待服务、客户投诉处理、客户沟通、物业管理档案管理、开展多种经营服务、策划社区文化活动以及对外联系等工作。

客户服务中心在物业项目管理处各部门中处于中心地位，通过日常客户接待服务、客户投诉处理等业务活动的开展，承载着内外信息分类处理、沟通交流、追踪反馈等职责，将物业项目管理处各部门紧密地联系为一体，起到枢纽作用。

客户服务中心一般由客户服务中心经理、客户服务主管和客户服务专员组成，其中客服主管和客服专员的数量根据物业项目的实际情况而定。

1. 客户服务中心的职能

1）制定客户服务中心的各项管理制度、工作流程及工作标准，客户满意度调查。
2）为客户办理入住、装修、搬离、证件及收费手续，受理客户报修并及时处理。
3）提供物业管理咨询和接待服务、及时解决客户的投诉并做好回访工作。
4）制定各种文化活动方案、组织开展各种文化娱乐活动等社区文化建设。
5）客户档案建设及管理工作。
6）部门员工工作安排、业务培训和考核、部门费用预算与执行等内部管理工作。

2. 客户服务中心经理的职责

1）全面负责制定、落实客服部岗位责任制、工作要求、标准及目的，审批活动方案。
2）监督、指导、检查客服部各项工作及下属工作完成情况，做好沟通和协调工作。
3）及时处理客服部责任内的重大事件，开展客户意见征询、走访、回访工作。
4）确保客服部质量记录的完整、准确、有效，并做好归档工作。
5）制定客服部工作计划、工作安排和任务分配，以及下属的业务培训和考核工作。
6）协助其他部门工作，完成公司或上级领导交办的其他任务。

3. 客户服务主管的职责

1）协助客服经理制定相关规章制度，召开部门工作会议，协助各部门的工作开展。

2）组织、指导客服专员对报修进行接待、登记、处理、督促、回访和意见征询工作。
3）受理客户投诉、协调处理纠纷，协助客服经理进行走访和意见征询工作。
4）指导、督促客服专员做好物业费等费用的收缴，做好本部门的经费计划与控制。
5）定期策划社区文化娱乐活动，指导实施，协助政府相关部门开展各项工作。
6）指导物业档案的建设与管理，落实部门员工业务培训与考核等工作。

4. 客户服务专员的职责

1）具体负责客户入住和装修等手续的办理与咨询工作。
2）向客户催收、收取物业管理费、有偿服务收费及协议代收各项费用。
3）负责接待来访的客户、受理投诉、协调相关部门并妥善解决，做好回访工作。
4）负责对物业服务资料的日常管理、整理，并对需要的存档资料及时归档。
5）落实各项社区文化活动以及领导交办的其他工作。

〖 客户服务管理的内容 〗

客户服务管理的工作内容涵盖了物业管理咨询、业主投诉与回访、物业费用收缴、报修管理等，其主要工作目标是确保及时为业主提供服务，满足业主生活、工作的各种需要。

1. 接待工作

1）接受业主的日常报修工作，并负责通知相关部门处理。
2）负责客服热线，答复各种询问，接待来访业主、客户。

2. 沟通协调及投诉处理

1）对外协调与上级单位及行政主管部门的关系。
2）协调与沟通和业主、业主委员会的关系。
3）日常维修结果回访、定期回访工作、日常家访。
4）对客户的投诉进行跟踪、回访和记录。
5）对投诉进行统计、分析，并向物业项目管理处经理提供分析报告。

3. 监管工作

1）各种管理工作的检查、督促。
2）外包工程项目（清洁、消杀、绿化、电梯等）的检查监管。

4. 资料档案管理

1）业主的各种档案（住户资料、装修资料）管理。
2）各种家访、回访、统计资料管理。
3）物业项目管理处各类管理文件的整理。
4）各种文件、通知的起草、印发等工作。

5. 社区文化开展

1）组织物业项目管理处的内部培训。
2）组织各类社区文化活动、宣传板报、月报等。

6. 综合事务

1）物业项目管理处各种费用的收取。
2）办理各种出入证件、车辆月卡、IC 卡以及相关管理等。

〖 客户服务的基本礼仪要求 〗

1. 仪容仪表

上班时间除特殊规定以外必须穿着工作制服。制服必须整洁、平整，按制服设计要求系上纽扣，挂上挂钩，无松脱和掉扣现象。爱护制服，使其干净、无污迹、无破损。在工作场所、工作期间应将洁净的工牌端正地佩戴在左胸前。

头发必须常洗并保持整洁，头发的颜色必须是自然色，发式应朴素大方。女员工留长发的，超过衣领的长发应整齐地梳成发髻，刘海必须整洁，长不可盖过眉毛。男员工头发的发梢不得超过衣领，鬓角不允许盖过耳朵。

女员工上班必须化淡妆（包括腮红、眼影、眉毛、口红以及个人使用的粉底），口红以红色为主，不准使用刺鼻或香味浓异的香水。男员工保持脸部干净、清爽、不油腻。

2. 举止仪态

站姿要求自然、优美、轻松、挺拔。站立时身体要求端正、挺拔，重心放在两脚中间，挺胸、收腹、肩膀要平、两肩放松，两眼自然平视。嘴微闭，面带笑容。平时双手交叉放在体后，与客户谈话时应上前一步，双手交叉放在体前。

坐姿要端正稳重，切忌前俯后仰、半坐半躺、上下晃、抖腿或以手托头、俯伏在桌子上。若需侧身说话，不可只转头部，而应上体与腿同时转动面向对方。

行走时一般靠右行，路遇客户，应自然注视对方，点头示意并主动让路，不可抢道而行。如有急事需超越时，应先向客户致歉再加快步伐超越，动作不可过猛；在路面较窄的地方遇到客户，应将身体正面转向客户；在为客户引导时，应尽量走在客户的左前方。

在接待、引路、向客户介绍信息时要使用正确的手势，五指并拢伸直，掌心不可凹陷（女士可稍稍压低食指）。掌心向上，以肘关节为轴。眼望目标并指引方向，同时应注意客户是否明确所指引的目标。

关注客户，及时和到来的客户打招呼，以表示对客户的尊重；员工在工作、打电话或与人交谈时，如有其他的客户走近，应立即打招呼或点头示意，不准毫无表示或装作没看见。不要当着客户的面经常看手表。

3. 言谈与表情

微笑要稍微露齿，这也是起码应有的表情。面对客户要表现出热情、亲切、真实、友好，做到精神振奋、情绪饱满，不卑不亢。对客户的讲话要全神贯注、用心倾听，眼睛要平视客户的面部，要等客户把话说完，不要打断客户的谈话，不要有任何不耐烦的表示，要停下手中的工作，眼望着对方，面带微笑。对没听清楚的地方要礼貌地请客户重复一遍。必要时可随手记录，让客户感觉到你在认真地和他沟通。

与客户对话时宜保持1m左右的距离，要注意使用礼貌用语。声音要自然、清晰、柔和、亲切，音量不要过高或过低，以参与交谈的人都能听清楚为准。交谈时，如有三人或三人以上对话，要使用普通话。不讲过分的玩笑，不得以任何借口顶撞、讽刺和挖苦客户。

遇到客户要面带微笑，站立服务。客服人员应先开口，主动打招呼，称呼要得当，问候语要简单、亲切、热情。对于熟悉的客户要称呼客户姓氏。

接听电话时应特别注意要先说明自己的身份。在交谈过程中要使用清晰、自然的声音，注意音量、音调和语言节奏。交谈过程中要全神贯注、用心聆听。询问、记住和使用客户的姓氏。重复客户的需求内容。电话结束以前要表示感谢客户的来电。

单元二　客户接待服务

学习目标

1. 了解并熟悉客户接待的形式与要求，能够根据不同的接待内容采取对应的接待方式和接待礼仪，提高客服的接待质量和效果。

2. 掌握客户服务中心的客户接待、问询接待、会议接待服务作业程序，并能根据物业项目的实际情况，编制适应物业项目管理处的各种接待作业程序和操作流程，使物业管理的客户接待工作顺利、有序的完成。

客户接待服务主要是指客户服务中心接待问询、报修、投诉等服务，其形式包括来电、来访、信访等。客户接待服务的要点应是主动、热情。

〖客户接待服务的形式与要求〗

1. 客户来访接待

来访接待分为引领、接待和送客三个环节。

（1）**引领客户**　当有客户来访时，客户服务人员应积极主动接待，并引领其至房间，与客户商谈相关问题。同时，应注意下列相关细节：

1）适当寒暄交流。客户来访，不论是何种目的，客户服务人员都应主动与其寒暄交流，让客户真正体会到被尊重的感觉，产生亲切感，从而拉近与客户的距离。

2）注意同行礼节。客户服务人员在与客户同行时，应让客户走在自己的右侧以示尊重。若是多人同行，应尽量让客户处在中间位置。引领客户上下楼梯，至拐弯处或楼梯台阶时应当使用手势，同时提醒客户"这边请""注意楼梯"等。

（2）**接待客户**　客户服务人员引领客户到房间时，敲门后要先进入房间，侧身、右手把住门把手，对客户说"请进"并施礼，然后轻轻关门，请客户入座。

若是客户直接上门，客户服务人员听到有人敲门应及时喊"请进"，不要让客户在门外久等，必要时主动开门，将客户迎入室内。

客户落座后，客户服务人员应立刻上茶或倒水，注意水温是否合适。必要时做相应提醒，如"小心水烫"。

若客户到访时，客户服务人员因工作不能及时接待，应主动向客户说明原因，表示歉意，并请客户稍等，征得客户同意后，以最快的速度处理好手头的工作，然后与客户交谈。

来客有同伴时，客户服务人员应在请其同伴在舒适的地方等候，注意不能对其失礼。

（3）礼貌送客　客户服务人员在送客时应主动为客户开门，待客户出门后再出门。

客户服务人员可以选择在合适的地点告别，如电梯口、楼梯口、大门口或停车场等。

2. 客户来电接待

对于客户来电接待，客户服务人员主要依靠语言与客户沟通，此时应通过语言、语气、语速等来表现工作的热情、礼貌、耐心，并注意以下几点：

1）应保证热线电话畅通。在电话铃响 3 次前，应立即接听电话。

2）接听电话时，讲话声音要清晰悦耳，讲话速度要适中。

3）接听电话时，应先问候对方"您好"；然后告知对方本部门名称，再报出接听人员本人姓名。同时，做好来电接待记录。

4）如来电客户要找的人员不在，接听人应做好转告记录，并及时告知该人员。

3. 邮件接待

若客户通过电子邮件的方式投诉、咨询问题或提出建议，客户服务人员应及时回函答复，一般不应超过两个工作日。同时，客户服务人员应每天不少于两次查看相关的电子邮箱，在回复问题时，还应注意以下细节：

1）邮件内容要简洁明了，以能解决客户问询的事项或投诉为标准。

2）邮件的言辞一定要诚恳，以能够感动客户、尽快解决问题为宗旨。

3）邮件一定要行文规范，有标题，而且标题要清楚明白，让客户感觉到管理人员的专业和对问题的重视。

〖客户接待作业程序〗

客户服务中心，接待服务作业程序参见样本 4 内容。

〖客户问询接待作业程序〗

客户问询接待作业程序参见样本 5 内容。

〖会议接待服务作业程序〗

会议接待服务作业程序参见样本 6 内容。

[案例 5-1] 客户开业典礼影响办公怎么办

有一家很有商业声望的制药公司进驻某高档写字大厦办公,为了加强对外宣传,该公司计划在大厦举行规模宏大的开业典礼仪式。届时,公司董事长及有关方面的领导将应邀参加。筹办开业典礼的策划部门负责人准备举办一场富有中华民族特色的舞狮表演,还准备放一些气球。大厦业主表示同意,但大厦管理处考虑舞狮表演锣鼓喧天,势必影响大厦的办公环境,未予批准。策划部门负责人非常生气,声称开业典礼议程安排已确定下来,现更改怕影响不好,再说业主已经同意,管理处凭什么不批准。为此,策划部门负责人向管理处正式来函投诉。

分析:配合用户做好开业典礼的各方面工作,是物业管理公司与新进驻的用户建立良好关系的有利契机,物业管理公司一般对此都极为重视,倾全力相助。但本案例中的用户安排的舞狮表演,的确对大厦的办公环境产生不利影响,因此管理处不予批准做法是对的,理应坚持,但问题的关键在于既要坚持原则,又不能损伤与用户的合作感情,如何找出两全其美的策略。

想一想:在这一案例中,物业公司的工作是不是"无懈可击"的?你会怎样处理此事?

单元三 报修接待服务

学习目标

1. 了解报修接待服务相关规定,知道客户服务中心与工程部关于报修接待的工作分工以及工作衔接。

2. 熟悉报修接待服务的范围、时间要求,及时对业主报修的内容进行果断的分析与判断,并根据公司的报修规定给予业主维修承诺。

3. 掌握报修处理作业程序,根据报修处理作业程序和操作规程进行报修工作的内部派工与相关处理,使维修服务工作在企业内部得以顺利进行并完成,同时能使报修业主的问题得以解决,使其满意。

报修接待服务是指客户服务中心服务人员在接待客户报修过程中,具体记录报修内容,及时传达至工程部,并跟踪、督促维修工作按时完成的服务过程。

报修接待服务直接关系到对客户维修项目的解决效率,其要点是记录准确,反应迅速。

〖报修接待服务的范围和时间要求〗

1. 报修接待服务的范围

客户报修项目分为急修项目和一般项目。

(1)急修项目

1)物业公共部位、共用设备、公共设施损坏亦或已经发生危险。

2)因室内线路故障而引起停电和漏水。

3)因水泵故障或水管爆裂造成停水或水龙头严重漏水。

4)落水管堵塞和水盘等设备漏水。

5)电梯故障、不能正常运行。

6）楼地板、楼梯踏步板断裂，阳台、晒台、扶梯等各种扶手栏杆松动、损坏。

7）其他危险性急修项目。

（2）一般项目

1）各类钢、木门窗损坏。

2）水卫设备零件损坏。

3）屋面渗漏水。

4）其他小修养护和便民服务范围的项目。

2.报修接待服务的时间要求

（1）急修项目　物业服务企业在接到急修项目后，应在 2 小时内赶到现场，24 小时内修理。

（2）一般项目　物业服务企业接到一般项目报修的，应在 72 小时内修理。

物业服务企业未按时维修造成客户损失的，应当承担赔偿责任。

〖报修接待服务的相关规定〗

1）接受委托的物业服务企业，应向客户公布接待报修的地点和报修时间。客户可通过电话报修，也可直接到接待报修的地点报修。

2）客户原有自用设备的损坏，可以向该物业管理区域内的物业服务企业报修，也可以向其他维修单位报修。向物业服务企业报修的，物业服务企业不得拒绝修理。

3）急修以及维修项目在两工以下的维修费用，由报修人认可签字后，按规定支付；除此之外，共用部位、共用设备维修在两工以上且维修费用在 500 元以上的，须经业主委员会认可后予以维修，费用按规定预支。

4）物业维修项目实行质量保修制度，保修期一般为 3 个月。修理项目竣工以业主验收签字为准。其中，疏通项目的修理竣工以流水畅通为验收合格标准，堵漏项目以下一次下雨不漏为验收合格标准。

5）因修理质量问题引起的返修不得再收费。

〖报修处理标准作业规程〗

报修处理标准作业规程参见样本 7 内容。

[案例 5-2] 业主报修暖气不热怎么办

初冬的某一个星期一下午，世纪宝鼎物业管理分公司维修电话响起。值班人员轻柔地应答和问询还没有落音，A 座 G 户型的一位业主就怒气冲冲地在电话里面说："你们知道吗？现在天气这么凉了，我这暖气还不热，你们管不管呀？"说完"啪"的一声就挂上了电话。这时，维修人员都出去维修了，用对讲机联系得知，他们一时还忙不过来。

面对业主的火气很大，电话解释行不通的情况，值班人员来到业主家。一位中年男子一开门便大声问："你能修理吗？""先生，我是负责接待报修的，我们的维修员现在正在别的业主家处理问题，做完之后马上来您家，你现在可以告诉我是怎样的情况吗？"值班人员和颜悦色的回答，这使业主的态度有些缓和。

征得业主同意后，值班人员戴上鞋套，查看了不热的暖气位置，马上用对讲机告知维修人员，让其做完后直接到该住户家来维修。周到的服务令业主转怒为喜，业主说："好吧，你先忙你的去吧，只要一会来给修就可以了。"值班人员走后一个多小时，维修人员上门处理好了该问题。下午快下班的时候，值班人员又给业主家打了个电话，询问暖气情况，他说："已经热了，谢谢你们。"

分析：像这种在供暖初期，因维修人员人手不足而导致维修不及时的情况，也是普遍发生的现象，如何处理好，关键就在服务态度和服务技巧上。博拉·米卢蒂诺维奇执教中国球队有句名言，叫"一切看态度"。客户对物业公司工作的要求，大多也是这样。有些事情他们希望物业公司马上处理，而物业公司由于种种客观原因又不能马上处理，此时就要有个积极去办的态度，他们也就满意了。本案例的成功之处，就在于值班人员主动登门拜访，当业主的面与维修人员的沟通，让业主感受到了对他的重视。当然，临下班前的电话回访，也是不可忽略的细节。

想一想：从这个案例中，你认为该物业公司还应该在管理中考虑哪些问题？

单元四　投诉接待服务

学习目标

1. 了解客户投诉的概念，正确理解客户投诉的内涵。

2. 熟悉客户投诉的分类，能在接待客户投诉时进行正确的判断，并采取相应的接待方式、方法。

3. 掌握投诉处理作业程序以及客户投诉立项与销项的规定，按照相关的作业程序和操作流程进行客户的投诉处理，提高投诉处理的效率与效果，提高物业服务质量。

投诉接待服务是指客户服务中心服务人员在接待客户投诉、意见、建议过程中，具体记录投诉内容，并及时传达投诉相关部门，负责协调、跟踪、督促投诉问题及早解决的服务过程。

对待客户投诉，要持有一种积极的态度，把它看作是消除失误、改善管理与服务、加深与业主沟通联系的良机。透过客户投诉的表象，物业项目管理处应该能够认识到自身物业管理服务中存在的缺陷与不足，能够分析出业主和物业使用人对物业管理服务的期望和新需求，并及时予以纠正或充实，从而使物业管理服务不断完善。

〖客户投诉的分类〗

客户投诉是指外部客户认为由于物业项目管理处工作中的失职、失误、失度或失控伤害了他们的尊严或权益或是其合理需求没有得到满足，从而通过口头、书面和网络等形式反映的意见或建议。

客户投诉按不同标准可以划分不同的种类，物业管理服务实践中常见的分类主要有以下两种。

1. 按投诉的性质分类

（1）有效投诉　有效投诉分为两种情况：

1）客户对物业项目管理处在管理服务、收费、经费管理、维修养护等方面失职、违法、违纪等行为的投诉，并经过有关行业主管部门查实登记的。

2）客户提出的物业项目管理处或其管理人员故意、非故意或失误造成客户或公众利益受到损害的投诉。

（2）**沟通性投诉** 沟通性投诉有求助型投诉、咨询型投诉和发泄型投诉：

1）求助型投诉。客户有困难或问题需给予帮助解决的。

2）咨询型投诉。客户有问题或建议向管理部门联络了解的。

3）发泄型投诉。客户因受委屈或误会等，内心带有某种不满，要求问题得到解决的。

沟通性的投诉若处理不当，会变成有效投诉，所以必须认真处理沟通性投诉。

2. 按投诉的内容分类

（1）**对设备的投诉** 客户对设备的投诉主要包括对空调、照明、供水供电、电梯等的投诉，既使物业项目管理处建立了对各种设备的检查、维修、保养制度，也只能控制此类问题的发生，并不能保证消除所有设备潜在的问题。

（2）**对服务态度的投诉** 客户对服务态度的投诉主要针对不负责任的答复行为、冷冰冰的态度、爱理不理的接待方式等。由于管理人员与客户都由不同个性的人组成，所以，此类投诉随时都可能发生。

（3）**对服务质量的投诉** 客户对服务质量的投诉主要包括维修的质量、邮件未能及时送到客户手中等。减少客户对服务态度与服务质量的投诉的最好方法是加强对服务人员的培训。

（4）**对突发性事件的投诉** 客户因某些突发事件，如停电、停水等带来生活、工作的不便所进行的投诉。

〖客户投诉处理相关作业程序〗

客户投诉处理标准作业程序参见样本8内容，投诉处理内部工作程序参见样本9内容。

〖客户投诉的立项和销项规定〗

客户投诉的立项和销项规定参见样本10内容。

［案例5-3］ 投诉不作为，物业管理公司担责任

几年前，一位姓刘的业主在某小区购买了一套临街的二层的商品住宅，并兴高采烈地搬进了新居。业主在乔迁之时本想好好享受一下新居的惬意生活，不料好日子没过多长时间，就大失所望了。楼下的业主王某于2017年底在一层和地下室办起了餐饮。楼下红红火火的生意却给他们一家的生活带来了挥之不去的烦恼。

楼下王某一开始开了一家馄饨铺。每天早晚用餐高峰时段，楼下的叫卖声不绝于耳，吵得刘某及其家人心烦意乱。更难以忍受的是，店铺的废水、废料被随意倾倒在地面上，时间一长气味难闻，令人作呕，以致刘某一家终日不敢开窗。刘某在这期间多次到物业公司投诉，请求物业公司出面制止王某的行为，但物业公司一直推三拖四、支支吾吾。

2018年6月馄饨铺扩建成饺子城，年底又改建为饭店。楼下王某的生意越做越大，楼上刘某的烦恼也越来越多。窗外整天车水马龙，喧嚣声从中午绵延到深夜，一家人终日不得安宁，无法安心学习和正常休息。有时酗酒的食客在楼下斗殴，更让他们心惊肉跳。刘某及其家人一直没有中断到物业公司投诉，然而得到的答复仍旧不是"自己管不了"、就是"去政府找"。最后，实在忍无可忍的刘某不得不将物业公司告上了法庭。法院审理认为，物业公司在业主刘某按时交纳了物业服务费后，并未按照购房时签订的《物业管理条约》规定，提供一个安全、卫生、舒适的生活环境，反而由于其不作为行为致使王某的违法行为愈演愈烈，刘某及其家人的合法权益受到严重损害，理应承担违约责任。依法审理后判决，被告物业公司双倍返还原告两年的物业服务费，并就其不作为行为给原告造成的损害予以赔偿。

分析： 本案例中的业主之所以能将物业公司告上法庭，其原因就在于物业公司对待业主的投诉采取"不作为"的做法，终于使业主不能再忍受下去了。一个并不复杂的问题，足足找了、等了两三年还未得到解决，业主在饱受折磨中努力维权，物业公司仍旧无动于衷地旁观着，可见物业公司在处理纠纷的思路上，的确应该好好地反思了。

想一想： 你认为该物业管理公司应该在哪些方面进行反思？

单元五　客户沟通

学习目标

1. 了解客户沟通的内容，要知道沟通不仅仅是与业主或物业使用人的沟通，还包括物业服务企业内部各部门之间的沟通以及为了达到物业管理的目标与相关单位、人员进行的有效沟通。

2. 熟悉客户沟通的方式方法，能够根据不同的沟通对象和沟通事由，采用不同的沟通方式与方法，提高沟通的效果，并能够在物业管理实践中灵活运用。

3. 掌握客户沟通作业程序，严格执行物业公司与客户沟通的操作规程，在自己的职责范围内做好客户的沟通工作，提高物业服务质量，提高物业服务的满意率。

客户沟通是指物业服务企业通过与业主或物业使用人之间交流信息、观点，以达到相互理解、和谐融通的交流过程。在物业管理服务活动中，沟通是一种常见的管理服务行为，也是物业客户管理的一个重要组成部分。

通过客户沟通，使物业服务企业与客户双方之间充分理解、弥合分歧、化解矛盾，可及时了解客户遇到的问题，迅速与客户协调，帮助解决；可及时了解客户的需求，及时调整服务内容，从而提高物业管理服务的品质，顺利完成物业管理服务活动，满足客户的需求。

〖客户沟通内容、方法与方式〗

1. 客户沟通的内容

科学掌握沟通的方式方法对提高物业管理服务的品质，顺利完成物业管理服务活动，满足业主（或物业使用人）的需求有着积极和重要的作用。

物业管理客户沟通的内容一般包括以下方面：

1）与建设单位就早期介入、承接查验、物业移交等问题的沟通交流。

2）与政府行政、业务主管部门，辖区街道居委会等在法规监管、行政管理服务方面的沟通交流。

3）与市政共用事业单位、物业专营企业等相关单位和个人的业务沟通交流。

4）与业主大会及业主委员会就物业管理事务的沟通交流。

5）与业主（或物业使用人）的沟通交流，具体包括：物业管理相关法规的宣传与沟通；物业管理服务内容、标准和有关账目的公示与解释；物业管理相关事项、规定和要求的询问与答复；物业管理的投诉受理与处理反馈；物业服务需求或其他需求的受理、答复、解释和反馈；物业管理服务的项目、水平、标准、收费以及其他事项的沟通交流；物业管理日常服务中的一般沟通交流等；与其他单位和个人的沟通交流。

2. 客户沟通的方法

在物业管理服务活动中，物业项目管理处及员工与客户的沟通随时随地都有可能发生，沟通的内容、形式和方法是复杂多变的，沟通并无固定模式。一般而言有以下方法：

（1）倾听　物业管理服务沟通人员应该以极大的耐心倾听客户倾诉，让其充分表达甚至宣泄。

（2）提问　在客户表达混乱或语无伦次时，要有礼貌地截住客户谈话，弄清主题和要求，也可以重新组织谈话或转换话题。

（3）表示同情　无论客户所谈话题与物业管理是否相关，是否合理，应表示同情但不能轻易表示认同，要审慎对待，不可受到客户情绪的影响。

（4）解决问题　客户所提问题或投诉，要引起重视，尽快处理。

（5）跟踪　物业管理人员要全程跟踪处理过程，尤其要注意解决问题的方式方法。要有一个圆满的结尾，对于无法解决的问题，要有充分合理的解释。

3. 客户沟通的方式

（1）上门沟通　采取上门沟通的方式主要有两种情况，一种是针对专项问题在客户群中选择一定比例的客户，进行上门征询客户意见及要求；另一种是根据日常管理服务需要，在提供上门服务的过程中，进行服务回访及客户意见建议的征询。

（2）电话沟通　电话沟通是日常物业管理服务中运用最广泛、使用最频繁的沟通方式，许多客户也乐意使用电话问询的方式与物业项目管理处保持密切的联系，尤其是那些建立统一的客户服务中心的小区，使用电话沟通是及时采集、处理、反馈客户需求，促进客户与物业服务企业相互沟通的最好方式。

（3）意见调查表　定期向客户发放意见调查表，收集、处理、反馈客户意见及需求，有助于物业项目管理处业务的系统性提高，改进服务质量和服务水平。

（4）随机走访　随时对不同年龄、不同层次的客户进行走访来征询意见或建议，是最为机动的一种客户沟通方式，使用这种方式不仅能让客户感受到尊重，同时客户也会非常乐意向物业服务企业提供宝贵的建议及信息，而这种信息来源往往会成为战胜竞争对手，提高服务创新能力的有效途径之一。

（5）处理客户投诉　客户投诉处理结果的好坏及负面效应大小，不仅直接反映物业服务企业的服务水平、服务质量的高低，而且直接影响到企业的品牌形象。客户投诉的处理是客户沟通中要求技巧性最高的方式。

〖与客户沟通作业程序〗

与客户沟通作业程序参见样本11内容。

单元六　客户满意度调查

学习目标

1. 了解客户满意度调查的内容，知道不同调查项目应调查的具体内容。
2. 熟悉客户满意度调查的内容、方法与方式，能在实践中加以运用。
3. 掌握客户满意度调查作业程序，严格按照公司的操作规程完成客户满意度的调查工作，并能根据公司的具体要求编制客户满意度调查问卷，根据调查问卷进行整理、统计、分析，从调查结果中得出客户对物业服务的满意程度。

客户满意度是指客户感觉状态的水平，即客户在接受某一服务时，实际感知的服务与预期得到的服务的差值。实际感知不及预期会造成客户不满意；实际感知与预期相当达到客户满意；实际感知超过预期则客户十分满意。

物业管理服务的客户满意度调查是用来测量物业服务企业在满足或超过业主和物业使用人的期望方面所达到的程度。

客户满意度调查是物业服务企业通过问卷、走访、面谈或座谈会等形式，经过对调查资料的研究分析，了解客户的需求和期望，获得客户对物业管理服务客观、真实的评价的活动过程。

客户满意度调查的主要目的之一，就是要通过调查获取业主的积极的建议、合理的投诉，从而更好地满足业主的合理要求，进一步提高业主的满意度。客户满意度调查是物业服务企业日常工作的重要组成部分，是物业服务企业与客户之间协调沟通的重要手段，也是构建诚信服务、和谐园区的必要举措。

〖客户满意度调查的内容、方法与方式〗

1. 客户满意度调查的内容

客户满意度调查主要是针对业主对物业服务企业按照物业服务合同所提供物业服务的满意程度，其内容主要包括：物业服务人员仪态、客户接待服务、设施设备的维修与运行管理服务、公共秩序维护服务、环境管理服务、投诉受理服务、综合管理与服务评价等方面。具体的内容请见"客户满意度调查问卷"。

2. 客户满意度调查的方法

客户满意度调查的方法主要有问卷调查、入户访谈、电话测评和座谈等。每种方法都各有侧重，获取的效果也有所不同。在实际的物业管理中，客户的满意度调查常采取以问卷调查方法为主，结合物业管理过程中进行的业主投诉、报修回访等方式进行测评。

3. 客户满意度调查的开展方式

（1）第一方调查　由物业服务企业的相关部门（一般是品质部或质量管理部）负责对本企业所属各物业项目管理处开展的整体调查。这是第一方调查在实际操作时的主要表现形式。

（2）第二方调查　具体指业主或业主委员会出面组织对项目区域业主的满意度调查。由于客户满意度调查需要一定的专业性和人力等方面因素的制约，在实际的物业管理满意度调查中应用的比较少。

（3）第三方调查　聘请第三方专业机构开展业主满意度调查。因其公信力较强，是目前物业管理行业普遍采用较多的一种方式，主要的目的就是对物业服务企业的服务质量进行评价。

〖客户满意度调查作业程序〗

客户满意度调查作业程序参见样本 12 内容。

［阅读资料5-1］客户满意度调查问卷，参见本书配套资源。

思 考 题

5-1　在日常物业服务工作中，怎样与客户建立良好的关系？

5-2　客户接待服务的形式有哪些？又有什么要求？客户服务中心应怎样做好客户的接待工作？

5-3　怎样办理客户的报修或请修业务？

5-4　在物业管理中，投诉者有哪些类别？他们投诉时的心态是怎样的？为什么在受理客户投诉时要换位思考？

5-5　如何对客户的投诉进行分析？又如何分辨客户的有效投诉与无效投诉？

5-6　在处理客户投诉时，结合实际谈谈投诉处理技巧与方法的运用。

5-7　客户投诉具体内容包括哪些方面的内容？

5-8　结合实际，如何建立与业主的沟通渠道和制定务实的办事制度？

5-9　结合物业管理实际，如何与业主委员会进行有效沟通？

5-10　如何做好回访、走访工作？

5-11　如何开展客户满意度调查？

5-12　在开展客户满意度调查的基础上，能否结合实际开展一次客户需求调查？

5-13　能否根据物业服务企业的实际情况，制定相应工作的具体工作程序和工作流程？根据具体工作程序和流程制定相应的工作记录表格？

学习情境六

入住服务管理

单元一 知识准备

学习目标
1. 了解入住相关的法规政策，并能在实践中灵活运用。
2. 熟悉并掌握入住的概念、条件和操作模式，能准确地把握物业服务企业的工作定位。

〖 入住的概念、条件 〗

入住，是开发商将已具备使用条件的物业交付给业主并办理相关手续，同时物业服务企业为业主办理物业管理事务手续的过程。入住也是指业主或物业使用人收到书面入住通知书并办理验房、接房手续的过程，即业主领取钥匙，接房入住。

从权属关系看，入住是开发商将已建好的物业及物业产权按照法律程序交付给业主的过程，是开发商和业主之间物业及物业产权的交接。从开发商的角度讲，业主验房入住也称作"交楼"，是开发商将已竣工验收合格且具备使用条件的物业交付给业主并办理相关手续的过程。从业主的角度看，业主办理入住手续是实质性的拥有物业的所有权，以业主签署验房文件、办理入住手续、领取钥匙为标志。尽管有些业主经过入住程序领取了钥匙却并不使用房屋，没有真正居住而任凭空置，亦视为法律意义上的"入住"，负有物权法所赋予的权利与义务，不得以没有实际居住为理由不履行义务，应按时缴纳物业费。

业主入住手续的办理意味着物业已经由房地产的开发建设、销售阶段转入消费、使用阶段，物业管理服务全面开始启动。因此，物业服务企业作为物业的管理者，尽管从房屋买卖合同法律关系的角度看，不是入住的主体，但从今后开展物业管理服务活动协调好与业主、开发商之间的关系来看，有义务协助开发商和业主做好验房、付款、签约、装修和搬迁等入住相关事宜，使业主顺利接房，满意入住。

按规定，当新建的房屋符合交付使用的条件，通过竣工验收合格后，开发商或开发商委托物业服务企业应适时向业主或物业使用人发出入住通知书，按房屋买卖合同约定的时间办理入住手续。通常业主或物业使用人应当在约定的时间期限内办理完成入住手续，如因特殊原因无

学习情境六 入住服务管理

法及时办理入住，必须征得开发商同意。这是因为办理入住时间是房屋买卖合同约定的内容，对合同双方都有约束力。

业主或物业使用人完成对房屋的验收，办理完入住手续后，户内（业主专有部分）的所有管理责任将转移至业主或物业使用人身上，物业服务企业与和业主或物业使用人共同管理共有部分和相互监督的关系已然形成。因此，入住时双方须履行并完成一定的手续，以维护业主或物业使用人与物业服务企业之间的权利和义务。

入住是业主或物业使用人首次接收自己的物业，也是物业服务企业第一次与业主接触，是物业服务企业展示企业形象、服务水平、专业能力的最佳契机。因此，入住是物业管理整个管理程序中非常重要的一个环节，对物业服务企业取得业主和物业使用人的信任，留下美好的第一印象至关重要，对物业服务企业的品牌建设和可持续发展有着深远的影响。

〖入住的操作模式〗

1. 以开发商为主体、物业服务企业配合的操作模式

开发商负责具体向房屋买受人和使用人移交物业并办理相关手续，在完成物业移交手续的基础上，物业服务企业继续办理物业管理相关事宜与手续；即业主和物业使用人先与开发商确定购买（租赁）手续，核清身份、验收物业，领取钥匙，然后再领取物业管理资料，缴纳相关费用。

2. 开发商授权委托物业服务企业的操作模式

由物业服务企业接受开发商委托，代理开发商全权办理入住手续。其办理程序与前种操作模式完全一样，只是全部工作由物业服务企业独自完成。

〖相关法规政策标准〗

1)《商品住宅实行住宅质量保证书和住宅使用说明书制度的规定》。
2)《房屋建筑工程质量保修办法》。
3)《商品房销售管理办法》。
4)《最高人民法院关于审理商品房买卖合同纠纷案件适用法律若干问题的解释》。
5)《城市商品房预售管理办法》。
6)《房屋建筑和市政基础设施工程竣工验收备案管理办法》。

[案例6-1] 物业管理公司不给业主房屋钥匙合法吗

小王购买了一套期房。住房建成后，在办理入住手续时，物业管理公司提出两个要求：第一，签订管理规约；第二，签3年的前期物业服务合同。小王发现管理规约中有些条款与开发商的承诺不一样，同时他认为签订3年的管理协议也是不合理的，所以他拒绝了物业管理公司的要求，结果该物业管理公司却以此为由不给他房屋钥匙。

分析：该物业管理公司在为业主办理入住手续时，由于业主不签管理规约和前期物业服务

合同而拒绝交付房屋钥匙的做法明显欠妥,也是不合法的。这是因为业主在购买房屋时,已与开发商签订了房屋买卖合同。作为开发商,按照合同约定收取业主的购房款,就应该履行向业主交付房屋的义务,这与物业管理公司是没有关系的。如果开发商或是物业管理公司因为业主没有签订管理规约、对前期物业服务合同有意见而拒绝给业主办理入住手续、不给业主钥匙等,这种行为构成开发商对业主的违约,也是对业主权益的侵害。

签订前期物业服务合同是业主的义务,且当前各地相关的法规政策对前期物业服务合同的期限规定不一且本案所在地并没有明确规定,因而,小王以前期物业服务合同期限3年为由拒签合同也是没有道理的。但物业管理公司以此作为不给钥匙的理由也是根本不成立的。

想一想:如果你在该物业管理公司,会怎样处理此事?

单元二 业主入住前准备工作

学习目标

1. 了解人员准备、管理服务设施及物资准备的相关内容与要求,并具备开展此项工作的能力。
2. 熟悉入住工作方案的内容,能编写入住工作方案。
3. 掌握入住资料准备的内容与要求,并具备胜任此项工作的能力。
4. 掌握入住环境准备的内容要求,并具备入住环境的布置能力。

〚 入住工作方案 〛

物业项目管理处成立、管理人员陆续到岗后,重点工作是编写入住工作方案,熟悉物业项目的情况。

入住工作方案由物业项目管理处根据投标书确定的物业管理方案编写,入住工作方案包括以下内容:

1)核实物业管理方案中拟定的人员配备情况。
2)根据小区的实际情况和物业管理方案中对小区管理的要求以及要达到的标准,拟定小区入住后加强公共秩序维护、车辆管理、垃圾清运等方面的配套改进意见或整改措施。
3)拟定办公用房和员工宿舍的装修方案。
4)根据物业管理方案的开办采购计划,拟定分步购置计划。
5)制定入住工作计划,在计划中应明确入住时间、负责入住工作的人员及其职责、入住手续、入住过程中使用的文件和表格。
6)制定入住流程。
7)印刷入住所需资料及各类表格。
8)根据入住工作计划应提前向业主送达入住通知书等文件。

〚 编制入住服务工作方案 〛

入住服务工作方案由开发商牵头,物业服务企业受邀配合编制,具体实施是由物业项目管理处承担。物业项目管理处应根据物业项目基本情况与特点，与开发商入住负责部门加强沟通，来完成这一工作。

编写入住服务工作方案工作要点是工作进程的有序可控、工作量的均衡控制安排、入住客户流量的合理控制安排等。

1. 入住服务工作方案内容

入住服务工作方案内容包括确定入住时间与地点，策划入住仪式，确定入住流程，安排人员、资料与物资准备，规划现场布置，制定应急预案；组织人员培训与演练等。

（1）**确定入住时间与地点**　由开发商根据商品房买卖合同确定的入住时间和地点，并确定通知房屋买受人办理入住手续的时间节点。

（2）**策划入住仪式**　入住仪式既是对业主喜迁新居的祝贺，也是开发商对业主的尊重与答谢，更是开发商的一次品牌营销的传播。策划入住仪式应注重隆重热烈、和谐融洽气氛的营造。其策划内容要点包括活动主题与品位定位；仪式形式，包括产权移交仪式、房屋产品展示、相关产品展示、文艺演出、公众娱乐等；仪式流程安排；领导、嘉宾邀请；媒体组合与媒体邀请；现场环境布置；人员安排与分工、制定应急预案等。

（3）**确定入住流程**　根据与开发商入住负责部门沟通的入住手续内容、物业项目管理处办理物业管理相关手续以及位于项目现场情况等，明确采取集中入住和零星入住哪种入住形式，设计并确定入住流程。一般多采取集中入住形式，集中办理入住，提供一站式的服务。

（4）**安排人员、资料与物资准备**　根据与开发商入住负责部门沟通的入住手续内容、物业项目管理处办理物业管理相关手续等，安排工作岗位及人员分工；制定入住文件、资料等，并安排印制、装袋与寄送等；购置办公用品、用具以及各类标识等。

（5）**规划现场布置**　确定现场庆典仪式、宾客接待、手续办理、客户休息等活动分区与环境布置；设计物业项目及周边区域人流、车流动线与停车区域；物业项目及周边区域环境营造等，并落实人员分工与责任。

（6）**制定应急预案**　根据以往经验，结合物业项目实际情况以及房屋买受人构成等，预测可能发生的突发事件，并制定应急预案。

（7）**组织人员培训与演练**　组织人员培训学习入住相关的法规政策、专业标准；入住服务各岗位工作职责、入住流程；应急预案等，并组织入住流程、应急预案的演练。

2. 编制入住服务工作方案要点

（1）**随时掌握建设单位意图**　与开发商入住负责部门保持密切沟通，随时掌握开发商入住服务工作想法、意图，并及时调整入住服务工作方案，使其满足建设单位要求。

（2）**方便业主**　入住流程、作业分区、现场导引等要站在业主陌生者视角去考量、安排，为业主提供最大的便利，其实质就是减轻自身压力。

（3）**量力而行**　编制入住服务工作方案的目的，就是保证入住服务工作能够在隆重和谐的气氛中有序进行、顺利完成，而且是阶段性短期工作，因此，财、物投入不可盲目攀高，够用为度。

〚入住服务人员准备〛

1. 入住服务人员准备的思路

（1）综合考虑 入住服务的人员配置要结合项目部人员编制统筹考虑，并根据工作进程需要，一般采取各岗位分步到位的安排；考虑入住服务工作的稳定性、连续性以及与未来管理服务工作的衔接性。

（2）抽调为辅 入住服务有办理期间要求人员数量较多；涉及部门、岗位多，且专业性要求强；办理时期较短，许多工作业务只是暂时性的工作特点，因此，调动临时人员解决人员准备问题是入住服务人员准备工作的主要辅助手段与措施。

（3）一专多能 人员准备除业务素质与工作能力足以胜任工作需要外，临时抽调人员有合理控制数量的要求，因此，还需强调人员精干务实，尤其是一专多能。

2. 组建入住服务工作组

（1）入住服务工作组组织架构 开发商与物业服务企业共同成立入住服务工作组，分为开发商工作小组和项目部工作小组；确定工作组负责人及各小组组长、成员，并明确分工与工作职责。

开发商工作小组一般下设财务组、验房组、工程组和营销组；项目部工作小组一般下设综合服务组、资料组、项目财务组、秩序环境组等。

项目部工作小组由管理人员、客户服务人员、财务人员、工程技术人员等组成。开发商工作小组的验房组、工程组的人员以项目部客服管家、工程技术人员为主体。

（2）项目工作小组主要职责 项目工作小组主要包括了以物业项目管理处客服管家为主体的综合服务组、资料组、项目财务组、秩序环境组的验房组。

1）综合服务组主要工作职责包括但不限于：在入住现场显要位置欢迎接待业主；引领业主办理入住手续；引导业主到等候区或休息区休息；为业主提供茶饮服务；解答业主咨询；其他临时工作。

2）资料组主要工作职责包括但不限于：负责协助开发商核查业主身份、接收业主应交资料；签订物业管理相关协议；发放业主应领资料；将业主资料建档保管。

3）项目财务组主要工作职责包括但不限于：预收业主合同约定期限的物业费及其他费用；出具收款收据；签订"委托银行代收款协议书"。

4）秩序环境组主要工作职责包括但不限于：负责物业项目尤其入住办理现场公共秩序维护、保洁卫生、绿化养护等；业主指示路线、车辆停放地点；车辆出入记录等。

5）验房组主要工作职责包括但不限于：负责带领业主对所购物业入户验收；指导业主验房与填写"业主（租户）房屋验收记录单"；准确核抄水、电、气表底数；解答业主在验房疑问；指导业主填写"验房整改通知书"；将验收资料及时交资料组。

3. 人员培训与演练

人员陆续到岗后，项目部工作小组重点工作是人员指导、培训与演练，指导内容主要是让人员尽快熟悉项目布局和基本情况，熟悉房屋买受人的基本信息，了解物业项目周边生活配套设施分布情况等。培训内容主要是各自岗位工作职责、业务范围和操作流程，重点是入住服务内容、范围、流程以及要点等。

演练主要侧重在入住流程的具体业务操作模拟、各业务环节间的操作衔接以及应急预案。通过入住流程的具体业务操作模拟、各业务环节间的操作衔接，要从中发现遗漏环节或简化流程，避免投诉和纠纷的发生；通过应急预案演练，尤其要强化涉及入住现场公共空间人员安全的应急预案的演练，要确保员工在遇到突发、紧急事项时，能够及时处理、有效控制。

〖入住资料的准备〗

入住资料编制的内容应以国家、省、市的入住服务与物业管理相关法律法规、规章政策为依据，适应所承接物业项目基本情况与管理服务定位。

入住资料涉及的收费内容一般较为敏感，须符合政府有关收费项目、收费标准的规定。

（1）**住宅质量保证书和住宅使用说明书** 住宅质量保证书和住宅使用说明书应到当地房产行政主管部门指定地点购买，由开发商填写并加盖公章。

（2）**入住通知书** 入住通知书是开发商向业主发出的办理入住手续的书面通知。主要内容包括：购买物业的个人姓名或公司名称，物业的具体位置，物业竣工验收合格以及物业服务企业接管验收合格的情况介绍，准予入住的说明，入住具体时间和办理入住手续的地点，办理入住时需要准备的相关文件和资料，委托他人办理入住手续的规定，办理入住的程序，物业服务费收缴的起始日期，其他需要说明的事项等。

（3）**入住缴费通知书** 入住缴费通知书是告知业主收费项目、收费标准、期限、收费部门等相关内容的文书。为方便办理，节省时间，一般在向业主送达入住通知书时一并送发。

（4）**入住手续书** 入住手续书又称为入住会签单，是业主办理入住的流程记载表格。在办理入住时，每完成一项入住环节，需经办双方签字及盖章确认，然后进入下一个程序。入住手续书要写清办理部门、每一部门应缴费用或应出示的文件。

（5）**业主信息登记表** 业主信息登记表是在业主办理入住时，记录业主本人与家庭成员自然情况以及车辆、宠物等信息的表格，见表6-1。

表 6-1 住户信息登记表

房号：　　　　　　　　　　　　　　　　联系方式：

项　目 \ 家庭成员	产权人	家庭成员1	家庭成员2	家庭成员3
与产权人关系				
姓名				
性别				
国籍				
出生年月				
身份证件号码				
原户口所在地				

（续）

项目 \ 家庭成员	产权人	家庭成员1	家庭成员2	家庭成员3
学历				
职业				
工作单位				
联系方式				

暂住人口登记

项目 \ 人员	1	2	3	4
姓名				
性别				
年龄				
户口所在地				
与户主关系				
联系方式				

注：1. 请如实填写，谢谢合作！
　　2. 如填写不够，可复印使用。

（6）**业主入住物品、资料领取确认表**　业主入住物品、资料领取确认表是业主办理入住时领取物品的记载表格，主要包括房号、业主姓名、领用物品、资料的名称、领取人和发放人签字等。

（7）**业主（租户）验房工作单**　业主（租户）验房工作单是记录业主对房屋验收情况的文本，其主要内容包括：物业名称、楼号；业主、验收人、开发商代表；验收时间；物业分项验收情况记录以及水电煤气的起始读数；物业验收存在的问题，有关维修处理的约定等；其他需要约定或注明的事项；开发商或物业项目管理处和业主的签字确认等，通常以记录表格的形式出现。通过业主（租户）验房工作单可以清晰地记录业主对物业的验收情况，开发商将根据此工作单对存在的问题进行整改和处理，见表6-2。

（8）**整改通知书**　整改通知书是对开发商或施工单位就存在问题、整改位置和整改要求进行明确表示的文书。业主在验房时发现的工程质量问题，入住服务工作组要及时填写并向开发商发出整改通知书。

（9）**业主（住户）手册**　业主（住户）手册是物业服务企业编撰，向业主、物业使用人介绍物业基本情况和物业服务相关项目内容的服务指南性质的文件。其主要内容包括：欢迎辞，物业项目概况，物业服务公司以及物业项目管理处情况介绍，小区内相关公共管理制度，装饰装修管理指南、物业服务流程等，公共及康乐设施介绍，服务指南及服务投诉电话，其他相关注意事项等。

（10）**前期物业服务合同和临时管理规约**　前期物业服务合同是明确物业服务企业与业主

学习情境六　入住服务管理

表 6-2　业主（租户）验房工作单

业主姓名		楼号室号			联系电话				备注		
验收项目	验收时详细内容								备注	验收内容	
	顶棚	地面	墙面	门	门锁	窗	天线插座	照明灯	开关	插座	防盗窗花			
客厅													天棚	
餐厅													外墙面	
卧室1													地面	
卧室2													地漏	
卧室3													防盗网	
卧室4													照明灯	
厨房													排水管	
卫生间													晾衣钩	
验收项目	地漏	排污管	给水管	给水闸阀	洗涤盆	洗涤龙头	厕所坐便	坐便水箱	喷头	水龙头	煤气管道	煤气阀门	煤气表	
厨房														
卫生间														
室内配电箱			门铃	空气开关		电子对讲器			煤气表底数	水表底数			水表	
										电表底数			电表	

住户验收意见：　　　　　　　　　　　　　物业项目管理处意见：

住户签字：　　　　　　　　　　　　　　　房管员签字：

　　　　　　　　　　　　　　　　　　　　验房时间：　　　年　　　月　　　日

栋　　号：

注：1. 以上项目合格的打"√"，不合格的用简要文字说明；
　　2. 此表必须在领钥匙之日起 3 日内交回物业项目管理处，否则后果自负；
　　3. 代表业主（住户）验房或代表集体验房的验收人必须在"备注"栏内填上验房代表姓名、联系电话。

双方的权利和义务的合同。在合同中应明确：物业基本情况、服务内容与质量、物业费收费面积、收费标准及金额、物业费计费时段和缴交时间、滞纳金及计收比例以及调整物业费的条件和其他情况。

前期物业服务合同开发商与物业服务企业按照相关规定已在商品房销售前签署完毕，这里主要是做好印制准备，以便发放给业主。

临时管理规约是对有关物业的使用、维护、管理，业主的共同利益，业主应当履行的义务，违反临时管理规约应当承担的责任等事项依法作出约定的一种文件。

临时管理规约在商品房买卖合同中已明确业主的履行义务，这里主要是做好印制准备，以便发放给业主。

（11）委托银行代收款协议书　委托银行代收款协议书是业主签订的委托银行向物业服务企业指定的账号缴纳各种应交费用，以及通过委托银行收取物业服务企业款项的书面委托协议。其主要内容是委托范围、委托期限，意在方便业主交纳各种物业管理相关费用。

其撰写要求是合法性，委托事宜、委托权限、委托期限应符合法律法规相关规定。

（12）物业管理区域各项管理规定　物业管理区域各项管理规定是为维护物业管理区域的工作、生活环境，保护业主的公共财产安全，由物业服务企业制定的有关绿化管理规定；卫生保洁管理规定；公共秩序管理规定；消防安全管理规定；房屋养护维修管理规定；装修管理规定；共用部位、设施管理规定；机动车辆管理规定；停车场管理规定；电梯使用规定等。

其撰写要点是内容不得越权越位，侵犯业主合法权益。

（13）物业管理相关法律法规政策汇编　为了正确解答业主提出的有关物业管理的疑问，物业管理相关法律法规政策汇编就是将国家、省、市有关物业管理服务的法律法规、规章政策汇集成册。物业管理相关法律法规政策汇编是供入住服务人员使用的，不向业主发放。在办理入住现场可供业主浏览。

其要点是尽可能全面完整，具有实用价值；更要重视有效性，要对选编的法律法规、规章政策进行有效期甄别，废止文件不可编入其中。

2. 入住资料印制与分类装袋

（1）入住资料印制　入住所需文件资料撰写、编制经反复讨论定稿后应及时组织印制。印制文件资料版面应为规范的A4版面，体现企业文化形象。前期物业服务合同、临时管理规约以及物业管理相关法律法规政策汇编等需要封面的，应注重封面设计既要美观，更要严谨；文本装帧要结实耐用，但不可忽视美观；填写表格用纸的选用，要综合考虑到使用现场环境和存档的要求；根据入住业主人数，在略有余量的前提下，安排好印制的合理数量。

（2）文件资料分类装袋　为了在办理入住时及时向业主提供便捷服务，资料准备须由专人负责保管，并按专业要求进行分类装袋，以备使用。

文件资料分类，一般分为发放给业主的文件；办理入住手续所需填写的文件、表格两类，要分别装袋，便利使用。

文件资料装袋须考虑用袋款式、质量，体现企业形象。为业主提供的资料袋还须考虑其纪念价值。

为了在办理入住时及时向业主提供便捷服务，由专人将印刷资料、文件成品进行分类装袋，并安排工程技术人员对施工单位移交的各类钥匙进行校对，出现质量问题及时向开发商或施工单位反馈，并督促其整改、更换。

〖管理服务设施及物资装备的准备〗

为保证入住服务工作顺利完成，营造热情服务的良好环境，入住服务工作组应在业主入住前做好各种管理服务设施、设备和工具及标识的准备。

1. 公共设施设备的准备

公共设施设备的准备主要通过设施设备模拟运行的方式来实施。主要涉及电梯、门禁系统、监控系统、停车场系统、共用部位照明系统、排（通）风系统、消防系统、停电时应急发电（供电）系统、水泵等。通过对模拟运行时观察和发现的问题，须在办理入住服务前彻底解决。

安排人员对业主房屋与共用部位、共用部分的各类钥匙进行开锁核对，并编号保管。

2. 服务办公用具

服务办公用具要根据入住服务流程及工作量考虑周详、细致，不可遗漏；数量准备充分，保证满足工作需要，并在入住服务前完成购置与验收。服务办公用具主要包括但不限于：

（1）办公设备　办公设备包括办公桌椅、办公卷柜、档案柜等办公用具；电脑、复印机、打印机、验钞机、塑封机等。

（2）办公用品　办公用品包括普通档案袋、档案盒、胶水、双面胶、剪刀、黑色签字笔等。

（3）办公印鉴　办公印鉴包括"审核签字处"印章、房号章、钥匙发放印章、验房印章等。

（4）验房工具　验房工具包括户型平面图、有标识的全套钥匙、电笔、手电筒、水桶、鞋套等。

（5）服务器具　服务器具包括沙发、茶几、饮水机、水杯、小食品、烟灰缸等。

3. 制作各种标识

根据入住服务需要制作各种标识。标识种类和数量应根据物业项目的规模、档次确定。标识包括但不限于：

（1）服务性标识　服务性标识主要有企业标志或吉祥物、人员胸牌、桌牌、管理人员服装、服务人员服装、秩序维护员服装、物业项目管理处职能部门的门牌标志等。

（2）物体标识　物体标识主要指物体上面带物体名称或单位名称的标识，如垃圾箱（桶）、保洁车、消防井（栓）、楼栋号牌、树木名牌等。

（3）警示标识　警示标识带有警告或限制内容的标识，如"请勿靠近""正在作业""请勿合闸""油漆未干""此处危险""禁止泊车""禁止烟火"等。

（4）提示标识　提示标识主要有爱护花草类、注意卫生类、车辆管理类、消防安全类。

（5）引导（指示）标识　引导（指示）标识主要有物业项目平面图、各分区或楼栋指示板、行车线、车场出入指示牌、装修垃圾临时堆放场等。

制作标识的要点是文字简捷，图示清楚易懂，完整清晰。

〖入住环境的准备〗

1. 环境准备

为保证房屋买受人办理入住的欢悦心情，将干干净净的物业交付给房屋买受人，开发商一般会委托物业服务企业在入住服务启动前，对物业（包括业主专用部分和共用部位）进行全面彻底的保洁。这一工作也称为"开荒"。保洁"开荒"的具体内容包括：对物业内外建筑垃圾的清理；对玻璃、地面、墙面等处的灰尘、污垢的清除；对共用部位及设施和业主专用部位的清扫等。

保洁"开荒"的方式主要有：

（1）**物业项目管理处自主实施**　对物业规模不大、时间较充足的物业，由物业项目管理处组织保洁人员负责"开荒"，既可锻炼队伍，又提高保洁人员的专业技能。

（2）**物业项目管理处与专业清洁公司合作实施**　物业项目管理处以自身力量为主，或委托专业清洁公司承担一些专业性很强或风险程度高的项目，如高空外墙清洗；或由于时间紧迫、人手不足，将部分工作交由专业清洁公司负责完成。

（3）**委托专业清洁公司实施**　清洁"开荒"工作量大、时间要求紧，为了按时保质完成"开荒"，物业项目管理处将"开荒"工作委托给专业清洁公司承担，自己负责全程监督。

2. 办理现场选址

入住办理期间，业务环节较多，现场人员流量较大。因此，办理现场对空间及位置有较多的要求：空间宽敞，且有多个出入口，易于人员分流；自然通风、光照条件良好或能够提供良好的通风、照明条件；易于出入，便于人员疏散，最好为一楼；在小区内位置显著，距离小区主出入口较近，通行便利，且周边交通方便，有充裕的停车空间。

3. 规划现场分区布局

办理现场应划分入住服务区和宾客休息区两大区域，出入口分别设置，以保证现场人流的顺畅。入住服务区根据入住流程顺序，有序地安排开发商服务区、物业项目管理处服务区、社会化一站式服务区，并按入住手续办理流程设计业务办理人流动线，既方便业主，也有利于提高工作效率；宾客休息区主要提供接待等候服务。

开发商、物业服务企业在入住办理前，应与市政相关部门做好沟通，尽量保证自来水、供电、燃气、采暖、有线电视、通信等相关部门在现场集中办公，形成一条龙式的流水作业，方便业主办理。

4. 布置环境

营造物业管理区域尤其是办理现场热烈欢快的气氛。从小区主出入口通往办理现场各主要道路上，应适当设置横幅、道旗、标语、灯笼、气球、花篮、盆景、鲜花等。沿途多处位置安排专人负责接待、引导，答复咨询，介绍流程。

办理现场服务环境要喜庆、整洁，入住服务区办公用品摆放整齐有序；宾客休息区环境整洁、舒适，放置足够的座椅，提供报刊书籍、企业文化影视播放、茶点茶饮等服务。

从小区主出入口通往办理现场道路规划合理、人车分流、保证畅通，车辆停放区域要有足够的停放车位；尤其遇有在建工程或临时施工情形时，要协调相关方予以必要的围合隔离，且要注意围合隔板与营造环境的和谐一致，防止安全事故发生。

还有小区周边环境气氛的烘托营造，要有利于宣传企业文化，促进房屋销售。

5. 设置标识

小区主出入口处宣传栏张贴入住公告，公示各项管理规定，设置项目概况说明示意图，以便于业主了解小区基本情况。从小区主出入口通往办理现场各主要道路上，沿途应设立多处道路引导牌，指示方向；重点位置，设立必要的警示标识、提示标识，做好安全提示。

办理现场入口处，设置醒目的办理入住手续流程图、物业服务内容和收费标准公示板等；各业务办理区域标识醒目清楚、一目了然；业务办理区域设立员工及职位桌牌等，为业主办理提供便利。收费服务区域须设置物业服务内容和收费标准公示板，显著标注自收费用、代收代缴费用等。

标识设置应做到位置明显，入住服务期间不能因为任何主客观因素影响而使标识消失、缺失或损坏，必要时须及时补、更换或移置标识。

〖 通知入住 〗

开发商或开发商委托物业服务企业应提前一个月通过媒体或邮寄方式，向业主发出办理入住通知。邮寄给业主的资料应包括入住通知书、收楼须知、入住手续书、缴款通知书等。

通知业主入住邮寄相关资料的要点是掌握好时间节点，须保证邮件在办理时间前送达，并让业主有充裕的准备时间做好安排；须保证邮寄联系方式准确，并在预定送达的时间后通话询问。

［案例 6-2］ 一份入住通知书引发的客户投诉

李先生工作单位在深圳，在 B 城购买了一套住宅。李先生通过 B 城的朋友了解到该住宅项目将于 6 月 8 日办理入住手续，但他却还没有收到入住通知书。

6 月 5 日，李先生打电话联系该住宅项目物业服务中心，客服人员回复其入住资料地址不详细，无具体门牌号码，且联系资料中登记的电话也错了一个号码，并解释说这是从地产商接收到的资料。

为此，李先生向上级主管部门投诉，认为该住宅项目客服人员对工作非常不负责任，对其服务非常不满，希望该公司能够加强员工培训，并需要确认自己能否在正常时间内入住。

经调查了解到李先生的入住通知已于 6 月 1 日寄出，邮件于 6 月 3 日到达深圳，由于手机未打通，邮件滞留已经两天。客服人员事后将李先生入住时间进行了调整，将李先生的正确联系方式给了快递公司，并与快递公司确认已经联系上了李先生。

分析：1）在邮寄资料的时候，碰到地址不详且电话号码错误的情况，客服人员既没有反馈到相关的管理人员，也未寻找其他渠道联系业主，而是简单按照记录的信息将快递发送出去，这不是一种积极主动解决问题的态度与做法，而是一种应付工作的心态。

2）由于地址不详及电话号码错误等原因联系不上业主，是发送入住资料时存在的较普遍现象。对于这种问题，管理人员是否知情，是否在事前与销售部沟通确认业主信息的有效性，是否告诉员工在碰到这种情况时应如何处理，并保持对工作的有效跟进，是非常重要的工作思路。从此投诉来看，这些环节显然是管理人员疏忽了。

3）业主电话询问时接待人员先是找借口，推诿是地产营销的原因造成的；在客户情绪激烈有抱怨的情况下，现场客户接待人员并没有设法有效化解，反而受其情绪影响处于抵触状态，更加导致业主的不满，这显然与该接待人员的职业素质与经验有关，因此，加强培训以提高客服人员的素质显然是很重要的。

想一想：你认为应如何避免此类事情的发生？

单元三　业主入住办理作业程序

学习目标

1. 了解入住服务与管理的注意事项，保证入住工作方案编写重点突出、全面有序。
2. 熟悉入住办理程序，并能在入住工作中有效地落实。
3. 掌握入住服务与管理程序，并具备此项工作能力。

〖入住服务与管理程序〗

1. 验证登记

验证即通过房屋买受人提供的文件资料核实确认其身份，并核清购房款；登记即房屋买受人填写业主信息登记表。

（1）**验证**　验证是对房屋买受人身份的核实确认，以及核清购房款等相关费用。

1）房屋买受人为自然人的情形：房屋买受人为自然人的，须要求其提供并核查商品房买卖合同、入住通知书、身份证（或护照）与户口本原件及复印件、贷款证明、住宅专项维修资金发票和购房发票等，以此确认其身份无误。

房屋买受人委托他人办理入住事宜的，应要求受托人提供其身份证及其复印件、房屋买受人委托书、房屋买受人所在地公证处的委托授权"公证书"以及业主本人办理入住应提供的文件资料。房屋买受人为外国人或我国港、澳、台人士，必须有中国司法部门委托办理内地公证文书和我国港、澳、台律师楼开出的"委托书"。

2）房屋买受人为非自然人的情形：业主是非自然人的，须要求其提供并核查商品房买卖合同、入住通知书、营业执照（或"税务登记证"）社会组织登记证书及复印件、法人代表证明书、法人代表授权委托书/董事会记录（授权委托）、办理人身份证、贷款证明、住宅专项维修资金发票和购房发票，以及组织印章等。如委托人为外国或我国港、澳、台的企业或组织，则须按我国有关法律规定，提供经我国有关机构认证的公证证明。

确认身份后，应将房屋买受人、受托人身份证和房屋买受人委托书；办理人身份证和营业执照（或"税务登记证"）社会组织登记证书（副本）、法人代表证明书、法人代表授权委托书/董事会记录（授权委托）、办理人身份证等复印，原件退还本人，复印件存档。

验证房屋买受人或办理人携带已缴款的各期收据，验证无误后由开发商财务部收回并开具总发票。

（2）登记　　登记是指导房屋买受人填写业主信息登记表，并建档保存。

登记须在确认房屋买受人身份并核清房款等相关费用后进行。指导其填写住户信息登记表（表6-1）时告知其准确填写信息，要认真核对身份证、房号等信息，应保证填写姓名与商品房购买合同所签署姓名、身份证姓名的一致；保证填写房号与商品房购买合同约定房号一致。要向房屋买受人强调业主本人及家庭成员联系方式的真实性对今后可能发生突发事件时避免或减少损失的影响作用，并提醒其家庭成员发生变化时应持户口本前来登记变更；联系方式变更时应第一时间通知物业项目管理处及时更改，以保证联系畅通。

2. 房屋验收

房屋验收是房屋买受人在开发商房屋验收人员或开发商委托物业服务企业房屋验收人员陪同下，对其所购置房屋的专有部分的质量验收。

（1）**房屋验收范围与内容**　　房屋验收的范围与内容主要包括但不限于：

1）门窗系列　　主要查验门窗（框）是否平整、牢固、安全；门窗是否密实、贴合、开启关闭是否灵活；玻璃和五金件是否齐全有无破损；玻璃是否胶封防水；木门窗是否开裂变形，油漆有无剥落现象等等。

2）地面、顶棚、墙面系列　　主要查验是否平整、起砂、裂缝、剥落；顶棚和外墙面是否有渗漏痕迹；大白或涂料是否均匀且色泽一致；瓷砖、地砖贴面是否平整、贴实。

3）给水排水系列　　主要查验上水管线、阀门是否完好，有无渗漏现象；下水应做通水试验，看是否有建筑垃圾堵塞下水管线，排水是否通畅。

4）电气系列　　主要查验与电有关的器具是否安装，有无破损丢失；电源进户容量和保险开关位置。

5）房屋设施系列　　主要查验水表、电表、煤气表、热能（供暖）表等计量设施的位置、表上读数、有无破损；查验通（排）风道和排烟道是否设置和畅通；查验电话、有线电视、宽带线路是否进户。

（2）**房屋验收形式**　　入住服务期间，陪同并指导房屋买受人验收房屋是由物业服务企业、开发商、施工单位等成立验房组负责的。验房组下设若干交验房屋小组，每个小组负责一栋或一定区域内的房屋买受人验收房屋。

（3）**验房组主要工作内容**　　验房陪同人员应依照楼宇功能设置情况向房屋买受人逐项介绍其专用部分范围和设施设备设置情况、具体功能以及使用操作等；开通房屋的水、电、气、暖等配套设施，并请房屋买受人查看登记水、电、气表起始数据；对自己购买的房屋的验收范围逐项进行查验；逐个测试、核对所有钥匙；指导房屋买受人根据验收情况逐项填写业主（租户）房屋验房工作单（表6-2）。

房屋验收没有发现质量问题或瑕疵的，请房屋买受人在业主（租户）房屋验收记录单签字确认；对发现的质量问题或瑕疵，现场拍照存档，告知并重点提示房屋及设施设备保修范围和期限，指导房屋买受人填写验房整改通知书，详细写明问题部位、程度、数量，提出合法合理的整改方法、期限等要求，请其签字确认。验房有整改要求的情形，验房陪同人员须负责跟踪，协调开发商按期整改，并负责通知、陪同房屋买受人再次验收，直至合格，再进入狭义入住办理环节；但属于质量瑕疵的，经房屋买受人同意，可以继续办理入住手续。

房屋验收结束，离开房屋验收现场前，应提示并告知房屋买受人，房屋及设施已归其所有，请认真阅读住宅使用说明书，爱护并正确使用房屋及相关设施，以免因使用不当给自己或他人的生活工作带来麻烦或损失；请认真阅读住宅质量保证书，明确房屋及设施保修范围和期限，在保修期内正确使用房屋及设施过程中发生的质量问题由开发商负责解决。

离开房屋验收现场时，提醒房屋买受人闭合水阀门、电闸开关等，并进行安全防范检查。

3. 签署文件

签署文件前入住服务工作人员向业主逐个介绍须签署文件的主要内容及用途，指导业主正确签署。

需签署的文件通常主要有商品房购销合同补充合同、前期物业服务合同、车位管理协议、消防责任书、房屋装修意见书、委托银行代收款协议书等，填写车辆及其他信息登记表（表6-3）。凡签署或填写的文件均需留存建档。

表6-3 车辆及其他信息登记表

车辆信息			
车辆型号	车牌号码	车身颜色	备注
宠物信息			
宠物种类	颜色	准养证件号码	备注

4. 收取费用

收取费用主要是指业主按照前期物业服务合同以及商品房买卖合同的约定，向物业服务企业交纳相关费用。

应缴纳的费用包括但不限于物业服务合同约定的当期物业费；车位管理协议约定的停车位使用费，商品房买卖合同约定的由物业服务企业代收代付的水费、电费、有线电视开户费和供暖费等各项费用。

收取费用须符合法律法规、规章政策的规定，如物业费收取期限不得超过一年等。

入住服务收费办理现场须明示收费项目、标准和依据，设置公示的价目板，内容要与物价部门备案审批后发放的收费许可证内容和标准相一致，做到明码、实价。

5. 发放文件

发放文件是将需房屋买受人清楚的自己权利、责任和义务以及物业管理区域基本情况、服务功能，还有房屋功能及正确使用要求的相关文件资料发放给房屋买受人，并请其在业主入住资料领取确认表（表6-4）上签字。

表6-4 业主入住资料领取确认表

序号	户名	房号	住宅两书	规章制度	业主手册	领取日期	业主签字	经手人	备注

发放的文件主要有这些文件包括住宅质量保证书和住宅使用说明书、业主（住户）手册、临时管理规约、物业管理区域各项管理规定等。

发放前需核实发放物品有无缺失、文件袋内文件是否齐全。房屋买受人领取文件后须填写入住物品资料领取确认表。填写表格时，需提示房屋买受人领取的物品、资料不可遗漏；签名应与身份证、商品房买卖合同保持一致，防止漏签等。

6. 交付钥匙

交付钥匙是业主房屋验收没有任何异议后，入住服务工作人员认真审核业主（租户）房屋验收记录单、入住手续书（即入住会签单）（表6-5）已签署文件及各项收费票据无误后，将象征房屋所有权的钥匙等交给房屋买受人。

房屋买受人领取钥匙后，须在钥匙发放登记表（表6-6）上登记签字。

"交付钥匙"是有象征意义的提法。自接收钥匙后，房屋买受人成为真正意义上的"业主"。实际操作上，不仅要将房屋买受人所购置房屋的钥匙交付给其，还要向其交付小区门禁卡、电梯卡等。

交付钥匙前，须严格核对房号，保证钥匙与房号一致，且房号、钥匙准确无误，确为该业主房屋。交付钥匙后，须请业主填写钥匙发放登记表。填写表格时，需提示业主不要遗漏物品；签名应与身份证、商品房买卖合同保持一致，防止漏签等。

至此，业主的入住手续办理完毕。业主办理完毕入住手续后，应带走的资料和物品有：业主签署文件、领取资料袋、装修资料袋、业主（租户）房屋验收记录单、验房整改通知书、钥匙包等。

7. 资料归档

业主入住手续办理完结之后，物业项目管理处应将签署文件环节留存的文件及其他相关资料整理归档,按业主的栋号和房号进行建档编号,妥善保管,不得将信息泄露给无关人员。

表6-5 入住会签单

业主姓名: 房号:

序号	办理部门	应缴费用或出示文件	部门意见及签章
1	开发公司销售部	身份证或护照复印件(或业主委托书、业主身份证或护照复印件、代理人身份证或护照复印件)、购房合同	入住资格审查合格 销售部 年　　月　　日
2	开发公司财务部	代收代缴款项 维修资金第四联	代收代缴款项已办结 开发公司财务部 年　　月　　日
3	××热电厂	2018~2019年度采暖费	采暖费已缴清 ××热电厂 年　　月　　日
4	物业管理公司	物业费 垃圾清运费 电梯费	已缴清物业服务有关费用 物业管理公司财务部 年　　月　　日
5	备注		

表6-6 钥匙发放登记表

栋号:

序号	防盗铁门(条)	室内门(条)	业主姓名	领取时间	发放人签字	对讲门(条)	业主姓名	领取时间	发放人签字	信箱锁匙(条)	业主姓名	领取时间	发放人签字

登记人:_____

8. 相关事宜

对因故未能按时办理入住手续的业主,应在集中办理入住结束后,马上进行统计,按照入住通知书中规定的办法，通知开发商，另行安排入住办理时间，并由开发商负责通知相关业主。

〖入住服务与管理的注意事项〗

1. 合理安排业主入住服务办理时间，适当延长办理时间

为方便业主入住，应根据业主的不同情况实行预约办理或实行弹性工作方式，如在正常工作时间之外另行安排入住手续的办理，或延长工作时间，如中午或晚上延时办公。

2. 现场设立咨询处

安排熟悉物业管理法律法规且实践经验丰富的专业人员负责处理现场的疑难问题和特殊问题。除咨询解答之外，因业主对物业管理误解致使入住办理停滞，也可由咨询人员负责解决。

现场摆放物业管理相关法规和资料，重要法规文件在公告栏公示，既方便业主阅读又可减轻咨询工作的压力。

3. 加强公共秩序的维护

按正常管理所需人员的 2~3 倍安排公共秩序维护人员，谢绝非办理入住人员进入物业项目、谢绝非验房交接人员进入楼内，保障办理入住现场顺畅有序，及时疏导和排解发生的各种纠纷。

4. 保持道路畅通

设置指示标识、车辆行驶停放标识，设专人引导车辆有序行使和停放。搬家物品或装修材料、装修垃圾等不得占用共用部位和道路，避免交通事故，保障交通安全。

5. 做好保洁卫生工作

按正常保洁所需人员 2 倍以上安排卫生保洁人员，不间断地做好室内外、楼内外及庭院、道路的卫生，让业主入住时看到整洁的物业环境，促进业主爱护物业、爱护环境的自觉性。

［阅读资料 6-1］ 入住办理作业程序，参见本书配套资源。

［阅读资料 6-2］ 业主自备验房记录单，参见本书配套资源。

思 考 题

6-1 从权属关系看，在入住服务与管理中物业服务企业应该怎样做好角色定位。

6-2 入住服务与管理在准备阶段应做好哪些方面的准备，应注意哪些问题？

6-3 入住服务与管理应准备哪些资料？

6-4 简述入住服务与管理程序。

6-5 入住服务与管理中的房屋验收的内容有哪些？注意事项是什么？

学习情境七

装修管理

单元一　知识准备

学习目标

1. 了解装修、装修管理的概念，知道物业服务企业在装饰装修管理中的具体地位和作用。

2. 熟悉装修管理的范围、要求以及相关主体责任，并能够在装饰装修管理过程中灵活运用。

〖装修、装修管理的概念〗

装修，在这里一般指房屋室内装修，是指业主或物业使用人（也称装修人）在办理完入住手续后，根据自己生活或工作的特点和要求，在正式入住之前，对所购置或租赁的房屋进行重新设计、分隔、装饰、布置等活动。有时住户调换后，新住户往往把原来的装修拆除，按自己的意愿重新进行再次装修或二次装修。

装修管理，是物业服务企业通过对物业装饰装修过程的管理、服务和控制，规范业主或物业使用人的装饰装修行为，协助政府行政主管部门对装饰装修过程中的违规行为进行处理和纠正，从而确保物业的正常运行使用，维护全体业主的合法权益的活动。由于入住后，特别是入住新建楼宇的业主或物业使用人，几乎都要进行装修，因此，装修管理是日常物业管理的重要内容之一，也是物业服务的重点和难点之一，不仅要求细致专业、一丝不苟，方案上严格把关，沟通上入情在理，而且要求高度敬业、检查频密、消灭隐患、及时整改。

需要明确指出的是，物业服务企业实施的装修管理不是行政管理，没有行政处罚权。根据《物业管理条例》的相关规定，物业服务企业在装修管理中的权利与义务主要是告知义务、制止义务与报告义务。所谓告知义务，就是业主需要装饰装修房屋的，应当事先告知物业服务企业，物业服务企业应当将房屋装饰装修中的禁止行为和注意事项告知业主；所谓制止义务，就是物业服务企业在发现业主或物业使用人违反物业装饰装修和使用方面法律、法规规定的行为时要进行劝阻和制止；所谓报告义务，就是物业服务企业当在前述的劝阻、制止无效时，应及时向政府有关行政管理部门报告。对于业主或物业使用人的这些违章违规行为，物业服务企业无权进行包括停水断电等在内的任何种类的处罚，只有政府有关行政管理部门在接到物业服务企业的报告后，才有权利依法对违法行为予以制止或者依法处理。

由于建筑结构的不可分离性，为了物业的整体安全，业主或物业使用人的装修行为必须在法律法规规定的范围内进行，这就要求物业服务企业必须对业主或物业使用人的装修行为实施有效的管理。根据《物业管理条例》《住宅室内装饰装修管理办法》等规定，业主在装修前必须向物业服务企业进行申请登记，经审核批准后双方签订装修管理服务协议，缴纳装修垃圾清运费等费用，领取装修施工许可证、施工人员出入证后方可动工；装修施工过程中，业主和物业使用人应服从物业服务企业的监督管理，依审批范围进行装修；装修完成后，物业服务企业以审批文件内容为依据进行验收，对符合要求的，核算并退还装修垃圾清运费等费用。

业主和物业使用人的装饰装修具有点多面广、专业技术含量高、不确定因素多以及延续时间较长等特点，管理控制不及时、不到位时，违规违章的装饰装修行为就会有可能危及房屋建筑的安全或构成潜在危险影响物业的正常使用和寿命，影响其他业主和物业使用人的正常生活和工作，且易激发各种矛盾。物业服务企业为了保障物业公共设施设备的正常使用、楼宇安全和建筑外观的统一美观，为了全体业主的共同利益，必须规范装修行为，部分业主或物业使用人可能会错误地认为自己的权利受到了侵害，甚至固执地坚持自己的不当行为，因而双方之间极易产生矛盾和冲突。因此，装修管理是物业管理中难度较大的管理内容之一。

其实，就物业的质量状况、生命周期和破损规律而言，新建房屋建筑在第一年并未达到其质量最佳状态（有研究表明，房屋建筑在建成后的第三年到第五年才逐渐达到最佳状态）。从某种角度看，第一年房屋建筑质量并未稳定，而此时又恰恰是业主或物业使用人入住后装修的集中期，违章违规装修对物业的危害是非常大的。因此，物业服务企业应通过管理、规范、控制业主或物业使用人的装饰装修行为，把装饰装修过程中的违章违规行为消灭在萌芽之中，从而确保物业的正常运行与使用，维护全体业主的合法权益，维护公共安全和公众利益。

装修管理的内容包括装修申报、装修审批、施工现场管理和装修验收。作为物业管理从业人员，必须熟悉有关法律法规，了解、掌握房屋建筑的基本构造知识，了解装修管理运作程序及熟悉装修施工中的常见问题，在工作实践中，坚守岗位职责，知法依法、有理有据地纠正业主和物业使用人的装修违章违规行为，尽量做到劝告说服、晓之以理与坚持违规必究的原则相结合，主动沟通，尽可能减少与业主发生矛盾，这样，才能够做好装修管理工作，尽可能地消除或减少违章违规装修引起的负面影响。

〖 装修管理的范围和要求 〗

装修管理的范围包括室内装修、外观装修、现场管理和装修验收四部分，具体要求如下。

1. 室内装修

（1）《住宅室内装饰装修管理办法》禁止的行为

1）未经原设计单位或具有相应资质等级的设计单位提出的修改方案，变动建筑主体和承重结构。

2）将没有防水要求的房间或阳台改为卫生间、厨房。

3）扩大承重墙原有门窗尺寸，拆除连接阳台的砖、混凝土墙体。

4）损坏房屋原有节能设施，降低节能效果。

5）其他影响建筑结构和使用安全的行为。

6）拆改供暖管道和设施。

7）拆改燃气管道和设施。

（2）其他规定

1）不得改动或损坏房屋的梁、柱、板、承重墙、剪力墙、防水层、隔热层、上下水管道、烟气道、供电电路、天然气管道、暖气管道及位置、防盗及对讲系统等。

2）地面装修不要凿除原水泥层，只允许凿毛。铺设装修材料不得超过楼板负荷，大理石厚度不得超过10cm。

3）厨房、卫生间改动必须做好防水，包括墙面、地面和原下水管道周围。阳台不得封包，不得堆放超过负载的物品。

4）不得改变厨房、卫生间、阳台的使用功能，不得将生活污水排入雨水管道。

5）主下水管不要用建筑材料封包，安装抽油烟机，其排气管须接入烟道。

6）不得擅自封包、改动燃气管道，如需改动燃气管道，须待煤气验收合格后向燃气公司申请，由燃气公司专业人员施工。

7）浴室内安装燃气热水器必须采用强排式，且其排气管不得超出外墙10cm。排气管不得排入烟道或管井。

8）浴室内安装浴霸必须从插座重新引线，不能使用原预留灯线。房内不得使用超过原设计负载的用电器。

9）住宅室内装饰装修超过设计标准或者增加楼面荷载的，应当经原设计单位或具有相应资质等级的设计单位提出设计方案。

10）改动卫生间、厨房防水层的，应按照防水标准制订施工方案并做闭水试验。

11）从事住宅室内装饰装修活动，应当遵守施工安全操作规程，采取必要的安全防护和消防措施，不得擅自动用明火或进行焊接作业。

12）住宅室内装饰装修活动不得侵占公共空间，不得损害公共部位和设施。

13）严格遵守规定的装饰装修施工时间，降低施工噪声，减少环境污染。

14）住宅室内装饰装修过程中所形成的各种固体、可燃液体等废物，应当按照规定的位置、方式和时间堆放和清运。严禁违反规定将各种固体、可燃液体等废物堆放于住宅垃圾道、楼道或者其他地方。

15）不得妨碍相邻建筑物的通风、采光和日照，不得危及相邻不动产的安全，造成损害的应当给予赔偿。

16）未在装修申请中注明的施工内容不得施工。

2. 外观装修

（1）《住宅室内装饰装修管理办法》禁止的行为

1）搭建建筑物、构筑物。

2）改变住宅外立面，在非承重外墙上开门、窗。

（2）其他规定

1）原有门、窗、墙洞的尺寸、位置、式样、颜色等均不要做任何改动。

2）禁止破坏建筑外立面，禁止改变外立面、围栏、玻璃颜色；不准安装遮阳篷。

3）禁止在外窗、阳台上安装栅栏、隔断。

4）不得在外墙钻孔开洞，禁止在阳台向外突出安装卫星接收器、晾衣架等。

5）建筑物外墙能否安装广告及无线设备必须统一规划，严格监管。

6）空调主机要在预留位置安装，空调架应牢固防锈，排水、排风不要影响他人。

7）首层有小院的及顶层有消防通道的住户不得私自搭建建筑物及构筑物。

8）住宅入户门由开发商统一指定式样安装，门外不准包框、贴瓷片。

9）公共走廊不准装饰或垫高，不准设神位、鞋柜。

3. 现场管理

装修人应将室内装修施工许可证张贴在住宅入户门上，注明对周围邻居有所打扰的歉意语。

（1）装修时间 装修时间应根据各地不同作息时间、季节变换以及习惯习俗等综合确定。装修时间包括一般装修时间、特殊装修时间和装修期。

1）一般装修时间是指除节假日之外的正常时间。一般装修时间各地不同季节有不同规定，如北方某些地区规定作业时间及噪声施工时间为：

作业时间：7：00～12：00 和 13：00～20：00。

拆打时间：8：00～11：30 和 14：00～18：00。

2）特殊装修时间是指节假日休息时间。为保障其他业主的休息和正常生产生活秩序，一般节假日原则上不允许装修。特殊情况需要装修，时间上应视具体情况相应缩短装修时间，重大节假日（如元旦、春节、劳动节、国庆节）不得进行施工装修。

3）装修期是指装饰装修的过程期间，一般情况下不超过 3 个月。

（2）装修施工人员管理 装修工人的来源有极大的不确定性，施工过程中的自我约束不足，装修管理中应要求装修施工人员佩带施工人员身份标牌，严格进行施工人员的出入管理，杜绝物业管理区域装修期间的不安全问题和无序化状态。

1）装修单位应在装修前将装修施工人员的资料填写在《装修施工人员登记表》上，并将装修施工人员的身份证复印件或暂住证复印件（用于外地施工人员）及近照 2 张，交到物业项目管理处办理出入证。

2）装修施工人员凭证出入项目辖区；出入证实行专人专证，专户专用，不得涂改或转借；不得串户装修，不得从事其他招揽生意与本户装修不相关的行为。

3）装修施工人员留宿须经装修人、装修单位和物业项目管理处三方同意，并办理暂住手续后方可留宿。未办暂住手续者，晚上 8 点至次日早上 7 点不得进入小区。

4）装修施工人员不得侵扰其他业主，不准在楼道内闲逛或在其他楼层里停留。

（3）装修材料、设备的管理 违规的装修材料和设备是装修造成违章的一个重要因素，管理过程中需从以下两个方面加强管理。

1）装修材料须封装不漏，按指定地点堆放；装修材料要及时搬入室内，不得堆放在户门外的走廊、楼梯间等公共场所。

2）对于有特别要求的材料或设备按照规定办理相应手续。

（4）施工管理　施工管理是装修管理的重要环节，涉及施工安全、施工操作、施工标准和新增项目等内容。施工管理主要包括以下内容。

1）检查装修项目是否为核查过的项目。

2）检查装修施工人员是否如实申报，是否办理装修施工许可证。

3）施工现场严禁使用煤气罐、电炉、碘钨灯等，检查防火设备是否配备，操作是否符合安全要求。

4）施工期间，如要使用电气焊或动用明火时，应遵守国家有关消防管理规定，要向物业项目管理处提出申请，填写动用明火申请表，批准后方可使用。装修单位的电工、焊工应持证上岗，严格遵守安全操作规程。施工现场禁止吸烟。具体要求如下：

① 检查施工现场是否备有有效的灭火器。

② 检查用电用火安全，是否有乱拉乱接电线，注意使用安全插头，严禁用电源线直接接到漏电开关上；严禁用电炉做饭、烧水。

③ 检查装修面是否影响燃气管道和设施，是否移动过燃气管道和设施。

④ 用电的作业区旁忌有水湿，动火的作业区周边忌有易燃物品。

5）检查装修施工人员的现场操作是否符合相关要求，如埋入墙体的电线是否穿管，是否用合格的套管，是否破坏了墙、梁等。

6）装修单位负责人要保证各楼层公共设施完好，具体要求如下：

① 不允许损坏管井房、电房、设备房的门及门锁，不允许损坏消防门，不允许擅自动用应急灯、灭火器、沙袋、水带等消防设备设施。

② 禁止使用载人电梯装运装修材料和清运泥沙类装修垃圾，可设专用货运电梯，轿厢四周加装防护板，解决超高层装修材料运输问题。

③ 装修人均不得动用消防用水，不得私接单元外公共用电，占用公共水电。

7）粉尘、噪音控制的具体要求如下：

① 装修户施工作业时，应关闭入户门，减少粉尘、噪音对相邻住户的影响。

② 噪音控制：白天50～60分贝，夜间突发性音响不超过15分贝；装修单位应严格遵守有关装修规定，如业主要求违章装修时，应解释说明，不予装修。

8）发现新增项目需指导装修人及时申报。

9）出现问题时，装修单位负责人应及时向物业项目管理处联系，双方协商解决，不得擅自处理。

（5）装修垃圾的清运　装修垃圾是装修管理中的一个重要内容，其对物业环境、业主及使用人的工作、生活有着极大的影响，甚至会产生环保、安全等方面的隐患。装修垃圾清运有两种方式，一是自行清运，未清理之前存放在自己户内，及时清运，不滞留、不占用公共场地；二是集中清运，装修人要把装修泥沙垃圾堆放在物业项目管理处指定的地方，由物业项目管理处收取清运费统一清运。不论采取哪种清运方式，装修垃圾都应做到：

1）装修垃圾需袋装处理，包装完好不随地泄漏。

2）按指定位置、时间、方式进行堆放和清运，由物业项目管理处统一清运。

3）装修期间要保持环境整洁，装修垃圾须封装不漏，及时清运，不得堆放在户门外或公共场所，应保持所经电梯、楼道及走廊干净。

4）严禁高空抛物，违者予以处罚，并由肇事者承担由此引发的全部责任。

4. 装修验收

这里需要强调的是，物业服务企业的装修验收，不是对装饰装修质量是否合格的验收，而是以装修审批文件内容为依据对业主或物业使用人的装饰装修行为是否超出审批范围、是否危及物业安全的监督与审核。装修验收要求如下：

1）装修施工结束后，由装修人和装修单位负责人共同向物业项目管理处提出验收申请。

2）物业项目管理处在当日内组织验收人员对装修进行现场验收。装修如无违章情况，按验收合格程序办理；如发现有违章情况，按违章处理办法办理。

3）整体上是否按申报方案施工，分室内、外观两部分。

4）竣工验收通过的，由物业项目管理处在《装修申请表》内"完工验收"栏目签署"经验收符合装修申请的范围和要求"，并签署姓名及日期。

5）物业项目管理处收回装修施工许可证，如有丢失，装修单位应给予一定赔偿。

6）装修单位当日清场离开。

7）装修验收通过并使用一个月后，物业项目管理处验收组应对装修施工组织复验，复验没有问题，在《装修申请表》内注明"复验符合装修申请的范围和要求"后，送物业项目管理处审批，由财务部退还装修人及装修单位的装修押金。

8）装修施工验收时，装修人有违章装修行为的，物业项目管理处工程维修部主管应视情况按规定作出估价，列清扣款数额，经物业项目管理处经理同意后，将扣除清单一份交装修人，一份交财务部，由财务部扣款。

9）装修资料应整理归档，长期保存。

〖 装修责任 〗

1. 装修人和装修单位的责任

凡超出规定的装修行为均属违章装修，违章的处理应依照相关规定执行，可以通过物业项目管理处、装修人和装修单位的约定进行处理，具体内容如下：

1）若发生装修违章，装修单位为第一责任人，装修人为第二责任人，两者对装修违章负有共同责任。

2）凡未申报登记擅自开工的或在申报登记时提供虚假资料的，责令改正，补办手续。

3）违反规定，影响建筑物结构或使用安全进行装修的，应由装修人和装修单位限期改正，造成损害的，装修人与装修单位连带承担赔偿责任。

4）违反规定不按照相关部门的技术要求进行装修的，由装修人、装修单位改正。

5）违反规定擅自改动、暗藏燃气管道设施的，由装修人、装修单位改正。

6）违反规定装修施工现场未配备消防灭火器的，由装修人改正；拒不改正的，报消防部门处理。

7）违反规定违章堆放、清运装修垃圾的，由装修人改正。

8）违反规定不遵守装修时间限制，责令装修人、装修单位改正。

9）对装修违章，物业项目管理处有权根据情节轻重对责任人做出如下处理：

① 责成限期修复、纠正。

② 责令停工。

10）为减少违章现象的出现，应督促业主和物业使用人阅读理解装修管理规定和小区规定，并分清各自责任，由装修人、装修单位和物业项目管理处三方在装修申请表上签字。

11）装修人未申报登记就进行室内装饰装修活动的，由所在城市房地产行政主管部门责令改正，处 500 元以上 1000 元以下的罚款。

12）装修人违反《住宅室内装饰装修管理办法》规定，将住宅室内装饰装修工程委托给不具有相应资质等级企业的，由所在城市房地产行政主管部门责令改正，处 500 元以上 1000 元以下的罚款。

2. 物业服务企业和相关管理部门的责任

1）物业服务企业发现装修人或者装饰装修企业有违反相关法规规定的行为不及时向有关部门报告的，由房地产行政主管部门给予警告，可处装饰装修管理服务协议约定的装饰装修管理服务费的 2~3 倍的罚款。

2）政府行政主管部门的工作人员接到物业服务企业对装修人或者装修单位违法行为的报告后，未及时处理，玩忽职守的，应依法给予行政处分。

〖 相关法规政策标准 〗

1）《中华人民共和国民法典》。
2）《物业管理条例》。
3）《建设工程质量管理条例》。
4）《住宅室内装饰装修管理办法》。

[案例 7-1] 业主装修私拆承重墙

董先生买了一套商品房，面积不大。为了使房屋使用起来更合意，就改变了房屋的墙体结构，把房屋的原有墙体拆了，按照自己的装修方案进行装修，特别是把承重墙也拆了。这样改造后，房屋宽敞许多。由于董先生有先例，其他业主入住后也比照董先生的做法装修房屋。业主的装修行为被物业管理公司的保安发现了，保安对这一装修行为予以制止，并要求已经拆了承重墙的业主必须恢复原状。然而，董先生认为装修是自己的个人行为，物业管理公司无权干预。物业管理公司认为，业主装修虽然是个人行为，但是拆除承重墙会使整栋楼的承重结构遭到破坏。双方为此一直争执不下。物业管理公司提出要起诉董先生和其他业主。

分析：装修私房确实是个人行为，但必须在法律和规范的原则下进行。董先生等业主为了让自己的房屋更具有使用价值，而拆掉承重墙的做法既不符合有关家装法规，也违反了建筑规范。《建设工程质量管理条例》第 15 条规定：房屋建筑使用者在装修过程中，不得擅自变动房屋建筑主体和承重结构。《住宅室内装饰装修管理办法》第 5 条也明确规定：未经原设计单位或者具有相应资质等级的设计单位提出设计方案，严厉禁止在住宅室内装饰装修活动中变动建筑主体和承重结构。本纠纷中，董先生等业主擅自拆掉承重墙，物管公司有权干预并制止。董先生等业主应当停止这些行为并恢复承重墙原状。

学习情境七 装修管理

想一想：假设你是该物业管理公司的负责人，你会怎样做？

单元二 装修管理的程序

学习目标

1. 了解装修管理文件准备的内容，知道装修管理中需要准备哪些文件，并指导业主进行装修申请。

2. 熟悉装修管理的程序环节、内容，对装修规程和装修行为进行有效管理和监督。

3. 掌握装修申请作业程序，能够依据作业程序独立开展装修申请工作。

〖装修管理的相关程序〗

1. 文件准备

为保证装修管理工作的顺利进行，物业服务企业应认真做好装修管理与服务文件的准备工作。根据上述装饰装修方面的规定，装修管理与服务必备文件主要有：装修管理协议、装修申报表、装修管理办法、施工人员登记表、临时出入证、安全责任书、施工许可证和动用明火许可证等。

根据装修管理程序，制作装修管理序程示意图（图7-1），悬挂在物业项目管理处办公室或业主入住办理现场，以图表形式让业主一目了然，熟知装修管理程序的内容和步骤。

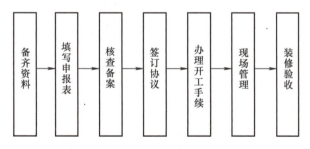

图 7-1 物业装饰装修程序示意图

2. 业主申报

（1）**备齐资料** 装修人应在开工前到物业项目管理处申报登记，申报登记所需提交的资料要及早准备，收集齐全。申报登记的资料由装修人和装修单位分别准备和提供，一般包括房屋所有权证明（或者证明其合法权益的有效凭证），申请人身份证原件及复印件，装饰装修设计方案，装修施工单位资质，原有建筑、水电气等改动设计的设计方案或相关部门批准文件。物业使用人对物业进行装饰装修时，还应提交业主同意的书面证明。

（2）**填写装修申报表** 对业主提供的装修申报登记资料进行初步审核合格后，物业项目管理处应要求并指导装修人逐项填写装修申报表，各项申请要求明确无误，涉及专业部门（如水、

103

电、气等）、建筑结构、消防等项目，要求写明地点、位置或改变的程度及尺寸等详细数据和资料，室内间隔及设备变动申报时，还应附相关图纸资料等。在仔细阅读装修管理有关规定后，填写装修申报表，见表 7-1。

表 7-1 装修申报表

业主姓名		详细地址		联系电话	
装修单位	全称			执照号	
	负责人		联系电话	装修人数	
申请装修内容和范围			管理处初审		
			初审人： 日　期：		
申请装修期限		年　　月　　日至		年　　月　　日	
装修工程预算造价		装修押金		收款人	
装修保证	本住户和施工队保证：遵守《××市住宅装修管理规定》和物业项目管理处的规定，保证按期完成，若有违约，愿接受管理处的处罚。 　　　　　业主（住户）签字：　　　　　　施工队负责人签字：				
物业项目管理处主任审批： 　　　　　　　　　　　　　　签字　　　　年　　月　　日					

装修申报表的内容应包括：业主姓名、地址、联系电话；施工单位、进场人数、施工负责

人及联系电话；装修项目、装修内容、使用材料、设计图及说明；约定事项及违约责任；签字认可等。

商业用房应标明招牌的大小尺寸、安放位置、悬挂方式。

（3）核查备案　物业项目管理处依装修人所报资料及装修申报表，与原建筑情况进行确认与核实。

物业项目管理处根据相关规定进行装修申报表的核查，并应该在规定工作日内（一般为3个工作日）予以答复；对违规违章的装饰装修项目，应向装修人说明理由并要求其整改，否则不予批准，并报告有关行政管理部门；超出物业项目管理处核查范围的装饰装修项目，如商业用房的防火设施配备，应通知装修人报主管部门审批。

物业项目管理处应详细核查装修申请登记表中的装修内容，从源头上堵住违章装饰装修的行为，凡不符合《住宅室内装饰装修管理办法》规定的情况将不予登记。对不予登记的装修项目，物业项目管理处应有明确的解决途径去引导装修人，一是未完善的审批程序、未完整的申报资料，让装修人赶快补办；二是装修人对装饰装修设计中的某些项目作适当调整变动以适应法规要求。

核查备案时要严把防火关，具体内容包括：

1）装修材料必须符合《建筑内部装修设计防火规范》（GB 50222—2017）的消防要求；强电线路要用铁管或阻燃材料管进行消防保护。

2）商用物业的装修要按规定，由消防主管部门审批备案同意后，才能申请装饰装修并登记备案。

3）装修施工人员必须持有效电工证才能承担电器及照明的安装。

4）装修现场应备有灭火器材才能动工。

核查通过的装修申报表，在规定工作日内（一般为3个工作日）进行登记备案，并通知装修人办理开工许可手续。零散、简单的装修可当天完成登记。

（4）签订协议　装修人装修申报表通过登记环节后，在装修施工前，应与物业项目管理处签订物业装饰装修管理服务协议。装修单位还要与物业项目管理处签署装修施工责任承诺书，见表7-2，约定物业装饰装修管理的相关事项，并领取室内装修施工许可证，见表7-3。

表7-2　装修施工责任承诺书

装修施工责任承诺书

××物业管理有限公司：

（1）本人/本公司已收到××物业管理有限公司发给的《装修指南》《装修补充规定》《防火手册》及《电梯管理规定》，现声明已详细阅读以上文件，已经明白并承诺遵守以上文件的所有规定，若有违反，愿接受物业公司的任何处罚。

（2）承诺在装修期间按审批的装修方案和图纸施工。

（3）愿意在装修期间担任消防负责人，负责对进场装修的有关人员进行消防教育，并在装修施工过程中，严格遵守消防规定，采取有效的防范措施，并承担因装修而引发灾难所造成的一切后果。

特此承诺！

签署人：
身份证号码：
（单位盖章）
年　月　日

表7-3 室内装修施工许可证

室内装修施工许可证		
编号：		
施工范围：		
施工项目：		
有效日期：　　年　　月　　日至　　年　　月　　日		
施工责任人：	联系电话：	
发证单位：××物业管理有限公司		
工程维修部消防监管人：		装修监管人：

物业项目管理处以书面形式将装饰装修工程的禁止行为和注意事项告之装修人、装修单位，并督促装修人在装饰装修开工前主动告知邻里。

装饰装修管理服务协议应当包括装饰装修工程的实施内容、装饰装修工程的实施期限、允许施工的时间、废弃物的清运与处置、住宅外立面设施及防盗窗的安装要求、禁止行为和注意事项、管理服务费用、违约责任以及其他需要约定的事项等内容。

（5）**办理开工手续**　装修人按有关规定向物业项目管理处缴纳装修保证金和其他装修服务费；装修施工单位到物业项目管理处办理室内装修施工许可证、装修人员临时出入证并交纳出入证押金；装修人或装修单位应备齐足够、有效的灭火器等消防器材。

1）装修施工许可证。缴纳装修保证金后，由客户服务中心发放装修施工许可证。

① 装修施工许可证内容填写要求：内容应填写规范、详细、真实；装修施工地点栏应填写业主或使用人准确的门牌号码；施工单位栏应详细填写是业主委托的装修单位；施工人数栏填写后，如施工现场有留宿人员应备注装修单位留宿人员数量，并到物业项目管理处填写留宿人员登记表及担保书。

② 装修单位应将装修施工许可证（表7-4）的原件或复印件粘贴在装修人入户门上，以便物业项目管理处进行装修巡查工作。

表7-4 装修施工许可证

物业名称：			编号：	
装修地点		装修负责人		装修负责人照片
施工单位		联系电话		
施工时间		施工人数留宿人员		
完工勘查意见：				
			勘查人： 完工日期：	
注意事项： 1.施工单位必须遵守管理处装修规定； 2.施工人员须严格遵守有关防火要求； 3.施工单位必须配合管理人员的装修检查； 4.请将此表复印件贴于装修户门外； 5.此证注意保存，退装修押金时须出示此证。			装修主管： （管理处盖章） 发证日期：	
施工期延续情况：1. 　　　　　　　　2.				

③装修工程完工后,申请装修验收时,装修单位到管理处办理装修施工许可证退出手续。

2)装修人员临时出入证

①装修单位负责人持装修施工许可证原件、施工人员身份证或暂住证复印件,到物业项目管理处缴纳工本费,如实填写装修人员登记表,见表7-5,经审核后登记建档并发放装修出入证。

表 7-5 装修人员登记表

装修地点: 日期:

姓名	身份证号码	进场时间	离场时间	留宿情况	备注

注:请将装修单位负责人及装修工人身份证复印件贴在此表背面。

②装修过程中,如需增补施工人员,必须由装修单位负责人亲自到物业项目管理处办理相应手续。

③办理人员留宿手续由业主向物业项目管理处提出申请并签署装修施工人员留宿担保书后,装修单位负责人持留宿人员身份证或暂住证复印件到物业项目管理处办理,经审核登记并在留宿人员出入证上加盖留宿批准专用章后方可留宿。对未办理留宿手续私自居住在装修户内者,一经发现,将按照《中华人民共和国治安管理处罚法》的规定,送交当地公安派出所处理。

④装修施工人员出入小区大门或秩序维护人员查验时,应主动出示出入证接受检查,且工作期间必须按照规定佩戴。对不按规定使用、佩戴、涂改、私自转借出入证的人员和行为,一经发现,将没收当事人证件并承担相应违约金,直至取消装修资格。

⑤装修工程完工后,申请装修验收时,由装修单位负责人到物业项目管理处办理装修施工人员退场手续,清退出入证,因保管不善造成丢失或不及时清退出入证的,装修单位应承担相应违约金,违约金在装修保证金中扣除。

3. 现场管理

装修人办理开工手续后,开始进行装修施工。施工期间,装修人和装修单位应严格遵守装修管理服务的各项要求,履行约定的有关事项,做到安全施工、文明施工。

物业项目管理处为保障物业管理区域的房屋、设备设施正常的安全使用,维护物业管理区域正常秩序,必须加强现场巡查,严格执行管理制度,做好装修施工期间的现场管理服务工作,及时制止和纠正违规行为,对违规行为发出整改通知单(表7-6);出现紧急情况,如燃气泄漏、火警等,应马上组织救援和处理,事后再查明原因由装修人承担责任。装修人或装修单位如有违规又拒不改正,造成事实后果的,要承担违约责任,物业项目管理处应及时报告有关行政管理部门依法处理。

表7-6 整改通知单

整改通知单

NO：

业主/装修单位：

违章事项：

物业项目管理处意见：

物业项目管理处签章：

经办人： 日期：

整改单位/业主签收：

签收人： 日期：

现场管理的主要内容是施工时间、装修材料、施工要求、垃圾清运时间、公共环境保洁、施工人员管理和出入口跟踪管理，尤其是对使用电气焊或动用明火的行为要加强管理。督促其向物业项目管理处提出申请，填写动用明火申请表（表7-7），经批准后才能使用。

表7-7 动用明火申请表

申请单位（业主/用户）				动火类型		动火地点	
序号	器具名称	功率（千瓦）	电源来源	起止日期（大写）		起止日期（大写）	
1			室内/外	月 日至	月 日	月 日至	月 日
2			室内/外	月 日至	月 日	月 日至	月 日
3			室内/外	月 日至	月 日	月 日至	月 日
4			室内/外	月 日至	月 日	月 日至	月 日
5			室内/外	月 日至	月 日	月 日至	月 日
6			室内/外	月 日至	月 日	月 日至	月 日
动用明火要求	1. 室内电源插座最大功率4kW； 2. 配灭火器2个； 3. 远离易燃易爆物品； 4. 与木工制作区隔离； 5. 严禁在室内用电器煮食； 6. 超过6kW补交相应费用； 7. 违规作业罚款200~500元			申请单位（业主/用户）签章 年 月 日		物业项目管理处签章 年 月 日	

4. 装修验收

装修人和装修单位完成装修施工，建筑垃圾已清理完毕，应通知物业项目管理处到装修现场验收。物业项目管理处接到装饰装修完工验收的报告，应组织工程技术人员到现场，对照装修申报方案和装修实际结果进行比较验收，确定初步的验收意见。验收不通过的，提出书面整改意见，要求装修人和装修单位限期整改。初步验收合格的，一个月内若没有装修工程质量问题及违规投诉的，物业项目管理处签署书面意见，以便装修人押金的退还办理。发生歧义、无法统一意见或装修人拒不接受的，报请有关行政管理部门处理。

5. 装修资料归档

物业项目管理处应建立和完善业主装饰装修档案，并指定专人保管、专柜存放装修档案，以备查验。

物业装饰装修资料借阅时需办理出借手续，阅读后应及时归还。

业主装修管理档案资料归档内容主要有：装修申请表，装修施工方案图，给水排水、电气管线改造施工图，装修施工许可证，装修承诺书，防火责任书，装修施工人员登记表，装修施工人员留宿担保书，装修施工人员身份证复印件粘贴单，装修巡查登记表，装修违规整改通知书，装修施工人员临时出入证和其他装修需归档的相关资料。

〖装修申请作业程序〗

装修申请作业程序参见样本 13 内容。

单元三　装修监管工作

学习目标

1. 了解装修管理资料的收集与管理，知道装修资料是档案资料的一部分，能为解决装修纠纷提供依据。

2. 熟悉装修巡查和装修验收的具体内容和要求，并能在装修管理工作中具体应用。

3. 掌握装修巡查和装修验收的程序和流程，并能够依规程进行装修巡查和装修验收的具体工作及处理出现的各种问题。

〖装修巡查内容与违章处理〗

1. 装修巡查内容

物业项目管理处在审批完业主装修手续后，重点安排专人负责装修现场的检查工作。现场检查的主要工作包括：是否存在未按装修审批要求违章施工的情况；装修中是否存在消防安全隐患；施工人员是否办理了施工证件；装修现场的施工过程中是否存在质量瑕疵，是否有可能对相邻业主造成安全和使用隐患；装修施工人员是否违反物业管理区域内的相关规定，进行违法活动；装修现场施工人员对材料运输和装修垃圾的清运情况；消防检查和要求施工人员保持公共场所的整洁等。

2. 违章处理

巡查以装修管理规定、装修许可证以及相关的图纸和方案为依据，对发现的问题记录在巡查记录表（表7-8）中，要求施工单位限期整改。巡查人员在巡查时发现违规、违章行为，应及时制止，并可根据装修管理规定、装饰装修管理服务协议中的规定，采取处罚措施，并开具整改通知单限期进行整改。

表7-8 巡查记录表

序号	检查点及存在问题	检查人及日期	责任人签名	处理情况	复查人/日期
当存在轻微不合格时，直接在"处理情况"栏填写处理结果即可，否则需填写不合格处理书或整改通知书或纠正和预防措施报告，并在"处理情况"栏注明处理方式					

〖装修巡查及验收作业程序〗

装修巡查作业程序参见样本14内容，装修验收作业程序参见样本15内容。

［阅读资料7-1］ 装修施工中的常见问题及处理，参见本书配套资源。

思 考 题

7-1 简述装修管理中物业服务企业的义务。

7-2 简述室内装修管理的具体要求，并结合实践谈谈管理中常见的主要问题有哪些。

7-3 简述外观装修管理的具体要求，并结合实践谈谈管理中常见的主要问题有哪些。

7-4 简述装修现场管理的内容。

7-5 简述装修管理的程序。

学习情境八

房屋及设施设备管理

单元一 知识准备

学习目标

1. 了解房屋维修管理、物业设施设备管理的法规政策,并能在实践中灵活运用。
2. 熟悉并掌握房屋维修管理的内容,具备在实际工作中有计划地安排房屋维修管理的基本能力。
3. 熟悉物业设施设备的分类,能在实践工作中与相关部门进行有针对性的业务沟通。
4. 掌握物业设施设备管理的基本内容,具备计划、安排物业设施设备管理工作的基本能力。

房屋及设施设备管理是指物业服务企业通过掌握房屋与设施设备的质量状况和运行状况,对房屋及设施设备进行日常维修养护或维修施工,以保证房屋及设施设备的安全、正常使用。这是物业管理最基本、核心的工作,必须给予高度重视。

〖房屋养护维修管理〗

房屋养护维修管理是指物业服务企业对已建成的房屋进行小修、中修、大修、翻修以及综合维修和日常维护保养,还包括对房屋完损等级的检查与评定、不同等级房屋功能的改善及更新改造。房屋维修管理的目的首要是为了保持、恢复或提高房屋的安全性,延长房屋的使用寿命,其次是改善或改变房屋的使用功能。经常性并及时地对房屋进行维修保养,是物业服务企业重要的基础性的工作内容之一,主要通过物业项目管理处实施。

房屋竣工交付使用后,由于受各种因素的影响或作用而逐渐老化、损坏。导致房屋损坏的原因很多,基本上可分为自然损坏和人为损坏两类。自然损坏,如自然界的风、霜、雨、雪及空气中有害物质的侵蚀,虫害(如白蚁)、菌类(如霉菌)的作用均会造成房屋损害。自然损坏的速度,除洪水、地震、台风等情况外,一般是缓慢的。人为损坏,如在房屋建造期间因设计缺陷或施工质量隐患,在房屋使用期间因违规装修、改造、搭建及不合理地改变房屋用途或维修保养不善,都会使房屋遭到损伤或毁坏。在实际生活中,以上因素往往是相互交叉影响或作用的，从而加剧了房屋损坏的程度和速度。因此，为减缓房屋损耗速度、延长房屋使用年限、维持和恢复房屋原有质量和功能、保障住房安全和正常使用，以达到房屋保值、增值的目的，物业服务企业开展好房屋维修管理工作是十分必要的。

房屋维修管理由于受原有房屋条件、环境的限制，只能在原有房屋基础上进行，维修设计与施工都只能在一定范围内进行，其维修活动与新建同类房屋建筑施工过程不同，维修技术不仅包括建筑工程专业及相关专业的技术，还包括独特的设计和施工操作技能，如房屋结构部分受损后的加固补强、防水堵漏等，以及随着时间的推移，房屋的各个部分，如主体结构、外墙、楼地面、设备的零部件等都会有不同程度的损坏，需要根据损坏的程度进行小修、中修或大修。因此，房屋维修管理具有维修的限制性、独特的技术性和维修量大维修面广、零星分散等三个特点。

在房屋维修养护时，应坚持服务至上、区别对待、爱护使用、注意保养、及时维修、安全合理、经济实用、有偿服务等原则；做到真正树立为业主服务的思想，建立、健全科学合理的房屋维修管理制度，保持房屋正常使用功能和基本完好；应综合考虑不同建筑结构、不同等级标准的房屋，采取不同维修标准，制定合理的维修计划与方案，严格按照国家规范和行业标准，合理使用人力、物力、财力，尽量做到少花钱、多修房、修好房。

房屋维修管理的内容主要有：

1. 房屋质量管理

房屋质量管理是指物业服务企业定期和不定期对房屋的完损情况进行检查，评定房屋完损等级，随时掌握所管房屋的质量状况和分布，组织对危险房屋的鉴定并确定解危方法等工作。

2. 房屋维修计划管理

房屋维修计划管理是指物业服务企业根据物业项目内房屋完损的实际情况以及各类房屋的建筑、设备、设施的保养、维修、更新周期等制订切实可行的房屋维修计划，拟订维修方案；有计划地组织房屋按年轮修；分配年度维修资金、审核维修方案和工程预决算等工作。

3. 房屋维修施工管理

房屋维修施工管理就是指物业服务企业按照一定施工程序、施工质量标准和技术经济要求，运用科学的方法对房屋维修施工过程中的各项工作进行有效的、科学的管理工作。

物业服务企业的房屋维修施工工程，可以由自己组织的维修施工队伍来完成；也可以通过招标，将房屋维修工程承包给专业维修施工队来完成。专业承包的维修施工管理应做好维修工程招标工作、维修工程设计、技术交底工作、维修施工合同管理、施工质量控制管理、维修工程的竣工验收、价款结算工作管理和维修技术档案资料管理。自行组织施工的维修施工管理，应编制好施工工程计划，更新维修技术，控制工程质量、工程进度、工程成本，进行工料消耗、工程质量的检查鉴定，建立健全房屋的维修档案，并进行科学管理等。

4. 房屋维修质量管理

房屋维修质量管理是指物业服务企业根据《建设工程质量管理条例》《房屋修缮范围和标准》《房屋建筑和市政基础设施工程质量监督管理规定》（2010年第5号令）、《房屋渗漏修缮技术规程》（JGJ/T 53—2011）、《建筑外墙外保温系统修缮标准》（JGJ 376—2015）等，可借鉴《房屋修缮工程技术规程》（DG/TJ 08—207—2008），强化维修工程的质量监督、检查、验收与评定，完善维修工程的质量保修制度等工作。

5. 房屋维修资料管理

房屋维修资料管理是指物业服务企业对房屋维修过程中产生的档案资料所进行的收集、整理等管理工作。在制定房屋维修计划，确定房屋维修、改建等方案，实施房屋维修工程时，不可缺少的重要依据是房屋建筑的档案资料。因此，为了更好地完成房屋维修任务，加强房屋维修管理，要做好房屋维修资料的管理。

〖 **物业设施设备管理** 〗

物业设施设备管理是指物业服务企业的工程管理人员通过熟悉和掌握设施设备的原理性能，对其进行保养维修，使之能够保持最佳运行状态，有效地发挥效用的管理活动。

物业服务企业的物业设施设备管理工作是物业管理的核心与基础，是物业服务企业最经常、最持久、最基本的工作内容之一，在物业管理工作中占有很大的比重，主要通过物业项目管理处实施。一般情况下，物业项目都拥有如电梯、中央空调、发电机组、消防系统、通风、照明和监控系统等设备设施，这些设施设备能否正常使用，直接决定了物业项目使用功能的发挥。因此，物业工程管理人员必须熟悉和掌握物业项目的设施设备的基本情况，通过维修和保养，保持所有的物业设施设备处于良好的技术状态，科学有效地发挥其使用功能，延长其使用寿命，并尽可能地做到节能减排，以达到物业的保值增值目的。

1. 物业设施设备的分类

物业设施设备是房屋建筑内部附属设备的简称，它是房屋建筑实体重要的有机组成部分。

物业设施设备是根据业主或物业使用人的要求与物业的用途来设置的，不同的物业项目其设施设备配置不同。如住宅的设施设备一般由水、电、煤气、卫浴和电梯等组成，写字楼的设施设备则还包括中央空调、网络智能系统等。通常，我们对物业设施设备做如下的分类。

（1）**供水设备** 指用人工方法提供水源的设备，由供水箱、供水泵、水表、供水管网构成，组成生活给水系统、生产给水系统及消防给水系统。

（2）**排水设备** 指用来排除生活、生产污水和屋顶雨雪水的设备，包括排水管道、通风管道、清通设备、抽升设备、室外排水管道等。根据接纳污（废）水性质，房屋的排水管道可分为生活污水管道、工业废水管道和室内雨水管道，组成生活污水排水系统、生产污水排水系统和雨（雪）水排水系统。

（3）**热水供应设备** 包括淋浴器、供热水管道、热水表、加热器、循环管、自动温度调节器及减压阀等。

（4）**消防设备** 指房屋设备中的消防装置部分，包括供水箱、消防箱、兰花喷头、灭火机、灭火瓶、消防龙头和消防泵等。

以上4个方面的设备组成房屋的给水排水系统。

（5）**卫生与厨房设备** 指房屋卫生间与厨房内部的各种设备。卫生设备包括浴缸、水盆、小便池、抽水马桶和面盆等。厨房设备包括洗菜池、操作台、吊柜、抽油烟机及管道等。

（6）**供暖、供冷、通风设备**

1）室内供暖设备包括锅炉、壁炉、鼓风机、水片及回龙泵等。

2）室内供冷设备包括冷气机、深井泵、空调机、电扇、冷却塔及回龙泵等。

3）室内通风设备包括通风机、排水门及一些净化除尘设备等。

（7）**燃气设备**　房屋的燃气设备包括煤气灶、煤气表、煤气管道和天然气管网等。

（8）**电气工程设备**　房屋建筑电气工程设备主要包括：

1）供电及照明设备。这是指提供电源及照明的各种装置，包括电源柜、电表、总开关、供电线路、户外型负荷开关、户内型漏电保护自动开关和照明器等。

2）弱电设备。这是指提供某种特定功能的弱电设备与装置，随着现代化建筑水平的提高，房屋的弱电设备也越来越多，目前主要包括通信设备、广播设备、共用天线设备及闭路电视系统、自动监控及报警系统等。

3）电梯设备。这是高层建筑中不可缺少的垂直运输设备，包括电梯机房、轿厢、井道等部分。

4）防雷装置。这是指主要用以防直击雷的防护装置，包括接闪器、引下线和接地装置等。

2. 物业设施设备管理的内容

（1）**设施设备使用管理**　设施设备使用管理主要通过制定、实施一系列规章制度来实现。例如设备运行值班制度、交接班制度以及设备操作使用人员岗位责任制度等。

（2）**设施设备维修管理**　设施设备维修管理的内容包括设备的定期检查维修制度，维修质量标准、维修人员管理制度等。

（3）**设施设备安全管理**　设施设备安全管理的内容包括国家对安全性能要求较高的设备实行合格证制度，维修人员参加学习培训考核后的持证上岗制度以及企业实施的消防通道管理、电梯安全使用管理等。

（4）**设施设备技术档案资料管理**　设施设备技术档案资料管理的内容包括建立设备的登记卡片、技术档案、工作档案和维修档案等。

〖 **相关法规政策标准** 〗

1）《中华人民共和国民法典》。
2）《中华人民共和国特种设备安全法》。
3）《建设工程质量管理条例》。
4）《物业管理条例》。
5）《房屋完损等级评定标准（试行）》。
6）《房屋修缮技术管理规定（试行）》。
7）《房屋修缮范围和标准》。
8）《住宅专项维修资金管理办法》。
9）《房屋建筑和市政基础设施工程质量监督管理规定》。
10）《房屋渗漏修缮技术规程》（JGJ/T 53—2011）。
11）《建筑外墙外保温系统修缮标准》（JGJ 376—2015）。

学习情境八　房屋及设施设备管理

［案例 8-1］　住户不配合施工应该怎么办

一居民小区住宅楼因楼内共用上水管年久锈蚀老化，该小区物业管理公司于 2018 年着手对所属小区的上水管道进行调换，但由于个别业主不认同，部分楼的换管工程一度搁浅。

物业管理公司为了大多数居民的利益，仍决定在受到阻碍的 28 号楼进行施工，并派人到持反对意见的陈先生家告知施工日程，但施工当天陈先生夫妇并没有在家等候。对此，物业管理公司不得不绕开陈家对其他住户的上水管进行了调换。为了不影响陈家继续使用旧水管，施工人员将该水管从陈先生所住二楼以上予以截断，并封住了端口。

然而，就在对旧有水管施行"手术"的第二天下午，该旧有水管发生漏水，陈先生家中"水漫金山"，家中地板、家具等受损。按陈先生的算法，由于水管漏水，给他家造成的经济损失达 3 万余元。双方协商多次，仍未对赔偿事宜达成协议。最终陈先生将物业管理公司告上法庭，要求判物业管理公司对其家中的电器设备进行安全检查和维修，并赔偿因水管漏水造成的装潢、财产损失的 30527 元以及临时借房过渡费等费用的 8790 元。

审理中，法院委托上海市价格认证中心先后两次对陈先生家的财产物品受损情况进行鉴定，结论为室内装潢受损 7640 元，室内财产物品受损 960 元。法院审理后认为，物业管理公司从居民生活用水卫生和安全角度考虑调换上水管，在职责范围内，但在未做通全体居民工作、未征得全体业主同意，特别是在陈先生夫妇家中无人的情况下，因施工造成其家中进水、物品损坏的后果，物业管理公司具有过错，理应承担主要责任；而陈先生夫妇在物业管理公司上门通知后未予配合，由此造成家中财产受损，其自身也有过错，故应承担次要责任。

据此，法院做出一审判决，物业管理公司赔偿陈先生夫妇财产损失 6440 元、临时借房过渡费等其他费用 1897 元。

分析：对设施老化的物业进行大修，本是件利于业主的好事，但因考虑不周导致工作不到位，就会收到适得其反的效果。在进行具体的维修工程前，我们不仅要考虑维修工作本身，还要从是否方便业主的生活、工作的角度多做思考，做到真正维护好业主的实际利益。如果这样，本案例所发生的事件应该是可以避免的。

想一想：如果你是该物业管理公司的员工，碰到陈先生这样的业主你会怎么办？

单元二　房屋维修管理

学习目标
1. 了解房屋完损等级的评定。
2. 熟悉房屋维修标准及考核指标。
3. 掌握房屋维修工程的分类以及房屋日常养护的内容。

〖房屋完损等级的评定〗

1. 房屋完损等级的划分

房屋完损等级是指对现有房屋的完好或损坏程度划分等级，即划分现有房屋的质量等级。

115

目前，房屋完损等级是以国家建设部1985年制定并颁布的《房屋完损等级评定标准》为依据的，该标准将房屋完损等级分成五类，即完好房、基本完好房、一般损坏房、严重损坏房和危险房。

（1）**完好房** 完好房是指房屋结构完好，屋面或板缝不漏水，装修和设备完好、齐全，管道畅通，现状良好，使用正常，虽有陈旧现象或个别分项有允许值之内的轻微损毁，但不影响居住安全和正常使用，经过小修即可恢复的房屋。

（2）**基本完好房** 基本完好房是指房屋结构基本完好牢固，少量构部件有稍超允许值的轻微损坏，但已稳定，屋面或板缝局部渗漏，装修和设备有个别零部件有影响使用的破损，但通过维修可以恢复使用功能的房屋。

（3）**一般损坏房** 一般损坏房是指房屋局部结构构件有变形、裂缝、腐蚀或老化，强度不足，屋面或板缝局部漏雨，装修局部有破损，油漆涂料老化，设备管道不够畅通，水管、卫生器具、照明、电气管线等器具和零部件有部分老化、损坏和残缺，需要进行中修或局部大修更换部件的房屋。

（4）**严重损坏房** 严重损坏房是指严重失修的房屋，部分结构构件有明显或严重倾斜、开裂、变形或强度不足，个别构件已处于危险状态，屋面或板缝严重漏雨，设备陈旧不齐全，管道严重堵塞，水、卫、电、照明、管线器具和零件残缺或严重毁损，需要局部整修、更新等大修的房屋。

（5）**危险房** 危险房是指房屋承重结构已属于危险构件，主体构件强度严重不足，稳定性很差，丧失承载能力，随时有倒塌的可能，采用局部加固的修理仍不能保证安全的房屋，已丧失维修价值的房屋，因结构严重毁损需要拆除、翻修的整幢房屋。

2. 房屋结构的分类

房屋按常用结构分为下列几类：

（1）**钢筋混凝土结构** 指承重的主要结构是用钢筋混凝土建造的，包括：框架结构，由梁、板、柱组成建筑承重结构，墙体仅作为分隔和保温用途；剪力墙结构，由梁、板、墙体组成建筑承重结构，部分墙体承在结构中受力。将上面两项组合起来，就衍生了框架剪力墙结构、框支剪力墙结构等。

（2）**混合结构** 指承重的主要结构是用钢筋混凝土和砖木建造。如一幢房屋的梁是钢筋混凝土制成，以砖墙为承重墙，或者梁是木材制造，柱是钢筋混凝土建造的。

（3）**钢结构** 指建筑物中主要承重结构以钢制成，适用于超高层建筑，自重较轻。

（4）**其他结构** 凡不属于上述结构的房屋建筑结构均归入此类。

3. 房屋完损标准的项目划分

房屋完损状况根据各类房屋的结构、装修、设备等组成部分的各个项目的完好、损坏程度来划分。

房屋的结构组成部分分为五个分项：基础、承重构件、非承重构件、屋面和楼地面；房屋的装修组成部分分为五个分项：门窗、外抹灰、内抹灰、顶棚和细木装修；房屋的设备组成部分分为四个分项：水卫、电照、暖气及特种设备（如消防栓、避雷针、电梯等）。

4. 房屋完损等级评定方法

（1）钢筋混凝土结构、混合结构、砖木结构房屋完损等级评定方法

1）完好房。凡符合下列条件之一者可评为完好房：

第一，结构、装修、设备部分各项完损程度符合完好标准。

第二，在装修、设备部分中有一、二项完损程度符合基本完好的标准，其余符合基本完好以上的标准。

2）基本完好房。凡符合下列条件之一者可评为基本完好房：

第一，结构、装修、设备部分各项完损程度符合基本完好标准。

第二，在装修、设备部分中有一、二项完损程度符合一般损坏标准，其余符合基本完好以上的标准。

第三，结构部分除基础、承重构件、屋面外，可有一项和装修或设备部分中的一项符合一般损坏标准，其余符合基本完好以上标准。

3）损坏房。凡符合下列条件之一者可评为一般损坏房：

第一，结构、装修、设备部分各项完损程度符合一般损坏的标准。

第二，在装修、设备部分中有一、二项完损程度符合严重损坏以上标准，其余符合一般损坏以上的标准。

第三，结构部分除基础、承重构件、屋面外，可有一项和装修或设备部分中的一项完损程度符合严重损坏的标准，其余符合一般损坏以上的标准。

4）严重损坏房。凡符合下列条件之一者可评为严重损坏房：

第一，结构、装修、设备部分各项完损程度符合严重损坏标准。

第二，在结构、装修、设备部分中有少数项目完损程度符合一般损坏标准，其余符合严重损坏的标准。

（2）其他结构房屋完损等级评定方法

1）结构、装修、设备部分各项完损程度符合完好标准的，可评为完好房。

2）结构、装修、设备部分各项完好程度符合基本完好标准，或者有少量项目完好程度符合完好标准的，可评为基本完好房。

3）结构、装修、设备部分各项完损程度符合一般损坏标准，或者有少量项目完损程度符合基本完好标准的，可评为一般损坏房。

4）结构、装修、设备部分各项完损程度符合严重损坏标准，或者有少量项目完损程度符合一般损坏标准的，可评为严重损坏房。

5）危险房屋的鉴定与处理。对危险房屋的鉴定与处理，应按照《危险房屋鉴定标准》（JGJ 125—2016）执行。

5. 房屋完损等级评定的基本做法

房屋完损等级评定的基本做法可分为定期和不定期两类。

定期评定一般是每隔1~3年（或按各地规定）对所管房屋进行一次全面的逐幢完损等级的评定。不定期评定就是不定期地在某个时间内对房屋进行检查，评定完损等级。一般在以下几种情况下进行不定期检查：第一，根据气候特征，如雨季、台风、暴风雨、山洪等来临前，着

重对危险房屋、严重损坏房和一般损坏房等进行检查，评定完损等级；第二，房屋经过中修、大修、翻修和综合维修竣工验收以后，重新评定完损等级；第三，接管新建房屋后，要进行完损等级评定。

6. 房屋完损等级评定的要求

1）在评定结构、装修、设备等组成部分的各项完损程度的基础上，要对整栋房屋的完损情况进行综合评定。

2）要以实际完损程度为依据评定，不能以年代来代替标准，也不能以原设计标准代替完损等级。

3）要掌握好评定等级的决定因素和标准，即认真对待结构部分的完损程度的评定，这是决定房屋完损等级的主要条件。

4）评定房屋完损等级时，若超过规定允许的下降分项的范围时，则整幢房屋完损等级可下降一个等级，但不能下降到危险房屋的等级。

5）评定严重损坏房屋时，结构、装修、设备等分项的完损程度不能下降到危险房屋的标准。

6）在评定房屋完损等级时，对于重要房屋或断面明显不足的构件，必要时要经过复核或测试才能确定完损程度。

〖房屋维修工程分类〗

房屋维修工程分为小修工程、中修工程、大修工程、翻修工程和综合维修工程。除小修工程费用从物业费支出外，其他工程费用从住宅专项维修资金支出。

1. 小修工程

小修工程是指为确保房屋正常使用，对房屋使用中的正常的小损小坏进行及时修复，以保持房屋原有完损等级为目的预防性养护工程。这种工程用工少、费用少，综合平均费用占房屋现时总造价的 1% 以下，并具有很强的服务性，要求经常持续地进行。

小修工程范围主要包括：

1）屋面筑漏（补漏），修补屋面、屋脊等。

2）钢、木门窗的整修、拆换五金、配玻璃、换纱窗、油漆等。

3）修补楼地面面层，更换个别龙骨等。

4）修补内外墙、窗台、腰线和抹灰等。

5）拆除、砌筑、挖补局部墙体、个别拱圈，拆换个别过梁等。

6）更换个别檩条，接换个别木梁、屋架、木柱，修补木楼梯等。

7）水、卫、电、暖气等设备的故障排除及零部件的修换等。

8）下水管道的疏通，修补明沟、散水、落水管等。

9）房屋检查发现的危险构件的临时加固、维修等。

物业项目管理处的房屋小修养护工程项目信息，主要是通过工程维修人员的定期巡查和业主项目管理处（住户）的随时报修这两个渠道收集取得的。

2. 中修工程

中修工程是指房屋少量主体构件已损坏或不符合建筑结构的要求，需要牵动或拆换进行局部维修以保持房屋原来的规模和结构的工程。这类工程项目较小且工程量比较多，有周期性，适用于一般损坏房屋，其一次维修费用是该房屋同类结构新建造价的20%以下。经过中修后的房屋70%以上要符合基本完好房或完好房的标准。

中修工程范围主要包括：

1）少量结构构件形成危险点的房屋维修。

2）一般损坏房屋的维修，如整幢房屋的门窗整修，楼地面、楼梯的维修，抹灰修补，油漆保养，设备管线的维修和零配件的更换等。

3）整幢房屋的共用生活设备的局部更换、改善或改装、新装工程以及单个项目的维修，如下水道重做，整幢房屋门窗的油漆，整幢房屋围墙的拆除与砌筑等。

3. 大修工程

大修工程是指无倒塌或只有局部倒塌危险的房屋，其主体结构和共用生活设备（包括上、下水，通风取暖等）的大部分已严重损坏，虽不需全面拆除但必须对它们进行牵动、拆换、改装、新装，以保证其基本完好或完好。这类工程施工地点集中、项目齐全、具有整体性，适用于严重损坏房，其费用是该房屋同类结构新建造价的25%以上。经大修后的房屋，一般都要求达到基本完好房或完好房的标准。

大修工程范围一般包括：

1）修复严重损坏的房屋主体结构的维修工程。

2）对整幢房屋的共用生活设备进行管线更换、改善或新装的工程。

3）对房屋进行局部改建的工程。

4）对房屋主体结构进行专项抗震加固的工程。

4. 翻修工程

翻修工程是指原来的房屋需要全部拆除，另行设计，重新建造或利用少数主体构件在原地或移动后进行更新改造的工程。这类工程一般投资大、工期长。翻修后的房屋，一般必须达到完好房屋的标准。

翻修工程适用范围主要包括：

1）房屋主体结构全部或大部分损坏，有倒塌危险。

2）因自然灾害破坏不能再使用的房屋。

3）地处陡峭易滑坡地区的房屋或低势低洼长期积水无法排出的地区的房屋。

4）主体结构、围护结构简陋无修缮价值的房屋。

5）国家基本建设规划范围内需要拆迁恢复的房屋。

5. 综合维修工程

综合维修工程是指成片多幢房屋或面积较大的单幢楼房，因大部分严重损坏而进行有计划的成片维修和为改变成片（幢）房屋面貌而进行的维修工程，也就是大修、中修、小修一次性应修尽修（全项目修理）的工程。综合维修工程的费用应是该片（幢）房屋同类结构新建造价的 20% 以上。这类维修工程应根据各地情况、条件，考虑一些特殊要求，如抗震、防灾、防风、防火等，在维修中一并解决。经过综合维修后的房屋应达到基本完好房或完好房的标准。

〖房屋维修日常养护〗

房屋日常养护维修是指物业项目管理处对房屋建筑的日常保养和护理，以及对出现的轻微损坏现象所采取的必要修复等保养措施和护理过程。房屋养护工作包含的内容有房屋零星损坏日常修理、季节性预防保养以及房屋的正确使用维护管理等工作，这是项目管理处企业对业主和物业使用人最直接、最经常、最持久的服务工作。

1. 房屋日常养护维修的类型和内容

房屋日常养护维修可分为小修养护、计划养护和季节性养护三种类型。

（1）房屋小修养护的内容

1）门窗维修及少量新作，支顶加固，接换柱脚，木屋架加固，檩条加固及少量拆换，木隔断、龙骨、木天棚、木楼梯、木栏杆的维修及局部新作，细木装修的加固及局部拆换，装配五金等。

2）给水管道的少量拆换，水管的防冻保暖，废水、排污管道的保养、维修、疏通及少量拆换，阀门、水龙头、抽水马桶及其零配件的整修、拆换，脸盆、便器、浴缸、水槽的修补拆换，屋顶压力水箱的清污、修理等。

3）瓦屋面清扫补漏及局部换瓦，墙体局部挖补，墙面局部粉刷，平屋面装修补缝，油毡顶斜沟的修补及局部翻修，屋脊、泛水、檐沟的整修，拆换及新作少量天窗、天棚、檩条、雨棚、墙裙、踢脚线的修补、刷浆，普通水泥地的修补及局部新作，室外排水管道疏通及少量更换，明沟、散水坡的养护和清理，井盖、井圈的修配，雨水井的清理，化粪池的清理等。

4）楼地板、隔断、天棚、墙面维修后的补刷油漆及少量新作，维修后的门窗补刷油漆、装配玻璃及少量门窗的新刷油漆，楼地面、墙面刷涂料等。

5）白铁、玻璃钢屋面的检修及局部拆换，钢门窗整修，白铁、玻璃钢檐沟、天沟、斜沟的整修、加固及少量拆换。

6）电线、开关、灯头的修换，线路故障的排除、维修及少量拆换，配电箱（盘、板）的修理、安装，电表与电分表的拆换及新装等。

（2）房屋计划养护的内容 房屋的结构、部件等均有一定的使用期限，超过这一期限，房屋的结构、部件就容易出现问题。因此，对房屋进行有计划的定期检修保养，以延长房屋的使用寿命，保证房屋的正常使用，就是房屋的计划养护。

计划养护从性质上看是一种房屋保养工作，强调要定期对房屋进行检修保养，才能减少房屋的"毛病"，延长房屋的使用寿命，更好地为业主和物业使用人的生产、生活服务。计划养护任务一般要安排在报修任务不多的淡季。如果报修任务较多，要先保证完成报修任务，然后再安排计划养护任务。

房屋计划养护是物业项目管理处通过平常掌握的检查资料或房屋完损等级状况，从物业管理角度提出来的养护种类。一般楼宇设施的养护、翻新周期见表 8-1。

（3）房屋季节性养护的内容　这是指由于季节性气候原因而对房屋进行的预防保养工作。其内容包括防汛、防台风、防冻、防梅雨和防治白蚁等。季节和气候的变化会给房屋的使用带来影响，房屋的季节性预防养护，关系着业主和物业使用人的居住和使用安全以及物业设施设备的完好程度，所以，这种预防养护也是房屋养护中的一个重要方面。房屋季节性养护应注意与房屋建筑的结构种类及其外界条件相适应。砖石结构的防潮，木结构的防腐、防潮、防蚁，钢结构的防锈等养护，各有各的要求，各有各的方法，必须结合具体情况来进行。

表 8-1　一般楼宇设施的养护、翻新周期

设备	事项	周期
1.楼宇内、外墙	（1）走廊及楼梯粉刷 （2）修补粉刷外墙	每3年1次 每5~6年1次
2.沟渠	（1）清理天台雨水罩、雨水斗 （2）清理明渠及沙井沉淀物	每周1次 每2周1次
3.栏杆	（1）检查锈蚀的窗框、栏杆、楼梯扶手 （2）油漆	每月1次 每年1次
4.楼宇附加装置	（1）屋顶覆盖物 （2）窗 （3）门 （4）五金器具	每20年1次 每20年1次 每20年1次 每20年1次
5.修饰	（1）墙壁 （2）地板 （3）天花板	每15年1次 每10年1次 每20年1次
6.装修	（1）外部 （2）内部	每5年1次 每5年1次

2. 房屋日常养护维修的程序

（1）项目收集　日常养护的小修保养项目，主要通过管理人员的日常巡查和住户的随时报修两个渠道来收集。

1）日常巡查是管理人员定期对物业管理区域内物业共用部位的巡视视察，其目的是了解、掌握物业共用部位及部分处于共用部位的常用设备的使用状态，主动收集业主和物业使用人对房屋维修的具体要求，发现业主和物业使用人尚未提出或忽略掉的房屋险情及共用部位的损坏。为了加强管理，提高服务质量，应建立日常巡查手册，见表8-2。

表 8-2 日巡视检查记录

分管工作（责任区）					
业主（住户）意见建议或管理心得					
巡视项目	1. 装修巡视 2. 投诉接待 3. 违章检查 4. 车辆管理	5. 秩序 6. 清洁 7. 绿化 8. 维修	9. 仓库查看 10. 机电设备 11. 社区活动 12. 食堂员工	13. 员工宿舍 14. 内务巡视	
序号	巡视存在问题与整改情况				处理结果
备注：					

2）物业项目管理处接受业主和物业使用人报修的途径主要有以下几种：

① 组织咨询活动。一般利用节、假日时间，在物业管理区域内主要通道处、公共场所摆摊设点，征求意见并收集报修内容。

② 设置报修箱。在物业管理区域内的繁华地段、主要通道处设置报修箱，供业主和物业使用人随时投放有关的报修单和预约上门维修的信函。物业项目管理处要及时开启报修箱，整理报修信息。

③ 设立报修接待中心。物业项目管理处在物业管理区域内设立客户服务中心，配备专职客服人员，负责接待来访、电话和信函等形式的报修。接到报修，客服人员应填写物业维修报单，见表 8-3；填写用户维修委托单，见表 8-4，协调住户与维修工程部门间的关系。

表 8-3 物业维修报单

部门：		日期：		归档编号：	
物业编号		项目		发现时间	
造成维修的原因、责任：					
维修负责人电话、地址				部门意见	
完成维修时间				验收人姓名	
维修付款方式				业主/用户签字验收	

表 8-4　用户维修委托单

NO：　　　年　月　日	NO：				
业主：	业主：				
栋　楼　号	维修项目				
维修项目：					
	使用材料	名称	规格	单位	数量	单价
维修结果：	人工：			应收费：		
维修人：	维修结果：			住户签字：		
备注：	备注：维修完后送财务核算费用，委托人收到收款通知单后，同月交费时一次付清					

（2）**编制小修工程计划**　通过日常巡查和接待报修等方式收集到小修工程服务项目后，应分轻重缓急和维修人员工作情况，做出维修安排。对室内照明、给水排污等部位发生的故障及房屋险情等影响正常使用的维修，应及时安排组织人力抢修。暂不影响正常使用的小修项目，均由管理人员统一收集，编制养护计划表，尽早逐一落实。

在小修工程收集过程中，若发现超出小修养护范围的项目，管理人员应及时填报中修以上工程申报表。

（3）**落实小修工程任务**　管理人员根据急修项目和小修养护计划，开列小修养护单。物业小修养护工程凭单领取材料，并根据小修养护单上的工程地点、项目内容进行小修施工。对施工中发现的房屋险情可先行处理，然后再由开列小修养护单的管理人员变更或追加工程项目手续。

（4）**监督检查小修养护工程**　在小修养护工程施工中，管理人员应每天到小修工程现场解决工程中出现的问题，监督检查当天小修工程完成情况。

〖房屋维修标准及管理的考核指标〗

1. **房屋维修标准**

修缮标准按主体工程，门窗及装修工程，楼地面工程，屋面工程，抹灰工程，涂料粉饰工程，水、电、卫、暖等设备工程，金属构件及其他等九个分项工程进行确定。

（1）**主体工程维修标准** 这主要指屋架、梁、柱、墙、楼面、屋面、基础等主要承重构部件。当主体结构损坏严重时，不论对哪一类房屋维修，均应要求牢固、安全，不留隐患。

（2）**门窗及装修工程维修标准** 门窗维修应开关灵活，不松动，不透风；装修工程应牢固、平整、美观，接缝严密。一等房屋的装修应尽量做到原样修复。

（3）**楼地面工程维修标准** 楼地面工程维修应牢固、安全、平整、美观，拼缝严密，不空鼓开裂，卫生间、厨房、阳台地面无倒泛水现象。如厨房、卫生间长期处于潮湿环境，可增设防潮层；木基层或夹砂楼面损坏严重时，应改做钢筋混凝土楼面。

（4）**屋面工程维修标准** 屋面工程必须确保安全。要求平整不渗漏，排水畅通。

（5）**抹灰工程维修标准** 抹灰工程应接缝平整、不开裂、不起壳、不起泡、不松动、不剥落。

（6）**涂料粉饰工程维修标准** 各种内、外墙涂料以及地面涂料，均属保养范围。应制定养护周期，以达到延长房屋使用年限的目的。对木构件和各类铁构件应进行周期性涂料保养。涂料粉饰要求不起壳、不剥落、色泽均匀，尽可能保持与原色一致。

（7）**水、电、卫、暖等设备工程维修标准** 房屋的附属设备均应保持完好，保证运行安全，正常使用。电气线路、电梯、安全保险装置及锅炉等应定期检查，严格按照有关安全规程定期保养。对房屋内部电气线路破损老化严重、绝缘性能降低的，应及时更换线路；当线路发生漏电现象时，应及时查清漏电部位及原因，进行修复或更换线路。对供水、供暖管线应作保温处理，并定期进行检查维修。

（8）**金属构件维修标准** 应保持牢固、安全、不锈蚀。

（9）**其他工程维修标准** 对属物业项目管理处管理的庭院院墙、院墙大门、院落内道路、沟渠下水道、窨井损坏或堵塞的，应修复或疏通；庭院绿化，不应降低绿化标准，并注意对庭院树木进行检查、剪修，防止大风暴雨时对房屋造成破坏。

此外，对坐落偏远、分散、不便管理且建筑质量较差的房屋，维修时应保证满足基本居住使用要求。

房屋修缮应注意做到与抗震设防、白蚁防治、改善居住条件等相结合。

2. 房屋维修管理的考核指标

房屋维修工程考核指标是考核房屋维修工程量、工程质量及房屋维修管理服务质量的重要指标，主要有以下几种指标。

（1）**房屋完好率** 一般要求房屋完好率达到50%～60%（新房屋除外）。其计算公式为：

$$房屋完好率 = \frac{完好房屋建筑面积+基本完好房屋建筑面积}{总的房屋建筑面积} \times 100\%$$

（2）**大、中修工程质量合格（优良）品率** 一般要求大、中修工程质量合格品率达到100%，优良品率达到30%～50%。其计算公式为：

$$大、中修工程质量合格（优良）品率 = \frac{报告期合格（优良）品建筑面积之和}{报告期验收鉴定建筑面积之和} \times 100\%$$

（3）**小修工程的考核指标** 主要有定额指标、服务指标、安全指标及经费指标。

1）定额指标。它包括人工定额和材料定额。

① 人工定额是指每个小修养护人员应完成的小修养护工程量。人工定额是考核小修养护人员劳动生产率利用效果的指标。当小修养护工人的劳动生产率大于或等于人工定额时，就说明劳动生产率利用效果较好，能达到降低小修养护成本的目的。

② 材料定额是指完成一定的合格小修养护工程所需耗用的材料量，是考核小修工程材料成本降低率的一个指标，也是考核小修养护工程是否充分利用旧料的一个重要指标。一般来说，小修工程中的材料消耗不超过或不低于材料消耗定额指标，就说明小修工程降低材料成本的措施是有效的。

2）服务指标。它包括走访查房率、小修养护计划完成率和小修养护及时率。

① 走访查房率是指物业项目管理处每月走访查房户数与物业管理区域内住（用）户总户数的百分比，可分为月度走访查房率和季度走访查房率。在计算走访查房率时，若在月度（季度）内走访同一户超过一次的均按一户计算。一般要求管理员每月走访查房率大于 50% 以上，每季走访查房率等于 100%。其计算公式为：

$$月（季）走访查房率 = \frac{当月（季）走访查房户数}{物业管理区域内住（用）户总数} \times 100\%$$

② 小修养护计划完成率是指物业项目管理处当月完成的属小修养护计划内项目的户次数和当月养护计划安排的户次数之比。小修养护计划完成率一般要求达到 80% 以上，遇到特殊情况或特殊季节可统一调整养护计划完成率。其计算公式为：

$$月养护计划完成率 = \frac{当月完成计划内项目户次数}{当月养护计划安排的户次数} \times 100\%$$

③ 小修养护及时率是当月完成的小修养护户次数与当月全部报修中的应修户次数之比。一般来说，月（季）小修养护及时率要达到 99% 以上。其计算公式为：

$$月（季）维修养护及时率 = \frac{当月完成的小修养护户次数}{当月全部报修中的应修户次数} \times 100\%$$

公式中，当月（季）全部报修中的应修户次数是指剔除了经专业人员实地查勘后认定不属小修养护范围，并已作其他维修工程安排的和因故不能安排小修养护的报修户次数。

3）安全指标和经费指标。

① 安全指标是考核小修养护工程是否确保住（用）和小修安全的指标，包括事故率、违章率，要求小修工程中的事故率和违章率降为最低。

② 经费指标是考核小修养护工程是否节约使用小修工程经费的指标，一般是指实际使用小修养护的费用与计划或预算的小修养护费用之比。

〖 房屋维护维修工作规程 〗

房屋维护维修工作规程参见样本 16 内容。

[案例 8-2] 物业管理公司疏于养护付赔偿

李某是某住宅小区 501 室业主，一天凌晨，他在一场暴雨中发现，雨水滴滴答答从楼上渗漏到了他的家中，床垫、竹席、毛巾毯、被子、电风扇等物品都不同程度地被水浸湿，刚装修好的房间也遭到一定程度的损坏。李某沿着渗漏水一路查上去，最终发现是楼顶的排水管道被一只饮料瓶堵住，致使雨水不能从管道排出，沿着屋面缝隙从上而下流入了他家。李某找到物业管理公司要求赔偿，但物业管理公司认为是自然原因造成了这起事件。于是，李某向法院起诉要求追究物业管理公司的责任。

分析： 楼顶排水管道是房屋的共用部位，作为物业管理公司应对物业管理区域内的住宅共用部位、共用设备实施定期养护，保持其良好的状态，但由于物业管理公司疏于管理，致使楼顶排水管被异物堵塞，暴雨时造成排水不畅，给原告家庭造成了损失，对此，物业管理公司应当承担赔偿责任。

想一想： 你认为本案例给物业管理公司一些什么启示？

单元三　物业设施设备管理

学习目标

1. 了解并熟悉物业设施设备维修的分类，能够按维修分类的要求，组织物业设施设备维修。
2. 熟悉物业设施设备管理制度，能够较为全面地完成物业设施设备管理制度的建设。
3. 掌握物业设施设备三级保养制、设备点检和物业设施设备维修作业程序，具备物业设施设备管理的组织协调能力。

〖物业设施设备维修养护工程的分类〗

1. 物业设施设备保养的分类

物业设施设备的保养是指物业项目管理处和供电、供水、供气、供热等单位对设施设备所进行的常规性检查、养护、维修等工作。通常采用三级保养制，即日常维护保养、一级保养和二级保养。

（1）**日常维护保养**　是指工程技术人员所进行的经常性的保养工作。主要包括定期检查、清洁保养，发现小故障及时排除，及时做好维护工作并进行必要记录等。

（2）**一级保养**　是由工程技术人员按计划进行保养维修工作。主要包括对设备的某些局部进行解体清洗，按照设备磨损规律进行定期保养。

（3）**二级保养**　是指工程技术人员对设备进行全面清洗、部分解体检查和局部修理、更换或修复磨损零件，使设备达到完好状态。

物业设施设备保养的基础技术手段之一，是设备点检。所谓设备点检，是指为了提高、维持生产设备的原有性能，通过人的五感（视、听、嗅、味、触）或者借助工具、仪器，按照预先设定的周期和方法，对设备上的规定部位（点）进行有无异常的预防性周密检查的过程。其目的是使设备的隐患和缺陷能够得到早期发现、早期预防、早期处理。设备定期点检的内容包括：

1）设备的非解体定期检查。
2）设备解体检查。

3）劣化倾向检查。

4）设备的精度测试。

5）系统的精度检查及调整。

6）油箱油脂的定期成分分析及更换、添加。

7）个别部件更换、劣化部位的修复。

点检时具体的主要内容有：

1）设备点检，依靠五感（视、听、嗅、味、触）进行检查。

2）小修理，指小零件的修理和更换。

3）紧固、调整，指弹簧、皮带、螺栓、制动器及限位器等的紧固和调整。

4）清扫，指隧道、地沟、工作台及各设备的非解体清扫。

5）给油脂，指给油装置的补油和给油部位的加油。

7）排水，指集汽包、储气罐等排水。

8）使用记录，对点检内容及检查结果作记录。

设备点检工作的标准要求是"五定"，即定点，设定检查部位、项目和内容；定法，设定检查方法；定标，制定检查标准；定期，设定检查周期；定人，确定点检项目由谁实施。

2. 物业设施设备维修的分类

物业设施设备的维修是通过修复或更换零件、排除故障、恢复设施设备原有功能所进行的技术活动。房屋设施设备维修根据设备破损程度可分为：

（1）**零星维修工程**　是指对设备进行日常的保养、检修及为排除运作故障而进行局部修理。

（2）**中修工程**　是指对设备进行正常的和定期全面检修、对设备部分解体修理和更换少量磨损零部件，保证能恢复和达到应有的标准和技术要求，使设备正常运转。更换率为10%~30%。

（3）**大修工程**　是指对房屋设备定期进行全面检修，对设备要进行全部解体，更换主要部件或修理不合格零部件，使设备基本恢复原有性能，更换率一般不超过30%。

（4）**设备更新和技术改造**　设备更新和技术改造是指设备使用一定年限后，技术性能落后，效率低、耗能大或污染日益严重，需要更新设备，提高和改善技术性能。

（5）**故障维修**　通常是房屋设备在使用过程中发生突发性故障而停止，检修人员采取紧急修理措施，排除故障，使设备恢复功能。

〖物业设施设备管理制度〗

为保证物业设施设备的管理工作顺利开展，物业服务企业应制定明确的岗位职责和管理制度。

1. 各类管理人员的岗位职责

（1）**工程部经理**　是对机电设备进行管理、操作、保养、维修，保证设备正常进行的总负责人。

（2）**各专业技术负责人（工程师或技术员）** 在部门经理领导下，负责所管辖的维修班组的技术、管理工作，并负责编制所分管的机电设备的保养维修计划、操作规程及有关资料，协助部门经理完成上级主管部门布置的工作。

（3）**领班** 负责本班所管辖设备的运作、维护养护工作，以身作则，带领并督促全班员工遵守岗位责任制、操作规程和公司制定的各项规章制度，及时完成上级下达的各项任务。负责制定本班设备的检修计划和备件计划，报备专业技术负责人。

（4）**工程技术人员** 认真执行公司制定的各种设备维护规程，完成设备的日常巡检工作，正确、详细填写工作记录、维修记录，建立设备档案。

（5）**保管员** 负责库房的保管工作，保证产品的安全和质量，负责统计库房材料的工作，按时报送财务部门。

2. 管理制度

（1）**接管验收制度** 设备接管验收不仅包括对新建房屋附属设备的验收，而且还包括对维修后房屋设备的验收，以及委托加工或购置的更新设备开箱验收。

（2）**预防性计划维修保养制度** 是指为防止意外损坏而按照预定计划进行一系列预防性设备点检、养护、修理的组织措施和技术措施。

（3）**值班制度** 建立并严格执行值班制度，可以及时发现事故隐患并排除故障，从而保证设备安全、正常运行。

（4）**交接班制度** 做好交接班工作，可以保证值班制度的实施。

（5）**报告制度** 建立报告制度可以让物业项目管理处经理、技术负责人和班组长及时了解设备的运行情况及设备维修管理情况，及时发现设备管理中存在的问题，以便及时解决。

除了上述设施设备管理制度外，还有工具领用保管制度，设备操作维修安全规定，工程设备请修制度，设备技术档案管理制度，物业设备更新、改造、调拨、增添、报废规划及审批制度，承租保管设备的责任制度和物业设备清点盘点制度等一系列管理制度体系。

物业设施设备管理质量的控制，除了管理制度外，工程技术人员的素质是最重要的因素。因此，对工程技术人员要有明确的要求，应努力把他们培养成"精干"的"一专多能"的技术能手。同时，还应加强巡视检查工作，保证设施物业设备完好运行。

3. 基本管理制度与维修养护质量标准

（1）**设备管理值班制度**

1）值班人员必须坚守岗位，不得擅自离岗，如因工作需要临时离岗，必须有符合条件的人替岗，并交代离岗时间及去向。

2）根据操作规程及岗位责任制的要求，密切注视所管设备的运行情况，按规定做好有关记录，按时巡查，及时发现事故隐患。

3）如出现设备故障，而当班人员不能处理，应按报告制度及时报告给有关人员。

4）值班人员接到报修时，应及时通知有关班组，安排人员前往维修。

5）所有值班岗位必须在规定值班时间安排合格的人员值班，如需调班，必须报主管同意，原则上领班与领班、值班人员同值班人员对调；在就餐时间，实行轮换就餐制，并通知同班工程技术人员配合。

（2）设备管理交接班制度

1）值班人员应按统一安排的班次值班，不得迟到、早退、无故缺勤，不能私自调班、顶班。因故不能值班者，必须提前征得领班同意，按规定办理请假手续，才能请假。

2）交接班双方人员必须做好交接班的准备工作，准时进行交班。交接班的准备工作包括：查看运行记录，介绍运行状况和方式以及设备检修、变更等情况，清点仪表、工具；检查设备状况。交班时，双方领班在值班日志上签字。

3）有下列情况发生时不得进行交接班：

① 在事故处理未完或重大设备启动、停机时。
② 交接班准备工作未完成时。
③ 接班人数未能达到规定人数的最低限度时。
④ 领班或由主管指定替代领班的人未到时。
⑤ 接班人员有醉酒现象或其他神志不清情况而未找到顶班人员时。

（3）设备管理报告制度

1）出现下列情况应报告领班（技术员）：

① 主要设备非正常操作的开停。
② 主要设备除正常操作外的调整。
③ 设备发生故障或停机检修。
④ 维修材料的领用。
⑤ 零部件改造、代换或加工修理。
⑥ 运行人员短时间暂离岗位。
⑦ 维修人员的工作去向。
⑧ 对外班组联系。

2）出现下列情况必须报告部门主管（工程师）：

① 重点设备除正常操作外的启动、调整及异常情况。
② 采用新的运行方式。
③ 主要设备发生故障或停机检修。
④ 系统故障及检修。
⑤ 重要零部件改造、代换或加工修理。
⑥ 成批和大件工具、备件和材料领用。
⑦ 加班、换班、补班、病假。
⑧ 外协联系。

3）出现下列情况必须报告项目经理：

① 重点设备发生故障或停机检修。
② 影响营业的设备故障或施工。
③ 系统运行方式有较大改变。
④ 重点设备的主要零部件改换。
⑤ 系统及主要设备技术改造或移位安装。
⑥ 系统及设备的增改工程及外协施工。
⑦ 领班以上人员岗位调整及班组的重大组织结构调整。

⑧ 部门主管（工程师）病、事假，补休、换班。

（4）机电设备维修养护质量标准

1）供水设施

当班：日常保养、安全操作、运作情况正常、自动控制良好。

周末：维修保养闸阀、逆流阀、水表、联轴器；水泵轴承加油。

季末：泵体检查，更换磨损件，管道系统保养；

年终：上、下半年各清洗水池1次，电机轴承加油。

质量标准：阀门开闭灵活，系统密封良好，管道无滴漏，电机保护齐全，水表计量准确，运转无异常声响、振动，轴承温度正常，连续不间断供水，有检查记录，维修、保养记录。

2）供电设施

当班：日常检查，无缺相，运行正常，记录变压器运行情况。

周末：变压器全面检查，配电房、计量仪表开关标识、安全标识，配电房防尘1次，发电机组运转1次，时间不少于20分钟。

季末：保养变压器接线柱、高低线路、发电机组。

年终：化验变压器油。

质量标准：各连接处无跳火、发热等异常现象，指示灯、信号灯齐全，计量仪表准确，配电房温度不超过40℃，备用发电机组发出额定功率，有检查、维修保养记录。

3）电梯

当班：日常保养，安全操作，正确使用，工作有记录。维修、保养的周期、级别、内容严格按国家电梯管理有关规定执行。

质量标准：专业资质人员操作、维修，持证上岗；轿箱内警铃、风扇、电话保持工作状态，信号灯齐全，运行平稳无振动，到站定位准确，电梯层门开闭灵活，自动性能良好，建立电梯设备技术档案。

〖物业设施设备维修作业程序〗

物业设施设备维修作业程序参见样本17内容。

［案例8-3］ 物业管理公司漏检供暖设备的责任

陈某与刘某是同一单元楼上楼下的邻居，一位住6楼，一位住5楼。去年10月21日上午9时许，物业管理公司开始给这个单元加压供热。当时，陈某发现自己家的暖气阀门（系分户供暖）未开，就找到物业人员将他家的供热阀门打开。下午陈某及妻子离开了家，15时许，住在楼下的刘某家人发现楼上往下淌水，就赶紧上楼找陈某，但发现其家无人，后找到物业管理公司将总阀门关闭。但这时，刘某新装修的房屋地板块、门框、家具、屋顶及衣物等已受到不同程度的损害。经查，是陈某家的暖气接头处松动漏水而淹了楼下。由于责任纠缠不清，刘某将物业管理公司及陈某告上法庭。市法院司法鉴定中心及市物价局价格认证中心对刘某的"损失"鉴定结论为：被水浸物品折合人民币3576元。

分析：物业管理公司应负全部赔偿责任，赔偿刘某财产损失3576元。因为物业管理公司对所管理的房屋供暖设备及设施负有管理、修缮的义务。本案中，物业管理公司在对住户加压供水前，未对陈某家室内暖气设备进行认真检修，致使陈某家的暖气未能如期加压检验，属于漏检，造成陈某家的暖气设施在加压供暖时漏水，给刘某家的财产造成了损害。故判决物业管理公司负全部赔偿责任。

想一想： 你认为漏水这一事件能否避免？为什么？

思 考 题

8-1　《房屋完损等级评定标准》将房屋完损等级分成哪五类？其基本标准是什么？

8-2　物业项目管理处接受住户报修的途径有哪些？

8-3　房屋维修管理的考核指标有哪些？

8-4　物业设施设备是怎样分类的？

8-5　物业设施设备维修是怎样分类的？

学习情境九

保洁服务

单元一　知识准备

学习目标
1. 了解保洁服务相关知识及法规政策，并能在实践中灵活运用。
2. 熟悉保洁服务的内容和质量标准，具备制定保洁服务规范的基本能力。
3. 掌握日常保洁服务工作的检查方法，具备保洁服务的巡查监管能力。

〖保洁服务的概念〗

保洁服务是指物业服务企业通过定时、定点、定人的清扫、擦拭、整理等专业性操作，以及进行垃圾的分类收集、处理和清运等日常保洁工作，维护物业管理区域所有共用部位的清洁卫生的活动。保洁服务的目的是保持环境整洁，防治环境污染，提高环境效益。宣传教育、监督治理是保洁服务的辅助手段。

保洁服务是物业管理的一项基础性工作。一方面，物业管理区域内的业主和物业使用人都希望有一个干净、整洁的环境，并由此来评判物业服务企业的管理服务水平；另一方面，保洁作业也是对物业管理区域内公共环境、公共设施设备进行维护和保养的手段和措施，能够使保洁对象保持其正常的使用功能并延长其使用寿命。因此，物业项目管理处必须重视保洁服务。

保洁服务的重心，是防治"脏乱差"。"脏乱差"具有多发性、传染性和顽固性，需要物业项目管理处通过日常清洁工作、宣传教育和监督治理，做出坚持不懈的努力，才能收到良好的成效。

保洁服务的原则主要是扫防结合，以防为主；依法依规，严格管理；责任明确，分工具体。

1. 扫防结合，以防为主

"扫"和"防"是保持整洁的两个重要方面，"扫"是指清扫，"防"是指防治。搞好清洁卫生，首先要清扫干净，要保持下去就要靠防治。通过管理服务，纠正业主和物业使用人的不良卫生习惯，防止脏乱差现象发生，是"防"的主要手段之一。

2. 依法依规，严格管理

在实施物业管理之初，物业服务企业就要与业主就保洁服务的有关事项在物业服务合同中做出明确的约定，提出切实可行的措施和要求，规范业主和物业项目管理处双方的行为；同时，也可建议业主在管理规约中做出具体规定，并通过长期的宣传教育，以达到深入人心的目的。

3. 责任明确，分工具体

保洁本身是一个很繁琐的工作，工作内容多、时间长。服务过程中，为保证各个环节的有机衔接，防止出现卫生保洁的空白点，要周密安排岗位，明确岗位职责、责任人，保持良好的卫生状况。

〖 保洁服务的范围 〗

1. 公共场所保洁服务

（1）**内业的清洁和保养** 主要是指围绕办公楼、宾馆、商场、居民住宅楼等楼宇内部开展的物业保洁，包括楼内大堂、楼道、大厅、消防通道、电梯轿厢、厅门、梯间窗户、玻璃、窗台、消火栓、信报箱、电表箱、楼梯扶手、游泳池等地方与部位的卫生清扫、地面清洁、地毯清洗、门、玻璃、墙裙、立柱等物品的擦拭，卫生间清扫与清洁。

（2）**外业的清扫与维护** 主要是道路、中心广场花坛、绿地、停车场地、垃圾箱、水池、凉亭、休闲座椅、建筑小品等，重点应做好地面清扫、绿地维护、建筑小品维护与清洁等工作。

2. 垃圾管理

（1）**生活垃圾的收集与清运** 根据物业管理区域内人员情况和物业类型，确定垃圾产生量，并以此来确定收集设施的规模，合理布置垃圾收集设施的位置。

（2）**装修建筑垃圾的收集与清运** 建筑垃圾产生量大，品种相对稳定，不易降解，如果混杂在普通生活垃圾中，将增加生活垃圾处理的难度。因此，装修产生的建筑垃圾应单独收集和清运，并可采取综合利用的办法进行处置。

（3）**垃圾收集设施的维护和保养** 近年来，垃圾收集设施品种和规模不断增加，垃圾场中转设施更加完善，各种功能、规格的垃圾箱、果皮箱逐渐取代了传统的大型铁皮垃圾箱，应根据垃圾收集设施的特点经常性地对其进行维护和保养。

3. 宣传教育与监督治理

通过宣传教育，加强监督治理，提高物业管理区域内的业主或物业使用人的公共道德，增强爱护公共环境卫生的意识，是避免随手乱扔垃圾、乱占公共场地、乱涂画、乱张贴等"脏乱差"现象产生的有效途径。物业项目管理处应将其制度化，对保持保洁服务的成效，改善物业管理区域环境卫生治理有积极的促进作用。

保洁服务的类型与提供形式

保洁服务的类型，按其工作实施的阶段性，可分为前期开荒清洁服务和日常保洁服务；按其清洁作业的范围分为内业保洁和外业保洁。前期开荒清洁服务是指物业验收后，业主入住前这一阶段对物业的首次保洁，其工作量大，难度高，所需人员多，对今后日常保洁质量和档次有很大的影响。内业保洁就是指物业楼宇内部的共用部位的清洁卫生工作，外业保洁就是指物业楼宇外部的共用部位的清洁卫生工作。内业保洁、外业保洁的对象、内容不同，因而，管理、作业的侧重点也就不同。

保洁服务的提供形式，一般有物业服务企业自行作业或外包管理两种。自行作业是指物业项目管理处在物业管理区域内依据"物业服务合同"约定自行进行清洁卫生工作；外包管理是物业服务企业在征得业主同意后，将物业管理区域内的清洁卫生工作对外承包给专业保洁公司承担，物业项目管理处负责对其监督管理。无论是自行作业还是外包管理，都需要制定作业服务标准、检查标准和考核标准，其依据是物业服务合同有关保洁服务的约定。

保洁服务的工作要求与质量标准

1. 五定

"五定"是指卫生保洁工作要做到定人、定地点、定时间、定任务和定质量。

2. 六净、六无

"六净、六无"是指清扫保洁的标准。"六净"是指路面净、路沿净、人行道净、雨（污）水井口净、树坑墙根净和果皮箱净；"六无"是指无垃圾污物、无人畜粪便、无砖瓦石块、无碎纸皮核、无明显人、畜粪迹和浮土以及无污水脏物。

3. 当日清

"当日清"指清运垃圾要及时，当日垃圾当日清。要采用设置垃圾桶（箱），采取垃圾分类、袋装的方法集中收集垃圾。

日常保洁工作检查

日常保洁工作的检查由物业项目管理处环境管理部主管及房屋管理员依据保洁工作检查标准中的质量标准进行自查和巡查，检查人员要将检查结果登记在卫生保洁工作巡查记录（表9-1）和日常工作管理报告表中。

检查人员在检查中如果发现保洁工作不合格，要立即通知环境管理部主管责令责任人（保洁员）予以返工，直到合格为止；如遇重大不合格或同一类不合格连续发生若干次时，检查人员需填制不合格品通知并会同有关人员制定相应的纠正措施。

表 9-1 　　　　　　检查记录表

序号：

日期	检查区域	检查情况	责任人确认	检查人确认	备注

经办：_____　　　　　　　　　　　　　　　审核：_____

严格的检查规程是保洁作业标准、作业规程等管理制度落实的重要手段，环境管理部主要通过"三查"制度、"三检"手段和培训教育等来实现。

1."三查"制度

（1）**员工自查**　每个员工根据操作规程和要求，对自己所负责的岗位或区域的项目不断进行自查，及时发现问题，及时整改。

（2）**保洁班长巡查**　保洁班长把巡回检查作为自己的主要工作，每天对自己的物业服务区域内所有部位、项目巡回检查，一般不少于 3 次。

（3）**环境管理部主管抽查**　每日抽查范围不少于管理范围或保洁人员的 1/3。

2."三检"手段

（1）**视检**　凭眼睛直觉检查，达到光亮、清洁、视觉舒适。

（2）**手检**　一般要求戴白手套擦摸或用白色餐巾纸擦拭检查部位 1m 的距离，应达到无灰尘、无污迹。

（3）**嗅检**　凭嗅觉气味进行检查，保持空气的清新。

〖保洁服务的机构设置及职责〗

1.保洁服务机构设置

物业服务企业一般根据物业项目的保洁工作量，在物业项目管理处下设环境管理部或保洁部，管辖室内保洁班组、室外保洁班组，负责物业管理区域的保洁服务工作。

2.各级人员岗位职责

（1）**主管的职责**

1）按照物业项目管理处保洁服务、绿化管理目标，组织落实保洁绿化的具体工作。

2）每日检查督促各区域保洁、绿化任务的完成情况，发现问题及时返工补做。

3）接洽开拓各种清洁服务、绿化管理业务，为物业项目管理处创收。

4）负责制订保洁服务、绿化管理的年度、季度、月度计划。

5）负责对本部门人员考核，可向物业项目管理处经理提出人员聘用、解聘的建议。

6）负责对物料库存采购计划的审核，并报物业项目管理处经理审批。

（2）技术员的职责

1）配合本部门主管拟定保洁服务工作的实施方案。

2）对专用清洁设备进行使用指导。

3）随时检查和保养清洁用具和机械设备。

4）检查监督分管的保洁区域和项目。

5）做好主管交办的其他事项。

（3）保洁班长的职责

1）向本部门主管负责，每日班前留意当日的指示，并接受其督导。

2）检查员工签到记录，对缺勤及时采取措施，合理安排员工工作。

3）检查负责范围的清洁质量，特别是重点保洁部位，发现问题及时解决。

4）随时检查员工的工作情况，及时调整各种工具及人力配备。

5）编制保洁人员、用品、物料计划，减少消耗，控制成本。

6）负责本班劳动保护、保洁工具和保洁物品领用和保管等工作。

7）负责向本部门或工程维修部通报物业设施设备异常情况，以便及时维修。

8）组织业务学习和技术交流，不断提高业务技术水平。

（4）保洁员的职责

1）遵守员工守则，统一着装上岗。

2）服从班长安排，严格按照清洁程序作业，保质保量地完成保洁工作。

3）负责所承担的保洁区域内物业设施设备日常清洁。

4）积极参加部门组织的培训并将操作规范落实到实际工作中。

5）严格遵守作业指导书中的安全操作规定，节约使用保洁用品，爱护保洁工具。

6）协助、配合其他部门工作，发现物业设施设备异常情况及破坏行为，立即报告班长。

7）定时排放垃圾，管理好排放场环境卫生。

（5）仓库保管员的职责

1）严格遵守员工守则及各项规章制度，服从主管的工作安排。

2）认真做好仓库的安全、清洁工作，合理摆放物品。

3）按时到岗，经常巡视打扫，发现可疑迹象或火灾隐患及时排除或报告上级。

4）负责清洁、绿化工具用品的收发工作，严禁私自借用工具及用品。

5）收货时严格按质按量验收，并正确填写入库单。

6）发货时严格审核领用手续是否齐全，对于手续不合格的一律拒发。

7）做好月底盘点工作，及时盘点月末库存数据，做好采购计划，上报主管。

〖相关法规政策标准〗

1）《城市市容和环境卫生管理条例》。

2)《城市道路和公共场所清扫保洁管理办法》。
3)《城市环境卫生质量标准》。
4)《环境卫生设施设置标准》(CJJ 27—2012)。
5)《城市道路清扫保洁质量与评价标准》(CJJ/T 126—2008)。

单元二　内业保洁服务

学习目标

1. 了解内业保洁的要求,并能有重点地开展内业保洁管理工作。
2. 熟悉内业保洁操作细则和要求,具备制定内业保洁服务规范的基本能力。
3. 掌握内业保洁作业程序,具备内业保洁服务的组织管理能力。

〖内业保洁要求〗

1. 人行楼梯、电梯

1)地面保持光洁、光亮,无污迹、无水印、无脚印。
2)走廊四角及踢脚线保持干净、无污渍。
3)墙面、地面、灯具保持干净、无积灰。
4)扶梯台阶保持清洁、无污物,栏杆上保持光亮、无污迹。
5)电梯门光洁、光亮,电梯轿厢及四壁干净、整洁。

2. 高层楼宇出入口、大堂及楼层清洁

1)地面无废杂物、纸屑,无污迹,地毯平整、干净。
2)墙面踢脚线、消防排烟口、警铃、安全指示灯、各种标牌表面干净,无灰尘、水迹、污迹、斑点等。
3)垃圾桶外表面干净,无积垢、臭味。
4)玻璃窗(玻璃、窗框、窗帘、窗台)明净、光洁,无积尘、污迹、斑点。
5)各种设施外表(如大堂前台、广告牌、灯箱、消防栓箱、楼层分布牌等)表面干净,无积尘、污迹、斑点。

3. 公共部位的卫生间

1)大小便池内外光洁,无污垢、积尘。在适当地方放卫生球、喷空气清新剂。
2)洗手盆内外、镜台、镜面光洁,无污垢、斑点、积水、积尘。
3)地面、墙面光洁、无污迹,无杂物、脏物,无积水、积尘,无蜘蛛网。
4)厕纸篓、垃圾桶无陈积物,无臭味,外表干净。

4. 玻璃门窗及不锈钢设施

1）玻璃无灰尘，无水迹，保持干净、光亮。

2）玻璃上的污斑、手印应及时清除，保持清洁。

3）爱护清洁工具，注意保养，不得用损坏的工具擦洗玻璃。

4）不锈钢表面应无灰尘，无水迹，无污迹，无手印。

〚 内业保洁操作细则和要求 〛

内业保洁操作细则和要求见表 9-2～表 9-6。

表 9-2 每日保洁操作细则和要求

序号	保洁项目和内容	保洁方式	保洁次数
1	各楼层楼梯（含扶手）过道	清扫、抹擦	1
2	居民生活垃圾、垃圾箱内垃圾	收集、清除、运送	2
3	电梯门、地板及周身	清扫、抹擦	2
4	通道扶手、电梯扶手、电梯两侧护板与脚踏	抹擦、清扫	2
5	男女卫生间	拖擦、冲洗	3
6	会议室、商场等公众场所	清扫、拖擦	2~4

表 9-3 每周保洁操作细则和要求

序号	保洁项目和内容	保洁方式	保洁次数
1	天台、天井	清扫	1
2	各楼层公共走廊	拖洗	1
3	用户信箱	抹擦	1
4	电梯表面保护膜	涂上	1
5	手扶电梯打蜡	涂上	1
6	共用部位门窗、空调风口百叶	抹擦	1
7	地台表面	拖擦	2
8	储物室、公共房间	清扫	1

表 9-4 每月保洁操作细则和要求

序号	保洁项目和内容	保洁方式	保洁次数
1	共用部位天花板、四周围墙	清扫	1
2	共用部位窗户	抹擦	1
3	共用电灯灯罩、灯饰	抹擦	1
4	地台表面打蜡	涂上	1
5	卫生间抽排气扇	抹擦	2
6	共用部位地毯	清洗	1

表 9-5　住宅小区保洁服务内容与要求

序号	保洁内容	保洁方式	保洁要求
1	各楼层楼梯（含扶手）过道	清扫、抹擦	每天 1 次
2	电梯门、地板及周身	清扫、抹擦	每天 2 次
3	通道扶手、电梯扶手、电梯两侧护板及脚踏	抹擦、清扫	每天 2 次
4	男女卫生间	拖擦、冲洗	每天 3 次
5	会议室、商场等公众场所	清扫、拖擦	每天 2~4 次
6	天台、天井	清扫	每周 1 次
7	各楼层公共走廊	拖洗	每周 1 次
8	共用部位门窗、空调风口百叶	抹擦	每周 1 次
9	地台表面	拖擦	每周 2 次
10	储物室、公共房间	清扫	每周 1 次
11	共用部位天花板、四周围墙	清扫	每月 1 次
12	共用部位窗户	抹擦	每月 1 次
13	共用电灯灯罩、灯饰	抹擦	每月 1 次
14	卫生间抽排气扇	抹擦	每月 2 次
15	共用部位地毯	清洗	每月 1 次

表 9-6　商厦清洁服务内容及要求

清洁范围	保洁内容	保洁要求
（一）商厦总体清洁服务	1. 清理大厦内所有垃圾到垃圾转运站	每天 2 次
	2. 收集及清理所有垃圾桶、烟灰缸及花槽内垃圾	每天 4 次
	3. 清洁垃圾桶及花槽、花盆内外表面	每天 2 次
	4. 清洁所有告示牌、橱窗及指示牌	每天 4 次
	5. 清洁所有出口大门	每天 4 次
	6. 清洁所有手印及污渍（包括楼梯、墙壁、防烟门）	每天 2 次
	7. 清洁所有扶手、栏杆及玻璃表面	每天 4 次
	8. 清洁所有通风窗口	每天 2 次
	9. 清洁空调风口、百叶门窗	每周 2 次
	10. 拖擦地台、云石、大理石表面	每周 2 次
	11. 大堂云石地板（含电梯厅、走道）打蜡	每月 1 次
	12. 大理石、云石墙壁打蜡	每季 1 次
	13. 其他公共区域、走廊区地面打蜡	每季 1 次
	14. 办公室地毯清洗	每月 1 次
	15. 清洁所有楼梯、窗户、走廊地毯吸尘	每月 1 次
	16. 清洁所有灯饰（含灯罩、灯片等）	每月 1 次
（二）扶手电梯卫生	1. 擦净扶手带表面及两旁安全板	每天 4 次
	2. 踏脚板、梯级板表面吸尘	每天 2 次
	3. 扶手带及两旁安全板表面打蜡	每周 1 次

（续）

清洁范围	保洁内容	保洁要求
（三）男、女卫生间卫生	1. 抹净所有门板、挡板	每天1次
	2. 抹、冲及洗净所有洗手间设备	每天3次
	3. 擦洗洗手间内镜面	每天4次
	4. 冲洗洗手间地台表面	每天4次
	5. 定时喷洒空气清新剂	每天3次
	6. 天花板及照明设备表面除尘	每天2次
	7. 抹净排气扇	每天1次
	8. 清理卫生桶表面脏物及垃圾	每天2次
	9. 更换手纸、毛巾、清洁液及肥皂	每天2次
	10. 墙壁及地漏清洁	每天1次
（四）人行楼梯卫生	1. 打扫及拖擦所有楼梯	每天2次
	2. 擦抹扶手不锈钢栏杆	每天1次
	3. 给不锈钢栏杆扶手上保护剂	每月2次
	4. 洗擦及磨光楼梯表面	每月1次
（五）商厦出入口大堂卫生	1. 扫净及洗刷大堂出入口地台及梯级	每天2次
	2. 清洁大堂入口所有玻璃门窗	每天3次
	3. 擦净大堂内墙壁、镜面、分布牌表面	每天1次
	4. 大堂总服务台、地脚线抹尘	每天2次
	5. 清洁大堂天花板、空调窗	每天1次

〖 内业保洁作业程序 〗

内业保洁相关作业程序参见样本18~样本26内容。

[案例9-1] 业主因积水骨折责任谁负

王某下楼时，由于楼梯积水湿滑，摔成骨折。事发当天分项承包的××清洁服务有限公司员工只在3楼拖地未用水冲楼梯，但当时楼梯间及地面已形成较大积水。在此前两天该楼下水道堵塞维修过，且当时也无其他住户因其他原因造成漏水，故可认定当时的积水是由下水道堵塞形成的。王某认为是负责打扫卫生的小区物业管理公司的责任，于是一纸诉状把物业管理公司告上法庭。

分析： 物业管理公司认为他们与××清洁服务有限公司（即本案第三人）签订了保洁合同，因此，第三人才是本案的直接责任人。

楼梯积水是物业管理公司还是清洁公司的责任呢？从前述案情看，可认定造成王某摔伤的积水是由下水道堵塞形成的。而下水道堵塞的责任依合同约定为物业管理公司，故造成王某滑倒致伤的责任在物业管理公司。

想一想： 假如你是物业管理公司的负责人，你在这个案例中得到了哪些启示？

单元三　外业保洁服务

学习目标

1. 了解外业保洁内容与要求，能有重点地开展外业保洁管理工作，并具备制定外业保洁服务规范的基本能力。
2. 了解并熟悉保洁设备机具的使用，能对保洁设备机具进行简单操作。
3. 掌握外业保洁作业程序，具备外业保洁服务的组织管理能力。

〖外业保洁内容与要求〗

1. 道路

1）每天对物业管理区域内的道路、两侧人行路定时清扫2遍，必须在当天6：30、16：00前完成。

2）对主干道定时清扫后，应安排固定人员巡回保洁。

3）下雨（雪）天应及时清扫路面，确保路面无积水（雪）。

4）道路保洁要求目视地面无杂物、积水，无明显污渍、泥沙；道路无污渍，垃圾滞留时间不能超过15分钟；人行路面干净无浮尘，无杂物、垃圾和痰渍。

2. 街心花园、广场

1）花园、广场应有专人负责循环清洁、保洁，清扫广场花园里的浮尘、果皮、树叶及纸屑、烟头等垃圾。

2）每天擦拭1次花园的花坛、景观等，每周冲洗1次街心花园，每月用擦地机、清洁剂对地面进行全面清洁1次。发现花园的水池有垃圾应马上捞起。

3）广场、花园的保洁标准为地面洁净无积尘、无污渍、无垃圾，花坛外表洁净无污渍，垃圾滞留时间不能超过15分钟。

3. 喷水池

1）保洁员应每天用捞筛对喷水池水面漂浮物进行打捞保洁。

2）喷水池每月清洁1次，池底鹅卵石每季度清洗1次。清洁前应先将鱼捞出，并通知工程维修部做好停电、停水工作，然后对喷水池进行清洗。

3）喷水池清洗标准应达到目视水池清澈见底，水面无杂物、池底无沉淀物、池边无污迹。

4. 游乐设施、路灯、标识牌、宣传牌

1）转椅、滑梯等儿童游乐设施应每天清洁1次。

2）路灯应每月清洁1次。

3）标识牌、宣传牌等应每天擦拭1遍。

4）保洁标准应达到表面干净光亮，无污渍、锈痕。

5. 垃圾桶、果壳箱、天台和雨篷

1）垃圾桶、果壳箱应每天清运 2 次，每周清洗 1 次，遇特殊情况应增加清洗次数。

2）天台、雨篷每半月清扫 1 次。

3）保洁标准应达到目视垃圾桶、果壳箱无污迹、油迹，周围无积水；天台、雨篷无垃圾、杂物，无积水、青苔。

6. 化粪池、排水沟

1）化粪池每半年清理 1 次，保证无积物浮于面上，出入口畅通，化粪池盖无污物、污渍。

2）排水沟每天清洁 1 次，达到无堵塞，无积水、臭味，保证畅通。

7. 信报箱、监控探头

1）信报箱每周擦拭 2 次，达到干净无灰尘、无污迹。

2）监控探头每周擦拭 1 次，必须使用镜头擦拭纸，达到镜头光亮洁净、探头外表干净无灰尘。

〚外业保洁作业程序〛

外业保洁"开荒"管理标准和相关作业程序参见样本 27~ 样本 33 内容。

〚保洁设备机具使用作业指导〛

相关保洁设备机具使用作业指导参见样本 34~ 样本 37 内容。

[案例 9-2] 业主不缴物业服务费，能降低保洁服务标准吗

某小区的居民，十多天来一直生活在脏脏、恶臭的环境中。小区楼前楼后到处是垃圾，小区为何成了"垃圾小区"？负责小区物业管理的物业管理公司负责人抱怨说，这是因为业主不交物业服务费所致。去年下半年只有少数业主交了费用，而今年以来，则几乎没有业主交费，公司目前已亏空 6 万多元。对此，居民认为，物业管理公司物业服务质量差，光收钱不办事，这钱不能交。

分析：该小区物业管理出现的问题具有一定的普遍性。根据物业管理条例规定，如果物业管理公司认为业主违约不交物业服务费并且屡催无效，可以向法院提起诉讼。本案例中的物业管理公司非但没有按法规保护自己的权利，反而用这种降低保洁服务标准的方法去激化矛盾，实在是不明智。

想一想：假如你是物业管理公司的负责人，住户不交物业服务费，应该怎么做呢？

单元四 垃圾收集与清运

学习目标

1. 了解并熟悉垃圾收集与清运的内容与要求，能为物业管理早期介入提供合理的规划建

议，能有重点地开展垃圾收集与清运工作。

2.掌握垃圾收集与清运作业程序，具备垃圾收集与清运工作的组织管理能力。

〖垃圾收集与清运的内容与要求〗

垃圾的收集与清运是住宅小区及商贸楼宇保洁服务的重要项目，如果垃圾收集与处理不当、不及时，不仅影响物业项目的环境美观，还会产生臭味，滋生细菌、蚊蝇、害虫，严重污染工作和生活环境，影响人们的身心健康。

1. 垃圾收集

垃圾收集是指通过不同的收集方式将垃圾收集到垃圾容器中，以免污染环境。垃圾收集包括定点收集、定时收集和上门收集。目前，物业管理区域内的生活垃圾一般都采用定点收集。

（1）**垃圾桶收集**　在垃圾收集地点设置垃圾桶来收集垃圾，是目前在物业管理区域内应用较广泛的一种生活垃圾收集方式。

在居住小区，一般在道路的两旁和路口或每个楼梯口都设置一个垃圾桶，垃圾桶的大小可以根据使用人口、垃圾日排出量计算确定。垃圾桶的总容纳量必须满足使用需要，避免垃圾溢出而影响环境。多层建筑可根据户数的多少，并考虑到因特殊情况下垃圾的囤积，一般按每栋楼3~6只配备。生活垃圾收集点的服务半径一般不应超过70m，垃圾桶应美观、卫生、耐用，并能防雨、阻燃。

垃圾桶收集要求保持垃圾桶完整无缺损，外观清洁，定点设置，摆放整齐，并做好保洁工作。业主和使用人应将垃圾倒入桶内，不得乱扔乱倒，并应盖好桶盖。垃圾桶内的垃圾应每日清除，无堆积现象发生。

（2）**垃圾管道收集**　垃圾管道收集主要用于多层和高层建筑中收集、排放生活垃圾。但由于垃圾管道占用建筑面积，且易于堵塞，管道内易滋生蚊虫等问题，在居住区卫生管理中不推荐使用该方法。

（3）**生活垃圾实行袋装**　根据现行城市环境卫生的有关规定，以煤气（包括液化气）为燃料的地区，必须实行垃圾袋装化。袋装垃圾收集堆放点的位置要固定，既应符合方便居民和不影响市容市貌等要求，又要利于垃圾的分类收集和机械化清除。

（4）**医疗废弃物和其他特种垃圾**　医疗废弃物和其他特种垃圾必须单独存放。垃圾容器要密闭并具有识别标志。

2. 垃圾中转站的管理

（1）**垃圾中转站的规划**　供居民直接倾倒垃圾的小型垃圾收集中转站，其收集服务半径不大于200m、占地面积不小于40m^2。垃圾中转站外型应美观，操作应封闭，设备力求先进。其飘尘、噪声、臭气、排水等指标应符合环境监测标准，其中绿化面积为10%~30%。生活垃圾房内应设有冲洗设备及通向污水窨井的排水沟。

（2）**垃圾的收集与清运**　垃圾收集方法应划分垃圾类别，分为可回收垃圾与不可回收垃圾。如塑料瓶、玻璃瓶、铝罐等属于可回收垃圾，单独收集；泡沫塑料盒、塑料带等属于不可回收垃圾。用户要严格地按照分类要求,将垃圾投放到标明分类用途的垃圾回收容器中,垃圾收集人员将各个用户投放的垃圾逐级集中送至垃圾站。

应规定特种垃圾的收集日期,废弃的旧家具、旧电器等,必须到规定的日期才可以抛弃。在楼宇的各个场所分别放置垃圾筒、垃圾箱、纸篓等存放垃圾的容器。放置这些容器时应考虑按垃圾种类和性质配备存放垃圾的容器;按垃圾的产生量放置在合适的位置;存放容器要易存放、易清倒、易清洗;存放垃圾容器的周围环境要保持清洁。

3. 垃圾收集与清运的卫生标准

1)无堆积垃圾。
2)垃圾做到日产日清。
3)所有垃圾集中堆放在指定地点。
4)垃圾堆放点应定期喷洒药水,不得产生异味,防止发生虫害。

4. 垃圾收集与清运的责任落实

(1)**责任主体** 物业项目管理处负责物业管理区域内垃圾收集和清运工作。

(2)**任务落实** 实施垃圾收集和清运工作,必须指定专人负责,专人清洁、收集和清运;必须有检查、有记录。生活垃圾必须做到日产日清,始终保持垃圾中转站内的卫生、干净、清洁,无任何污染。

(3)**明确分工** 垃圾中转站中垃圾的外运工作由城市环卫处负责,规定专人、专车、清运地点、清运次数和清运时间。

〖垃圾收集与清运作业程序〗

垃圾收集与清运的相关作业程序参见样本 38~样本 39 内容。

[阅读资料 9-1] 清洁工作应急措施,参见本书配套资源。

思 考 题

9-1 什么是保洁服务?保洁服务的原则是什么?
9-2 简述保洁服务的内容范围与标准。
9-3 "五定""六净""六无"指的是什么?
9-4 简述日常保洁工作检查。
9-5 结合实践,谈谈应怎样做好内业保洁服务。
9-6 结合实践,谈谈应怎样做好外业保洁服务。
9-7 结合实践,谈谈垃圾收集与清运的工作重点是什么。

学习情境十

绿化管理

单元一 知识准备

学习目标
1. 了解绿化管理的相关知识及法规政策,并能在实践中灵活运用。
2. 熟悉绿化管理要求的内容和相应标准,具备制定绿化管理规范的基本能力。
3. 掌握绿化管理的内容,具备绿化管理的组织管理能力。

〖绿化管理的概念〗

绿化管理是指绿地建设和绿化养护管理。

绿地建设包括新建小区绿地建设、恢复整顿绿地和提高绿地级别三方面的内容。新建小区绿地一般由房地产开发公司建设,物业服务企业应争取早期介入,参与建设和了解掌握建设情况,以便日后更好管理。恢复整顿绿地主要是对原有绿地因自然或人为因素严重损坏部分进行整治和修复工作。提高绿地级别就是对原有绿地进行全面升级改造。

绿化养护管理主要是经常性地对物业管理区域内的绿地进行浇水、施肥、除草、灭虫、修剪、松土、围护等活动以及巡视检查、保护绿地等工作,必须按照绿化的不同品种、不同习性、不同季节、不同生长期以及根据多变量的客观条件,适时确定不同的养护重点,制定不同的养护要求,维持绿化的健康生长,并按人们的要求生长。绿化养护管理具有经常性、针对性、动态性等特点,物业管理的良好管理工作之一就是绿化养护管理。

绿化能起到降低风速、阻挡风沙的作用;绿色植物能吸收二氧化碳,放出氧气,净化空气,绿化具有保护和改善生态环境的作用;运用园林植物树木花卉不同的形状、颜色、用途和风格,可以使园区、楼宇披上瑰丽的色彩,美化周边的环境,是美化环境的一个重要手段。人们在色彩丰富的园林绿化中生活,不仅能得到美的享受,还能陶冶人的情操,提高人的审美能力。

绿地规划的指导思想是"适用、经济、美观"。绿地规划的基本要求是:

(1)**合理组织,统一规划** 要采取集中与分散,重点与一般,点、线、面相结合的方式,如居住区,一般以中心花园为中心,以道路绿化为网络,以住宅间绿地为基础,使居住区绿地自成系统，并与城市绿地系统相协调，成为有机的组成部分。

（2）**因地制宜，节约用地** 要充分利用自然地形和现状条件，尽量利用劣地、坡地、洼地和水面作为绿化用地，以节约城市用地。对原有的树木，特别是古树名木应加以保护和利用，以期早日形成绿化面貌。

（3）**植物为主，注意景观** 物业项目的绿化，一般应以植物造园为主，合理布局。植物的选择和配置，要结合物业项目的绿地的特点，力求投资节省，养护管理省工，充分发挥绿地的防护功能。如条件许可，适当布置一些园林小品，其风格及手法应朴素、简洁、统一、大方。

绿化工作的好坏，除了物业服务企业尽心尽责地履行物业服务合同约定外，业主和物业使用人的支持和配合也是非常重要的。为此，在物业管理过程中，物业项目管理处代表物业服务企业应与业主委员会相互配合，加强绿化宣传，培养业主和物业使用人的绿化意识，还可通过管理规约，制定规章制度，规范人们的行为。

〖 绿化管理的内容 〗

根据绿化管理的工作任务与管理，归纳起来，绿化管理的内容主要有：

1. 绿化设计

物业项目绿化是一个功能和美观相结合的整体性设计的工作，绿地的设计应做到遮阳、降温、减少噪声、防尘，主要着重改善环境为实效，力求精巧简练，形成不同的绿化风格，达到不同的绿化效果。

2. 绿化施工

绿化工程施工可以委托园林专营企业施工，也可以由物业服务企业自行设计施工。无论哪一种形式，都必须确保质量，充分发挥绿化的各种功能。

3. 绿化植物选择

根据气候、土壤、水分等自然条件来选择能够健壮生长的植物，兼顾物业项目的建筑风格、绿地面积和周围环境的和谐统一，要"适地适树"，考虑养护管理成本。

4. 绿化的养护管理

绿化养护管理的内容主要包括浇水、排水、施肥、开沟、培土、除草、松土、整形修剪、扶正、补苗、病虫害的防治等整套过程。

5. 培养绿化管理养护员工

绿化工可以是长期工，也可以是临时聘用人员，或者一部分是长期工、一部分是临时聘用人员。无论采取何种方式，都应合理招聘、定期培训、有效考核。

6. 绿化档案资料管理

绿化档案资料包括原始设计图纸、承接查验资料、绿化管理手册。其中，绿化管理手册为大小二种，两种手册具有不同的要求和作用。

（1）**绿化管理大手册** 绿化管理大手册作为物业基础资料留存在物业项目管理处。它根据每处绿地的现场测估资料，按照1：500～1：200的比例用植物图例绘入大手册的平面图中，并且标明主体树、骨干树的位置，误差不得超过1%，在其他栏目中填明树木的品种、规格、数量、建筑小品、绿化设施等，定期注记绿化动态，提供管理的依据和参考。

（2）**绿化管理小手册** 绿化管理小手册是绿化小组和绿化工经常使用的工作手册。小手册内除了没有绿化平面图外，其他均与大手册相同。

〖 绿化管理的要求 〗

1. 绿化养护管理的质量标准

1）树木生长茂盛，无枯枝。
2）树形美观完整，无倾斜。
3）绿篱修剪整齐，无缺枝。
4）花坛土壤疏松，无垃圾。
5）草坪平整清洁，无杂草。
6）鲜花盛开鲜艳，无虫害。
7）小品保持完好，无缺损。

2. 绿化养护管理的具体考核标准

（1）**绿化指标** 根据《全国城市文明住宅小区达标考评实施细则》的规定，住宅小区人均共用绿地应达到每个居民平均占有1.5m^{2}以上，绿地率要达到30%。绿地覆盖率达到25%以上。

（2）**树木成活率** 新种树苗，本市苗成活率大于95%，外地苗成活率大于90%。栽植一年以上的树木保存率大于98%。

（3）**树木倾斜程度** 新种树木高度1m处倾斜超过10cm的树木不超过树木总数的2%。

（4）**病虫害率** 遭受各类虫害的树木不超过树木总数的2%。

（5）**枯枝率** 树木二级分枝枯枝不超过树木总数的2%。

（6）**其他** 绿化围护设施无缺损，绿化建筑小品无损坏；绿化环境整洁，无杂物；绿化档案齐全、完整，有动态记录。

3. 行道树木养护质量标准

行道树木养护要求成活率达到95%以上；老树木保存率达到99.8%以上；树干基本挺直，倾斜度不超过10°；骨架均匀，树冠完整，叶面光照均匀；及时修剪、剥芽、控制害虫；树穴不积水；绑扎物不嵌入树内；无死树、缺株；无坏桩、断桩；及时处理与共用设施的矛盾。

4. 街道绿地养护质量标准

街道绿地养护要求成活率95%以上；老树保存率99.8%以上；树木生长好，控制虫害，青枝绿叶不破相；绿篱平整，无成块缺失；草皮无大形野草，无成片空秃；树坛、花坛、草坪间隔清楚；花坛有花（一级花坛四季有花，二级花坛节日有花）；无死树，无枯枝、烂头；清洁整齐，不积水，无蚊蝇滋生地；各种设施基本完好。

5. 绿化养护管理要求标准

1）对绿化植物要精心培植，细心照料，并做好花卉的过冬工作。
2）要保护草坪生长良好，禁止他人践踏草坪。
3）要保持作业现场整洁卫生，杂物、脏物要及时清理。
4）绿化养护作业时，及时清理周边地面的污泥和水。
5）保持环境卫生，花木的死株、病株要清除，缺株要补全。
6）发现病虫害，要进行捕捉或喷药消灭。
7）杀虫农药要妥善保管，按规程喷洒农药。
8）节约用水，严禁浪费水源。
9）异常气候前对花木要做好立支柱、疏剪枝叶；风后及时清理断折干枝，扶正花木。
10）搬运花卉时，保护花卉株形不受损，保持场地卫生。
11）花盆破损要及时换盆，盆泥量少要及时添补。
12）摆花要讲究艺术，构图造型要合理，发现花株枯萎立即更换。

〖 绿化管理的种类与提供形式 〗

绿化管理主要涉及公共用地绿化和专用地绿化，包括室外绿地养护和室内绿化养护两大类。室外绿地的养护管理主要是物业项目管理处对物业管理区域内的绿地，如草坪、树木、花坛等所进行的养护管理；室内绿化养护管理是物业项目管理处根据业主的需求，用花卉、植物，装点室内大堂、楼厅、办公室等空间，绿化、美化室内环境的行为。

绿化管理的提供形式，一般有物业服务企业自行作业或外包管理两种。自行作业是指物业项目管理处在物业管理区域内依照"物业服务合同"约定自行进行绿化养护管理工作；外包管理是指物业项目管理处在征得业主同意后，将物业管理区域内的绿化养护管理工作对外承包给专业保洁公司承担，物业服务企业负责对其监督管理。无论是自行作业还是外包管理，都需要制定作业服务标准、检查标准和考核标准，其依据是物业服务合同有关绿化管理的约定。

〖 绿化管理机构设置及职责 〗

1. 绿化管理机构设置

按照我国城市绿化分工的有关规定，物业管理区域建筑红线之内部分归房管部门或物业服务企业负责绿化与养护管理。物业服务企业一般会根据物业项目的规模，在物业项目管理处设置环境绿化部或在环境管理部下设置绿化班来具体负责，根据实际业务状况，可下设花圃组、养护组，并配备绿化专业技术人员。

2. 各级人员的岗位职责

（1）主管职责

1）负责绿化管理部的全面工作，结合公司的有关规定和要求制定本部门的工作规划，并安排布置到班组。

2）负责物业管理区域绿化管理工作的检查、监督、验收和考核工作。

3）负责组织绿化管理人员的岗位培训和技术培训工作。

4）负责编写物业管理区域绿化设计要求、建议，制定花草树木的购买计划以及维护、改进物业景观的计划。

5）负责做好本部门职工的思想教育工作，增强集体的凝聚力。

6）完成上级领导交办的其他相关任务。

（2）技术人员（工程师或技术员）职责

1）负责绿化管理措施的制定和实施。

2）负责整个物业管理区域绿化的技术指导和部门外的绿化经营业务的技术指导。

3）负责绿化管理人员的技术培训。

4）定期向部门主管汇报日常工作情况。

5）完成上级交办的其他相关任务。

（3）绿化工职责

1）熟悉物业项目绿化布局，了解花草树木的品种、数目并逐步掌握种植、培植等管理方法。

2）对花草树木要定期浇水、施肥、清除杂草、整形修枝、防治病虫害、补植栽植等。

3）虚心学习，接受专业技术培训，不断提高自己的业务水平和自身的素质。

4）保护绿化场地不受破坏，发现违法违章行为要及时加以劝阻，必要时可报告给秩序维护人员和主管人员协作处理。

5）维护和保养好自己所使用的各种工具和共用设备、设施。

6）服从主管技术人员的工作安排和调动。

〖相关法规政策标准〗

1）《城市绿化条例》。
2）《城市绿化规划建设指标的规定》。
3）《城市绿线管理办法》。
4）《园林绿化工程施工及验收规范》（CJJ 82—2012）。

[案例10-1] 绿地护栏刺伤女孩，物业管理公司承担责任

一个11岁女孩在居住的楼下与同学一起打网球时，网球被打到住宅楼一层的平台上。她便攀登草坪边的70cm多高的钢筋护栏拿网球，但不慎脚下一滑，倒在了钢筋护栏上的尖头上，该护栏尖头扎进她的胸部。受伤女孩的父母为此将小区物业管理公司告上法庭。

分析： 物业管理公司认为安装钢筋护栏的目的是为了保护栏内草坪，不允许进去践踏。该女孩脚蹬在70cm多高的护栏拿球时倒在护栏上被扎伤，孩子已经11岁了也有责任；作为家长

的监护人没有起到监护之职,也应负一定责任,物业管理公司不应承担责任,不同意原告人的诉讼请求。

但法院认为:作为物业管理公司,在住宅小区内为保护绿地安装钢筋护栏时,应考虑到居民特别是孩子的安全。该钢筋护栏70cm多高,且留有10cm多的尖头,埋下了安全隐患,给女孩造成伤害,应承担一定责任。

想一想:假如你是物业管理公司的负责人,你在这个案例中得到了哪些启示?

单元二 室外绿地养护

学习目标

1. 了解室外绿地营造的相关知识,能在早期介入阶段针对物业项目的具体情况提出合理的规划设计建议。
2. 熟悉室外绿地的养护方法,具备室外绿地养护的巡查协调能力。
3. 掌握室外绿地养护的作业程序与标准,具备制定室外绿化养护规范的基本能力、室外绿化养护的组织管理能力。

〖室外绿地的营造〗

室外绿地是一个集功能和美观结合的整体,它的设计原则是"适用、经济、美观"有机的结合。室外绿地应利用精巧的园林艺术小品和丰富多彩的园林植物配置,形成优美、清新的环境,供业主和物业使用人做短时间的文体活动和户外休息。室外绿地应做到遮阴、降温、降噪、防尘,重点美化应放在小区的出入口处等引人注目的地方,其他地方主要着重改善环境的实效,绿化方式宜简洁。

1. 园林小品

在物业项目室外绿地建设中,少不了园林小品的点缀。其种类、造型、规格可根据功能与需要而设计。园林小品建造宜简单、小型,较多采用的是水池、瀑布、喷泉、花架、假山、亭子等。建筑小品既有功能要求,又具有点缀、装饰和美化作用。

(1)**喷泉瀑布** 喷泉和瀑布都是用立体的方式来表现动水景观。可根据造型的需要和水量的多少来创造各种造型。在地势平坦、规则的水域中,常以喷泉为主景。在地形起伏的庭园中常设人工假山,配以瀑布水景,瀑布不宜设置过高。瀑布的造型各异,以石头的排列组合为重点。水流下泻的方法也有多种变化。自上而下的动水形式还有壁泉、滴泉等,在位置选择上,不要设置在与居住楼宇邻近之处,以免水声影响他人。

(2)**叠石** 以石头相叠,作为山的缩影称为叠石。庭园中的叠石给人带来永恒之感。在庭园一隅布置叠石或放置几块山石即可成主景,也可以壁为纸,以石作画,形成立体画面或云墙石壁等景观。在大树之下或在草地及铺装空间点缀几块奇石作为凳、桌,不仅有欣赏价值还有休息、停靠等功能。叠石在空窗、漏窗之前造景,可形成天然的框景;在楼梯之下,布以叠石即可创造从山中云梯登楼之意;门前的踏步,用叠石构成会有踩云朵而升堂之感。

（3）**水池** 水池是人造的蓄水体。水面平静，在室外环境中作为其他景物如雕塑、建筑或喷泉的柔和背景，能在水中映照出景物的倒影，为人们提供了优美的观赏效果。

（4）**人工喷泉** 人工喷泉是利用压力，使水自喷嘴喷向空中。喷泉由于其垂直变化，加上灯光或音乐的配合，色彩绚丽斑斓，乐声悠悠，使人赏心悦目。

（5）**花架** 花架是建筑与植物结合的造景物，上有藤蔓遮阳，下设凳、椅供人们休息。其种类有竹木花架、砖混凝土花架及钢筋混凝土花架等。

（6）**假山** 假山是用天然的山石块材堆叠而成，具有自然的山形，假山常与流水和瀑布结合设置，颇具有自然情趣。

（7）**亭** 一种开敞的小型建筑物。多由竹、木、石等材料建成，平面一般有圆形、方形、六角形和八角形等。常设在园林中或小区活动中心处。

（8）**雕塑** 雕塑是人文精神产物，它是居住小区精神面貌的反映，也是时代精神的体现。雕塑常放在小区内的主要广场或草坪中间位置。

2. 植物选择

物业项目绿化，包括植物、建筑、地形、山石、甬道、水体等，其中，植物是主体。植物的选择，要注意树种的选择，因为树木生命周期长，如果选择不当，将造成严重的后果。通常的做法是选用本土树种和地方品种；园路树应选择树干高大、树冠浓密、根深耐旱、清洁无臭的速生树种；水池边宜栽种落叶少、不产生飞絮的花木，减少污染水面；花木尽量不选用带刺和有毒的品种，选用抗性强的植物，减少病虫害和风害，保持较佳的景观性；花坛、花境应栽种色彩鲜艳，花香果佳的植物；背阴处应选择能忍受低光照、低湿度的植物；注意少数人对某种植物的过敏性问题。

3. 植物配置方式

植物配置不仅要取得"绿"的效果，还要进一步给人们以美的享受。因此，必须考虑植物的外形、色彩等方面的特性，进行仔细的选择、合理的配置，才能创造出美的景观。

小区绿化布置分别采用规则式和自然式两种格式。接近房屋建筑物的采用规则式，远离房屋的地方采用自然式。房屋附近种植的乔灌木，必须严格按绿化规范中所规定的乔灌木与建筑和各种管道网的最小距离种植，同时要注意不要影响房屋的通风和采光。在搭配问题上，除考虑到快长与慢长外，也应考虑到常绿与落叶、乔木与灌木、观叶与观花或观果的搭配。

4. 施工

为了达到绿化美化、改善环境的目的，除了良好的设计外，施工也是重要的一环。施工不仅直接影响绿化工程质量，影响花木的生长、绿化美化的效果和各种功能的发挥，而且对以后的养护、管理工作也会产生影响。因此，施工过程中要加强监理，严格按照设计图纸、设计标准组织施工。

5. 养护

绿化工程完成后，要巩固其成果，发挥其功能，主要取决于后期的养护工作。养护工作要一年四季不间断地、长期地进行，只有这样才能使花木生长旺盛，花红草绿。室外绿地养护工作包括除草、松土、浇水、施肥、整形、修剪、防治病虫害和围护等。

〖 室外绿地的养护方法 〗

1. 草坪的养护方法

（1）平整土地　场地应有一定的排水坡度，中心地区既不能低凹，也不能成水平式，因为水平的地面既单调又缺乏艺术性，对雨水的排除也很不利。中心地区稍高形成2%左右的排水坡度，或以某一基线向某一方向倾斜也可。

（2）全面深翻　对土壤进行一次全面的深翻，其深度要在20cm以上，同时，改良土壤，施基肥和使用化学除草剂，消灭杂草。特别是播种草籽的草坪尤为重要，新种上的草在10天左右应全面清除杂草一次，防止草皮带来的杂草扎根繁殖。

（3）割剪草坪　割剪能使草坪经常保持平整美观，并能促进其生长茂盛。割剪大面积草坪可用剪草机，小面积草坪、路牙、散水坡、污水和雨水井边用手剪修剪，边缘线条要保持清晰、整齐。

（4）清除杂草　杂草是草坪的大敌，它的生命力很强，如果清除不及时，会吸收土壤营养，抑制草坪的生长，所以除杂草是一项重要工作，人工拔除杂草每半个月应全面进行一次，对大面积杂草进行重新发行或选用化学除草剂灭草，翻土重栽草皮。

（5）浇水　要使草坪生长良好，浇水工作也不可缺少。浇水时要尽量浇透，不能只浇土层表面。

北方地区园林植物浇水时间、次数参考见表10-1，各类草坪浇水时间、次数参考见表10-2。

表 10-1　北方地区园林植物浇水时间、次数参考表

植物类型	生长期内每月浇水次数	浇水时间	湿润深度/cm	冬灌深度/cm
低矮地被植物	2~3	早、晚	10	40
一年生草本花卉	3~4	早、晚	10	40
多年生灌木、藤木	1~2	早、晚	20	40
竹类	3~5	早、晚	30	50
1~5年生乔木	2~5	早、晚	40	50
5年以上乔木	1	早、晚	40	50

表 10-2　各类草坪浇水时间、次数参考表

植物类型	生长期内每月浇水次数	浇水时间	湿润深度/cm	冬灌深度/cm
观赏草坪	2~3	早晨、下午	6~8	30
休息草坪	3~4	早晨、下午	5~8	20
球场草坪	1~2	傍晚、夜间	6~10	20
活动性草坪	3~5	傍晚	6~10	20
南方冷季型草坪	2~5	傍晚	3~4	20

（6）**病虫害防治** 病虫害防治，应贯彻"预防为主，综合防治"的基本原则。根据病虫害的发生规律，采取有效的措施，在病虫害发生前，予以有效的控制。

2. 乔木、灌木的整形修剪养护方法

对乔木、灌木进行整形修剪的目的是为了促进树木的生长，减少伤害，培养树形，使株形整齐、美观。其作业程序可以简单概括为"一知、二看、三剪、四拿、五处理"，"一知"即知道不同栽植类型树木的修剪要点及技术规范要求；"二看"指修剪前应仔细观察，剪法做到心中有数；"三剪"指因地制宜、因树修剪的原则，做到合理修剪；"四拿"指剪后的断枝随时拿走，集中在一起；"五处理"指剪下的枝条要及时集中清运处理，以免引起病虫害。

整形修剪的标准是造型美观，形态逼真；绿篱每年至少修剪4次，有造型的每年6次，乔木每年1~2次；绿篱、灌木新长枝不超过15cm，水腊球等造型新长枝不超过30cm。

整形修剪的注意事项是：绿篱在1~3季度生长期修剪，乔木应在休眠期或秋季修剪；修剪高大乔木时应注意人身安全，防止人从树上或梯子上掉下；作业人员在高处工作时，应将工具放稳，防止掉下来伤人。

3. 绿地清洁的方法

绿地的清洁主要是针对物业管理区域的草地和绿化带，其目的是为了保持草地和绿化带的清洁，也是绿地养护的手段之一。绿地清洁的作业程序是用扫把清扫草地上的果皮、纸屑、石块等垃圾；对烟头、纸屑等杂物用扫把清扫，不能打扫起来的小杂物，捡入垃圾箱内；在清扫草地的同时，清理绿篱下面的枯枝落叶。其标准为每天早晨、上午、下午各清扫一次以上，每小时循环保洁一次，保持清洁干净；目视无枯枝落叶，无果皮，无饮料罐等垃圾和杂物；烟头控制在每$100m^2$ 5个以内。

4. 病虫害的防治及绿化药品的使用

病虫害的防治应贯彻"预防为主，综合防治"的基本原则。"预防为主"就是根据病虫害发生规律，采取有效的措施，在病虫害发生前，予以有效的控制；"综合防治"是充分利用抑制病虫害的多种因素，创造不利于病虫害发生和危害的条件，有机地采取各种必要的防治措施。总的来说，病虫害防治应提高花木本身抗病虫害的能力，免遭或减轻病虫害的危害；要创造有利于花木生长发育的良好环境，促进其茁壮生长，抑制病菌与害虫繁殖与生存；要直接消灭病原物和害虫，减少或杜绝其传播途径。

（1）**常见的病虫害** 树木最常见的虫害包括蚧壳虫、刺蛾、天牛等。冬季是消灭园林害虫的有利季节，可在树下疏松的土中搜集刺蛾的虫蛹、虫茧，集中烧死。在冬季防治害虫，往往有事半功倍的效果。病虫害的防治应该根据季节进行，一月中旬的时候，蚧壳虫类开始活动，只是这时候行动迟缓，可以采取刮除树干上的幼虫的方法；三月是防治病虫害的关键时期，一些苗木出现了煤污病，瓜子黄杨卷叶螟也出现了，可采用喷洒杀螟松等农药进行防治；四月天牛开始活动，可以采用嫁接刀或自制钢丝挑除幼虫，但是伤口要做到越小越好；六月中下旬刺蛾进入孵化盛期，应及时采取措施，目前基本采用对50%杀螟松乳剂稀释500倍的液体进行喷施的方法，也可采用挖蛹方法。

（2）**绿化药品和使用** 常见的绿化药品有敌敌畏、敌百虫、甲胺磷、氧化乐果、百菌清、

呋喃丹、托布津、退菌特等。该类药物属于有或剧毒药品,要防止包装破损,分类保管,注意防潮。

1)敌敌畏、敌百虫、甲胺磷、氧化乐果用于防治和消灭树木花草上的螟虫和蚜虫,使用时,先稀释成 800~2000 倍液体,再用喷雾器喷洒。

2)呋喃丹、托布津、百菌清用于防治蚜虫、蚧壳虫,可以溶解后喷雾,也可以埋于根底。

3)退菌特用于防病治虫,加水溶解稀释后用喷雾器喷洒。

室外绿地养护的作业程序与标准

室外绿地养护的相关作业程序与标准参见样本 40~样本 42 内容。

绿化管理的规章制度

绿化工作的好坏,不仅仅是绿化部门的职责,同时也是每一位业主和物业使用人的职责。如果只有环境绿化部的认真养护、管理,没有业主和物业使用人的支持、配合,物业项目绿化工作是做不好的。为此应加大宣传,制定规章制度,规范人们的行为。

(1)**要加强绿化宣传,培养绿化意识** 要使业主和物业使用人认识到绿化工作的重要性,绿化管理直接关系到他们能不能拥有一个安静、清洁、优美的生活环境。

(2)**加强制度建设,严格管理** 一般在物业项目物业环境绿化管理中都要制定有关绿化管理方面的规章制度。这些规章制度的基本内容包括:

1)爱护绿化,人人有责。
2)不准损坏和攀折花木。
3)不准在树木上敲钉拉绳晾晒衣物。
4)不准在树木上及绿地内设置广告招牌。
5)不准在绿地内违章搭建。
6)不准在绿地内堆放物品。
7)不准向绿地内倾倒污水或乱扔垃圾。
8)不准行人和各种车辆践踏、跨越和通过绿地。
9)不准损坏绿化的围栏设施和建筑小品。
10)凡人为造成绿化及设施损坏的,根据政府的有关规定和管理规约的有关条文进行赔偿和罚款处理。

[案例 10-2] 业主随意践踏绿地怎么办

某花园前有一片敞开式绿地,可谓是亭榭多姿,曲径通幽,池水泛光,花木含情。春、夏、秋的傍晚时分,众多业主和使用人都喜欢在这里驻足小憩。然而,其中也有人随意在草地上穿行、坐卧、嬉戏,导致绿地局部草皮倒伏、植被破坏、黄土裸露,这成为小区管理中的一个难题。

分析:物业项目管理处拓宽思路,采取了教、管、疏相结合的办法。教:加大宣传力度,提高宣传艺术。首先将警示牌由通道旁移至人们时常穿越、逗留的绿地中,并将警示语由刺眼的"请勿践踏草地、违者罚款"更改为悦目的"足下留情、春意更浓";管:加强护卫力量,强调全员管理。针对午后至零时人们出入较多的特点,此间的中班护卫指定一人重点负责绿地的巡逻,规定物业项目管理处员工若发现有人践踏绿地,都要主动上前劝阻,不留真空;疏:营造客观情境,疏导游人流向。在只有翻越亭台才能避开绿地通行的地段,增铺平顺的人行通道,同时把绿地喷灌时间由早晨改为傍晚,保持人流密度大的时段内绿地清新湿润。

想一想: 假如你是物业管理公司的负责人,你在这个案例中得到了哪些启示?

单元三　室内绿化养护

学习目标

1. 了解室内绿化养护的基本要求,能在室内绿化布置设计工作中提出合理的建议。
2. 熟悉室内绿化养护的基本方法,具备室内绿化养护的巡查协调能力。
3. 掌握室内绿化养护作业程序与标准,具备制定室内绿化养护规范的基本能力、室内绿化养护的组织管理能力。

〖 **室内绿化养护的基本要求** 〗

建筑物内,如宾馆大堂、餐厅、会议厅、商店和居室等处种植或摆放观赏植物,构成室内装饰不可分割的部分,是现代审美情趣崇尚自然、追求返璞归真需求的反映。植物可以改变室内环境的呆板、单调,并起到改善小气候和清洁空气的作用。

现代室内环境的特点是冬暖夏凉,其温度适合植物生长,但光照比较差,可选用阴生观叶植物作为室内绿化的主体植物,既可以观赏它们形状各异的绿叶,还可以用来分隔室内空间,如餐厅、酒吧可借助植物挡住人们的视线,创造一个相对独立的空间。室内植物可以栽植在事先设计和安排好的种植槽中,或是色调和风格统一的容器中。种植槽和容器外面都要采取防水措施,以免水分溢出。在一些公共建筑较宽阔的厅堂内,利用室内植物结合水景、山石等创造小型园林或局部园林(称为室内园林),除造景外,可与休息、社交、购物等活动在空间上有机结合。

1. 大厦内的绿化布置

大厦内的绿化布置主要以公共部位为主,如大堂、过道、走廊、大小会议厅、观光厅等,其摆设基本固定。可根据植物的长势和需要,一般在1~3个月更换一次。

(1) **大堂的绿化摆设**　以大盆或中盆的观叶植物为主,如棕竹、龟背竹、苏铁、巴西铁、橡皮树等。在春、秋季节还可适当配一些色彩鲜艳、品种名贵的盆花来加以点缀,如茶花、杜鹃等。

(2) **走廊、过道的绿化摆设**　以普通型的大盆或中盆的观叶植物为主,如散尾葵、发财树、针葵、棕竹等。

(3) **观光厅的绿化摆设**　观光厅本身就是让人们观光欣赏的地方,因此要注意绿化的整体效应,使宾客好像置身于园林、花坛之中,令人心情舒畅,赏心悦目。

2. 会议室的绿化摆设

会议室的绿化布置力求高贵、典雅、美观、大方，四周可放置大型和中型的较名贵的观叶植物，茶几和桌子上可以放上瓶插花。

3. 办公室的绿化摆设

办公室是写字楼办公的主要空间，在绿化摆设上要突出舒适、清静、高雅。在窗台上可选用小兰草、君子兰、文竹等植物来点缀，办公桌上可放些小型盆景或瓶插，如水仙花等来衬托。

4. 阳台绿化

阳台是楼房单元式住宅仅有的外部空间，如充分加以绿化可布置成"缩小了的庭院"，同时美化了楼房和城市景观。绿化时应注意：

1）根据阳台不同方向和地区气候特点所形成的日照、风力、温度、湿度等条件选择植物，特点是选择喜阳或耐阴植物。

2）根据阳台的面积、形状选择容器。除一些建筑阳台设有固定的种植池外，可以采取在栏杆上加挂吊箱、阳台内设花盆架或增设格架等方式，丰富绿化布置形式。在栏杆上放置盆花时应有防止坠落的措施。为减轻建筑结构的负荷，阳台绿化设施设备最好使用轻质的人工合成的材质。

3）由于阳台上一般有风，空气湿度低，因此充分的灌溉往往是养护管理的关键。若能使用小型自动灌溉装置，常能获得理想的效果。

5. 窗台绿化

窗户是沟通室内外空间的纽带。窗台是一块可以用于绿化的宝贵空间，因为那里常有充足的阳光，又处于人们视觉的重要位置上。特别在建筑密集、空间宝贵的城市中，窗台绿化更有特殊意义。

（1）**室外窗台绿化**　室外窗台处一般风大、干燥，冬季气温低、夏季阳光灼热，应注意选择适合这些条件的植物品种。在窗台上摆放盆栽植物一定要采取防止跌落的措施。在窗台上安装种植槽既安全，又可增加绿化面积。

（2）**室内窗台绿化**　室内窗台绿化在室内装饰中处于重要地位，能给居室带来勃勃生机。但要选择比较耐阴的品种，以观叶植物为主。由于室内比较温暖，可以栽培多种不耐寒的观赏植物，达到赏心悦目的效果。

〖 室内绿化养护的方法 〗

1. 用土

植物要求有利于保水、保肥、排水和透气性好的土壤，并按不同植物品类，要求有一定的酸碱度。大多植物性喜微酸性或中性，因此常常用不同的土质，经灭菌后，混合配制，如沙土、泥土、沼泥、腐质土、泥炭土以及蛭石、珍珠岩等。

2. 光照

根据室内植物的生长特性而定，摆放位置尽可能满足光照要求。喜阳植物摆放在窗台、阳台或光照充足的位置；光照要求低的喜阴植物要摆放在远离窗边较荫蔽的地方或没有阳光的位置。喜阳的植物，如将其摆放在光照过弱的地方，会致使植物逐渐衰弱，叶薄而黄，不开花或少开花，茎节抽长等。因此，若是光照不足或是遇到长期阴暗的天气，可以用荧光灯或植物培养灯增强光照。喜阴植物需要的光照强度，约为 215～750 勒克斯；中性植物需求的光照强度在 750～2150 勒克斯；喜阳植物光照强度要求超过 2150 勒克斯以上。大厅、会议室内要求能接受 2～3 小时的漫射光或反射光照射，光照强度达到 1400 勒克斯以上；办公室、居室、客厅要求接受 1～3 小时漫射光或反射光照射，光照强度达到 1000 勒克斯以上；走廊、过厅光照强度要达到 900 勒克斯以上。

3. 浇水

室内摆放植物的浇水应坚持"见干见湿，浇则浇透"的原则，切勿零星浇水或浇水过多。植物浇水过多，会使盆土湿、涝并致使盆栽植物根部窒息而腐烂、叶黄而脱落，因此，一般水分不宜过多。对于一些对湿度要求较高的植物可采取在植物叶上喷水雾的办法，也可以把植物花盆放在满铺卵石并盛满水的盘中来增加湿度。用喷壶或小喷雾器叶面洒水，应控制不形成水滴滴在土上，以增加湿度，并清洗叶面灰尘，利于光合作用。其频率夏季每天两次，冬季每天一次，时间最好是在早上和午前，因午后和晚间易使植物产生霉菌而生病害。

4. 施肥

室内植物长期不施肥或施肥不足，可导致盆土板结，会引起叶黄、枝条细长的现象；施肥过多，盆栽植物吸收不了，会烧伤植物根系不能吸收水分，导致叶黄凋落。施肥的原则的春夏多施肥，秋季少施，冬季停施。通常室内植物施肥选择在春季末施一次稀薄肥，夏季、秋季每半月施一次稀薄肥，切勿多施浓肥。若是施肥过多，可通过多浇水稀释并冲去土壤中的一些肥料。缺肥时，立即施肥，一周内可见效。花肥成分主要是氮、磷、钾，氮能促进枝叶茂盛，磷有促进花色鲜艳果实肥大等作用，钾可促进根系健壮，茎干粗壮挺拔。

5. 病虫害防治

室内植物通常的病虫害主要有蚜虫、红蜘蛛和受真菌等病毒侵染而引起的叶斑病，易使植物的叶片局部坏死或叶面枯萎，甚至全棵植物萎黄。因此，要管理好植物的水、肥，要保持室内通风透气，要及时喷药预防，这样植物才能更好地生长。室内不宜用剧毒农药，蚜虫可用 1‰洗衣粉或灭蚊药物喷洒，但用量不宜太大。白粉病可用酒精棉球擦净，若危害严重，要搬到室外进行对症防治。

6. 及时更换养护

室内植物由于长期生长在室内，易发生叶片萎蔫、发黄、落叶或暗淡无生机等现象，应定期的"转盆"或更换植物的放置位置或定期送至温室大棚调养，即进行恢复养护。其间不能让阳光直射，以防被太阳灼烧或大量蒸发失水，萎蔫死亡。如没有遮阴处，可人工搭盖黑色遮光网，透光率为 70%～75%，光照强度为 1500～3000 勒克斯。保养场地必须空气清新，但要防止强风。养护初期不宜动土换盆，只宜将黄叶、枯叶、病叶等剪去，适量浇水，同时配以薄清肥水，每周 1 次，1 个月后逐步增加，两个月至两个半月后，增加到正常苗木施用浓度。待生机恢复，再视长势换土换盆。盆土以腐叶土与沙壤土各半为宜，底肥以干猪粪为好，配少许骨粉和油渣。因为骨粉和油渣为迟效肥，可在植株更换到室内后，慢慢发挥肥效。盆底一定要空、透，以防再度搬进室内时遇空气不畅，积水烂根。

〖室内外绿化作业指导书与标准〗

室内外绿化相关的作业指导书与标准参见样本 43～样本 44 内容。

［阅读资料 10-1］ 绿植花卉租摆方案，参见本书配套资源。

思 考 题

10-1　什么是绿化管理？物业服务企业的绿化管理侧重哪些方面的管理工作？
10-2　简述绿化养护管理一年内的主要工作安排。
10-3　绿化养护管理的主要内容有哪些？
10-4　简述绿化养护管理的质量目标。
10-5　简述草坪养护的方法。
10-6　简述乔木、灌木的整形修剪养护方法。
10-7　简述绿化管理规章制度的基本内容。
10-8　从大厦的大堂、会议室看，室内绿化养护的基本要求有哪些？
10-9　简述室内绿化的养护方法。

学习情境十一

公共秩序管理

单元一 知识准备

学习目标
1. 了解公共秩序管理相关知识及法规政策标准，在实践中能灵活运用。
2. 熟悉公共秩序管理的内容，具备公共秩序管理的组织管理能力。
3. 掌握公共秩序管理的基本要求，具备制定公共秩序管理规范的基本能力。

〖公共秩序管理的概念〗

公共秩序管理是指物业服务企业在物业管理区域内协助政府有关部门所进行的公共秩序维护和安全防范等服务活动，主要通过物业项目管理处实施。

对公共秩序管理的要求，不应超越物业服务合同的约定，即以物业服务合同为依据。

在公共秩序管理活动中，物业服务企业承担的角色是在物业管理区域内协助公安、消防、执法等有关部门进行安全防范和公共秩序维护等管理活动，执行"谁主管，谁负责"和"群防群治"的原则，主要任务是落实公共秩序维护、公共安全防范、消防安全各项制度，维护物业管理区域公共秩序，及时发现、劝阻和上报违法违规活动，为物业管理区域内的设施设备及业主和物业使用人的人身、财产安全创造良好的环境。

公共秩序管理在物业管理中占有举足轻重的地位，它是业主和物业使用人安居乐业的保障，是管理项目所在社区社会安定、和谐的基础，也是提高物业服务企业声誉、增强市场竞争力的有效途径。

〖公共秩序管理的内容〗

公共秩序管理包括公共安全防范、车辆与道路管理、消防安全管理和突发事件处理预案等。

1. 公共安全防范

公共安全防范是物业项目管理处按照物业服务合同的约定，为维护物业管理区域内正常的生活和工作秩序，对物业管理活动中预知可能发生的对物与人的危害或潜在的不安全因素，突发的人为事件、事故、自然灾害等，进行的一系列有针对性的应对措施或演练处置等活动。

公共安全防范包括"防"与"保"两个方面，"防"是预防灾害性、伤害性事故发生；"保"是通过各种措施对发生的事件进行妥善处理。"防"是防灾，"保"是减灾，两者相辅相成，缺一不可。影响物业管理区域内公共安全的因素有很多，变化也比较快，归纳起来主要有两大类：一是人为侵害因素，如失火、偷窃、斗殴等；二是自然侵害因素，如大风刮倒广告牌、水浸地下车库等。物业项目管理处应要求秩序维护员随时了解这些影响公共安全的因素，并及时处理。

公共安全防范管理服务目的是维护物业管理区域内的工作和生活秩序，为物业管理区域内的人身和财产安全创造良好的环境，保证和维持业主和使用人有一个安全舒适的工作、生活环境。

2. 车辆与道路管理

车辆与道路管理指物业项目管理处通过对物业管理区域内的道路、交通和车辆的管理，建立良好的交通秩序、车辆停放秩序，防止车辆受损和失窃而进行的管理活动。车辆与道路管理的内容主要有道路管理、交通管理、车辆管理与停车场（库）管理。

车辆与道路管理的思路应该是通过与业主委员会紧密配合，将具体管理规定纳入管理规约，以规范业主和物业使用人在物业管理区域内的行车、停车行为，保证车辆行驶、停放安全有序，营造良好的车辆与道路安全。

消防安全管理和突发事件处理预案后文有专门介绍，这里不再赘述。

〖公共秩序管理的基本要求〗

1. 基本要求

1）小区、大厦、工业区基本实行封闭式管理。
2）有专业公共秩序维护队伍，实行 24 小时值班及巡逻制度。
3）秩序维护人员要熟悉物业管理区域内的环境，文明值勤，训练有素，语言规范，认真负责。
4）外来人员出入实行登记制度，货物（产品、设备）出门实行凭证通行制度。
5）结合物业管理区域特点，制订安全防范措施。
6）危及人身安全处应有明显标识和具体的防范措施。

2. 人员管理要求

（1）工作纪律

1）坚守岗位，忠于职守，严格执行岗位责任制，严格执行请假、销假制度。
2）按时交接班，不迟到，不早退，不离岗，忠于职守。

3）坚决做到上岗"五不准"，即不准喝酒，不准聊天，不准容留外来人员，不准擅离工作岗位，不准迟到、早退。

4）不准在岗位上坐卧、倚靠、闲谈、吃东西、看书报。

5）处理问题要讲原则、讲方法，以理服人。

6）爱护各种警械器具装备，不丢失、损坏、转借或随意携带外出。

7）保守内部机密，敢于同违法犯罪分子做斗争。

（2）工作细则

1）仪表着装：

①按公司配发制服统一着装和佩戴，制服须保持洁净、平整，各项配置标志齐全规范。

②风纪严整，不得敞开衣领、翻卷衣袖、裤边；上岗前须到更衣室镜子前整理仪表。

③上岗前后须到指定点更衣；非工作时间不得穿着制服；服装清洗不得影响正常上岗着装。

④仪表须洁净端正，不得留长发、胡须。

2）上岗姿态工作细则：

①在岗时须精神饱满，精力集中。

②立岗时保持正确站姿，不得有手插入衣裤口袋、手叉腰间等散漫举止。

③两人巡岗时须并排，步伐稳健，统一步伐行进；两人以上巡岗时须列纵队，统一步伐行进。

④在岗期间不得吸烟或吃零食，不得有闲聊、睡岗及其他懈怠行为。

3）文明礼貌执勤工作细则：

①对待客户或来宾须态度和蔼、耐心周到，行为举止须自然端正、落落大方。

②礼貌待人，沟通或交涉时，在开始前和完成后皆须先敬礼，把礼貌用语体现在实际工作中。

③禁止任何粗俗言谈、污言秽语。

④回答客户或来宾提问时应清楚扼要。

3. 交接班制度

1）按时交接班，接班人员应提前10分钟到达岗位。接班人员未到达前，当班人员不能离岗。

2）接班人要详细了解上一班执勤情况和本班应注意事项，应做到三明：上班情况明，本班接办的事情明，物品、器械清点明。

3）交班人在下班前必须填好值班记录，应做到三清：本班情况清，交接问题清；物品、器械清。

4）当班人员发现的问题要及时处理，不能移交给下一班的事情要继续在岗处理完，接班人协助完成。

5）交接时要做好记录并签名。

〖公共秩序管理的提供形式〗

物业服务企业对物业管理区域的公共秩序管理，一般有物业项目管理处自行作业或外包管理两种。自行作业是指物业项目管理处在物业管理区域内自行组织专门的公共秩序维护队伍，依物业服务合同约定自行进行公共秩序管理工作；外包管理是物业服务企业在征得业主同意后，将物业管理区域内的公共秩序管理工作对外承包给专业保安公司承担，物业项目管理处负责对其监督管理。无论是自行作业还是外包管理，物业服务企业都应在物业项目管理处设置专门的机构，依据物业服务合同有关公共秩序管理的约定，制定作业服务标准、检查标准和考核标准，使该项业务力求做到有章可循、有章必循、执章必严、违章必究。

〖公共秩序管理机构设置及职责〗

1. 公共秩序管理机构设置

物业服务企业通常是在物业项目管理处设置公共秩序维护部来实施公共秩序管理。公共秩序维护部的设置规模与物业管理区域的物业类型、规模有关。项目管理区域面积越大，物业类型、配套设施越多，机构设置也越复杂；反之亦然。一般情况下，根据工作需要，公共秩序维护部下设门卫值守、巡逻预防、监控中心、车辆管理等班组。

2. 各级人员的岗位职责

（1）主管岗位职责

1）物业项目管理处经理负责组织领导公共秩序维护部工作，协助公安机关对物业管理区域的公共安全防范工作、车辆管理工作和消防安全工作负全面责任。

2）负责秩序维护员的内务管理和考勤工作，抓好秩序维护员的队伍建设，及时做好秩序维护员的岗位培训、军事训练及日常考核工作。

3）熟悉公共秩序维护管理各岗位职责、任务、工作要求、考核标准，掌握物业管理区域内的公共秩序管理工作规律及特点，加强重点岗位的安全防范。

4）熟悉并掌握物业管理区域内各种安全设施的操作和性能，落实安全操作规程，定期检查执行情况，制止、纠正各类违章和为，对存在问题及隐患按规定期限组织整改。

5）监督和检查物业管理区域的"四防"工作，做好物业管理区域内业主安全和法制宣传教育工作，提高业主的安全意识和法制观念。

6）协调与所在地公安、消防、执法等部门关系，及时上报物业管理区域内违章违规行为；调解物业管理区域内各种纠纷，对重大事件、事故采取应急措施，组织调查处理。

7）主持部门例会，传达贯彻物业项目管理处经理及有关部门的指示，研究分析物业管理区域内公共秩序管理工作中的各类问题。

8）完成上级交办的其他临时任务。

（2）公共秩序维护部班长岗位职责

1）执行上级工作指示，监督、检查、考核辖下员工完成工作情况，对违纪员工进行处理。

2）如遇辖下员工事假或病假情况，安排调动其他员工补缺。

3）组织例会，做岗前工作布置和岗后讲评。

4）做好交接班管理，检查本班人员着装、形象、器械佩带，监督每个岗位的交接情况。

5）负责班组使用设备、器械的管理、维护，保证其正常使用。

6）定时巡查，如发现公共设施损坏或异常，应立即通知部门主管采取适当行动。

7）对进入物业管理区域内的可疑人员进行布控，并及时报告部门主管采取适当行动。

8）保持各岗位的通信联系，协调对突发事件的处理。

9）督促辖下员工保持各自值班区域内的环境卫生。

10）做好值班记录，每1小时巡查各岗位一次，夜间要通报各岗位执岗情况。

11）检查内务环境卫生管理，组织本班业余文化生活。

（3）秩序维护员的岗位职责

1）服从领导，听从指挥，做到令行禁止，遇事要报告。

2）模范遵守国家法令、法规，做到依法办事。

3）熟悉本岗位职责和工作程序，圆满完成工作任务。

4）坚守岗位，保持高度警惕，注意发现可疑的人、事、物，预防安全事故的发生。

5）积极配合其他部门制止违章行为，不能制止解决的报告班长。

6）熟悉并爱护公共配套设施情况，熟练掌握各种消防器材的使用方法。

7）坚持原则，是非分明，敢于同违法犯罪行为做斗争。

8）保持值班区域内的环境卫生，完成各项安全防范工作。

9）认真完成领导交办的其他任务。

〖相关法规政策标准〗

1）《中华人民共和国治安管理处罚法》。

2）《中华人民共和国道路交通安全法》。

3）《中华人民共和国民法典》。

4）《物业管理条例》。

5）《保安服务管理条例》。

6）《关于使用"秩序维护员"称谓的指导意见》。

7）《停车场建设和管理暂行规定》。

8）《停车场规划设计规则（试行）》。

9）《城市停车规划规范》（GB/T 51149—2016）。

［案例11-1］ 小店遭抢劫，物业管理公司应否赔偿

周女士在沿街开一家小区便利店，某日中午公然遭人抢劫，被抢现金四千多元。事后，周女士提出她能否向小区物业管理公司索赔。

分析：《物业管理条例》第四十七条"物业服务企业应当协助做好物业管理区域内的安全防范工作。发生安全事故时，物业管理企业在采取应急措施的同时，应当及时向有关行政管理部门报告，协助做好救助工作。"这清楚地表明物业管理企业的责任是协助公安机关做好公共场地的秩序维护。因此，周女士想直接要求物业管理公司赔偿被抢的四千多元财产损失，无论赔多赔少，都没有直接依据。这样直截了当索赔，看来是不会得到法院支持的。因为物业管理企业的职责是协助性质的，不应该承担公共安全秩序的主要责任。

如果周女士坚持索赔，就要依据《物业管理条例》第三十六条"物业服务企业未能履行物

业服务合同的约定,导致业主人身、财产安全受到损害的,应当依法承担相应的法律责任。"但这里关键要看业主委员会和物业管理公司签订的委托管理合同上是否有相应的服务要求表述。如果合同上规定物业管理公司应该怎么做,而物业管理公司没有做到,周女士可据此要求物业管理公司赔偿失职责任。如规定每天必须进行两次巡逻,而物业管理公司没有做到,可以索赔。如物业管理公司完全履行了物业服务合同中有关公共秩序维护的约定,则不应承担赔偿责任。

想一想:如果你是该物业管理公司的负责人,周女士坚持索赔,你应该怎么办?

单元二　公共安全防范管理

学习目标

1. 了解公共安全防范的内容、重大事件报告制度,能针对具体工作提出明确要求。
2. 熟悉公共安全防范各岗位职责,具备公共安全防范的巡查协调能力。
3. 掌握公共安全防范作业程序,具备制定公共安全规范的基本能力和组织管理能力。

〖 公共安全防范的内容 〗

1. 制止扰乱公共秩序的行为

扰乱公共秩序的行为包括噪声扰民、宠物扰民、侵犯他人人身权利、侵犯个人及公共财产权利;违反物业管理区域消防管理规定、车辆与道路管理规定、绿化管理规定等在公共场合影响、干扰他人正常生活、工作的行为。对这些行为,物业项目管理处要及时予以制止。

2. 门卫值守

门卫值守是指物业项目管理处秩序维护人员对出入物业管理区域的人员、车辆、物资进行严格的检查、验证和登记,防止不法人员进入,防止物资丢失,以维护物业管理区域内部秩序,保证人、财、物的安全。其具体职责包括:

(1) **外来人员出入登记**　对出入人员的身份、证件和所携带物品进行检查、登记,控制外部无关人员进入;为外来人员做好引导、咨询服务。

(2) **车辆登记核查**　对进出车辆进行登记,认真检查、核对物资,防止危险品的进入,防止盗窃及其他物资流出。

(3) **出入口疏通**　对出入口进出车辆进行疏通,保证进出口通畅有序;清理无关人员,对可疑的人和事及时报告班长,防止人员、车辆造成门口堵塞及事故的发生。

3. 守护服务

守护服务是指是指物业项目管理处秩序维护人员根据物业服务合同的特殊约定,采取各种有效措施,对指定的人、财物、场所进行看护和守卫的活动。其主要任务是采取各种有效的措施,防范和制止各种破坏活动,预防危险事件的发生,确保守护对象的安全,维护物业管理区域内的正常秩序和安全。其具体职责包括:

（1）保护人身安全　主要通过对守护对象的住宅、办公场所的守护，保护人身安全。
（2）保护财产安全　工作重点是做好防火、防盗、防爆、防破坏等安全防范工作。
（3）维护正常秩序　对发生在守护范围内有碍正常秩序的各种行为和活动，尽快采取有效措施予以劝阻、制止，防止事态扩大、蔓延。

4. 巡逻防范

巡逻防范是指是指物业项目管理处秩序维护人员在物业管理区域内有计划地巡回行走与警戒观察，以确保公共安全的活动。巡逻防范可按照物业管理区域的特点，制定多条巡逻路线，不定期更换。巡逻路线分为往返式、交叉式、循环式三种。三种方式可交叉使用，便于实行全方位巡逻。在安排巡逻路线时，重点、要害部位与多发、易发案地区应作为巡查重要地点，以便于加强保护，有效防范犯罪分子。巡逻人员应由3~5名人员共同值勤（巡逻岗可以与门岗交替更换），白天每2小时、夜间每1小时巡逻一次。

5. 监控服务

监控服务是指物业项目管理处秩序维护员利用电子监控设施系统对物业管理区域人、车、物等进行观察、识别，以便及时排查和处理所发生的不安全行为和不安全状态的活动。

公共安全防范工作除了依靠秩序维护员的"人防"外，还要依靠技术防范措施，组成公共安全防范管理的完善体系。目前的技术防范措施主要依靠由监视系统、电子门禁系统、电子巡更系统组成的电子监控系统来完成。

监控服务还包括电子监控系统的维护与管理。在选型、安装阶段中，从电子监控系统品种的选择、各种器材的验收、线路的走向、检测传感器和报警器的定位，必须周密思考、严格检查。系统设置的电源，必须有备用电源。有关安全保密内容必须限定人员知道。在系统安装完毕后，应有负责秩序维护人员与施工人员共同验收。维护、使用阶段，定期对系统进行维护和管理，包括由秩序维护人员定期模拟一定的现场，对电子监控系统进行功能上的测定。若发现电子监控系统出现问题应立即向专业管理人员报告，并立即到场维修。电子监控系统较易损坏的器件、设备，必须有足够的备件，以便及时更换。对电子监控系统所做的维修和管理，应有严格的记录，并有负责此项工作人员的签字。

〖公共安全防范制度〗

1. 公共安全防范各岗位职责

（1）门卫值守岗岗位职责

1）熟悉物业管理区域内的业主及辖区自然情况，熟知租户及保姆等人员情况。
2）熟练掌握物防、技防操作程序，灵活处理各类突发事件。
3）对外来人员进行查询，并做好登记和引导工作；引导业主自行主动读卡出入。
4）禁止无关人员及未经批准的商贩、废品收购等人员进入物业管理区域。
5）无关车辆不得进入物业管理区域，做好外来车辆出入登记工作。
6）负责维持大门周边秩序，保证大门出入口畅通。

7）负责物品暂存管理，查验大件物品及放行手续。

8）负责物业管理区域内邮件的收发登记管理。

9）门卫岗须保持整洁美观，无关人员不得进入门卫岗。

10）发现可疑问题以及本岗位范围之外的事件应立即上报，做好值班记录。

（2）大堂门岗岗位职责

1）负责大厦客户出入证件的查验及物品出入证件查验工作，为客户提供咨询服务。

2）对无证人员引导其到前台办理登记手续。

3）维护大堂的秩序，发现违规穿越大堂的行为应立即劝阻。

4）对衣冠不整、各类推销员、闲杂人员、上访闹事者的进入要进行劝阻。

5）发现可疑问题以及本岗位范围之外的事件应立即上报，做好值班记录。

（3）巡逻防范岗岗位职责

1）按照公共秩序维护部定期或不定期安排的路线、方式和时间进行巡逻。

2）熟悉物业的设施、设备安置情况，负责检查所经路线的消防设备及公共设施的情况，发现隐患及事故及时上报，并详细记录在巡逻记录表（表11-1）上。

表11-1 巡逻记录表

_____年___月___日　　　　　　　　　　　　　　　　　　NO：

值班员		岗位		班次		接班员	
值班要求	1. 必须按《巡逻路线图》进行巡逻，并在《巡逻签到表》上签到； 2. 因紧急情况中断巡逻，待处理完毕后，必须从中断处继续巡逻						
巡检内容	巡检情况		处理措施/结果			备注	
可疑人员							
防盗门							
电梯							
照明							
开关							
天台门							
消防设施							
车辆停放							
环境卫生							
其他							
紧急情况	1. 2. 3. 4. 5.						
交接情况	交接物品：		交班人： 接班人：		时间： 时间：	检查人： 时间：	

3）对巡视区域内水电表房、楼梯、通道、暗角等进行检查，确保无人匿藏。

4）确保所有门、道闸或特定地点按指示的程序处理妥当，确认所有锁、挂锁及锁具安全完整无缺。发现异常及时上报并保护现场，事后详细记录在巡逻记录表上。

5）发现巡视区域内可疑人员，应立即加以盘问或劝离，并立即上报；发现可疑物品，闻到异味，听到可疑声响，需立即查明情况并上报。

6）检查巡视区域内的车辆是否按位停放，消防通道是否有违章停放。

7）发现各种违规违法行为时，要予以制止；对偷盗、流氓等违法人员，应即刻擒获。

8）熟知物业管理区域内的出租户及保姆等人员，发现异常情况及时上报。

9）对各类突发事件，按照处理预案果断处理，并及时上报。

10）巡视公共秩序管理各岗位执勤情况，协助处理疑难问题，认真填写巡逻签到记录表。

11）留意公共环境清洁卫生情况，如发现保洁人员保洁作业没有达到标准，应要求其改正，记录并报告班长。

12）巡逻时，接获任何问询、投诉，应礼貌地仔细听取，并立即上报。

（4）楼内巡视岗岗位职责

1）按照规定的时间和路线在管辖区域内进行巡视检查，并做好巡视记录。

2）检查消防设备、监控设施，如消防栓、探测器、摄像头、灭火器、疏散指示灯、喇叭、防火门、排烟挡板等有无遮挡、缺损或被人移动，发现异常，及时上报班长。

3）检查公共区域通道、楼道和消防疏散通道是否畅通，有无堆放易燃、易爆、易腐蚀物品，一旦发现问题应详细记录并上报。

4）夜间巡视检查房门是否关好、锁好，如有异常需进行检查时，应立即通知值班经理，不得让人进入业主和物业使用人房间。

5）检查各隐蔽部位和死角，防止有人藏匿。

6）巡视中发现工程问题，如发生照明、跑水、漏水故障、特殊雨季防汛或保洁、客户投诉问题应做巡逻记录，并报告班长。

（5）监控室岗岗位职责

1）负责监控室内电子监控设备与消防监测设备的监视、影像资料存档等工作。

2）按规定使用、保养设备，熟练掌握设备的操作规程，能排除简单的设备故障。

3）值班期间，按规定与巡逻人员保持密切联系，互相沟通有关安全信息。

4）发现异常情况和可疑人员及时报告，并通知相应秩序维护员到现场查看。

5）监控设备不得用于娱乐消遣，保持专用电话畅通。

6）发生报警时要准确判明报警的部位和种类，立即报告；查验清楚后，做好记录。

7）应急处置人员出动后应继续利用监视设备了解发案现场及其周围的动态，随时向应急处置人员通报情况，事后做好记录。

8）严格执行登记制度，做好值班记录和交接班工作。

9）定期协助工程技术人员对各类监控、消防等设备、设施进行检查，记录设备运转情况，发现问题及时报告处理。

10）注意保密，其他人员进入或查看资料，须得到公共秩序维护部主管的批准，并在非监控中心室人员进出登记表上做好记录。

11）保持监控室内的清洁工作，严禁在室内食用任何食物，免招老鼠侵袭和破坏。

2. 公共安全防范基本制度

为及时妥善处理重大或突发事件，避免和控制事态的扩大，应制定重大事件报告制度。

1）重大或突发事件包括：火灾、电梯困人、爆炸、突发性停电、水浸等突发事件；盗窃、械斗等刑事案件；3 家以上业主或使用人的集体投诉；大厦主要设备设施故障；大厦主体结构遭受破坏等。

2）发生重大或突发事件，责任部门负责人或值班负责人应立即到现场处理，同时尽快向物业项目管理处经理报告，并根据事件程度决定是否启动应急预案。

3）事件处理完毕后 24 小时内，事件处理责任部门负责组织进行事故分析，并填写重大事件分析报告表，见表 11-2，经物业项目管理处经理签字后上报公司。

表 11-2　重大事件分析报告表

事件类别：		
发生时间 / 位置：		
报告人：	报警时间：	警察到场时间：
事由：		
处理过程：		
主管指示 / 善后行动：		
报告人签署：		主管 / 经理签署：
备注：		

〖公共安全防范工作与管理规程〗

相关公共安全防范工作与管理规程参见样本 45~ 样本 49 内容。

[案例 11-2]"24 小时安保小区"进贼，物业管理公司是否担责

某天，小区业主李女士从外面回家准备吃午饭，一脚迈进房门，便被屋内的景象给吓呆了：屋内被翻得乱七八糟！李女士马上报警。警方确认，李家进小偷了。李女士发现家中丢了 4 万元现金和一块 2 万元手表。此案由于一直没有侦破，李女士家的损失也一直无法追回。因为物业管理公司设有专职秩序维护员，但却没有 24 小时值班，所以李女士认为家中被盗物业管理公司也是有责任的。于是，李女士找到物业管理公司协商解决，但物业管理公司认为自己没有过错不能承担赔偿责任。

随后，李女士将物业管理公司告上法院，要求赔偿经济损失。李女士说，自己每月都按时

足额交纳了物业服务费，其中就包括保安费。在开发商和物业管理公司签订的前期物业合同中明确约定小区内设专职秩序维护员，24小时值班进行巡逻和保卫工作。然而，物业管理公司并没有认真履行职责，致使小偷进入园区行窃并顺利逃脱。物业公司理应赔偿自己的经济损失。

对此，物业管理公司辩称，此事属于刑事案件，在案件没有侦破之前，李女士是否发生了损害事实不清，而且自己也履行了职责，不存在过错。

经查明，物业管理公司管理园区时，没有对进出园区的人员进行登记，也没有在园区内安装监控设备。案发当天，没有秩序维护员值班记录，而且秩序维护员平时经常脱岗。

分析：从上述情况看，物业管理公司存在明确的违约行为。物业管理公司的违约行为给小偷提供了便利条件，客观上造成了李女士的损失，理应承担赔偿责任。另李女士与小偷之间形成直接侵权关系，因小偷的身份无法查明，李女士无法向小偷主张赔偿，所以应由物业管理公司在其过错限度内先行承担与其过错相称的补充赔偿义务。物业管理公司在承担了相应责任后，如果小偷被抓获，可以向小偷追偿。虽然李女士声称丢失了4万元现金和价值2万元手表，但却没有提供出相关证据，加上此案还没有侦破，没有证据证明这一事实。最终，法院根据李女士所提供的现有证据，依法判处物业管理公司赔偿经济损失2000元。

想一想：通过本案审理，你认为此类案件的关键问题是什么？该物业管理公司应反思自身的哪些问题？

单元三　车辆与道路管理

学习目标

1. 了解车辆与道路管理的内容，能针对具体工作提出明确要求。

2. 熟悉车辆与道路管理制度，具备车辆与道路管理的巡查协调能力，能在早期介入阶段针对停车场、道路规划设计提出合理建议。

3. 掌握车辆与道路管理作业程序，具备制定车辆与道路管理规范的基本能力和组织管理能力。

〖车辆与道路管理的内容〗

1. 车辆管理

车辆管理是物业项目管理处通过对机动车（包括摩托车）、非机动车（包括电动车、自行车等）以及停车场（库）的管理，保证业主和物业使用人的车辆免受损坏，防止失窃的活动。

（1）**机动车管理**　机动车管理是通过门卫管理制度和车辆管理规定来落实。物业项目管理处对进出的机动车必须坚持验证放行制度，对外来车辆要登记。如需开展车辆保管业务，物业项目管理处应与车主签订车辆保管合同。

（2）**摩托车与非机动车管理**　确保摩托车与非机动车的存放安全，应设有存车处，派专人负责。车主需委托保管车辆时，先办理立户登记手续、领取存车牌，按指定位置存放。

（3）**停车场（库）管理**　停车场（库）管理是物业项目管理处为确保停车场（库）内的设

备、设施和停放车辆的安全,保证停车场(库)内整齐有序,通过制度的建设和规范的作业程序所进行的管理活动。

2. 道路管理

道路管理是物业项目管理处对已建成道路、设施的维修及部分旧路的改造与重建等活动。在物业管理实践中最主要的是对现有道路状况的监护与保养,尤其是要坚决杜绝未经业主委员会和物业项目管理处的同意擅自占用、挖掘物业管理区域内的车行道路、人行甬道的情况发生。因为,这种情况一旦发生,不仅损害业主的共同利益,而且会造成物业管理区域内通行秩序的混乱。即使是经过业主委员会和物业项目管理处的同意占用、挖掘物业管理区域内的车行道路、人行甬道,物业项目管理处也应要求施工方要做好预案,采取必要的警示措施,并在约定期限内恢复原状。

3. 交通管理

交通管理是物业项目管理处通过正确处理人、车、路的关系,在可能的情况下做到人车分流,保证物业管理区域内交通安全、畅通的活动。

交通管理内容主要有:建立机动车通行证制度,禁止过境车辆通行;根据物业管理辖区内道路情况,确定部分道路为单行道、部分交叉路口禁止左转弯等;限制车速,确保小区内行人安全;禁止在道路两旁乱停放车辆,完善停车设施的建设;制止在物业管理区域内进行鸣笛、超速、练习驾驶等不良行为。

〖 车辆与道路管理制度 〗

1. 停车场(库)规划与管理的基本要求

(1) **规划内容** 停车场(库)内车位划分要明确,要安全有序地停放车辆,停车场应用白线框明确划分停车位;场内行驶路线要用护栏、标志牌、地下白线箭头指示清楚,做好行车线、停车位(分固定和临时)、禁停、转弯、减速、消防通道等标识,并在主要车行道转弯处安装凸面镜;在必要位置设路障和防护栏;按消防要求设置消防栓,配备灭火器;在停车场(库)出入口处设置垃圾桶(箱)。

(2) **基本要求** 照明亮度应合理地利用自然光或灯光照明,实现比较充足的光照亮度,不仅方便车主存取车辆,而且有利于满足消防、防盗要求;为了充分地发挥停车场的各项功能,应该设置相应的设施,如指示信号灯、道闸、通信器材等,以利于通道通畅、通信报警及时等;合理的区位布置,按各类车辆规格不同,存放要求不同,划分区位、分别存放、分类管理。

1) 停车场必须有专职车辆管理员 24 小时值班,建立健全各项管理制度和岗位职责,管理制度、岗位责任人姓名和照片、收费标准悬挂在停车场(库)的出入口的明显位置。

2) 进出停车场管理要严格,车辆进入停车场要验证发牌、登记,驶离停车场时要验证回收取车牌。

3) 按消防要求设置消防栓,配备灭火器,由物业项目管理处消防负责人定期检查,由车辆管理员负责管理使用。

5）车辆防盗和防损坏措施要得力，应保持停车场（库）内通信、电器、供水等场地设施的完好。

2. 车辆管理制度

（1）入口岗岗位职责

1）维持入口交通秩序，保证入口畅通无阻。

2）对出入物业管理区域的车辆进行登记、验证和收发卡，按规定标准收费。

3）发现进场车辆有损坏时应向车主（司机）指出，并做好记录，明确责任。

4）引导车辆按规划区域停放，提醒和指挥驾驶人按路线行驶，按位停车。

5）指挥车辆安全行驶，做好交通疏导工作，防止车辆拥堵。

6）禁止2.5吨以上的货车（搬家等特殊情况除外）、大型客车以及载有危险品的车辆进入。

7）严格执行交接班制度，认真填写交接班记录表，清点交接物品，做到交接清楚，责任明确。

8）发生突发事件时能迅速到位，并按照突发事件预案进行处理。

9）严守岗位，保持警惕，文明上岗，礼貌待人，妥善处理上岗时遇到的各种问题。

（2）车辆管理员的职责

1）负责对停车场（库）的机动车与非机动车管理。

2）实行24小时轮流值班，服从统一安排与调度。

3）熟记所负责区域的车主资料，对出入车辆按规定和程序指挥放行，并认真填写车辆出入登记表，见表11-7。

表11-7 车辆出入登记表

序号	出入卡号	车牌号码	进入时间	出去时间	金额（元）	备注

4）遵守规章制度，按时上下班，认真做好交接班手续，不擅离职守；按规定着装，佩戴工作牌。

5）按规定和标准收费，开具发票，及时缴交营业款。

6）负责指挥车辆行驶和停放，维持交通、停车秩序。

7）车辆停放时提醒驾车人关好门窗、随身携带停放凭证和贵重物品；仔细查看车体情况，如有损坏立即提示业主，明确责任。

8）负责对道路和停车场的停放车辆进行巡视查看，保证车辆安全，发现异常及时上报。

9）检查摩托车、自行车是否停放在指定的位置上，发现未上锁时，及时上报并重点看管。

10）对跨位停放，占用他人车位、道路和绿化带等停车的行为及时纠正。

11）对车辆违章行为，应及时提醒驾车人遵守管理规则。

12）定期检查停车场（库）内消防设施是否完好、有效，如有损坏及时上报。

13）要坚持执行验证制度，对一切车辆要严格检查，验证放行。

14）对可疑车辆要多观察、细询问，一旦发现问题，要拒绝车辆外出，并报告当值主管处理。

15）负责停车场（库）的消防以及停车场（库）、值班室、岗亭和洗车台的清洁工作。

（3）车辆行驶、停放管理规定

1）遵守车辆管理规定，爱护道路、共用设施，不乱停放车辆。

2）车辆不准长期停放，临时停放按收费标准缴费。

3）车辆行驶停放服从车辆管理员指挥，注意前后、左右车辆安全，按指定位置停放。

4）停放好车辆后，必须锁好车门，带走车内贵重物品。

5）车辆在物业管理区域内行驶，时速不得超过 15 公里/小时，严禁超车。

6）车辆在物业管理区域内禁止鸣笛。

7）在物业管理区域内任何场所禁止试车、修车、练车。

8）不准辗压绿地，损坏路牌和各类标识，不准损坏路面及共用设施。

9）不准在人行道、车行道、消防通道上停放车辆。

10）除执行任务的消防、警用、救护车辆外，其他车辆一律按本规定执行。

（4）停车场（库）管理规定

1）进入停车场的车辆须具备有效证件，包括行驶证或待办理证明、保险单等，车辆号牌应与行驶证相符，待办车辆应与待办证明相符。

2）车辆必须按规定的行驶路线行驶，不得逆行。不得在人行道（带）上行驶，不得高速行驶和按高音喇叭，进入车库时限速 5 公里以下。

3）凡业主和物业使用人的机动车与非机动车一律不能停放在非指定停放的位置。任何违章停放车辆按规定予以处罚。

4）业主和物业使用人长期在物业管理辖区内地面停放车辆，必须在物业项目管理处办理定位立户手续，领取停车牌放于车上，车要停于指定车位，并凭牌出入，按月交纳停车费。

5）外来临时车辆须先办理车位租赁手续，领取停车牌，凭证对号停放，并交纳停车费。

6）车辆如需停止使用停车位，应及时到物业管理处办理注销手续，否则，停车费将继续收取。如发生丢失或私自转让停车牌（位），物业项目管理处将扣留押金并取消车辆的停车位，收回停车牌。

7）车辆停放后，驾驶人须配合车辆管理员做好车辆的检查记录，带走贵重物品，否则由此所造成的损失均由车主自负。

8）取车时一律凭取车牌取车。特殊情况急需用车而无取车牌时，须凭单位开具证明并出示本人有关证件，由车辆管理员登记后方可取车。

9）严禁在场内洗车、加油、修车、试刹车等，禁止任何人在场内学习驾驶车辆。

10）驾驶人要保持场内清洁，禁止将车上垃圾倾倒于地面上，在场内乱丢废杂物；遵守安全防火规定，禁止在场内吸烟。

11）禁止超过停车场限高规定的车辆以及集装箱车、2.5 吨以上的货车（搬家车除外）、大型客车、拖拉机、工程车、运载易燃易爆或有毒等危险物品以及漏油漏水等病车进入停车场。

（5）值班室（岗亭）管理规定

1）值班室（岗亭）应用镜框悬挂车辆管理制度（主要包括岗位制度、操作规程和停车场（库）管理规定）、收费标准、车辆管理员姓名和照片等。

2）值班室内设一套完好的单人办公桌椅作记录使用，不准放置长椅和床，不准闲杂人员进入，岗亭外不准摆放凳椅。

3）在值班室外适当位置应配置公示通知板；在值班室内应根据车辆停放数量制作一个悬挂停车牌号的标牌框。

4）值班室（岗亭）内不准存放杂物，随时保持室内外清洁。

5）值班室（岗亭）值班记录表、车辆出入登记表及车辆保管卡均应放在固定位置，且摆放整齐。

6）值班室（岗亭）不准作其他使用。

（6）停车证的办理和使用规定

1）停车证的办理。停车场保管车辆一般分月保和临保两种方式，月保车辆按月收费，临保车辆则计时收费。用户若要办理月保，可带齐证件或证明到停车场收费处签订车位租用协议。停车场收费处在收取车位租金后，发放停车证及电子出入卡，并收取电子出入卡押金。

2）停车证的使用。车辆出入停车场时，要将停车证放在车辆前挡风玻璃左侧，使用电子出入卡刷卡出入。用户如更换车辆，需到车场办理停车证、电子出入卡更换手续。

月保车辆要按月定期缴纳车位租金，逾期不缴者，停车场有权收回车位使用权。用户遗失停车证和电子出入卡，应及时告知车辆管理员，到停车场收费处办理旧卡停用和新卡补办手续。用户不再租用车位时，将停车证、电子出入卡交回停车场，由车场退回电子出入卡押金。禁止用户将停车证、电子出入卡外借给其他车辆使用。

停车证申请表见表 11-8，租用／固定车位登记表，见表 11-9。

表 11-8　停车证申请表

层：	单元编号：
性质： □业主／租户　　□遗失　　□更换车证 □更换车辆　　　□损坏　　□其他	
业／租户姓名：	身份证号：
联络电话：	住宅电话：
通信地址：	
□先生　　□女士 车位号码：　　　　层数：	
车牌号码：	类别：
款式：	颜色：

本人将亲自委派＿＿＿＿＿＿＿先生／女士，身份证号码＿＿＿＿＿＿＿来领取新停车证。

申请人签字：＿＿＿＿＿＿＿　　　　　　　　　　＿＿＿＿年＿＿＿月＿＿＿日

表 11-9　租用/固定车位登记表

日期	房号	IC号	车牌号	金额	发票号码	有效期限	备注

3. 道路管理规范

（1）**功能要求**　一般来讲，物业管理区域内的道路，主要应具有满足业主和物业使用人的机动车与非机动车等各种交通工具通行以及步行活动的需要；满足清运垃圾与粪便、送递邮件、搬运家具等日常服务车辆通行的需要；保证消防、救护、铺设各种工程管线等特殊车辆的通行等功能。

（2）**基本要求**　根据物业管理区域内道路的功能，道路管理应达到车行道一般应通至各栋、各单元的入口处；建筑外墙面距离人行道边缘不应小于 1.5m、距离车行道边缘不应小于 3m；设计单车道，应考虑在适当距离设置车辆会让处；进行旧区道路改造时，应充分利用原有道路或设施等。

〖车辆与道路管理规程、规范与作业程序〗

车辆与道路管理相关规程、规范与作业程序参见样本 50～样本 52 内容。

［案例 11-3］ 业主购一个车位，停放两辆车怎么办

10月上旬夜里10点左右，某家园地下车库值班护卫员报告某号楼的一位业主，只购买了一个车位，却在车库停了两辆车。护卫员劝其将未购车位的车开走，但业主对护卫员不予理睬，将车子锁好后扬长而去。无奈，护卫员只好使用对讲系统与其联系，要求其将车子开出车库。业主对护卫员的行动先是采取了不接对讲的方式，后来对护卫员进行谩骂，甚至扬言谁再打他家的对讲，就用开水倒下来烫谁。

了解到这些情况后，办公室值班人员当即同业主联系，得到他的同意后，登门拜访。首先对护卫员反复播打对讲影响业主生活道歉，然后向他说明车库内的大多数车位已售出，一个车位只允许停放一辆车，如果占用别人车位，别的业主就会有意见。接着，又特别指出这样事情多了，大家互相效仿，总有一天他自己的车位也会被别人占用。看到他不断点头，值班人员趁热打铁，建议他再租个车位来从根本上解决泊车问题。他听了这番话，觉得入情入理，便提出要求，让值班人员替他找一个空位租下来。值班人员自然是满口答应。

第二天一早，管理人员就同他联系，告诉他车位已找好，请他抓紧到办公室来办理。果然，他没有食言，当天下午便来到办公室，顺利地办理了租位手续。

分析：案例中，物业人员始终保持为业主服务的态度，对之"晓之以理，动之以情"，使之能"己所不欲、勿施于人"，最终顺利解决此问题。

想一想：你认为车辆管理人员的做法是否恰当？如果你是车辆管理人员，面对此类事件应如何处理？

思 考 题

11-1 简述公共秩序管理的内容，在物业管理实践中应怎样落实？
11-2 简述公共秩序管理的基本要求。
11-3 简述公共安全防范的内容，为保证工作质量应制定哪些管理规程？
11-4 简述车辆与道路管理的内容，概述住宅小区车辆与道路管理的工作重点。
11-5 简述停车场规划与管理的基本要求。

学习情境十二

消防安全管理

单元一　知识准备

学习目标

1. 了解消防安全管理相关知识及法规政策标准，并能在实践中灵活运用。
2. 熟悉消防安全管理的内容，能有重点地开展消防安全管理工作。
3. 掌握消防安全管理各岗位职责与消防安全管理制度，具备消防安全管理巡查监管能力，能完成消防安全管理工作中的制度建设工作。

〖消防安全管理的概念〗

物业消防安全管理是指物业服务企业按照国家消防安全有关规定，为实现预防火灾发生及在火灾发生时采取有效应急措施以最大限度减少火灾损失的管理目的，通过建设义务消防队伍，制定完善消防安全制度，加强消防安全巡查与宣传，落实消防设备器材配备与保养等措施所进行的安全管理活动，主要通过物业项目管理处实施。

消防安全工作以"预防为主，防消结合"为方针，包括防火和灭火两个方面。就物业项目管理处而言，消防安全管理的重点就是预防为主，要把预防火灾放在首位，贯彻消防法规精神，落实防火的组织措施和技术措施，从根本上防止火灾的发生。防消结合，就是物业项目管理处在做好防火工作的同时，还应积极做好灭火准备，结合物业项目的实际情况，制定各类火灾预案，一旦发生火灾，能够有针对性地采取应急措施，最大限度地防止和减少火灾所造成的人身伤亡和财产损失。

在物业管理实践中，消防安全管理工作的原则是"谁主管，谁负责"，层层落实防火责任制，各部门主管领导为本部门第一防火负责人，各部门、各岗位对各自分管工作中的消防安全负责。对违反消防安全管理、妨碍消防安全的行为，任何部门和个人都有权劝阻或向消防安全管理部门报告；对不服从管理的相关人员，要按有关管理处罚规定严肃处理。

学习情境十二　消防安全管理

〚消防安全管理的内容〛

为保证消防安全管理工作落实到位，消防安全管理工作的内容包括消防队伍的建立与培训、消防安全管理制度的建设、消防安全教育宣传和消防设备管理等。

1. 消防队伍的建立与培训

为了加强物业管理区域的消防安全管理，物业服务企业一般会成立消防安全委员会，由公司总经理任主任，公司各部门、物业项目管理处成立防火安全领导小组，由各部门及物业项目管理处经理负责领导本部门的防火安全工作。物业项目管理处根据所管物业的类型、档次、规模，组建相应的专职或兼职消防队伍。

消防队伍的职责是负责消防安全工作的管理、监督、检查和落实，进行消防值班、消防检查、消防培训、消防宣传、消防器材的管理与保养，协助应急消防队伍灭火。

2. 消防安全管理制度的建设

消防安全管理制度的建设是消防安全管理的有力保障。为了切实保证消防安全措施的落实，确保业主和物业使用人的人身、财产安全，物业服务企业必须制定消防安全管理制度。

消防安全管理制度的建设包括消防安全管理制度和消防安全管理各类标准作业程序。完善的消防安全管理制度应包括消防岗位责任制度、消防安全检查制度、防火档案制度、消防中心值班制度、消防安全宣传教育制度、用火管理制度、用电管理制度、消防器材管理制度、仓库管理制度、火灾事故处理报告制度、消防工作奖惩制度、建筑设计审批施工防火制度和易燃易爆物品防火管理制度等。

在消防安全管理制度中，应明确各级防火责任人所管辖范围的消防安全具体职责；有针对性地具体规定出各种岗位人员的消防安全职责；制定重点部位消防安全制度，如油库、变配电室、锅炉房等场所的消防安全制度。

3. 消防安全教育宣传

在众多的火灾事故中，导致火灾发生的主要原因是由于很多人缺乏消防法制观念和消防安全意识，违反安全操作规程，违章用火、用电、用燃气造成的。因此，按《中华人民共和国消防法》规定经常进行消防安全宣传教育，提高业主和物业使用人的消防意识，是物业项目管理处消防安全管理的重要工作。消防安全教育宣传的内容主要是普及消防知识、防火知识、灭火知识、疏散逃生知识，增强业主和物业使用人预防抗御火灾、控制减少火灾损失的能力。

4. 消防设备管理

消防设备管理是指物业项目管理处按照国家和省市有关消防技术标准，配备消防设备设施及器材，通过建立值班记录和设备设施检查记录等制度，要求相关人员熟悉消防设备设施及器材的性能和操作规程，对消防设备设施及器材进行正确的维护和保养，确保消防设备设施与器材完好的管理活动。

其中，消防设备设施及器材的配备是搞好消防工作，保证人身财产不受火灾危害的物质基础，对消防设备设施及器材进行维护和保养是管理保障，因此，物业项目管理处应在物业管理区域内做好消防设备管理工作，一旦发生火灾，能够保证有效地扑救火灾，减少火灾损失，保护业主和使用人人身和财产的安全。

消防设备管理包括消防设备设施及器材的配备和消防设备设施及器材的维护管理两个方面。

〖 消防安全管理的机构设置与职责 〗

1. 消防安全管理机构设置

规模较大或防火安全要求较高的物业项目，如工业物业、高档写字楼，物业项目管理处应在公共秩序维护部内成立专职消防班负责消防安全管理工作。规模较小的物业项目，物业项目管理处一般将消防安全管理工作责任主要落实在公共秩序维护部，组织秩序维护员成立兼职消防队伍，在各部门、班组逐级落实消防责任制，使消防工作范围清、责任明，把消防安全管理工作全方位地纳入每位员工的日常工作之中。

无论是组建专职消防队伍还是兼职消防队伍，物业项目管理处都应设置消防安全员，负责消防安全检查工作。在配置消防监控系统的物业管理项目，还应建立消防监控报警中心，设置消防监控岗位，负责消防安全监控、消防设备设施的巡查操作和维护保养。

2. 消防安全管理机构的主要工作

（1）消防监控报警中心的日常值班　消防监控报警中心是接受火灾报警、发出火灾信号和安全疏散指令，控制消防水泵，固定灭火、通风、空气调节系统和防烟排烟等设施，并能操纵电梯到达指定位置和保证消防电梯的运行的控制中心。控制中心应实行 24 小时值班制，值班人员要忠于职守，工作严肃认真，密切注意主机和监视仪表信号，认真做好值班记录，定期向上级汇报。

（2）定期进行消防安全检查　专职消防员须进行日常安全检查，每天巡视大厦或小区的每个角落，及时发现和消除火险隐患；对防火责任制、防火岗位责任制执行情况每月进行 1~2 次检查；定期检查消防设备。安全检查时，一经发现火险隐患，都要记录在案，并向主管领导报告，通知有关部门限期整改。对消防设施方面的故障和不足，还要写出专门报告，经主管领导批准，由工程部门作计划进行整修。

（3）消防队伍的演练　义务消防员必须坚持灭火管理的平时训练，通过训练，掌握防火、灭火的措施和技术等。物业项目管理处还应根据自己的实际情况，最好每年进行一次消防演习，通过演习来检验物业管理区域防火、灭火的整体功能，如防火、灭火预定方案是否科学，指挥是否得当，专职消防队员是否称职，消防设施是否发挥作用。

（4）做好消防教育宣传　导致火灾发生的主要原因大多是缺乏消防法制观念和消防安全意识，违反安全操作规程，违章用火、用电、用燃气造成的。因此，经常进行消防宣传教育，普及防火知识、灭火知识、疏散逃生知识，提高业主和物业使用人的消防意识，增强业主和物业使用人预防、抗御火灾能力，控制和减少火灾损失，是消防队伍的主要工作内容之一。

3. 消防安全管理机构各岗位职责

（1）物业项目管理处经理防火职责

1）主持项目的日常消防安全工作，对项目消防安全工作承担领导责任。

2）负责项目消防安全工作的人员组织、规章制度、设备器材、消防经费等落实。
3）熟悉项目各区域的火灾危险性，对重点要害部位进行重点防范。
4）定期听取各部门消防安全工作汇报，研究火险隐患的整改，并督促抓好落实。
5）督促各部门对特殊工种进行消防知识专业培训和考核工作。
6）遇到火警，必须及时赶到现场指挥，按照灭火应急预案组织扑救。
7）总结消防安全工作、火灾扑救情况，做出奖惩的提案。

（2）公共秩序维护部主管防火职责
1）执行公司防火安全委员会、应急消防机关、物业项目管理处经理的指令和规定。
2）熟悉项目各区域的火灾危险性，对重点要害部位进行重点防范。
3）协助物业项目管理处经理抓好消防安全宣传教育，增强全体员工的防火安全意识。
4）制定消防培训、演习计划，制定灭火作战计划，抓好消防档案的建立和管理。
5）负责消防器材的配备、维修、更换和管理工作。
6）负责项目的消防检查、监督工作。
7）督促各部门制定消防安全制度，落实逐级防火责任制度。
8）督促各部门消除火险隐患，提出整改意见并做好记录上报。
9）协助各部门对特殊工种进行消防知识专业培训和考核工作。
10）审批动用明火申请，并提出消防安全具体要求。
11）发生火灾时，立即向物业项目管理处经理报告并奔赴火场进行火灾的现场指挥。
12）参加火灾事故的调查分析，对责任者提出处理建议。

（3）各部门主管防火职责
1）熟悉本部门的火险特点，做到"四懂四会"。
2）负责制定和落实本部门的消防安全制度，检查本部门防火责任的落实情况。
3）定期总结和布置本部门的消防安全工作，负责对员工进行消防安全教育。
4）组织本部门特殊工消防知识培训和考核工作。
5）组织本部门员工消防学习和演练，提高员工消防安全工作素质。
6）负责本部门消防设备设施和器材的保养与维护，保证其处于完好状态。
7）管理好本部门的重点防火部位，做到"四有"。

注："四懂四会"，即懂本岗位发生火灾的危险性，会报警；懂本岗位预防火灾的措施，会使用灭火器材；懂本岗位扑救初起火灾的方法，会扑救初起火灾；懂得火场逃生的方法，会组织人员疏散。

"四有"，即有防火责任人，有防火安全制度，有消防器材，有义务消防组织。

（4）消防安全员岗位职责
1）认真履行消防安全工作职责，贯彻执行消防法法律法规。
2）负责本项目消防安全检查，发现火险隐患及时上报并提出整改意见。
3）负责检查消防设备设施、器材的保养状况，发现问题与故障认真记录，及时报告。
4）负责施工现场防火安全检查。
5）掌握本项目的火灾特点，检查各部门消防安全工作。
6）制止各种违反消防法规制度的行为，利用各种形式开展消防安全教育。
7）发生火灾时，报告公共秩序维护部主管并立即报警，组织员工扑救初起火灾、保护火灾现场。

8）参加火灾原因的调查和分析。

（5）消防监控员岗位职责

1）认真贯彻执行消防法律法规、防火制度，熟悉监控中心的各项业务。

2）按时交接班，严格执行交接班签字手续，认真做好值班记录。

3）保证设施系统正常运行，发现问题、故障立即报告并通知工程维修部来维修。

4）对异常显示做好记录，发现报警立即核实，并报告班长。

5）保证室内消防器材整洁、好用，没有指令不准动用消防广播。

（6）消防员岗位职责

1）认真学习消防知识，掌握各种消防设备器材操作技术及使用方法。

2）积极认真做好防火宣传教育活动，提高责任区内全员防火意识。

3）做好消防设备、器材检查工作，保证其处于完好状况。

4）检查电器电路、煤气管道有无霉坏、锈蚀损坏、氧化、堵塞等情况，防止引发火灾。

5）制止任何违反消防安全的行为。

6）发生火警，必须全力投入抢救工作，不得临阵逃避。

7）发生火警时，应果断采取下列应急措施：

① 迅速报告有关部门、应急消防，火警电话：119。

② 组织人员扑救，并注意查找火源。

③ 组织人员疏散，并做好妥善安排。

④ 做好现场安全保卫工作，严防坏人趁火打劫或破坏，采集占用消防通道车辆证据。

⑤ 协助有关部门查原因、查损失并做好善后工作。

（7）员工防火职责

1）遵守消防安全工作各项制度，在岗位工作中有高度的消防安全意识。

2）认真学习消防知识，掌握常见器材的正确使用操作，做到"四懂四会"。

3）做好消防设备设施、器材养护工作，保证其处于完好状况。

4）制止任何违反消防安全的行为。

〖消防安全管理制度〗

消防安全管理制度是按照物业项目的特点和消防安全管理的要求，对消防安全管理的范围、内容、程序和方法所作的规定，是指导员工开展各项活动的准则和规范。义务消防员应开展业务学习和灭火技能训练，各项技术考核应达到规定的指标；要结合对消防设备设施、器材维护检查，有计划地对每个义务消防员进行轮训，使每个人都具有实际操作技能；按照灭火和应急疏散预案每半年进行一次演练，并结合实际不断完善预案；每年举行一次防火、灭火知识考核，考核优秀者给予表彰；不断总结经验，提高防火灭火自救能力。

1. 消防岗位责任制

建立各级领导负责的逐级防火岗位责任制，上至领导，下至员工，明确各工作岗位上所承担的消防安全工作范围、内容、任务和责任。每年年初由物业项目管理处与业主或物业使用人签订防火责任书，确定消防联络员名单，并确定职责，层层明确责任，建立全方位的监督体系。

2. 消防安全宣传教育制度

消防安全宣传教育制度主要包括三级安全教育中的消防安全教育；经常性消防安全教育；特殊工种消防安全教育等方面的内容。以创办消防知识宣传栏、开展知识竞赛等多种形式，提高全体员工的消防安全意识；定期组织员工学习消防法规和各项规章制度，做到依法治火；各部门应针对岗位特点进行消防安全教育培训；对消防设施维护保养和使用人员应进行实地演示和培训；对新员工进行岗前消防培训，经考试合格后方可上岗；因工作需要员工换岗前必须进行再教育培训；消防控制中心等特殊岗位要进行专业培训，经考试合格，持证上岗。

3. 消防安全检查制度

消防安全检查制度主要包括日常性、季节性、专业性的消防安全检查及其火险隐患处理措施等方面的内容，并应明确检查人员、内容、范围、部位及频次。落实逐级消防安全责任制和岗位消防安全责任制，落实巡查检查制度；秩序维护部应安排专人每天进行防火巡查，每月进行一次防火检查并复查追踪改善；检查中发现火灾隐患，检查人员应填写防火检查记录表，并按照规定，要求有关人员在记录表上签名；检查部门应将检查情况及时通知受检部门，各部门负责人应每日公布消防安全检查情况通知，若发现本部门存在火灾隐患，应及时整改；对检查中发现的火灾隐患未按规定时间及时整改的，根据奖惩制度给予处罚。

4. 用火管理制度

用火管理制度包括用火管理范围、用火级别、用火批准及管理权限、用火管理基本原则、特殊设备容器动火前应采取的处理措施等内容。维修工作中需使用易燃材料时，应特别小心；各班组不得存放1公斤以上易燃油料；需要动火作业时，要办妥动火作业证后方能施工，施工前尽可能排除易燃物品，施工后认真检查，确无火种后方可离开。

5. 用电管理制度

用电管理制度包括用电设备场所建筑防火要求、对用电设备规格的要求、安装、修理、禁止超负荷运行、用电器具使用管理、避雷、防静电装置安全措施等内容。外来人员禁止进入配电房、电梯机房、锅炉房、空调机房、水泵房；经批准进入人员必须办好登记手续，由值班领导及值班人员负责接待。

6. 消防器材管理制度

消防器材管理制度包括消防器材配备标准、部位、地点、检修、保管、使用制度等内容。消防设施日常使用管理由专职管理员负责，专职管理员每日检查消防设施的使用状况，保持设施整洁、卫生、完好；消防设施及消防设备的维修保养和定期技术检测由秩序维护部和工程部联合负责，设专职管理员每日按时检查了解消防设备的运行情况；查看运行记录，听取值班人员意见，发现异常及时安排维修，使设备保持完好的技术状态；消防设施和消防设备要定期测试。

7. 火灾隐患整改制度

各部门对存在的火灾隐患应当及时予以消除；在防火安全检查中，应对所发现的火灾隐患进行逐项登记，并将隐患情况书面下发至各部门限期整改，同时要做好隐患整改情况记录；在火灾隐患未消除前，各部门应当落实防范措施，确保隐患整改期间的消防安全，对确无能力解决的重大火灾隐患应当提出解决方案，及时报告上级公司或当地政府；应急消防机构责令限期改正的火灾隐患，应当在规定的期限内改正，并将隐患整改情况书面报送应急消防机构。

〖相关法规政策标准〗

1）《中华人民共和国治安管理处罚法》。
2）《中华人民共和国消防法》。
3）《中华人民共和国突发事件应对法》。
4）《中华人民共和国民法典》。
5）《物业管理条例》。
6）《保安服务管理条例》。
7）《机关、团体、企业、事业单位消防安全管理规定》。
8）《消防安全责任制实施办法》（2017年）。
9）《关于深化消防执法改革的意见》。

［阅读资料12-1］ 火灾紧急疏散自救逃生知识，参见本书配套资源。

单元二　消防设备管理

学习目标

1. 了解消防设备管理的内容以及消防设备设施及器材的配备，能在早期介入阶段针对消防规划设计提出合理建议。
2. 熟悉消防设备设施及器材的保养与使用，具备消防设备设施及器材维护保养状况的检查能力，具备消防设备设施及器材的正确使用的基本能力。
3. 掌握消防设备管理作业程序，具备消防设备设施及器材维护保养工作的组织管理能力。

〖消防设备管理的内容〗

消防设备管理包括消防设备设施及器材的配备和消防设备设施及器材的管理两个方面。

1. 消防设备设施及器材的配备

消防设备设施和器材是搞好消防工作，保证人身财产不受火灾危害的物质技术基础。因此，物业项目管理处应在物业管理区域建筑物内外，配备必要的消防设备设施和器材。

（1）**配备防火建筑工程设施**　按照国家建筑工程消防技术标准原则要求，设计配备防火建筑工程设施，如设计配备建筑防火间、防火门、防火墙、防烟排烟设施、消防车道、疏散通道、疏散照明设施、疏散指示标志、消防水泵房、消防监控室等，并经应急消防部门检查验收合格后，投入使用。这些应在物业服务企业早期介入的规划设计阶段或建设阶段进行。

（2）**配备灭火设备和器材**　如在高层楼宇内安置消防栓、水龙带、水枪；在高档公寓、别墅、酒店宾馆、大型商厦、写字楼等防火关键部位配备自动喷水灭火装置；在建筑物内易发生火灾事故的地点放置灭火器等，一旦发生火灾，可利用这些灭火设备和器材控制和扑灭火灾。

（3）**配备火灾自动报警装置**　如在高档公寓、酒店宾馆、商厦、写字楼内安装烟感探测器、温感火灾探测器、火灾报警控制器等，用于探测初起火灾，并及时发出火灾警报。

（4）**配备各种消防安全标志**　根据国家消防安全管理的有关规定，在易发生火灾的防火重点部位、消防设备和器材置放点、疏散通道出口处等区域设置各种指示标牌，以便在火灾发生时，能帮助人们迅速准确地找到灭火器材组织灭火或指引人员正确地疏散逃生。

2. 消防设备设施及器材的管理

为了使消防设备设施及器材随时处于完好状态，确保火灾发生时有效启动和使用，物业项目管理处必须加强对消防设备设施及器材的管理。

（1）**建立消防设备档案**　对消防设备的类型、功能、安放位置、使用说明、维修说明等文件资料和图表进行收集、整理，存档保管，以备随时查阅。

（2）**消防建筑设施的维护管理**　禁止和查处拆改、损坏一切消防建筑设施的行为；禁止业主或物业使用人在消防车通道、消防安全出口、安全疏散通道上堆放物品和杂物、停放车辆，防止堵塞，确保畅通无阻。

（3）**消防设备设施和器材的维护管理**　禁止业主或物业使用人随意损坏、挪动消防栓、灭火器，拆除和损坏火灾自动报警装置、自动喷水灭火装置等。

（4）**消防设备设施和器材的日常巡查管理**　建立巡视检查制度，了解和掌握消防设备设施和器材的完好状态，发现损坏要及时修理和更换，发现丢失要及时补充到位，确保其完好无损，随时可启动和正常使用。

〖 消防设备设施及器材的配备 〗

1. 消防设备设施的配备

常见的消防设备设施主要有防火门、消火栓、消防水箱、消防水泵、气体灭火系统、消防电梯、火灾自动探测报警器等；安全疏散设施主要有火灾事故照明和疏散指示标志等；电气防火安全设施主要有熔断器和防雷装置等。

（1）**防火门**　防火门是一种活动的防火分隔物。通常在防火墙、前室、走道、楼梯间设置较高耐火极限的防火门。

防火门是重要的防火设备，它是有效阻隔火势，保证人员安全疏散的重要设施之一。如果一栋建筑疏散楼梯的位置、形式、耐火能力等考虑十分周密完善，但若防火门耐火较差、启闭不灵或漏烟蹿火，则可能导致整个楼梯间彻底失去安全疏散的作用。

（2）**消火栓与消防水泵接合器**

1）消火栓是消防供水的主要水源之一。消火栓分为室内消火栓和室外消火栓。

室内消火栓是安装在建筑物内消防管网上带有阀门的接口，通常安装在消火栓箱内，与消防水带和水枪等器材配套使用，为室内固定消防设备，用于扑救建筑物内火灾。室外消火栓是安装在城镇自来水管网上带有阀门的接口，供消防队灭火用。

2）消防水泵接合器是为高层建筑配套的用以连接消防车、机动泵向建筑物内的给水管网补水的消防设备。

（3）消防水箱与消防水泵

1）消防水箱是在室外给水管网不能经常保证室内给水管道有足够水压时设置的消防用水储水箱。低层建筑室内消防水箱应贮存10分钟的室内消防用水量。高层建筑消防水箱的贮存量，一类建筑不应小于 $18m^3$，二类建筑和一类住宅建筑不应小于 $12m^3$，二类住宅建筑不应小于 $6m^3$。其安装高度必须满足最不利点所设置室内消火栓的水压。

2）消防水泵是保证室内给水管网压力和流量的机械设备。高压给水系统维持压力的消防水泵，在正常运行中，应严格监视或巡回检查水泵机组是否有不正常的噪声或振动，轴承温度是否超过最高75℃的允许值，各种监视仪表是否正常等。备用水泵和临时高压给水系统的消防水泵的灌水状况、动力设备等应保持良好的战备状态，发生火警可以立即启动。

（4）**火灾自动报警系统**　火灾自动报警系统由火灾探测报警系统、消防联动控制系统、可燃气体探测报警系统及电气火灾监控系统组成。

火灾探测报警系统是由触发装置、火灾报警装置、火灾警报装置等组成的，具有能在火灾初期，将燃烧产生的烟雾、热量、火焰等物理量，通过火灾探测器变成电信号，传输到火灾报警控制器，使人们能够及时发现火灾，并及时采取有效措施扑救的自动报警设施。一般由探测器、区域报警器和集中报警器等组成。

（5）**自动喷水灭火系统**　自动喷水灭火系统是根据建筑结构特点与使用功能要求而设计的与火灾自动报警系统联动且以水为灭火剂的自动灭火设施，可分为自动喷水灭火设施和水幕设施。

（6）消防电梯

当建筑起火后，全部电梯须召回首层，若火灾发生在首层则停于较近层，待人员撤离后即锁上停止使用，消防电梯是由消防队员操纵投入灭火救援的工作中。消防队员揿动控制按钮或将专用钥匙插入切换开关（通常均设于首层电梯门旁），消防电梯亦能回到首层供消防队使用。平时为充分发挥其潜力，消防电梯可兼作服务电梯之用。

（7）**火灾事故照明**　除了在疏散楼梯、走道和消防电梯及其前室以及人员密集的场所等部位需设事故照明外，对火灾时不能停电、必须坚持工作的场所，如配电室、消防控制室、消防水泵房、自备发电机房等也应设事故照明。

（8）**熔断器**　熔断器是在配电线路或配电装置的电气回路上用以防止短路、过负荷的保护装置。

2. 消防安全标志的配备

消防安全标志是由安全色、边框和以图像为主要特征的图形符号或文字构成的标志，用于表达与消防有关的安全信息。物业项目管理处应根据国家标准《消防安全标志设置要求》（GB 15630—1995）在物业管理区域内设置相应的消防安全标志。

（1）标识　例如，在消火栓玻璃门门面上粘贴"消火栓"字样的标识。在对消火栓进行检查后贴好物业项目管理处封条,以示此消火栓完好。如消火栓已上锁,在消火栓板面上应设置"击碎板面"标识。

（2）**灭火器标识** 在灭火器上喷涂或粘贴项目标识,并进行编号管理,定数量定位置。根据消防要求,经过年检的灭火器应贴有年检标识。

（3）**疏散指示图** 在各单元门后或各楼层的显著位置张贴该楼层区域的疏散指示图,并定期检查疏散指示图是否完好、无污损。

（4）**疏散指示灯** 建筑物出入口必须设置"紧急出口"标志。在远离紧急出入口的地方,须设置含有指向箭头的疏散指示标志,箭头方向应指向紧急出口。疏散指示标志作为应急照明,断电后的照明时间不应小于20分钟。

（5）**防火门标识** 紧急出口或疏散通道中的单向防火门必须在门上设置"推开"标志,在其反面应设置"拉开"标志；紧急出口或疏散通道中的防火门应设置"禁止锁闭"标志；滑动门上应设置"滑动开门"标志,标志中的箭头方向必须与门开启方向一致。

（6）**疏散通道及楼层标号** 在疏散通道或消防车道的醒目位置应设置"禁止阻塞"标志。在楼梯各层应设置有永久的楼层标号,以便疏散人员能够准确识别楼层。

（7）**消防器具码放位置标识** 在消防器具,如消防梯、消防桶、消防钩、灭火器等集中存放点应设置"消防器具,非火勿动"标识；堆放消防砂的地点,应有"消防用砂,非火勿用"的标识。

（8）**消防井、水泵结合器标识** 设有地下消火栓、消防水泵结合器和不易被识别的地下消火栓的地方,应设置"地下消火栓""水泵结合器"等标志。在消防井盖上刷红漆并加醒目的标注。

（9）**消防管理标识** 在项目的非吸烟区应设置"禁止吸烟"标志,在项目施工现场应设置"禁止烟火""禁止吸烟""禁带火种"等标志。

（10）**特殊警示标识** 在存放遇水爆炸的物质或不能用水灭火的场所,应设置"禁止用水灭火"的标志。

消防安全标志应设置在醒目的位置。标志正面或临近位置不得有妨碍公众视读的障碍物；设置消防安全标志时,应避免出现标志内容相互矛盾、重复的现象,用尽量少的符号或文字信息表达清楚；方向辅助标志应设置在公众选择方向的通道处,且指向位置为最短距离；在普通照明下,标志的颜色不易变色或产生反光；疏散标志的制作材料应由不燃材料制作,否则应在其外面加设由玻璃或其他不燃透明材料制作的保护罩。

室外附着在建筑物上的标志,其中心点距地面的高度不应小于1.3m。室外用标志杆固定的标志牌的下边缘距地面高度应大于1.2m。

设置在道路边缘的标志牌,其内边缘距路面（路肩）边缘不应小于0.25 m。

消防安全员在日常巡查过程中发现消防安全标志故障、损坏应及时报告并记录,通知有关部门进行更换、维修。消防安全标志牌及其照明灯具应每季度检查一次。

3.消防器材的配备

按照国家标准《建筑灭火器配置设计规范》(GB 50140—2005)的要求,物业服务企业应该在公共区域配置灭火器材。

（1）**楼层配置** 消防器材的配置应结合物业的火灾危险性,针对易燃易爆物品的特点进行合理的配置。一般在住宅区内，多层建筑中每层楼的消防栓（箱）内均配置2瓶灭火器；高层和超高层建筑中每层楼的消防栓（箱）内应配置4瓶灭火器；每个消防栓（箱）内均配置1~2盘水带、1支水枪及消防卷盘。

（2）**岗亭配置**　物业管理区域的值班岗亭均应配备一定数量的灭火器。在发生火警时，岗亭秩序维护员应先就近使用灭火器扑救本责任区的初起火灾。

（3）**机房配置**　各类机房均应配备足够数量的灭火器材，以保证机房火灾的需求。机房内主要配备有固定式灭火器和推车式灭火器。

（4）**其他场所配置**　其他场所配置灭火器材应保证在发生火灾后，能在较短时间内迅速取用并扑灭初起火灾，以防止火势进一步扩大蔓延。

〖 消防设备设施及器材的保养与使用 〗

1. 消防设备设施及器材维护保养的总体要求

（1）**定期检测**　定期对消防设备设施及器材的重点功能进行专业测试及检查，并进行专业保养，提交检测报告，及早发现隐患并及时处理，以达到减少故障、延长使用年限的目的。

（2）**日常巡检**　每月对消防设施进行巡检，每周对水泵等重点设施进行测试，对巡检设备的运行情况及时记录，并由消防责任人确认。

（3）**维修改善**　在消防系统出现故障的情况下，维护方接到通知应及时到达现场，对故障进行排除。如不能修复，则应说明，并提供相应的改善服务。

2. 灭火设备和器材的正确使用

（1）**消防栓**　当发生火灾时，找到距离火场最近的消火栓，打开消火栓箱门，取出水带，将水带的一端接在消火栓出水口上，另一端接好水枪，拉到起火点附近后方可打开消火栓阀门，当消防泵控制柜处于自动状态时直接按动消火栓按钮启动消防泵；当消防泵控制柜处于手动状态时应及时派人到消防泵房手动启动消防泵。

（2）**二氧化碳灭火器**　二氧化碳灭火器分为固定式和移动式两种类型，其中移动式又分为手提式和车辆式。常用的是手提式二氧化碳灭火器。使用二氧化碳灭火器实施扑救时，要先拔去插销或去掉封铅，在距燃烧物5m左右，一手握喷嘴把手，另一手紧握启闭阀把手，气体即自动喷出。在施救时，要选择站在上风方向，对准燃烧物喷射，这样做能防止救火人发生窒息，并可很好地利用二氧化碳气体。当扑救流淌的液体燃烧物时，要由近而远喷向火焰，不能直接向正在燃烧的液面喷射，防止液体喷溅引起更大的火焰。在室内空间狭窄的地方使用二氧化碳灭火器，灭火后应迅速离开，防止救火者窒息。

（3）**泡沫灭火器**　泡沫灭火器内有两个容器，分别盛放硫酸铝和碳酸氢钠溶液两种液体，并加入了一些发泡剂。两种溶液平时互不接触，不发生任何化学反应；当需要泡沫灭火器时，把灭火器倒立，两种溶液混合在一起，就会产生大量的二氧化碳气体。它有化学泡沫灭火器和空气泡沫灭火器两种，其中最常用的是化学泡沫灭火器。泡沫灭火器适用于扑灭不溶于水的汽油、柴油、油漆等油类液体火灾，也可用于扑灭木材、纤维橡塑类固体火灾。因为泡沫灭火剂中含有一定量的水，所以不能用来扑灭带电设备火灾和忌水性物品火灾。

使用泡沫灭火器扑救可燃液体火灾时，要距燃烧物10m左右，将灭火器颠倒过来，对准燃烧物喷射，并使泡沫完全覆盖燃烧液面，扑灭火焰。当燃烧的液体流淌时，要向流淌的燃烧物火焰喷射泡沫，防止火焰随液体蔓延。使用泡沫灭火器扑救容器内燃烧液体时，应将泡沫射向容器的内壁，不能直接对准液面喷射，防止液体喷溅，引发更大火焰。扑救燃烧的固体火灾时，应将泡沫射向燃烧最猛烈的着火点，并依次向其他燃烧部位移动，直至扑灭全部燃烧物为止。使用泡沫灭火器灭火时，要始终使灭火器处于倒置状态，只有这样，才能使泡沫连续不断地向燃烧物喷射，否则会中断喷射，影响灭火效果。

（4）干粉灭火器　干粉灭火器是装有一种干燥、易于喷洒流动微细固体粉末的灭火器材。干粉灭火器钢瓶内的粉末由具有灭火作用的碳酸氢钠、磷酸盐以及防潮剂、流动促进剂、防结块剂等组成。常用的干粉灭火器为手提式干粉灭火器。干粉灭火器使用范围较广泛，适用于扑灭可燃固体、可燃液体、可燃气体火灾和带电设备等电气火灾。但由于干粉灭火剂基本上没有冷却作用，灭火后，易发生燃烧物复燃的情况。所以，灭火后还应采取其他冷却灭火方法相配合。

使用手提式干粉灭火器灭火时，要先去掉灭火器头上的铅封，拔去保险插销，在距火点5m左右，一手将喷粉嘴对准火焰根部，另一手按下压把，使干粉喷出灭火。在扑救流淌的液体火灾时，要由近而远，对准火焰的根部左右喷射，直至扑灭。在扑救容器内的液体火灾时，要对准容器壁面喷粉，使干粉覆盖在容器口整个表面；不能将干粉直接对准液面喷射，避免液面喷溅和外溢，使火焰蔓延到容器外。

（5）1211灭火器　1211灭火器是利用氮气的压力将装在灭火器内的二氟一氯-溴甲烷灭火剂喷出灭火的器材，适用于电器设备、各种装饰物等贵重物品的初起火灾扑救。使用这种灭火器时，应先拔下安全封，紧握压把，打开阀门，使灭火器中的灭火剂喷出。然后，将喷嘴对准着火点由近而远，左右喷射，直至把火熄灭。这种灭火剂属于卤代烷类灭火剂，毒性比较高，因此，在使用时要注意安全，要站在通风条件好的上风方向喷射。由于它对大气臭氧层的破坏作用，在非必须使用的场所一律不准配置1211灭火器。

〖消防设备管理作业规程〗

相关消防设备管理作业规程参见样本53～样本54内容。

［案例12-1］　化险为夷救业主

某日，某小区两位秩序维护员正在进行例行巡查时，突然发现8号楼某窗口不断滚出烟雾，两人随即呼叫小区消防控制中心。经观察，烟雾源自9楼某室。为此，消防控制中心一边采取门铃对讲呼叫和打电话的方式，紧急联络业主，一边派秩序维护员迅速上楼敲门呼喊，同时还报警求援。但是，门铃对讲机无人应答，业主的电话也没人接听，拼命拍门更不见任何动静。这时，这户居民家透出的烟雾已越来越浓，情急之下，物业负责人果断决定破门而入。由于防盗门十分坚固，秩序维护员们齐心协力拼命猛砸终于开了大门。当秩序维护员冲进房间，却见业主仍在床上未起，人已被烟雾熏得有些昏迷了，鱼缸已被烧得变了形。秩序维护员随即切断电源，将业主抬出，迅速灭火。清醒过来的业主意识到自己刚才身陷险境，又看到被保住了的家，不免一阵后怕，拉住秩序维护员的手连声感谢。

分析：遇到这类紧急事件，及时处理是关键。物业管理公司员工，尤其是秩序维护员应该具备这类突发事件的处理能力。

想一想：物业负责人的决定是否恰当？如果你遇到类似情况是否有更好的办法？

单元三　消防安全管理制度与作业程序

学习目标
1. 了解消防安全管理制度与作业程序的种类，能完成消防安全管理制度的建设工作。
2. 熟悉消防安全防火管理制度，具备消防安全管理工作中的检查能力、组织管理能力。
3. 掌握消防安全管理作业程序、火灾处理作业程序，具备制定相关作业程序的初步能力。

〖消防安全管理标准作业程序〗

消防安全管理标准作业程序参见样本 55 内容。

〖安全防火管理制度〗

相关安全防火管理制度参见样本 56～样本 60 内容。

〖火灾处理作业程序〗

火灾处理的相关作业程序参见样本 61～样本 62 内容。

[案例 12-2]　消火栓没水　业主家中起火物管理公司业担责

据业主赵某称，其居住小区内有人燃放大型礼花弹，小区物业管理公司未予制止，致使赵某居住房间空调室外机失火，由于当时赵某家中无人，其一位邻居发现后立即报警并采取应急方法灭火，但因距离较远未起到作用。40 分钟后消防人员到达现场。因小区所有消火栓均没有水源，消防人员只能通过安全楼梯层连接水管到赵某所在的 11 层灭火，因此错过了最佳灭火时机，致使火势在赵某家中蔓延，造成较大经济损失。事发后，赵某认为，他已交纳了全年物业费，与物业管理公司形成了物业服务关系，因此，发生这样的意外，物业管理公司应当承担相应责任。随后，赵某诉至法院，要求物业管理公司赔偿其全部经济损失的 20% 计 2.4 万余元，并赔偿其精神损失费 2 万元。

被告物业管理公司辩称，公司与赵某并没有签订物业服务合同，物业管理公司只负责机电设施运行服务，该费用是公共设施护理的费用，不负责其他服务。发生事故时，赵某家中无人，物业管理公司接到其他业主报警电话的时间为晚上 20：20。接到电话后，其工作人员立即通知相关消防部门。同时，公司秩序维护员带着灭火器及时赶到现场，后消防人员也赶到破门灭火。所以，物业管理公司已经尽了应尽责任，不同意赵某的诉求。

分析：查明事实后，法院认为，当事人应对自己的主张负举证责任。本案中由于原告未提供由消防部门出具的火灾原因认定书，应认定为火灾原因不明，故对原告以原告所居住小区有人燃放大型礼花弹，被告未予制止违反物业合同为由要求被告承担原告因火灾造成损失的请求不予支持。但鉴于被告在承接该小区物业项目时未对消防设施进行查验，且未对消防设施进行有效管理，致使发生火灾时灭火救助不及时导致原告损失扩大的情节，法院认定被告在履行物业合同义务时存有瑕疵，结合全案综合考虑，酌情判令被告赔偿原告损失3000元。关于原告要求被告赔偿精神损失费2万元的问题，因原告该项主张缺乏法律依据，亦不予支持。综上，法院做出前述一审判决。

想一想：物业管理公司辩称没有签订物业服务合同的理由能否成立？从本案中该物业管理公司应汲取哪些教训？

思 考 题

12-1 简述消防安全管理的概念、方针和原则。
12-2 简述消防安全管理的内容。
12-3 结合你所实习过的物业项目的际情况，谈谈消防安全管理机构的设置与主要工作。
12-4 在消防安全管理工作中，应做好哪些方面的制度建设？
12-5 简述消防设备管理的内容，并结合你的实习实践经验谈谈消防设备管理的工作重点。
12-6 简述常见灭火器材的适用范围与使用方法。

学习情境十三

突发事件处理预案

单元一 知识准备

学习目标
1. 了解突发事件相关知识及法规政策标准，并能在实践中灵活运用。
2. 熟悉并掌握突发事件处理预案的种类，具备识别突发事件的能力。

〖突发事件的概念、性质与种类〗

1. 突发事件的概念

突发事件就是意外发生的重大或敏感事件。就物业管理而言，突发事件是指物业管理服务过程中突然发生的、影响面广泛且可能对业主和物业使用人、物业服务企业和社会公众产生危害，需要立即处理的事件。简而言之，就是天灾人祸。前者即自然灾害；后者即管理风险，如电梯困人、管网漏水等，也包括一些社会事件，如业主投诉、媒体曝光等，专家也称其为"危机"。

突发事件的出现会造成不利影响，其范围和深度具有不确定性。因此，物业服务企业应确保在发生紧急情况时，能够以最快的速度在最短时间内控制事态的发展，使各项工作保持正常状态，将损失减少到最低程度。

2. 突发事件的性质

突发事件具有突发性、严重性、影响广泛性的特点，其性质表现为：

（1）**突发事件的偶然性和随机性** 突发事件虽是可以预测的，但其能否发生、何时何地发生、以什么方式发生以及发生的程度如何，却具有极大的偶然性和随机性。

（2）**突发事件的复杂性** 突发事件的复杂性不仅表现在事件发生的原因相对复杂，还表现在事件的发展变化也相对复杂。

（3）**突发事件的损失性** 无论什么性质和规模的突发事件，都会不同程度地给物业服务企业和业主造成经济上的损失或精神上的伤害，危及正常的工作和生活秩序，甚至威胁到人身安全和社会和谐。

（4）**突发事件的可控性** 随着社会科技的发展，人们对突发事件的认识能力也在不断提高，对很多突发事件的发生、发展的规律已有所掌握，因而防范、控制突发事件已成为可能，如突发事件预案的编制与落实，就足以说明对人们突发事件的控制能力。

（5）**突发事件应对的时效性** 任何突发事件都有潜伏、爆发、高潮、缓解和消退的过程，抓住其不同阶段的特点，采取有针对性的应急措施就能有效地减少损失。面对突发事件做到及时发现、及时报告、及时响应、及时控制和及时处置，是应对突发事件时效性的最高体现，是避免造成灾难或扩大损失的有力措施。

物业服务企业在处理突发事件的过程中，通过对处理原则、处理程序和处理策略的正确理解和运用，将有助于有效地处理好突发事件，降低物业管理风险。

3. 突发事件的种类

（1）**突发社会事件** 主要包括业主集体投诉、刑事案件、恐怖事件以及各类群体性事件。

（2）**事故灾害事件** 主要包括在物业管理区域内可能发生的重大安全事故，如突发性跑水、停水、停电、设备设施故障、电梯困人等事件，以及影响正常管理与服务的其他事故，如环境污染。

（3）**公共卫生事件** 主要包括的可能造成社会公众健康损害的重大传染病、群体性不明原因疾病、重大食物中毒、业主伤病救护，以及其他影响公共健康的事件。

（4）**自然灾害事件** 主要包括台风、暴雨等气象灾害；火山、地震、泥石流等地质灾害。物业管理过程中可能涉及台风、暴雨、雪灾和地震等自然灾害事件。

从物业管理实践看，物业管理区域常见的突发事件主要集中表现在突发社会事件、事故灾害事件等方面，这些突发事件主要有：业主集体投诉、住客受伤及意外伤害、煤气泄露、火警、消防设备人为损坏、漏水（水浸）、停电及电力故障、电梯困人、高空掷物、噪声污染、交通意外、发生自杀和企图自杀、罪案现场、盗窃、抢劫、殴斗、偷车、擅自侵入、发现可疑物或爆炸物、接收恐吓电话、拾获财物、水力系统故障、地震等事件，以及其他不可预见的突发事件。

〖 **突发事件处理预案的概念与种类** 〗

突发事件处理预案是指在意外事故或突发事件发生时，物业项目管理处在物业区域内，面对突发的紧急状况，为维护广大业主的利益，以专业知识技能和训练有素的快速处置能力采取有效应对措施，尽快处理问题，将损害和不良影响降低到最低限度的方案。

根据物业管理过程中可能发生的突发事件的种类，突发事件处理预案主要有以下四大类：

1. 突发社会事件应急处理预案

突发社会事件应急处理预案主要包括盗窃、抢劫案件应急处理预案，打架、斗殴事件应急处理预案，酗酒闹事和精神病人事件应急处理预案，对爆炸物品及可疑爆炸物件应急处理预案，接报治安刑事事件应急处理预案，交通事故应急处理预案，高空坠物事件应急处理预案等。

2. 事故灾害事件应急处理预案

事故灾害事件应急处理预案主要包括突发性水浸和室内水浸应急处理预案，停水、停电应急处理预案，可燃气体泄漏应急处理预案，给水排水设备事故应急处理预案，电梯困人应急处理预案，消防设备故障应急处理预案，空调设备故障应急处理预案，火灾事故应急处理预案等。

3. 公共卫生事件应急处理预案

公共卫生事件应急处理预案主要包括食物中毒应急处理预案，传染病及疫情的防控预案，业主伤病救护的应急处理预案等。

4. 自然灾害事件应急处理预案

自然灾害事件应急处理预案主要包括暴雨应急处理预案，地震应急处理预案，台风应急处理预案，风、雨、雪应急处理预案等。

〖相关法规政策标准〗

1)《中华人民共和国治安管理处罚法》。
2)《中华人民共和国消防法》。
3)《中华人民共和国突发事件应对法》。
4)《中华人民共和国民法典》。
5)《国家突发公共事件总体应急预案》。
6)《物业管理条例》。
7)《特种设备安全监察条例》。
8)《保安服务管理条例》。
9)《机关、团体、企业、事业单位消防安全管理规定》。
10)《电梯应急指南》。

[案例13-1] 预案带来效率

某住宅小区，大部分房屋为20世纪50～60年代建造的，小区内的电源进表线容量较小，用电高峰时故障频繁。2002年8月中旬的晚上11：00时，室外气温在37℃左右，忙碌了一天的业主们正在享受着空调送来的丝丝凉风，突然间整幢楼里一片漆黑，空调也停止了工作。这显然是由于用电量过大，部分架空线及进表线烧毁。

接到报修后，小区物业管理处马上启动处理突发事件应急预案。该公司的应急预案程序是：

1）突发事件一经发生，当事人或知情人同时向小区物业管理处报告。物业管理处根据事件的类别立即做出反应，报告上级，派员解决。在解决的过程中，需要向公司有关部门求助时，有关部门立即主动配合与支持。

2）监控中心值班员接到报修后，立即通报相关方位的固定岗和巡逻岗保安人员迅速赶往事发现场，查明原因并将现场情况立即报告监控中心。在时间不允许的情况下，物业管理处可

学习情境十三　突发事件处理预案

以采取边向公司报告边自行处理的方法，对事件直接进行应急服务。

3) 突发事件的应急服务由经理负责统一指挥，如经理不在，由保安部主管负责统一指挥。

4) 在紧急情况下，有权调动公司一切现有的资源，全权处置后，再进行总结。如有偏差，待处理下次类似事件时，再吸取教训。

5) 应急服务过程中涉及公司以外的人和事统一由公司行政部门对外交涉。

6) 突发事件的事发报告、应急服务过程及事后结果报告由管理处编写，上报公司领导。

7) 突发事件的起因经调查分析，通报给相关人员吸取教训。

这一预案发挥了独特作用，不到20分钟，5名设备维修工带好工具、材料到达现场。经过一个多小时的紧急抢修，整幢房子的电源恢复了正常，空调又吹起了凉风。

分析：对突发事件的应急处理，是检验物业公司综合能力的试金石。俗话说："台上一分钟，台下十年功"。正是物业公司有一个好的应急预案，平时又加强训练，才能临急不乱。

突发事件，件件都关系到业主生命与财产的安全，若没有一个好的应急预案，就很难在关键时刻从容应对。事件的突发性和紧急性要求物业管理人员及时、准确地应对，把业主的损失降到最低。为确保及时、有效地解决问题，物业公司不但要备有各种应急处理预案，还要提前培养有应急服务技能的队伍，并能够对事件的起因和变异做好调查分析，以不断丰富应急处理预案，确保为业主提供更满意的应急服务。这种把充分准备做在事发前的服务，无疑是高水平、高质量的物业服务。

想一想：假如你是该项目负责人，对停电这样的突发事件，你会有哪些考虑？

单元二　突发事件处理预案的编制

学习目标
1. 了解突发事件处理预案编制的基本原则，具备编制突发事件处理预案的工作思路。
2. 熟悉突发事件处理预案的编制步骤，具备实际编制突发事件处理预案的初步能力。
3. 掌握突发事件处理预案的培训与演练，具备编制培训、演练方案的初步能力。

〖突发事件处理预案的编制原则〗

1. 统一指挥原则

突发事件发生后，应由一名管理人员，一般是物业项目管理处最高级别的值班人员，做好现场的统一指挥、安排调度。

2. 服从命令原则

所有工作人员应无条件服从现场指挥人员的命令，按要求采取相应的应急措施。

3. 主动出击原则

突发事件发生时，物业管理人员不能以消极、推脱甚至是回避的态度来对待，而应主动出击，及时处理。

4. 灵活处理原则

对所发生的突发事件应具体问题具体分析，即使已经有预案，但当情况发生变化时，应摆脱墨守成规的做法，根据实际情况及时调整做法。

5. 安全第一原则

处理突发事件宗旨是保护生命第一，保护财产第二。应以不造成新的损失为前提，不能因急于处理当前事件而不顾后果，不能因此造成更大的不必要的人身、财产损失。

6. 团结协作原则

物业管理人员应团结一致、同心协力地处理好突发事件，把损失降到最低。

〖 突发事件处理预案的编制程序 〗

物业服务企业在承接物业项目时就应该制定突发事件处理预案，对可能发生的突发事件要有安全防范和紧急疏散的计划与措施。突发事件处理预案要针对不同地域、不同类型、不同生命周期的物业制定相应的计划。如新建的大楼一般都安装了现代化的安保、火灾检测系统以及楼宇管理操作系统，而老旧楼宇的建筑结构是不适宜安装先进的现代化机械设备的，这样老旧楼宇的管理者就不能依赖现代化技术，而只能更多地依赖物业管理者的人员管理了。

突发事件处理预案的编制应根据安全隐患识别分类结果，可以分专业编制安全防范处理预案，对安全隐患有针对性地控制。当然，对于一部分特殊的突发事件是不存在识别过程的，如业主或物业使用人的突发疾病等，但仍旧需要实行预案制，制定相应的应急处理措施，减少损失。突发事件处理预案还要细分到各部门及其各部门的职工，如秩序维护部应急预案、工程部应急预案、客户服务中心应急预案、总经办应急预案等。

突发事件处理预案的编制，其目的就是在物业管理服务活动中如遇到突发事件时，能快速地按照所制定的应急预案组织实施，使得突发事件得以有效地解决，减少突发事件对人、财、物和环境所产生的不利影响。突发事件应急预案的编制一般可以分为5个步骤：

1. 组建编制队伍

突发事件处理预案从编制到实施都应该有物业项目管理处各部门的广泛参与，包括高层管理人员、中层管理人员以及人力资源部、工程部、公共秩序维护部、环境管理部的相关人员等。

2. 分析风险与应急能力

（1）**法律法规分析** 分析国家法律、地方政府法规与部门规章等，可以防止突发事件处理预案与法律之间产生矛盾，保证突发事件处理预案的指导思想、手段措施的合法性，防止突发事件处理预案实施过程中侵权现象的发生，避免对业主和物业使用人权益的再侵害。

（2）**风险分析** 分析各类突发事件的可能性和潜在影响，并将各部门所辨识出来的突发事件进行汇总分析。通常应考虑下列因素：

1）历史情况。本企业及其他企业以往所经历过的突发事件以及处理过程、处理手段和处理结果等。

2）技术问题。物业管理服务系统因技术原因出现突发事件的可能性以及产生的后果，如火灾、爆炸和危险品事故，设备运行安全系统失灵、通信系统失灵、电力故障等。

3）人的因素。因人而导致突发事件产生的可能性，其原因主要有培训不到位、工作没有连续性、粗心大意、错误操作、疲劳作业等。

风险分析应该考虑全面周到，对时间、空间、物资和人员等因素都要有所分析，并根据突发事件对人身、财产、环境和企业声誉的潜在影响来确定各类突发事件的危害性，确定应重点关注的突发事件。

（3）**应急能力分析**　针对各类突发事件，确认现有的综合响应能力，包括各类应急响应资源，如人力、物力和财力等。为此，应考虑应对潜在突发事件从发生、发展到结束所需要的资源、所需要的资源与能力是否配备齐全、外部资源能否及时到位、是否还有其他可以优先利用的资源等。

3. 编制突发事件处理预案

根据物业服务企业所面对的各类突发事件以及应急响应能力的现状，按照法律法规和本企业相关规定编制应急预案。编制突发事件处理预案要确定具体的工作目标、编制工作任务清单、阶段性工作时间表等，并落实好具体人员和时间节点。

首先，预案中要落实成立突发事件处理小组。突发事件处理小组应由物业服务企业的高层决策者，综合部门、质量管理部门、技术部门领导及法律顾问等共同参加。

其次，要制订突发事件备选方案。必须细致地考虑针对突发事件制订相应的行动计划，一旦出现突发事件，即可按照突发事件处理预案立刻投入行动。对物业管理常见的突发事件，要制订两个以上处理预案的预选方案。

最后，编制预案必须与将来的实际操作者充分沟通，达成共识，以免预案无法落实；编制预案，一定要有具有实际操作经验和专业技术人员参与，以增加预案的有效性；编制的预案一定要易学实用，有一定的灵活性和可变通性，以免给日后的实际操作带来不便；制订突发事件沟通计划，包括企业内部沟通和与外部沟通两个方面，这是突发事件控制的一项重要工作。

编制突发事件处理预案还要考虑突发事件处理过程的规律性和处理方法。突发事件的处理过程可以分为事前、事中和事后三个阶段。

（1）**事前预防**　预先防范，有备无患。虽然具体的突发事件难以预料，但总有一定的规律可循，即同类事件间的相似性，这是事前预防的重要突破口。通过对突发事件相似性的归纳，提炼其规律，总结经验，再配之以一定的专业技术，可以对突发事件的安全隐患进行事前识别，并加以控制。要做好事前预防工作，可以从以下几个方面入手：

1）识别可知的安全隐患。在物业管理服务过程中，有部分隐患是可以依靠从业经验、专业技术水平等来预先识别的。其识别过程大体可以分解为：

① 摸底，由相关专业人员按计划分别对物业管理区域内相应专业范围内可能存在的隐患进行摸底，实现隐患初步识别。

② 清查，汇同各专业人员对物业管理区域内的隐患进行更加全面细致的排查，从不同角度

出发，尽可能找出各种潜在隐患，并尽力消除能够处理的隐患。

③ 整理，对清查出且无法消除的隐患进行最后的确认识别。

④ 分类，根据隐患的属性进行分类，如秩序维护类、消防类、设施设备类、水电气类等，并编辑成册备用。

安全隐患的识别工作，能在物业管理早期介入过程中实现为佳，最迟也应在业主入住初期完成。随着物业及相关配套设施、设备的使用、老化、改造、更新，业主和物业使用人的更替，物业周围环境的变化等，物业项目管理处还需要在日常管理服务过程中继续加以关注，不断识别新的安全隐患。

2）应急物资的准备。事前防范工作必须建立在突发事件应急物品或所需物资储备供应的基础上。如果空间与预算允许的话，应储存适量的应急物资，最好准备一台发电机以备急用。

3）突发事件处理预案的演习。无经验的员工是不能胜任突发事件处理工作的，因此，物业项目管理处要制定相应的演习计划，定期地进行有关演习，以提高突发事件发生时的应急处理能力。

物业项目管理处还应向每一位业主和物业使用人提供突发事件处理预案手册，其内容包括工作程序、救护电话、善后工作等。该手册可以根据突发事件的类别做成多种颜色，以便于查找相关内容。可能的情况下，也要组织业主和物业使用人定期进行突发事件处理预案演习。

（2）事中控制　在发生突发事件时，首先必须确认其类型和性质，立即启动相应处理预案；负责人应迅速赶到现场协调指挥，调动各方面的资源化解突发事件可能造成的恶果。对涉及公众的突发事件，应指定专人向外界发布信息。及时改进组织、制度和流程，提高应对突发事件的能力。对于那些已在事前识别并制定了相应的应急处理预案的突发事件，按预定规定处理即可。但对于那些没有预案控制的突发事件，需要物业管理人员的综合素质来灵活应对。对突发事件的处理，总的要求是快速、有效、妥善，快速，就是反应迅速，做到4个及时（及时报警、及时疏散、及时维护、及时善后）有效，就是处理手段要有力、有序、得当，根据突发事件种类使用相应的处理预案；妥善，就是降低影响、减轻损失。

对突发事件的处理，应根据突发事件的不同性质，采取不同的方法进行处理：

1）对突发社会事件，主要是业主和物业使用人之间以及业主和物业使用人与物业服务企业之间的矛盾纠纷，要以物业服务合同、物业管理法律法规为依据，分清是非，耐心劝导，礼貌待人，以情动人、以理服人。对一时难以解决或有扩大趋势的问题，应采取"可散不可聚、可解不可结、可缓不可急、可顺不可逆"的处理原则，要耐心说服、调解，千万不可激化矛盾。

2）对事故灾害事件，要强调应对措施的针对性、有效性和及时性，要发挥专业技术人员的核心作用。如该类突发事件影响到了业主和物业使用人的生活、工作，涉及业主和物业使用人的公众利益，就应关注信息发布的环节，应及时向业主和物业使用人通报处理进程、处理结果等信息。

3）对公共卫生事件，要与政府主管部门积极沟通，注重信息发布的权威性。对业主伤病救护，要强调时效，及时救助。在日常物业管理中，应通过业主档案，尽早将物业管理区域内的专业人士，如医生、心理咨询师、公安和消防人员等组织起来，建立公益组织，为业主和物业使用人提供必要的帮助。

4）对自然灾害事件，要与政府相关部门及时沟通，了解掌握事态发展信息，并及时向业主和物业使用人通报。要及时组织物业管理区域内的专业人士尤其是已退休专业人士开展自我救助。

（3）事后处理　对于突发事件的善后处理，首先要考虑如何弥补损失和消除事件所带来的影响；其次要全面总结，对突发事件处理预案进行全面的评估，包括制度、组织机构与流程有效性等方面，为制订纠正措施，防止类似事件再度发生打下基础。要尽快制定纠正措施，修改原突发事件处理预案误漏之处；补充编制缺失的突发事件处理预案；有针对性地开展突发事件处理预案的培训。

4. 研讨突发事件处理预案

对初步编制的突发事件处理预案，要组织专家、相关岗位工作人员认真讨论，在操作性、时效性、灵活性等方面论证其是否可行；通过试运行或演练发现突发事件处理预案中存在的不切实际或规定不合理之处，及时进行研讨、修改、调整，进一步提高完善预案。

5. 落实突发事件处理预案

突发事件处理预案完成编制后，物业服务企业应将各类突发事件处理预案落实到相关部门的具体工作实践中，尤其是对突发事件处理预案中事先预防的内容要求，应在日常管理的整体活动中予以贯彻实施，为突发事件的处理打下良好的基础。突发事件处理预案的落实，不仅是指在突发事件发生时的执行，更应强调的是要落实在突发事件处理预案的培训和演练上。

〖 突发事件处理预案的培训 〗

1. 对内培训

对内培训是物业项目管理处对所属员工组织的培训，其目的是为了让员工结合岗位要求，熟练掌握突发事件处理预案，具备实际操作能力。

培训的内容不仅是各类突发事件处理预案所需的理论知识，最重要的是要进行实际操作的培训，即模拟演练。这种培训不能是阶段性的，应该是一种不间断的反复练习，直到受训员工在遇到类似的突发事件时，形成一种条件反射，即不需要太多的思考，就知道自己应该做什么，怎么做。

对内培训，物业项目管理处应该有计划地进行定期考核，物业服务企业应对培训情况进行不定期的抽查，以保证培训的真正落实及培训的质量。

2. 对外培训

对外培训是物业项目管理处将突发事件处理预案向物业管理区域内的业主和物业使用人进行有计划、有针对性地培训，其目的是让业主和物业使用人及其他相关人员了解各类突发事件处理预案，掌握基本自救、他救知识和方法，能够在突发事件发生时，配合专业救援人员开展自救，减少人员损伤。

对外培训的途径和形式是多种多样的，既可以利用宣传栏、文艺活动等形式，也可以办班培训，如业主培训班或家政人员培训班等。

〖 突发事件处理预案的演练 〗

突发事件处理预案的演练是在培训基础上进行的专项突发事件处理预案的演练，其目的就是要让员工掌握和提高突发事件处理的实际操作能力，在发生突发事件时，能够以最有效的方法，在最短的时间内控制事态的发展。通过演练，可以检验物业项目管理处应对突发事件的各种综合功能；增强物业服务企业员工的突发事件应急处理意识，并提高逃生、自救和自助能力；检验和提高物业服务企业员工在处理突发事件时的现场救助以及相互协调等组织能力；检验各物业实施设备的运作情况等。在有条件的情况下，演练最好能够吸纳业主和物业使用人等参加，其演练效果会更具有实际意义。

演练过程应周密计划，统筹安排，做到按部就班，井井有条。演练过程中，要注意仔细观察；演练之后，要认真总结，对发现的问题，要深入研究，找到解决对策。如演练过程中，发现偏离实际情况应及时纠正，并上报相应审批人认可；对人为原因造成的问题，应立即查找原因，认真填写纠正措施报告，严防类似情况的再次发生。如此，才能使突发事件处理预案趋于完善，更具有针对性和可操作性。

下面介绍消防火灾应急处理预案的演练，也称消防演习。

1. 消防火灾应急处理预案的演练

（1）消防火灾应急预案演练方案的申报批准　物业服务企业或物业项目管理处，应提前将消防火灾应急预案演练方案计划上报业主或业主委员会。待其批准后，向消防行政主管部门备案，同时就演练方案征询专业意见。

（2）消防火灾应急预案演练实施通知　在消防火灾应急预案演练前两周，应向物业管理区域内的全体业主和物业使用人发出演练通知。

在消防火灾应急预案演练前两天，应在公共区域张贴告示，进一步提示业主和物业使用人关于消防火灾应急预案演练的相关事宜。

（3）消防火灾应急预案演练工作内容分工

1）灭火总指挥负责向消防值班人员或其他相关人员了解火灾的基本情况；命令消防值班人员启动相关消防设备；命令物业项目管理处员工根据各自分工迅速各就各位；掌握火场扑救情况，命令火场灭火组采取适当方式灭火；命令抢救组采取相应措施；掌握消防相关系统运行情况，命令配合指挥采取相应措施；协助消防机构查明起火原因；处理火灾后的有关事宜。

2）灭火副总指挥负责在灭火总指挥不在场时，履行总指挥的责任；配合协同灭火总指挥的灭火工作，根据总指挥的意见下达命令。

3）现场抢救组和抢救运输组负责抢救伤员和物品，本着先救人、后救物的原则；运送伤员到安全地方或附近的医院进行抢救；运输火场急需的灭火用品。

4）秩序维护组负责维护火灾现场外围秩序；指挥疏散业主和物业使用人；保证消防通道畅通；保护好贵重物品。

5）综合协调组负责等候引导协助消防车；保持火灾现场、外围与指挥中心的联络。

6）现场灭火组负责火灾现场的灭火工作。

7）现场设备组负责火灾现场的灭火设备、工具的正常使用和充足准备。

8）机电、供水、通信组负责确保应急电供应，切断非消防供电；启动消防泵确保消防应急供水；确保消防电话和消防广播畅通；确保消防电梯正常运行，其他电梯降至一层停止使用，启动排烟送风系统，保持正压送风排烟。

（4）**消防火灾应急预案演练前培训与宣传** 对物业项目管理处的全体员工进行关于消防火灾应急预案演练方案的培训，使各灭火小组成员掌握自己所负责的工作范围、运行程序和注意事项。在演练前采用挂图、录像、板报、条幅等形式开展对业主和物业使用人的消防安全宣传知识。

（5）**消防火灾应急预案演练前消防设备、器材等的准备** 演练前一周时间，消防设施、设备、器材进入准备状态。检查消防播放设备、电梯设备、供水系统、机电设备的运行状况；准备各种灭火器和消防水龙带等工具；准备通信设备；选定"火场"并准备制造火源用品及预防意外发生的设备和器材；准备抢救设备工具和用品等。确保所有消防设备、器材处于良好状态，准备齐全。

（6）**消防火灾应急预案演练准备工作落实情况检查** 演练前3天，由灭火总指挥带领相关负责人对消防火灾应急预案演练准备工作进行最后综合检查，确保演练顺利进行，避免发生混乱，包括人员配备、责任考核、消防设备器材准备、运输工具及疏散路径等内容。

（7）**消防火灾应急预案演练实施**

1）开启消防广播通知业主和物业使用人演练开始，反复播放引导业主和物业使用人疏散。

2）各灭火小组开始行动，按分工计划开展灭火疏散抢救工作。

3）电梯停到一层，消防梯启动，所有消防设备进入灭火状态。

4）开始消防灭火模拟演练，物业项目管理处员工进行疏散演练、灭火器实喷演练、抛接水龙带演练、救护演习，模拟报警训练等。邀请业主和物业使用人观看或参加实际训练。

5）演练结束后，用消防广播通知业主和物业使用人演练结束，电梯恢复正常，并感谢业主和物业使用人的参与支持。

（8）**消防火灾应急预案演练总结** 演练结束后，要求各灭火小组对演练工作进行总结，要拜访业主和物业使用人或采取其他方式收集业主和物业使用人对消防火灾应急预案演练的意见，找出存在的问题，进行讨论确定，改进演练方案和演练组织实施过程中不合理之处。

消防火灾应急预案演练的流程如图13-1所示。

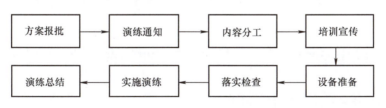

图13-1 消防火灾应急预案演练流程图

2. 消防火灾应急处理预案演练过程中的注意事项

1）演练时间应选择在白天进行，安排在对业主和物业使用人生活影响小的时间段，以使更多的业主和物业使用人参加。

2）演练"火场"应选择在相对安全位置，尽量减小对业主和物业使用人的影响并保证安全。

3）演练时，要避免长时间断水停电，可以象征性断电。

4）演练过程中，采用各种形式做好参加演练业主和物业使用人情况的工作记录，对不理解的业主和物业使用人做好解释工作，做好宣传、讲解工作，做好参与演练业主和物业使用人的安全保护工作。

[案例 13-2] 未及时通知停水，物业管理公司赔付业主部分水淹损失

根据与业主的协议，某小区物业管理公司公示了服务职责，其中规定："物业管理公司遇到停电、停水或恶劣天气变化，应提前在小区入口处和各单元醒目位置向业主发出书面通知，以便做好应急准备。"

2018年4月12日，魏某家中装修，某墙纸公司员工将厨房水龙头打开取水，后遇停水便用矿泉水代替，完工后离去。当天恢复供水后，魏某家因水龙头未关闭被淹。经资产评估公司评估，财产损失为3.2万余元。魏某支付评估费2000元。

魏某了解到，当天小区停水前，物业管理公司未按规定提前书面通知，接到其他居民有关魏某家中被淹的电话后，也未采取停水措施补救。魏某多次就损失问题与墙纸公司、物业管理公司交涉未果，2019年3月将二者告上法庭。

分析：本案中，墙纸公司员工不能证实已及时关闭水龙头，直接导致魏某家中被淹，应承担主要责任，墙纸公司承担50%的损失；魏某有义务在家中配合装修人员，在明知停水的情况下，未尽到合理注意义务，应承担30%的损失；物业管理公司在停水时未及时书面通知业主，对其他业主发现漏水后的投诉亦未及时采取补救措施，应承担20%的损失。墙纸公司及物业管理公司不服从判决，提起上诉。市中级人民法院二审维持原判。

想一想：假如你是该物业管理公司负责人，从本案中应汲取哪些教训？

单元三　常见的突发事件处理预案

学习目标

1. 熟悉突发事件处理流程，能够按照流程和职责处理突发事件。
2. 掌握各突发事件处理预案，具备部分突发事件处理预案的执行能力。

〖突发事件处理作业程序〗

突发事件处理作业程序参见样本63内容。

〖突发事件处理预案〗

相关突发事件处理预案及处理程序参见样本64~样本68内容。

[案例 13-3] 因电梯故障脱困后踏空摔伤，物业管理公司被判赔7万

一天早上，张老太从家出门，乘坐电梯从16层下楼活动，但是电梯在运行过程中，突然发

生事故停滞，使她被困在电梯内长达30分钟。就在物业管理人员赶来解困打开电梯门后，电梯轿厢距离楼层尚有30cm高，但是物业管理人员未告知电梯尚未到达平层，也没有采取相应措施，导致张老太一步踏空跌倒在地。后经医院诊断，她为右侧股骨粗隆骨折。

张老太表示，自己摔伤后精神压力很大，由于其老伴常年卧床不能自理，平日都由身体尚好的她在照看，同时还能料理一些家务。她受伤后，其大女儿不得不辞职来照看她。因此，她起诉要求物业管理公司赔偿医药费、住院护理费、家属误工费、残疾赔偿金等共计19万余元。

物业管理公司辩称，电梯轿厢与电梯间差距半米以下就可以放人，张老太表明当时是30cm，所以电梯停靠没有问题。物业管理公司没有责任，即使有也是小部分的责任。另外，作为70多岁的老人，张太老坐电梯应该有人陪护。

分析：法院认为，按照国标规定，轿厢地坎与层门地坎的水平距离不得大于3.5cm。物业管理公司得知张老太使用的电梯发生故障后及时进行了维修，但未能尽到提醒义务，导致张老太在出电梯时摔倒受伤，应认定物业未能尽到应尽的管理义务，应对张老太的损失承担责任。法院根据张老太的实际受伤情况，判决物业管理公司赔偿7万余元。

想一想：你认为该物业管理公司通过本案应怎样修改电梯困人处理预案？

思 考 题

13-1 简述突发事件的概念、性质和种类。
13-2 简述突发事件处理预案的概念和种类。
13-3 结合你所在学校的实际状况，分析可能发生的突发事件。
13-4 结合上题分析出的突发事件，归纳编制突发事件处理预案的重点内容。
13-5 简述突发事件处理预案编制的步骤。
13-6 简述突发事件处理预案的编制。
13-7 简述突发事件处理预案的培训。
13-8 结合你所在学校的实际状况，分析归纳火灾处理预案演习的重点与注意事项。

学习情境十四

物业租赁管理

单元一　知识准备

学习目标
1. 了解物业租赁相关知识及法规政策，并能在实践中灵活运用。
2. 熟悉物业租赁的基本条件，能够保证物业租赁工作基础的合法性。
3. 掌握物业租赁管理的内容，能突出重点地开展物业租赁工作。

〖物业租赁、物业租赁管理的概念〗

物业租赁，是指物业所有权人作为出租人，将物业使用权在一定期限内出让给承租人，并向承租人定期收取一定数额租金的一种经营形式。物业租赁没有所有权的转移，只是使用权在约定期限内的出让。实践中，所谓物业租赁主要表现为房屋租赁的经济活动。

物业租赁管理，是指物业服务企业受业主或物业使用人委托，为其寻找承租人，并进行洽商、签约以及签约后依据租赁合同和物业服务合同规范承租人行为、收缴租金与物业费，维护租赁物业等管理活动。

在物业管理实践中，物业租赁管理主要发生在商业物业、工业物业等物业类型，尤其是商业物业类型中的写字楼、商场，其业主往往委托物业服务企业在承接物业项目的常规物业管理的同时还要承担物业项目的招商，即物业租赁。在住宅小区，物业租赁管理一是零星业主的房屋招租与管理，二是对共有部分的租赁，如电梯广告、园区道路的临时停车位、架空层和设备层空间的经营利用等，主要是通过物业项目管理处实施。

〖物业租赁的基本条件〗

1. 物业条件

根据《商品房屋租赁管理办法》第六条规定，有下列情形之一的房屋不得出租：属于违法建筑的；不符合安全、防灾等工程建设强制性标准的；违反规定改变房屋使用性质的；法律、法规规定禁止出租的其他情形。

2. 对租赁当事人的要求

根据《商品房屋租赁管理办法》规定，对房屋租赁当事人的要求有：

（1）对出租人的要求 出租住房的，应当以原设计的房间为最小出租单位，人均租住建筑面积不得低于当地人民政府规定的最低标准；厨房、卫生间、阳台和地下储藏室不得出租供人员居住；出租人应当按照合同约定履行房屋的维修义务并确保房屋和室内设施安全；未及时修复损坏的房屋，影响承租人正常使用的，应当按照约定承担赔偿责任或者减少租金；房屋租赁合同期内，出租人不得单方面随意提高租金水平；房屋租赁期间内，因赠予、析产、继承或者买卖转让房屋的，原房屋租赁合同继续有效；房屋租赁期间出租人出售租赁房屋的，应当在出售前合理期限内通知承租人，承租人在同等条件下有优先购买权；承租人在房屋租赁期间死亡的，与其生前共同居住的人可以按照原租赁合同租赁该房屋。

（2）对承租人的要求 承租人应当按照合同约定的租赁用途和使用要求合理使用房屋，不得擅自改动房屋承重结构和拆改室内设施，不得损害其他业主和物业使用人的合法权益；承租人因使用不当等原因造成承租房屋和设施损坏的，承租人应当负责修复或者承担赔偿责任；承租人转租房屋的，应当经出租人书面同意；承租人未经出租人书面同意转租的，出租人可以解除租赁合同，收回房屋并要求承租人赔偿损失。

〖 物业租赁关系的建立与终止 〗

1. 物业租赁关系的建立

物业租赁既是一种经济活动，同时也是一种法律行为，租赁双方要签订租赁合同，并到房屋管理部门办理租赁审核手续，以取得合法租赁的权利。办理租赁审核手续必须按下列程序严格进行。

1）出租人在经营物业租赁活动前，应向房地产交易管理部门申报领取房屋租赁许可证。

2）经物业中介经纪人介绍，租赁双方洽谈，初步达成租赁意向，由物业评估部门评估租赁价格，在此基础上，租赁双方协商议定租金。

3）租赁双方订立租赁合同，并持所签合同和有关证件、证明，到属地房地产交易管理部门申请办理租赁审核手续。

4）房屋管理部门受理租赁双方租赁审核手续的申请。

5）租赁审核经办人员认真查验租赁双方签订的租赁合同、出租的产权证件、租赁双方的身份证和其他有关证件，并到现场查勘出租房屋的面积、质量和安全状况。

6）经查验合格后，经办人员要认真、准确、详细地填写房屋租赁审核登记表，并签名盖章，然后送有关负责人或指定专人复核、审批。

7）房屋租赁审核批准后，租赁双方应按当地规定收费标准交纳手续费，并到房屋产权管理部门办理房屋租赁登记。

8）出租人将物业交给承租人使用，承租人按规定向出租人交纳租金。

2. 物业租赁关系的终止

（1）物业租赁关系终止的条件

1）出租人终止租赁关系的条件：承租人擅自将承租的房屋转租、转让或转借的；承租人用承租的房屋进行非法活动，损害公共利益的；承租人不按租赁合同规定的期限交纳租金达到一定期限的；承租人全家迁离本市或去国外定居的；承租人违反租赁合同规定擅自改变房屋用途的；出租人因不可预见的原因需要收回房屋的。

2）承租人终止租赁关系的条件：承租人已经有了自己的房屋，不需要再租房的；承租人全家迁离本市或承租人出国定居、留学或探亲的；出租房屋发生重大损坏，有倒塌危险，出租人拒不进行修缮的。

（2）房屋租赁关系终止的几种情况　房屋租赁期限届满；房屋拆迁；出租房屋毁损；在房屋租赁期限内，一方当事人依据法律的规定强制解除合同；房屋承租人死亡；当事人一方违约。

（3）房屋租赁关系终止程序

1）要求终止的一方提出书面建议。

2）租赁双方经过磋商，取得一致意见，形成书面协议。

3）持协议书到房屋管理部门批准，并到签证机关备案。

〖 物业租赁管理的内容 〗

1. 招商管理

招商管理主要包括：接受业主委托，与业主洽商并签订物业租赁委托文件；刊登招租广告，进行招租宣传；安排并陪同潜在承租人现场考察；与潜在承租人洽谈合同；签约租赁合同，到管理部门鉴证；租赁物业的动态管理；租赁物业的入住交付、建档等。

2. 租金管理

（1）做好租金的评定工作　租金的评定必须符合国家法律法规，以物业价值为基础，必须考虑承租人具体支付能力、市场供求状况、房屋质量等因素，同时要兼顾业主、企业自身的经济利益。

（2）建立租金底账　对出租的物业应以承租户为单位建立租金底账，应收租金须全部登记入账。

（3）按时收取租金　按租赁合同约定时限收取每期租金。每期租金收入，要逐户与底账进行核对，发现租户未交租金要及时催交，努力提高租金收缴率。

（4）坚持专款专用　租金须专户存储、专款专用。租金中的维修费用部分，应全部用在房屋及其附属设施的养护、维修上，以提高房屋的完好率和使用功能，更好地吸引潜在租户。

3. 租赁关系管理

租赁关系管理就是对出租人与承租人的各项活动进行组织、指导、协调和监督，以维护友善和谐、持续稳定的租赁关系，实现多赢。其主要内容有：

1）按规定的条件和程序组织签订租赁合同，建立租赁关系。

2）组织落实租赁合同中出租人享有的权利和履行的义务。
3）组织落实承租人的权利，监督检查承租人履行租赁合同约定的义务。
4）协调租赁双方在履行租赁活动过程中出现的矛盾纠纷，妥善处理其他意外情况。
5）审核租赁关系的变更与终止。
6）租赁合同终止时，组织办理停、退租手续。

4. 物业租赁管理考评

对物业租赁管理的考评，主要是通过衡量物业租赁活动经济效果的指标来实现。衡量物业租赁经济效果的指标主要包括：

（1）**租赁房屋总量**　就是投入出租经营的房屋数量，可以用面积指标或价值指标来反映。该指标反映了租赁经营活动对社会需要的满足能力。

（2）**房屋完好率**　就是租赁经营房屋中使用功能与质量完好或基本完好房屋占租赁房屋总量的比重。该指标反映租赁房屋的养护状况及租赁房屋的质量状态，对房屋租赁有直接影响。

（3）**房屋租出率**　就是实现出租的房屋占投入租赁经营的房屋的比重，是衡量租赁经营效果的最主要指标之一。

（4）**租金收缴率**　就是某一租赁期内实收租金总额占同期内应收租金总额之比，体现了租赁房屋的价值实现程度。该指标既直接反映租赁管理水平，也间接表明其管理服务质量，能够体现承租人的配合与支持状况。

〖相关法规政策标准〗

1）《中华人民共和国合同法》。
2）《中华人民共和国城市房地产管理法》。
3）《商品房屋租赁管理办法》。

[案例14-1]　**物业管理公司擅自出租楼顶是否构成对业主侵权**

某小区业主委员会聘请A物业管理公司（下称A公司）负责小区的物业管理。A公司管理小区不久后与B电信公司（下称B公司）订立了一份租赁协议。协议约定：A公司将所管理的小区住宅楼楼顶出租给B公司用于搭设电信设备，B公司按年向A公司支付租金，租金为每年5万元。不久，小区居民均感身体不适，有头疼、头晕、恶心、失眠等症状。经调查，业主们发现楼顶搭设了电信设备，正是电波辐射造成了上述危害。业主们随即将A公司和B公司诉至法院，称A公司只是负责小区的物业管理，无权将楼顶出租给B公司。B公司在楼顶搭设电信设备，给小区居民身体健康带来损害。因此提出请求：B公司拆除搭设的电信设备；A公司与B公司对业主的损失承担连带赔偿责任。

面对诉讼，A公司辩称：将楼顶出租给B公司搭设电信设备不仅未造成业主任何损失，而且使业主还可以少交物业服务费，业主要求承担赔偿责任没有道理。B公司辩称：我公司并不知道A公司无权出租楼顶，属于善意第三人，应受法律保护。

分析：1）A公司无权直接将楼顶对外出租。物业管理合同属于服务合同，在合同未作特别约定的情况下，A公司不能取得对小区楼顶层的处分权。楼顶层属于建筑物的共有部位，全体业主对其享有共有权。在事先未征得业主同意,事后又没有得到业主追认的情况下,A公司无权将楼顶层对外出租。

2)B公司取得楼顶使用权的行为不应受法律保护。B公司在诉讼中称其并不知道A公司无权出租楼顶层,因此属于善意第三人,这种借口不能成立。理由是:善意取得的标的物仅限于动产物权,不动产物权不适用善意取得。楼顶层属于不动产,不能适用善意取得。楼顶层属于共有部位,是楼房的构成部分之一,属于从物。从物不能脱离主物单独转让,也不能适用善意取得。

3)B公司应对业主的人身损害承担赔偿责任。小区居民健康受损的后果是电信设备发出的电波辐射造成的,B公司应承担排除妨害、赔偿损失的责任。A公司未经允许,擅自将楼顶层出租给B公司,与B公司一同造成了业主健康受损,属于共同侵权行为,应承担连带责任。法院经司法鉴定,结果表明:小区居民出现的症状正系B公司搭设的电信设备电波辐射造成。

在此基础上,法院做出如下判决:
1)A公司与B公司之间的楼顶层租赁协议无效。
2)B公司限期拆除电信设备。
3)B公司赔偿业主相关医药费用。
4)A公司对本判决第2)、3)项承担连带责任。

想一想:如果你是物业管理公司负责人,对楼顶租赁一事会如何处理?

单元二　物业租赁管理程序

学习目标

1.熟悉物业租赁的流程,具备物业租赁工作的组织管理能力。

2.掌握物业租赁管理的作业程序,具备物业租赁的招商洽谈能力、对租户的管理能力以及沟通协调能力。

〖物业租赁的流程〗

1.业主授权

业主签署物业租赁委托书,将欲出租物业授权给物业服务企业由物业项目管理处代为租赁,双方签订代理租赁合同,合同中明确约定双方的权利、义务以及租赁价位、收款方式等核心内容。

2.租赁营销

(1)**资料查询**　利用平时工作中通过信息收集与立档所建立的客户资料,从中寻找需求条件接近的潜在承租人,并向其推送信息,主动引导洽商,促成意愿。

(2)**广告推送**　根据代理租赁物业的类型和规模、潜在承租人定位、租赁代理费用等因素,选择合适的渠道、媒体发布广告,推送信息。

(3)**引导参观**　通过引导潜在承租人参观租赁物业,使其对租赁物业有深刻的直观认识,刺激产生兴趣和需求。操作时应充分预估潜在承租人租赁要求，注意把握时间安排、线路设计，有针对性地做好介绍。

3. 资格预审

（1）潜在承租人登记　认真记录所有咨询者的综合信息，尤其是其租赁需求、社会或商业背景；恳请现场咨询或参观的潜在承租人配合填写居住物业来客登记表（表14-1），建档留存。

表 14-1　居住物业来客登记表

租赁顾问：

非常欢迎您的光临！ 请协助我们填写此表： 客户的背景资料： 姓名：　　　　　　日期：　　　　　　需要租赁日期： 住址：　　　　国家　　　　省（市）　　　　区　　　　路 电话（H）：　　　　其他电话： 租户人数： 对物业的租赁要求： 卧室：　　　　　　　　　　　浴　室： 客厅：　　　　　　　　　　　价格范围： 对您来说什么条件最重要： 与我们认识的途径： 您是从哪里知道我们的信息的？ 1. 住户标识　　　　　　　　　2. 传统媒介 3. 专业网站　　　　　　　　　4. 客服联系 5. 中介介绍 其他（请注明）：

（2）背景核实　对潜在承租人的身份，尤其是社会或商业背景进行有针对性的调查核实，尤其是商业类型的租赁物业，更需要有全面深入的综合信息，如零售商业了解潜在承租人从事何种生意是很重要的，因为这关系到与其他承租人能否协调一致，形成互利，尤其是与已有的限制性竞争条款是否冲突。

（3）租赁经历　租赁经历能够较为真实地反映潜在承租人经济状况、信用状况，应尽量寻找租赁经历稳定可靠的、租赁期较长的潜在承租人。对于有物业改造要求的潜在承租人，则更为重要。

4. 合同谈判

（1）控制签约进程　控制签约进程是驾驭谈判节奏，争取更多利益的谈判策略。尤其是控制出租人与潜在承租人接触的进程节点，是避免因双方不够了解对方而产生冲突导致失败的有效手段。控制出租人和潜在承租人不过早接触，当谈判铺垫到可以签约时再让双方见面是较为奏效的方法。

（2）谈判妥协　谈判需要耐心、信心和恒心，但在必要时也需要妥协。妥协是指降低原始条款而给潜在承租人一种优惠，目的是为了让潜在承租人成为真正的承租人。一般来说，租赁妥协的原则是租用规模越大、租期越长，妥协的空间越大。但要注意的是，一旦对某一位潜在承租人做出妥协，就意味着其他潜在承租人也要有同样的妥协。妥协一般主要表现在租金折扣、甚至免租上，包括租期、转租、分租、装修等，甚至提供无偿服务都是谈判妥协的筹码，要投其所好，并表现为来之不易，妥协才是有效的。

（3）确定租期　频繁地更换承租人，会增加租赁或租赁中介的经济成本、时间成本和风险，因此合理的确定租期是很重要的。租期过短，增加租赁成本；租期过长又没有逐渐提高租金的条款，就会带来租金损失。一般来说，居住物业租期以2～3年为宜，办公、商用物业租期以5～10年为宜，而工业厂房租期则要高达10～25年甚至更长。

（4）物业改造　承租人都会提出改造物业的要求，而改造费用通常是包含在租金构成中的，这就会增加租赁管理的成本。合同约定中要明确改造与装修的区别，超出改造范围的装修费用要由承租人承担，或由出租人提供并在租金中收回。

（5）竞争限制　竞争限制是指承租人享有排他的、从事某一行业的经营垄断权，即独家销售权。竞争限制条款主要出现在商业物业尤其是零售物业的租赁合同中，谈判中要注意这一限制条款不得影响出租人的整体利益，或承租人愿意为此交付额外的补偿，可以考虑采纳。

5. 签订合同

签订合同前，应按照双方达成的各项条件填写合同，并收集出租人与承租人双方的有效证明文件，然后安排双方签署租赁合同。

6. 租赁登记

根据《商品房屋租赁管理办法》的规定，房屋租赁实行登记备案制度。房屋租赁合同订立后30日内，房屋租赁当事人或书面委托他人到租赁房屋所在地直辖市、市、县人民政府房屋管理部门办理房屋租赁登记备案。办理房屋租赁登记备案，房屋租赁当事人应当提交真实、合法、有效，不隐瞒真实情况的材料。这些材料包括房屋租赁合同，房屋租赁当事人身份证明，房屋所有权证书或者其他合法权属证明，直辖市、市、县人民政府房屋管理主管部门规定的其他材料。

7. 办理入住

承租人入住前，物业项目管理处安排出租人（或物业项目管理处代表出租人）与承租人查验物业，检查物业是否符合租赁合同约定的条件。查验无误，双方填写物业迁入-迁出检查表（表14-2）并签字确认。需要注意的是，要提醒承租人合同到期离开时，双方会按物业迁入-迁出检查表进行查验。

出租人（或物业项目管理处代表出租人）与承租人根据双方所签订的租赁合同将合同生效期前发生的所有费用（物业费、水电费、燃气费等）结算清楚；承租人领取所有的房屋钥匙、信箱钥匙、防盗门钥匙（密码）等，并办理完成入住签字手续。

物业项目管理处将办理入住所有文件留存立档备案。

8. 租赁服务

（1）建立联系途径　建立承租人走访制度，与承租人保持深度联系，广泛征求他们对设施设备、管理服务等方面的意见,尽可能满足他们合理的需要和诉求。

（2）**开展租赁服务**　在租赁服务中要最重视最为关键的是维修服务,应确保租户了解维修程序、维修范围、收费范围、收费标准和责任划分等。物业项目管理处应建立一个快速有效的服务系统,使租户要求尽可能够得到满足。

9. 收取租金

（1）**租金交纳时间管理**　收取租金要严格履行租赁合同约定的时限,不得随意收取,影响承租人生活或经营。对承租人欠费行为,在坚决落实催交制度的同时,要根据具体情况采取不同的处理手段,对长期信誉较好,但因一时资金困难的承租人,应给与一定的宽限期;但对恶意欠费者,则要加强催交,必要时要用法律手段保护自身权益。

（2）**滞纳金的管理**　对欠费者的处理态度和措施,会影响其他承租人交纳租金的行为。因此,要建立严格收费奖惩制度,对按期交纳的给予一定的奖励,对拖延欠交的收取一定的滞纳金。

（3）**收费通知单的管理**　由于各种物业的管理服务不同,加上同一物业项目中的各承租人享受的服务也不同,因此在收费通知单中应单列租金。

10. 续签合同

续签租赁合同对出租人、承租人和物业服务企业都是有益的,这会节省三方重新租赁的成本。承租人是否续签租赁合同,一是取决于以往对租赁管理、物业管理的满意程度,二是新租赁合同的条款内容。而新租赁合同条款是否改变,取决于:一是初次租赁谈判中未考虑的因素,如租赁激励政策等;二是市场的现实情况。通常调整新租赁合同的条款内容,主要集中在租赁期限,配套设施设备的维修更换、再装修的程度和租金水平上。

11. 租赁终止

（1）租赁终止的情形

1）承租人提出的租赁终止。承租人提出提前终止租赁合同或合同到期终止不再续签。但如果是由信誉良好的承租人要求搬迁,物业项目管理处就应检讨是否是自身管理过失所致。如果是这样的话,就应通过保证改变这种状况等承诺,来尽量挽留租户。

2）物业项目管理处拒绝续签。物业项目管理处及时发出租赁合同到期不再续签的通知。

3）强制性的终止租赁。当承租人违反法律法规、拒不缴纳租金或物业费、违反租赁合同条款时,物业项目管理处有权通过法律途径强制性终止合同。

（2）租赁终止的程序

1）撤离前的会面。物业项目管理处在承租人撤离前,要与承租人进行一次会面,填写撤离前会面表。

2）物业查验。在承租人搬出之后,出租人（或物业项目管理处代表出租人）与承租人共同查验物业。查验时应以物业迁入-迁出检查表（表14-2）为依据,确定物业有无损失,决定是否需要扣除押金;或在确认损失后,计算出应扣除的押金额。

3）归还押金。物业查验无误或遗留问题妥善解决后,物业项目管理处归还承租人押金。归还承租人押金时,物业项目管理处要说明有无押金扣除;如有押金扣除,则需书面写明押金扣除了哪些款项及其数额。

表 14-2　物业迁入 - 迁出检查表

物业名称： 公寓名称： 地　址： 租户姓名：	日期：
租户在入住时需填写下表。请指出是否提供下列项目，并在底端签名	租户在迁出时物业管理者需要填写下表
钥匙 屋内清洁 厨房瓷砖 电冰箱 下水道 壁橱 浴盆 洗脸盆 便盆 柜橱 洗澡间瓷砖 照明设施 墙纸 粉刷 窗 床 写字台 隔断 地板 空调 微波炉 电话 其他 租户签名： 物业管理者签名： 日期：	钥匙 屋内清洁 厨房瓷砖 电冰箱 下水道 壁橱 浴盆 洗脸盆 便盆 柜橱 洗澡间瓷砖 照明设施 墙纸 粉刷 窗 床 写字台 隔断 地板 空调 微波炉 电话 其他 租户签名： 物业管理者签名： 日期：

［阅读资料 14-1］　物业租赁管理标准作业程序，参见本书配套资源。

［案例 14-2］　**客户拖欠租金，物业管理公司应该怎么做**

某高级商务办公楼内 A 公司因经营不善，运行一年多以后，已无力支付房租，欠租的情形出现了。物业管理部门发出在指定的期限内，如果 A 公司仍不付清欠款的话，将不得不采取必要措施中止部分服务的通知，A 公司对此未做出任何反应。期限一到，物业管理部门将其通信线路从接线大盘上摘除。随后 A 公司通信中断。这时 A 公司负责人认为写字楼物业管理部门侵犯了他们的权利，遂双方引起纠纷。

分析：一般情况下，对欠租租户的处理，要对欠租人先进行书面催租，如果没有得到有效回应，则以书面形式说明期限，并采取措施，这类措施的实施要坚决有效，要有层次，要能够解决问题，并且可以把出现后遗症的可能性降至最低。对欠租租户采取措施的基础是与之签署了具备法律效力的租赁合同。该物业管理公司采取中断通信服务的措施是侵权行为，因为提供通信业务是 A 公司与通信公司通过合同关系建立的，与物业管理公司并未构成合同关系。

想一想：如果你是该公司领导，针对 A 公司的欠缴租金的情况会如何处理？

思 考 题

14-1　简述物业租赁对租赁当事人的要求。

14-2　简述租赁关系管理的内容。

14-3　简述衡量物业租赁经济效益的指标。

14-4　简述物业租赁关系的终止。

14-5　简述物业租赁管理的过程。

学习情境十五

多种经营服务

单元一　知识准备

学习目标
1. 了解多种经营服务相关知识及法规政策标准，并能在实践中灵活运用。
2. 熟悉开展多种经营服务项目的条件，具备开展多种经营服务的基本判断能力。
3. 掌握开展多种经营服务的注意事项，保证多种经营服务的合法、可行。

〖多种经营服务的概念〗

多种经营服务是指物业服务企业利用自身优势，或在业主同意的前提下，通过挖掘自身潜力，整合物业项目内的各种资源，积极开发拓展社区商业服务、社区公共服务等经营项目，以增加自身经济收益，为业主和物业使用人提供优质、便利的生活、工作条件的经营管理活动。

开展多种经营服务是在物业管理的常规性服务之外、以满足业主和物业使用人物业管理以外的生活和工作需要为目的的经营服务活动，是社会性、市场化服务向物业项目内部的延伸与拓展。开展多种经营服务不仅是为满足部分或个别业主和物业使用人个性化需要而提供的特约服务，而且更多的是面向全体业主和物业使用人的租售中介、生活服务、购物、餐饮、娱乐、旅游、金融、家政等社区商业服务和教育培训、公共卫生、养老服务等社区公共服务。

开展多种经营服务的法规依据是《物业管理条例》第四十四条第一款"物业服务企业可以根据业主的委托提供物业服务合同约定以外的服务项目，服务报酬由双方约定"的规定，但其实践活动已超出"业主委托"的局限，为业主和物业使用人提供着更为广泛的服务产品，最大程度的满足业主和物业使用人的需要。

多种经营服务是物业服务企业通过多种经营部门与物业项目管理处共同以物业项目内的资源条件为基础，以业主和物业使用人为服务对象所进行的经济活动，它是适应物业管理市场多元化要求而必须具备的功能。由于物业项目的具体条件不同，能够有效开展的经营项目也不尽相同。但需要注意是，物业服务企业开展多种经营的目的是为了提高物业服务企业的经济效益，而不能单纯地看成是物业服务企业弥补物业费的不足或经营亏损的手段。因此，开展多种经服务要与企业的发展战略和定位紧密结合,在做好物业管理主业的前提下,开展比较符合企业自身发展战略需要的多种经营服务项目。

〖 开展多种经营服务项目的条件 〗

1. 资金

资金是开展多种经营服务必不可少的条件。在开展多种经营服务初期,物业服务企业自身实力不足的情况下,可以采取出租场地、招商引资、联营合作的形式,以减少企业自筹资金的压力。待资金积累达到一定程度,可以依靠自有资金、银行贷款来进行前期投入或项目启动。

2. 房屋和场地

物业项目开发过程中,都会按相关规定建设配套的公共建筑设施,物业服务企业可以按照原设计用途对这些建筑空间加以利用。很多新建建筑的底层、裙房就是规划设计中的经营场所,物业服务企业可以按照原设计用途与产权人约定对其加以利用。如果物业项目内的建筑空间不能满足多种经营服务需要的条件要求,需要新建扩建,就要特别注意合理选址,不能未经业主同意擅自占用绿地、道路、广场、停车场(库)等已设定专门用途的用地和空间,避免损害业主的利益,引起纠纷。

从物业的权属角度考虑,上述用于经营的配套公共建筑设施,其所有权一般不会属于物业服务企业,物业服务企业可与产权人进行约定,采取代为经营租赁、租赁使用、免费提供等形式进行使用,开展多种经营服务。

3. 物业服务企业自身的条件

如果物业服务企业具有开展多种经营服务的经历,就应通过对以往业绩和经验、擅长的项目类型、经济效益等进行总结,扬长避短,充分发挥自身的优势与特长。如果是开发新的经营服务项目,可以通过向其他物业服务企业取经学习等方式,来开阔眼界、启发思路。

物业服务企业自身条件中最重要的因素,就是人力资源。物业服务企业一定要注重经营类人才的培养与选聘。充足的人力资源条件,是开展多种经营服务的有力保证。

〖 开展多种经营服务的注意事项 〗

1. 便利服务持久化

便民服务是物业服务企业为方便业主和物业使用人的工作、生活而提供的商业服务以及与社会有关机构联合举办的有偿微利公共服务项目,它是多种经营服务不可忽视的重要组成部分。这种服务的提供,一是拓展了物业管理服务的功能,二是有利于融洽物业项目管理处与业主和物业使用人之间的关系,增强业主和物业使用人对物业管理服务的认同感,其坚持的越持久,对物业服务企业的知名度和美誉度影响越有利。

2. 经营方式专业化

物业服务企业是多种经营服务的组织者，应从资产管理的高度优化利用资源，延伸产业链，向上可以发展咨询服务业和销售代理业，向下可以创新服务产品，通过不断创新服务内容和拓展业务范围，给传统的物业管理赋予新的内涵，争取实现利润最大化。既要强化物业服务企业自主开展多种经营服务的能力，又要从专业化经营运作的角度考虑，重点做好多种经营服务平台开发，招商引资、广纳资源，吸引专营服务供应商为业主和物业使用人提供更为广泛的专业服务产品，提升经营服务品质。而物业服务企业的经营管理人员则以资源整合者、服务监督者身份，抓好事中事后监管，既可减少人员和管理成本支出，又能提高效率和服务水平。

3. 服务收费合同化

多种经营服务项目运营中的收费是很敏感的问题，需要谨慎处理。需求以收入为基础，服务以需求为基础，价格以服务为基础。无论是物业服务企业自身定价还是平台供应商定价，都应该注意分层次提供服务、分档次收取费用。具体操作上，应进行充分的周边市场调查，确定合理的服务商法标准；如为特约服务项目，应与业主和物业使用人双方协商约定，并签订特约服务合同。

4. 正确分析优势和劣势

物业服务企业多种经营服务项目的优势是直接面对消费者，设施就近、便利、使用频繁，易于与客户建立长期稳定的联系，在培养忠诚消费者方面有天然的优势；劣势是由于投资较少，项目规模比较小、市场集中度低，与大型商业服务企业相比，专业性差。开展多种经营服务必须有良好的外部环境，要善于借势，尤其是发挥政府相关部门的优势，如开办幼儿园、设立储蓄所等，需要社会各界的支持。

5. 考虑相关规定

《中华人民共和国城市房地产管理法》《城市居住区规划设计标准》（GB 50180—2018）、《物业管理条例》以及物价、特种经营服务相关的法律法规等，对公共服务设施的规划、多种经营服务的开展均有相关的规定。开展综合经营服务运作，要符合这些规定，不能随意操作。

〖相关法规政策标准〗

1)《中华人民共和国城市房地产管理法》。
2)《物业管理条例》。
3)《城市居住区规划设计规范》（GB 50180—2018）。

［阅读资料15-1］ 智慧社区，参见本书配套资源。

单元二　多种经营服务项目的策划

学习目标

1. 了解多种经营服务项目的策划概念、策划原则，具备多种经营服务项目策划的基本

学习情境十五　多种经营服务

思路。

　　2. 熟悉多种经营服务项目的市场调查与预测的步骤，具备多种经营服务项目调研与预测的基本能力。

　　3. 掌握多种经营服务项目策划书的撰写，具备多种经营服务项目策划的基本能力。

〖 开展多种经营服务项目的策划原则 〗

　　多种经营服务项目策划是指物业服务企业通过市场调查与预测，进行多种经营服务项目、经营方式以及地点的选择，并撰写多种经营服务项目策划书，最终确定具体经营服务项目的过程。

1. 选择多种经营服务项目的原则

　　1）物业服务企业优势特色项目优先。
　　2）消费周期短、使用频繁的项目优先。
　　3）易损易耗品项目优先。
　　4）物业服务企业优势特色项目优先。
　　5）中介服务项目优先。

2. 多种经营服务项目的布局原则

　　（1）**选择集中或分散式布局**　根据经营服务项目的等级和服务人口数量，采用分散与集中布局相结合的方式。规模较大的项目可集中布置，较小的项目则分散布置为宜，可使居民顺道或就近满足所需。

　　（2）**结合道路和交通安全等因素考虑**　多种经营服务项目的布局还应考虑到与道路和交通安全的关系，一般应结合物业项目内及周边的道路、出入口、建筑类型、建筑布局方式、建筑形式来选址。商业服务建筑可以布置在物业项目的中心或沿主要道路集中布置；兼顾外部市场的经营服务项目也可在朝向城市道路的底层布置。

　　（3）**避免出现扰民问题**　饭店、娱乐场所容易出现扰民问题，应尽量不采取底层的布置形式，如必须采取，则需要对经营时间和噪声、油烟排放等特别加以控制。其他排放污染的经营服务项目也不应该靠近住宅布置。地下室作为经营场所要特别慎重，因其容易引发安全问题，更需要严格管理。居民区内也不适宜兴办夜市等过于嘈杂的经营项目。

3. 多种经营服务项目的选择

　　（1）**选择常规项目或进行创新**　多种经营服务项目的设计应该是开放性的，物业服务企业可以根据物业项目的实际情况以及业主和物业使用人的需要进行设计，既可以从常规项目中选择，也可自己创新设计，还可以根据需要设立并随时调整，因此可供选择的种类很多。表15-1中的经营服务项目为常规项目的示例。

215

表 15-1　多种经营服务项目示例

类　别	具体项目
商业类	便利店、超市、药店、菜场、摄影及照片洗印店、加油站
餐饮类	餐馆、快餐店、茶室、酒吧、学生小饭桌
生活服务类	洗染店、干洗店、服装加工店、美容美发室、公共浴室、洗车店、汽车美容店、净菜加工点、主食加工点、半成品加工点、接送小孩上下学、代聘家教
文化娱乐类	书店、音像制品店、报刊亭、打字复印店、健身房、老年活动室、儿童活动中心、旅行社报名点
教育类	托儿所、幼儿园、四点半学堂、老年大学
医疗保健类	社区医院或诊所
商务类	商务中心、代购车（机）票、代办商务、受委托的其他服务项目
维修类	家电、汽车、自行车及各类生活用品的维修服务
中介代理类	房地产咨询、估价、中介服务；代理房屋买卖、租赁；建筑、室内装饰装潢设计及工程施工；代理保险
家政类	代请保姆或小时工、看护病人、订送报刊、为居民代管房屋、预约定期上门清扫室内卫生、代办购物
金融邮电类	与有关部门合作，开办金融门市或邮电网点
环保物资回收	物资回收站、旧书报刊回收销售
公共服务类	社区"助力"养老服务、家庭医生辅助、健康教育、社区康复服务

（2）**横向合作**　有些经营服务项目的开办需要政府相关部门或社会其他机构的支持才能进行，如在开发商没有运作而居住小区确有需要的情况下，物业服务企业可以与教育机构和教育主管部门合作，开设幼儿园甚至小学，以便儿童就近入托、入学，还可以与金融、邮电、旅行社等机构合作建立网点。

有些经营服务项目由于专业性较强或规避经营风险的需要，可以采取招标承包、横向联合等方式，寻求合作伙伴，共同开发、共同经营管理，如经营餐馆、开办诊所等。

（3）**优先选择物业服务企业的优势项目**　物业服务企业可以发挥自身的优势，依靠可靠的信息来源，将经营范围扩大到与物业管理服务有关的业务，如开展以满足老年人生活需要的家政服务。

多种经营服务项目的市场调查与预测

物业服务企业开展多种经营服务的主要目标是更好地为业主服务、更多地为企业赚取利润。要实现这一目标，必须进行科学决策，而充分的市场调查和正确的市场预测是科学决策的基础。有些物业服务企业的经营服务项目之所以运作后效益不佳、用户反应平淡，除了管理上的问题以外，没有找准市场也是一个很重要的原因。市场调查与预测的步骤如下。

1. 做好准备工作

（1）**设定范围**　多种经营服务的开展要以物业项目内的具体条件为基础，以业主和物业使用人为主要服务对象。多种经营服务项目的设计主要应针对物业项目本身的需求，但也不排除在不影响本物业项目业主和物业使用人的利益、不产生矛盾的前提下，兼顾物业项目周边市场，同时为物业管理辖区内外服务，实现规模经济效益。

（2）**选择操作方式** 比较简单的市场调查与预测可以由物业服务企业自己组织人力完成；若进行大规模、复杂的市场调查，则可以考虑聘请专业的咨询公司完成。

2. 进行市场调查

（1）**物业类型与规模** 物业服务企业首先要研究在管项目的类型特点，以便更好地进行市场定位。与一般住宅相比，小户型住宅项目本身需要的配套服务内容就要多，如自助式洗衣、室内卫生清洁、送餐、健身、会客等；老年公寓或老年住宅项目的需求特点也很突出，必须要提供专门的医疗保健、护理、保姆、娱乐活动服务项目。物业服务企业应当因地制宜，从研究项目的类型出发去把握多种经营服务的范围。

物业项目的规模主要依据入住的人口规模而定，如果可以就近服务于周边地区，还要把周边的人口考虑在内。

（2）**服务对象的资料** 全面调查与服务对象有关的、影响经营服务项目设立的各种因素，其中包括业主和物业使用人的年龄结构、职业特点、收入水平、生活方式和习惯、社区文化等，如有可能和必要还可以将需求进一步细分。如业主和物业使用人中有经常在外就餐习惯的人比较多，物业项目内就可以设立类型合适的餐馆，甚至提供送餐服务；业主中私家车拥有率比较高，则提供车辆保养、清洗服务会比较受欢迎。

（3）**周边情况** 重点调查物业项目的地理位置、交通状况、周边商业服务设施条件。着重了解项目的地理位置是适中还是偏僻，交通便利与否，周边生活工作环境是否成熟，有没有大型的商场、超市、餐馆以及其他生活服务和商业设施，设施的种类、数量、服务水平、档次、服务半径等能否满足物业项目内和周边社区居民的日常生活需要；还包括对物业项目内和周边由开发商所有、已经运作起来或即将运作的配套设施的调查。因为物业项目都不是完全封闭的，周边如果有比较完善、便利的配套设施，如餐饮、健身、商场、大型超市等，由于规模、品牌、消费心理等方面的影响，物业项目管理处再开办同类服务项目就会有一定的难度，甚至可能因竞争力不足而陷入亏损，所以在立项前一定要对周边已有的经营服务设施的供给情况进行全面调查。

（4）**调查方法** 对服务对象的调查可以采用发放并回收调查问卷、电话采访或入户走访等形式，全面了解潜在顾客对产品和服务的需求、消费观念、消费习惯。这项工作也可以与建立业主档案的工作结合在一起完成。除了深入细致地收集第一手调查资料以外，物业服务企业也可以通过各种信息渠道收集专门的统计数据和行业经验指标作为参考。

3. 进行市场预测

（1）**预测经营服务项目的市场需求量** 利用调查数据，研究该物业项目服务范围相关服务和产品的社会拥有量和社会饱和点，计算出物业项目服务范围内的购买力和购买指数，分析业主和物业使用人的社会文化层次、购买心理和潜在竞争因素。

（2）**预测经营服务项目的技术发展** 对新技术、新材料、新工艺、新产品的出现可能带来的影响要有所考虑。

（3）**预测本企业应提供经营服务项目的供给量** 用辐射范围内的市场需求量减去周边设施的接待能力即可得出供给量的缺口，对客流量进行统计分析，确定经营规模。

（4）其他预测　除以上这些预测外，还可以进行市场产品和服务价格预测、市场竞争情况以及销售前景预测等。

〖 多种经营服务项目策划书的撰写 〗

在经过充分的调查研究的基础上，要对各项因素进行研究分析，对立项进行充分的科学论证和预测，形成经营服务项目策划书。经营服务项目策划书主要内容应包括以下内容。

1. 目标市场现状分析与预测

要将市场调查与预测的成果反映出来，包括供给与需求分析、服务对象分析、外界影响因素分析等。如经营服务项目是单纯服务于物业项目内部还是同时辐射周边地区要做出取舍，如果选择兼顾物业项目内外，就要对是否会引起业主的不满、是否会导致物业管理秩序混乱或引起其他矛盾、有了矛盾如何疏导等问题进行深入分析，找出解决的措施。

2. 经营服务项目组合设计

列出各经营服务项目操作的详细情况，包括经营服务项目的内容、规模、场地位置落实和经营方式等，其中经营方式可灵活多样。

3. 发展目标

发展目标可分阶段设定，包括经营服务项目要达到的财务目标和市场营销目标、实现目标的时间期限等。所有目标都要表现为量化指标的形式，以便于实际操作后的考评。

4. 市场营销策略

为了提高经济效益，经营服务项目的策划要尊重市场营销法则，在产品定位、价格与促销手段的应用、合作伙伴的选择等方面要精心设计、博采众长，以使产品和服务立于不败之地。如在策划书中可以就经营服务项目的定价策略进行论证，在低价位、大流量的薄利多销方式和高定价、少而精的方式之间做出适合本项目特点的正确选择，制定合理的收费标准。专营服务供应商的选择，要考察商户的信誉、商誉和以往经营业绩，了解其知名度和美誉度，选择最佳的合作伙伴。

5. 开展该经营服务项目所需的条件

开展该经营服务项目所需的条件包括已经具备的条件和尚需完善的条件，如需企业内部其他部门的配合，还需提出具体建议。

经营服务项目策划书完成后应提交物业服务企业领导审批，领导批准后方能开展经营服务项目的运作。

值得注意的是，在进行经营服务项目策划时，除尊重业主权利，征得业主同意外，如开展的经营服务项目使用了业主共有部分，就应该与业主进行协商，合理分配经营收益；即使经营服务项目没有使用业主共有部分，如房屋中介、接送儿童等，也应该考虑提供给业主一定的经济收益，因为这有利于与业主的和谐相处。无论是业主，还是物业服务企业，单方过分强调自己的利益而不考虑他方的利益，最终"受伤"的将是双方。

[阅读资料15-2] 多种经营服务项目策划示例，参见本书配套资源。

[案例15-1] 物业管理处擅自出租人行道

一夜之间，南京市大光路××小区门口近3000m² 的人行道上已密密麻麻地摆满了各类瓷器，30多个摊位将原本就不宽敞的人行道挤占得水泄不通，来往行人只能被迫走上慢车道。而龙蟠中路上正在进行道路施工，起着分流车辆作用的大光路本来就车多路堵，行人的加入使得慢车道变得异常拥堵，不少骑车的市民为了赶时间干脆骑上了快车道。

据了解，这批瓷器是凌晨3:00左右被几十名江西商人运来的。该小区物业管理处办公室一名姓杨的经理解释，前几天有一姓吴的江西商人找到他们，表示有一批瓷器要出售，想租用小区门前人行道经营。由于小区内有部分业主房屋装修已基本结束需要购买装饰品，见买方市场和卖方市场都已成熟，物业管理处考虑到有一定的经济收益，遂通过协议方式将小区门前近3000m² 人行道以4000元价格出租给江西瓷器商，出租时间从7月3日至7月17日共15天。杨经理表示，只要是自己门前的场地就归自己管理，因此有权利使用人行道。

分析：接到投诉后，秦淮区城管执法人员赶到现场，立即阻止摊主对货物拆封，并对该物业管理处擅自出租公共用地占道经营一事展开调查。根据《江苏省城市市容和环境卫生管理条例》第十五条规定，任何单位和个人不得擅自占用公共场地摆摊设点，同时商家进行露天促销活动也要得到审批，作为小区的物业管理处无权出租小区公共通道，他们与摊主签订的协议不具有法律效力。

想一想：如果你是该小区经理，你会怎样处理瓷器销售这件事。

单元三　多种经营服务项目的运作

学习目标
1. 了解多种经营服务项目的前期准备，能够为多种经营服务的开展打好基础。
2. 熟悉并掌握多种经营服务项目的运作方式，具备多种经营服务项目的组织管理能力。
3. 掌握多种经营服务项目管理制度与作业程序，具备多种经营服务项目运作的监管能力。

〖经营服务项目的前期准备〗

1. 筹集资金

可以动用企业自有资金，也可以通过银行贷款或集资的办法来解决启动资金的问题。

2. 准备经营场所

很少有物业服务企业在物业项目中有自有的房屋和场地，从开发商或业主处租借是主要的解决途径。具体位置可以在物业项目的中心、入口处或裙房、底层商铺等处。

219

3. 配备人力资源和管理机构

要考虑物业服务企业的规模、架构和经营管理能力是否能够达到开展综合经营服务的要求，有没有足够的富有经验的管理人员去策划、运作相关项目，企业的这部分业务能否与常规性服务项目齐头并进甚至相互促进。物业服务企业应该成立专门机构负责多种经营服务。

〖多种经营服务项目的运作程序〗

多种经营服务项目运作是指对经营服务项目策划书的具体落实和实施后的经营管理。

1. 选择经营方式

物业服务企业可以独自经营服务项目；可以实行承包制，将自营综合服务外包；也可以直接面向社会招标，引进资金，开发经营服务项目，或是搭建平台招商引资。无论采取哪种方式，物业服务企业都应该明确双方的权利和义务。一般来说，双方的权利和义务主要有：

（1）**物业服务企业的权利与义务**

1）约定经营者的经营时间、经营地点。
2）约定经营者的经营范围、经营种类。
3）约定经营者的着装、规范使用器具。
4）约定经营者的宣传方式、方法。
5）约定经营者在经营中必须缴纳的各种费用。
6）要求经营者在经营中必须提交的各种证明、证件。
7）保证经营者基本的经营环境，如建筑环境、活动空间、协调关系等。
8）配合经营者寻找合理的经营项目，安排合适的广告宣传。
9）按照竞争限制约定，拒绝同类经营者进入。

（2）**经营者的权利和义务**

1）有权选择是否在物业项目内进行经营。
2）有权选择经营的种类。
3）有权依法制定所经营价格。
4）按照约定的地点、时间进行经营活动和宣传活动。
5）按照约定的方式、时间、器具等进行废弃物处理。

2. 监控服务质量和环境

（1）**对服务收费进行监督**　服务收费是经营服务项目的敏感问题，要派出专人对收费是否规范进行经常性监督检查，坚决避免出现各种乱收费问题。

（2）**制定产品质量管理标准**　为了保证服务产品的质量也应建立一套规范化的管理标准，对经营服务行为发生的全过程实施全面质量管理。管理标准的制定要细化，具有可操作性。

（3）**掌握经营状态**　加强对经营服务项目开展、运行的事中监管，及时收集客户对服务质量的反馈意见，对问题整改进行跟踪，保证经营服务项目的质量水平。

（4）**加强环境监控**　采取实际措施避免经营中出现扰民现象，如对产生油烟、噪声、异味的经营项目进行环境污染治理或限制其营业时间，对大量货物的进出规定限制措施或调整其出入口等。

3. 服务效果考评

考评是检验经营服务项目运作状况的主要方法,有助于修改完善原有方案,为下一阶段的工作提供依据。

（1）**定期对专营服务供应商和合作经营者进行考核** 评价专营服务供应商和合作经营者的工作业绩,对其经营服务项目的经营效果进行评估。考评分为内部和外部两个部分,内部考评是物业服务企业按照策划书中原定的发展目标进行检验评价；外部考评是通过客户调查、并将其汇总列入考评指标中。考评不仅要注重经营项目的经济效益,还要综合考虑其社会效益和环境效益。

（2）**按照考评结果选择专营服务供应商和合作经营者** 根据考评结果选择专营服务供应商和合作经营者,有利于形成优胜劣汰的良性市场竞争,能够促进经营服务项目为适应市场变化主动进行微调或结构性调整,使经营服务项目整体组合结构达到效益最佳状态。

（3）**适时对项目进行调整** 及时发现问题,定期总结经验,并随着时间的推移和需求的变化,淘汰那些针对性不强、使用频率很低的项目,代之更受业主欢迎、效益好的项目,使有限的空间发挥最大的效益。

（4）**总结经营服务项目的整体工作状态** 考评中还应对经营服务项目的竞争态势做出总结。要分析自身的优势和劣势,形成特色,保持旺盛的可持续能力。

（5）**培养核心竞争力** 要在多种经营服务运作中培养企业的核心竞争力,形成自己独有的多种经营服务目标、质量标准、营销策略、服务特色,占有足够规模的市场份额,令竞争者无法模仿。

〖商业网点管理规定〗

商业网点管理规定参见样本69内容。

［阅读资料15-3］ 商业网点装饰管理规定,参见本书配套资源。

〖有偿便民服务项目作业程序〗

有偿便民服务项目作业程序参见样本70内容。

［案例15-2］ 小区广告位租赁收入物业管理公司不能独吞

在"国联大厦"小区,记者见到小区内的电梯广告和楼宇电视广告。据小区的管家——物业管理公司的小区物业主任林女士介绍,"国联大厦"有自己的业主委员会,并定期召开业主代表大会。对于商家在小区做广告,"国联大厦"有一个专门的合同,经过业主委员会和物业管理公司双方同意后就可签约。合同规定,商家的广告由物业管理公司全权代理,业主不参与、不干涉。广告费归业主所有,物业公司从中提取10%～25%的管理费。商家要做广告必须签订广告场地租赁合同,否则无效。

记者采访了小区业主代表邱先生,邱先生说:"业主大会决定,业主委员会已经把广告这块业务完全委托给物业管理公司，广告费不是全部归我们业主所有，物业管理公司要收取部分管理费。我们业主收取的广告费主要用于补充专项维修资金。物业管理公司和业主本着平等、公平、互惠互利的原则达成合作协议，我个人认为这种做法值得提倡。"

但另一个小区的物业主任表示，电梯广告和楼宇电视广告是最近才出现的新生事物，所以这一块的收入在以前业主委员会与物业管理公司签订的服务合同中没有明确规定。当记者问到"目前这块收入是如何处置的"他说是转到物业管理公司的户头上。在记者的追问下，他才表示可能以后会作为小区维修资金。而记者与该小区的几位业主沟通时，他们均表示"购房时业主已经为小区的公共区域付过公摊费，也就是说这些区域是属于小区业主共有的，其经营收入当然也应该归小区业主共有。不管这块收入是多还是少，都应该告诉业主。可是，到目前为止，对于这几年小区的公共区域广告收入，物业管理公司从来没有提过，也没有与业主委员会沟通过"。

分析：《物业管理条例》第五十四条明确规定，利用物业共用部位，共用设施设备进行经营的，应当在征得相关业主、业主大会、物业服务企业的同意后，按照规定办理有关手续；经营所得应当主要用于补充专项维修资金，也可以按照业主大会的决定使用。屋顶广告、共用建筑等出租，物业管理公司做了联系、沟通、管理等工作，应该得到相应的报酬，但决不能独吞。也就是说，业主有真正的收益权，扣除成本的实际利益归业主所有，物业管理公司只能收取管理费。上述第二个小区，业主委员会没有用法律文本的形式与物业公司明确公共区域广告收入归属的做法是有欠稳妥的。

想一想：假如你是案例中的物业主任，在这种情况下，你应该怎么办？

思 考 题

15-1　什么是多种经营服务，开展多种经营服务项目的条件有哪些？

15-2　简述开展多种经营服务项目的原则。

15-3　在多种经营服务市场调查时应重点调查哪些内容？

15-4　多种经营服务项目的策划书的主要内容有哪些？

15-5　怎样确定多种经营服务项目的位置？

15-6　多种经营服务项目管理主要抓哪些内容？

学习情境十六 物业管理质量管理体系

单元一 知识准备

学习目标

1. 了解质量管理体系相关知识，并能在实践中灵活运用。
2. 熟悉建立质量管理体系的基本要点与要求，具备物业管理质量体系建设的基本思路。

〖质量管理体系的认识〗

质量管理体系就是在质量方面指挥和控制组织的管理体系，是为实现质量管理的方针目标，有效地开展各项质量管理活动，而必须建立的相应管理体系。通常包括制定质量方针、目标以及质量策划、质量控制、质量保证和质量改进等活动。

对物业服务企业而言，按照质量管理体系建立本企业的质量管理体系，可以收到强化质量管理，规范企业行为，增强客户信心，树立企业良好形象的作用。

从物业管理服务实践来看，物业服务企业质量管理体系的建设，一般主要抓 ISO 9000 质量管理体系、ISO 14000 环境管理体系和 GB/T 45001 职业健康安全管理体系等方面的建设。

1. ISO 9000 系列标准

ISO 9000 系列标准是国际标准化组织（ISO）制定的质量管理系列标准之一，由术语标准、质量管理和质量保证标准选用或实施指南、质量保证标准、质量管理标准、支持性技术标准等五个部分组成。该标准族是组织内部建立的、为实现质量目标所必需的、系统的质量管理模式，组织按质量管理体系标准要求建立、实施、保持和持续改进质量管理体系，必将提高产品和服务质量，增强顾客满意，提高市场竞争力。

ISO 9000 认证强调各部门的职责权限进行明确划分、计划和协调；强调管理层的介入，确保体系处于良好的运作状态的目的；强调纠正及预防措施，消除产生不合格或不合格的潜在原因；强调不断的审核及监督，达到不断修正、改良的目的；强调全体员工的参与及培训，确保员工有较强的质量意识；强调文化管理，以保证管理系统运行的正规性、连续性。

从实践看，贯彻ISO9000系列标准并进而获得第三方质量体系认证，已经成为企业赢得客户和消费者信赖的基本条件。

2. ISO 14000 系列标准

ISO 14000 系列标准是国际标准化组织（ISO）为促进全球环境质量的改善而制定的一套环境管理的框架文件，已经在全球获得了普遍的认同。该系列标准突出了"全面管理、预防污染、持续改进"的思想，涉及环境管理体系、环境审核、环境标志、环境行为评价、生命周期评估、术语和定义、产品标准中的环境指标等七个系列，旨在指导各类组织（企业、公司）取得和表现正确的环境行为，以加强企业的环境意识、管理能力和保障措施，从而达到改善环境质量的目的。在我国是采取第三方独立认证。

ISO 14000 系列标准中的环境管理体系是一个组织内全面管理体系的组成部分，它包括为制定、实施、实现、评审和保持环境方针所需的组织机构、规划活动、机构职责、惯例、程序、过程和资源；还包括组织的环境方针、目标和指标等管理方面的内容，是一项内部管理工具。

ISO 14001《环境管理体系的规范及使用指南》是组织规划、实施、检查、评审环境管理运作系统的规范性标准，由环境方针、规划、实施与运行、检查与纠正措施、管理评审五大部分内容组成，通过有明确职责、义务的组织结构来贯彻落实，促成环境管理体系的建立过程和建立后有计划地评审及持续改进的循环，以保证组织内部环境管理体系的不断完善和提高，防止对环境的不利影响。ISO 14001《环境管理体系的规范及使用指南》是组织建立与实施环境管理体系和开展认证的依据。

ISO 14001《环境管理体系的规范及使用指南》作为 ISO 14000 系列标准中最重要也是最基础的一项标准，是系列标准的核心标准，也是唯一可用于第三方认证的标准。站在政府、社会、采购方的角度对组织的环境管理体系（环境管理制度）提出了共同的要求，以有效地预防与控制污染并提高资源与能源的利用效率。

3. GB/T 45001 系列标准

2020 年 3 月 6 日，国家市场监管总局、国家标准化管理委员会（SAC）发布 2020 年第 1 号公告，批准《职业健康安全管理体系要求及使用指南》（GB/T 45001—2020），这意味着职业健康安全管理体系正式纳入 ISO 标准。《职业健康安全管理体系要求及使用指南》（GB/T 45001—2020）代替《职业健康安全管理体系要求》（GB/T 28001—2011）、《职业健康安全管理体系实施指南》（GB/T 28002—2011）。

在《职业健康安全管理体系要求及使用指南》（GB/T 45001—2020）标准中，一个组织将不仅仅专注于其直接的健康和安全问题，还要关注自身的工作会对相邻关系人造成怎样的影响，以及需要考虑到其分包商和供应商，而不是将其风险通过外包"嫁接"出去。

《职业健康安全管理体系要求及使用指南》（GB/T 45001—2020）标准强调，职业健康和安全因素体现在组织的整个管理体系中，是组织完整管理体系中不可分割的一部分，而不再只是附加的部分，需要从管理和领导层获得更高程度的认可，而不是简单地将责任授权给一个安全经理，却不考虑是否完全地融合入组织的运行中。

《职业健康安全管理体系要求及使用指南》（GB/T 45001—2020）标准要求组织在策划职业健康安全体系时，应确定组织所需要应对的风险和机遇。风险和机遇存在于组织的危险源、合规性,以及所处的环境和相关方需求和期望中。组织要采取应对风险和机遇的措施,以确保体系能够实现组织的预期结果,实现组织在职业健康安全方面的持续改进。

〖 质量管理体系的原则与要素 〗

1. 质量管理体系的原则

质量管理的原则是构成 ISO 9000 系列标准的基础,包括:
1)顾客导向。
2)领导力。
3)全员承诺。
4)过程方法。
5)改进。
6)基于证据的决策。
7)关系管理。

2. 质量管理体系的规范管理要素

(1)**机构**　为保证产品质量而必须建立的管理机构及明确职责权限,并确保有效沟通、开展管理评审活动、确保质量管理体系的持续性。

(2)**程序**　组织的产品生产必须制定质量体系操作检查流程,并使之形成文件化的规章制度、技术标准、质量手册、控制文件和记录等。

(3)**过程**　建立产品质量目标并策划产品实现过程,要求产品实现过程具有标识性、监督性、可追溯性,以达到对产品实现的全部过程按程序要求控制质量。

(4)**总结**　持续地监视和测量质量管理体系、质量管理体系过程和产品,总结、分析不合格品出现的原因,采取纠正措施和预防措施,实现对质量管理体系的不断改进。

〖 建立质量管理体系的基本要点与要求 〗

1. 建立质量管理体系的基本要点

根据 ISO 9000 系列标准的要求和已取得认证企业的经验,在质量管理体系的建立、保持与改进过程中,满足以下几点是非常重要的:

1)质量管理体系应形成文件,即编制与本企业质量管理体系相适应的质量管理体系文件,体系文件应在总体上满足标准的要求,在具体内容上,应反映本企业的特点,要有利于企业所有职工的理解和贯彻落实。

2)质量管理体系既要满足企业内部质量的需要,同时也要充分考虑外部质量保证要求。除业主的一些特殊要求外,两者的大多数内容应是一致的或兼容的。

3)在一个企业内,不同的服务可以有不同的要求,不同的业主可以选择不同的质量保证模式,但一个企业应建立并保持一个质量管理体系,这个质量管理体系应该覆盖该企业所处的所有质量管理体系情况。

4）质量管理体系的效果应能满足本企业和业主的需求和期望，并落实到最终服务上，应在企业和业主的利益、成本和风险等方面进行统筹权衡。

5）质量管理体系是在不断改进中得到完善的，而这种改进是永无止境的，企业应通过经常性的质量监督、内部审核和管理评审等手段，不断改进体系。

2. 建立质量管理体系的基本要求

（1）**强调质量策划**　策划是企业对今后工作的构思和安排，策划结果应形成计划。高质量的服务和有效的质量管理体系需要经过精心的策划和周密的计划安排。事实上，任何一项新的服务项目或新的经营活动，取得成功的第一步就是做好质量策划并制定质量管理计划。

（2）**强调以预防为主**　所有的控制都是为了减少或消除不合格，尤其是预防不合格。全面质量管理中推行的预防为主的方针在 ISO 9000 系列标准中得到了很好的体现。事实上，质量管理体系中的大多数要素都充分体现了以预防为主的思想。以预防为主，就是把质量管理的重点从管理结果向管理因素转移，不是等出现不合格的服务才去采取措施，而是恰当地使用来自各方面的信息，分析潜在的不合格因素，将其消灭在形成过程中。

（3）**强调满足业主对服务的要求**　满足业主及其他受益者对服务的需求是建立质量管理体系的核心。所建立的质量管理体系是否有效，最终应体现在企业生产的产品"服务"的质量上。

（4）**强调系统化**　企业在建立、保持和改进质量管理体系的各个阶段，包括质量管理体系的策划，质量管理体系文件的编制，协调各部门、各要素质量活动之间的接口，都必须树立系统化思想。

3. 物业服务企业实施质量管理体系的特性

物业服务企业实施质量管理体系有利于企业管理工作步入规范化、程序化、标准化轨道，有利于增强全体员工的质量意识和素质，使每位员工都清楚自己该做什么、在什么地方做、什么时间去做、怎么去做、做到什么程度，使企业将潜在的不合格的服务因素消灭在萌芽之中，从而降低质量管理成本，提高工作效率和经济效益。

物业服务企业不同于生产型企业，其产品是提供服务。所以，物业服务企业在推行质量管理体系时要时刻把握住以下特性：

1）服务的对象是有情感色彩的"人"。
2）服务是无形的。
3）服务是不可贮存的。
4）服务是一次性的。
5）服务的提供常常是不可预测的。
6）服务更依赖于服务者的素质。
7）业主的评价常常带有个人色彩。

[案例 16-1]　质量方针促发展

上海百联物业管理有限公司系百联集团旗下的一家专业物业管理公司。公司已通过 ISO

9001国际质量体系认证和ISO 14001环境管理体系认证。公司获得"上海市机关后勤管理三优一满意达标优胜单位""上海市文明单位",并成为全国第二届物业管理协会理事成员、上海市质量协会会员单位、上海市物业管理行业协会的常务理事单位、公司以"方方面面的安全、时时刻刻的温馨"为经营理念,以管理购物中心、超市、卖场、百货商厦、大型综合商场等商业物业为特色,延伸高档商务楼、公寓、住宅小区等物业管理,形成了物业类型齐全、信誉良好的多种经营规模。该公司确定的质量方针是:安全管理、温馨服务、技术创新、质量提升、追求顾客完全满意。

分析:该质量方针与企业的经营理念完全一致,既包括了对企业的自我要求,也包括了对业主的承诺,方针的前16个字是企业的自我行为规范,强调的是安全第一,这与企业的主要管理类型——商业物业的特点密不可分;温馨服务,是服务行业必须做到的;技术创新,是企业发展不竭的动力。这些为的都是同一个目标,对内永不停止对质量提升的追求,这也是实现对业主和物业使用人的承诺——完全满意的先决条件。

想一想:如果你是该公司的一员,对照质量方针,你应该怎样去开展工作。

单元二 质量管理体系的建设

学习目标
1. 熟悉实施质量管理体系的步骤,具备物业管理质量管理体系建设的组织协调能力。
2. 掌握质量管理体系文件的编写,具备物业管理质量管理体系文件的基本撰写能力。

〖 实施质量管理体系的步骤 〗

1. 聘请顾问

实施质量管理体系是一项专业性、理论性很强的工作。物业服务企业初步导入质量管理体系应当聘请一位既精通质量管理体系、又有一定的物业管理经验的专业人士作为导入质量管理体系的专业顾问。其作用是指导企业的导入工作,协助建立物业管理文件化的质量体系,指导质量管理体系在本企业有效运行、培训员工。

2. 任命管理者代表

物业服务企业在实施质量管理体系时,应当首先由企业总经理任命一位管理者代表,协助自己领导质量管理体系的导入和维持改进工作。领导力量的强弱对导入质量管理体系至关重要,因此管理者代表一般由副总经理或总经理助理担任,其职责是:负责组织并协调质量体系的建立、实施、维持和改进;检查和报告质量管理体系的运行情况;协助总经理作好管理评审;主持质量管理体系文件的编制、实施。其主要权限是:处理与质量管理体系运行有关的问题;任命内部质量审核组长。

3. 成立品质部

质量管理体系的导入和维持改进是一项长期的工作。为使质量体系在企业的运行得以有效维持，应当在实施质量管理体系之初成立专门的质量管理体系控制、实施部门即品质部（规模较小的物业管理企业也可以由办公室兼任），其主要作用是：在建立文件化质量体系阶段，负责编写本企业的质量管理体系文件；在运行阶段负责质量管理体系文件的发放、控制；运行质量的审核、控制、维持和改进；负责员工的培训和质量管理体系的对外联系工作及员工的绩效考评实施工作。

品质部的员工均由企业管理者代表从各部门的业务骨干中抽调组成。员工要求：具有较高专业理论水平和文化知识，熟悉本部门专业工作，思维敏捷，原则性强。一般按每职能部门抽调1~2名员工为宜。

4. 抽调业务骨干送外培训

导入 ISO 9000 质量管理体系，首先需要公司主要干部和从事质量管理体系专业管理的员工熟练理解质量管理体系的基本理论。企业开始实施质量管理体系之初，应当组织企业主要干部和品质部员工接受质量管理体系基本理论的培训，以更好地理解质量管理体系在物业管理中的重要意义，更好地支持质量管理体系的实施。品质部员工除应接受质量管理体系基本理论的培训外，还应接受如何编写本企业的质量管理体系文件的培训。

5. 建立文件化质量管理体系

文件化质量管理体系的建立主要是指企业质量管理体系文件的编制工作。

（1）**质量管理体系文件编写的基本要求**

1）满足 ISO 9000 相关标准的要求。

2）与物业管理的实际水平和实际要求要适应。

3）全面完整，覆盖物业管理服务的全部阶段和过程。

4）具有可操作性、可检查评价性。

5）与现行法律法规、规章政策保持一致。

6）注意物业管理的行业特点。

7）切忌生搬硬套质量管理体系相关理论。

（2）**质量管理体系文件的编写顺序**

1）首先结合质量管理体系的基本要素和标准要求反思自身的工作。

2）在充分理解质量管理体系要素的基础上，着手将本企业所有管理服务加以分类和归纳。

3）写出编写大纲。

4）画出每一个作业规程的作业流程图。

5）开始着手编写：先编制"工作规程文件"，解决怎样操作的问题；再编制"程序文件"，解决怎样控制实施的问题；最后编制"质量手册"。

（3）**质量管理体系编写的基本原则**

1）"说你所做的"。编写时一定要结合自己的工作实际来写，做什么、需要做什么、应当怎样做则怎样写，质量管理体系文件就是对工作及工作要求的真实反映。

2）"该说的一定要说到"。物业服务企业的质量管理体系文件特别是作业规程一定要全面。不应认为有游离质量管理体系之外的工作，不应认为哪些工作是和质量无关的工作，因此编制质量管理体系作业规程时应力求全面、真实地反映工作的实际需要，凡是不编制文件就可能引起工作失误的都应当以规程加以描述和控制。

3）"重新反思管理"。编制作业规程的工作同时也是对现行工作进行认真反思的过程。"反思"就是依据质量管理体系和现代管理的要求从效益、制约、成本、创新上去反思原有的管理水平，找到不足后加以改进。质量管理体系文件绝不仅是对原有工作的归纳和总结。

4）"预防为主"。质量管理体系文件特别是作业规程建立的目的是规范员工的工作行为，确保工作质量。因此在编制文件时一定要将可能在物业管理服务工作中发生的问题预先性地在文件上用规程、制度加以预防。质量管理体系文件的主要作用就是通过建立完善的工作制度，法制化地预防、制约工作中的失误。

5）"持续改进"。不应认为一次性编制完毕质量管理体系文件就可以健全制度、杜绝隐患，就可以一劳永逸。编制、修改作业规程是一项永久性的工作。

6）"语言通俗明白、繁简适宜"。编制的作业规程应让最基层的员工看明白。

7）"编写的是物业管理文件"。编制文件引用标准要素时，一定要结合物业管理的特点去编、结合所管物业的特点去编。

6. 将质量管理体系文件送交各部门审核

质量管理体系文件初步编制完成后，管理者代表应立即着手组织将文件送达各实施部门主要负责人手中，对文件规定的内容展开全面、自由、无限制的论证。论证的标准为：是否适宜、是否全面、是否正确。

品质部应将讨论结果加以汇编后报总经理和管理者代表，最后依据合理的审核意见对质量管理体系作一次全面修改。

7. 内审员培训

在质量管理体系文件编制完毕后，应及时安排品质部员工和管理者代表、总经理和公司其他主要干部外出接受质量管理体系内部质量审核员的培训，为质量管理体系的有效运行打好基础。品质部员工应当参加培训考试合格后获取国家技术监督局颁发的企业注册内部质量审核员证书。

公司总经理应当以文件的形式在质量管理体系试运行前正式任命品质部成员为物业管理企业内部质量审核员。

8. 员工培训

在质量管理体系试运行之前，企业总经理应主持召开全体员工质量管理体系贯标动员大会，为推行质量管理体系做好思想认识上的准备。

管理者代表在将质量管理体系文件下发至各部门后，应立即组织企业员工全方位地执行质量管理体系文件的培训，培训应注意多层次、全方位地开展，直至员工基本都能理解和掌握文件的要求方可。

9. 质量管理体系试运行

质量管理体系下发培训完成后，开始进入试运行阶段。试运行阶段时间一般为 2 个月左右，其目的一是为了检验质量管理体系文件的适宜性和有效性；二是为了让员工严格执行质量管理体系文件，养成良好的规范习惯，为质量管理体系在企业的正式推行打好基础。试运行的要求是：按文件要求作业，严禁随意操作；按文件要求记录，严禁弄虚作假；反映问题通过正常渠道向品质部反映，严禁诋毁文件。

为了保证质量管理体系的有效试运行，企业应当制定严厉的惩罚措施来确保执行的严肃性（此阶段也称作强制阶段）。

10. 进行第一次内部质量审核

在质量管理体系试运行一段时间（1 个月左右）后，管理者代表应安排企业品质部对质量管理体系的运行质量进行第一次内部审核。审核的目的主要是：评价质量管理体系试运行的质量；评价文件化质量管理体系本身的质量；有针对性帮助员工解决推行质量管理体系时出现的问题；严肃纪律，确保推行的真实性和有效性。第一次内部质量审核应当邀请企业外部专家协助进行。

11. 修改质量管理体系文件

在质量管理体系试运行完毕后，管理者代表应当组织品质部对企业的质量管理体系进行一次全面修改。修改的内容是：废止不适宜的作业规程，增补遗漏的作业规程，修改不适宜、可操作性差、评价性差的作业规程。经修改后的质量管理体系文件，应达到具有较强的操作性，和企业的运作实践相符合，完善周到、详细明了、严谨规范，具有较强的可检查、可评价性。

12. 质量管理体系的运行与维持

总经理在文件化质量管理体系基本完善后，以正式通知的形式开始质量管理体系在企业的全面运行。质量管理体系实施运行的基本要求是："做你所说"——严格按文件工作，严禁随意作业、不按规程工作；"记你所做的"——严格依照工作的实际情况进行记录，严禁弄虚作假；不允许抵触质量管理体系的推行。

品质部和各部门管理者是质量管理体系是否能得以有效推行的保障。品质部通过随时抽检和定期内审来纠正、预防推行中出现的问题；各级管理者则通过随时随地的工作检查和批评教育、行政处罚来保证质量管理体系的有效执行。

13. 进行第二次内部质量审核

在质量管理体系运行 2 个月左右的时间时，管理者代表应开始着手安排第二次内部质量审核。内审的目的是：发现执行中出现的不合格，发现文件体系中的不合格，有针对性帮助员工解决推行中的各类问题。内审后审核组应召开内审会议，分析出现不合格的原因，进一步完善文件化质量管理体系，惩处主观上故意抵制质量体系推行的员工，提高员工的工作水准。第二次内审后，品质部应依据审核结果和员工合理建议进行修正、完善质量管理体系。

14. 预审

预审是认证机构在正式审核之前对申请认证单位进行的一次预备审核。其目的是为了事先充分了解申请认证单位的质量管理体系实际情况以便做出是否进行正式审核的决定。

当质量管理体系已经有效、平稳地运行了一段时间（至少3个月以上）后，物业服务企业可以向质量管理体系认证机构提请认证并预约好认证前的预审核。认证预审由企业提前2个星期向认证机构报送企业质量管理体系的一级文件（质量手册）、二级文件（程序文件），经认证机构审核通过后，双方约定好预审的时间。

预审时间由企业管理者代表安排接待，全体员工均应在预审时恪守职责、认真工作，以确保预审的顺利进行。预审完毕后，企业品质部应当依据认证机构审核员的审核意见，进一步修改质量管理体系文件，并监管执行。

15. 现场认证

预审通过后，企业应根据认证机构正式现场认证的时间来积极迎接现场认证。为迎接认证机构的现场认证，应该整理好所有的原始记录、整理好所有的文件，按文件规定做好物业硬件设施迎检准备工作，以良好的精神风貌和工作状态迎接认证的准备工作。

总经理应亲自组织安排现场认证的准备工作，在认证机构进行现场认证时企业全体员工应积极配合作好认证工作。

16. 通过质量管理体系认证

一般情况下经认证机构现场认证审核通过后，企业即为通过质量管理体系认证，将获得质量管理体系认证证书。

17. 复检、维持与改进

企业通过质量管理体系认证后，认证机构将每年定期将对企业进行一次复审，以维持质量管理体系的有效性。

品质部作为企业日常维持质量管理体系的管理部门，应依据内部质量审核管理标准作业规程和日常抽检工作标准作业规程，有效地监督质量管理体系的运行。

质量管理体系是一个持续改进的体系，品质部应当视物业管理市场和工作实际的发展变化，不断地改进和完善质量管理体系。一般情况下，质量管理体系文件每年至少应修改一次。

〖 **质量管理体系文件的编写** 〗

1. 质量管理体系文件的作用和特征

质量管理体系文件是描述质量管理体系的一整套文件，它好比"通向质量的交通路线图"，给出了切合实际的达到质量目标的方法。

（1）质量管理体系文件的作用

1）表述质量管理体系：明确职责和权限，处理好接口，使质量管理体系成为职责分明、协调一致的有机整体。

2）审核的依据：证明过程已经被确定，证明程序已被认可并已开展和实施，证明程序处于更改控制中。

3）质量改进的保障：依据文件确定如何实施工作及如何评价业绩，当把质量改进成果纳入文件，变成标准化程序时，成果可得到有效的巩固。

（2）质量管理体系文件的特性

1）制度性。质量管理体系文件一经批准实施，就必须执行；文件修改只能按规定的程序进行；文件作为评价实际运作的依据。

2）唯一性。任一单位、组织只能有唯一的质量管理体系文件系统；系统内任一项活动只能规定唯一的程序。

3）适用性。质量管理体系文件无统一格式；无标准文件；追求适用性和实用性。

2. 质量管理体系文件的层次和内容

典型的质量管理体系文件层次和内容用图来表示比较直观、易于理解。如图16-1所示，典型的质量文件包括四个层次（其中文件的任何层次都可分开被引用或合并）。层次A：质量手册，层次B：程序文件（如质量管理体系程序），层次C：工作规程文件（如作业指导书、质量计划），层次D：质量记录。

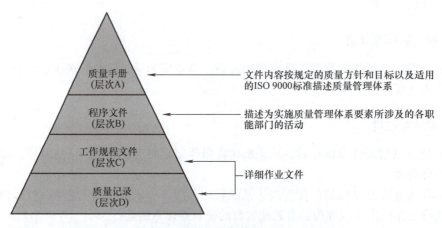

图 16-1 典型质量管理体系文件层次图

编制质量管理体系文件时应满足或考虑以下因素：

（1）**质量管理体系文件的系统性**　质理管理体系文件应反映一个物业服务企业质量管理体系的系统特征，应对影响服务质量的技术、管理和执行人员等的质量行为控制作出规定。体系文件的各个层次、文件与文件之间应做到层次清楚、接口明确、结构合理、协调有序，要素或内容选择剪裁适当。

要做到以上各点，在策划、编制质量管理体系文件时，应从一个组织质量管理体系的整体出发，所有文件都应在统一的指导思想、统一规划、统一步骤下进行。

（2）**质量管理体系文件的适用性**　质量管理体系文件的标志和形式应充分考虑企业的特点、组织规模、质量活动的具体性质以及组织自身的管理经验等因素。此外，质量管理体系文件的适用性和协调性还取决于人员的素质和技能以及培训等因素。

（3）**质量管理体系文件的见证性** 质量管理体系文件可作为本企业体系有效运行的适用性证据和向顾客、第三方证实本企业质量管理体系运行情况的有效性证据。例如，对审核来说，质量管理体系程序文件就可作为下列方面的客观证据：

1）过程已被确定。

2）程序被批准。

3）程序处于更改控制之中。

只有在这种情况下，内部或外部审核才能对部署和实施两者的适用性提供一个有意义的评价。

（4）**质量管理体系文件的高增值性** 质量管理体系文件的编制和使用是一个过程，这个过程是一个动态的高增值的转换活动。质量管理体系文件将随着质量管理体系的不断改进而完善，而这种动态的"增值"作用对质量管理体系的影响也将越来越显著。

（5）**质量管理体系文件的法制性** 质量管理体系文件是一个企业实施质量管理和质量保证活动的行为准则。体系文件应该在总体上遵循质量管理体系的要求以及国家或上级的有关法规的要求，同时，也应结合本企业的特点。对企业内部，质量管理体系文件是必须执行的法规性文件。

3. 质量手册的编写

（1）**质量手册** 质量手册是证明或描述质量管理体系的主要文件。从典型质量管理体系文件层次图（图16-1）中，我们能清晰地看到，质量手册作为质量管理体系文件的层次A，就决定了它是纲领性文件。

质量手册涉及企业的全部活动或部分活动，其标题和范围反映其应用领域。质量手册通常包括：

1）质量方针。

2）影响质量的管理、执行、验证或评审工作的人员职责权限和相互关系。

3）包涵所有质量管理体系要素。

4）关于手册评审、修改和控制的规定。

（2）**质量手册的应用**

1）当质量手册用于质量管理的目的时可称为质量管理手册，质量管理手册仅为内部使用。

2）当质量手册用于质量保证的目的时可称为质量保证手册，质量保证手册可供外部使用。

3）论述同一体系的质量管理手册和质量保证手册在内容上不应有矛盾。

（3）**质量手册的目的和作用**

1）编制质量手册的主要目的。编制质量手册的目的是传达企业的质量方针、程序和要求；规定改进的控制方法和促进质量保证的活动方式；当情况改变时，保持质量管理体系及其要求的连续性；按质量管理体系要求及相应方法培训人员；对外展示其质量管理体系，证明其质量管理体系与客户或认证机构所要求的质量管理体系标准相符合。

2）编制质量手册的作用。质量手册可作为对质量管理体系进行管理的依据；作为质量管理体系审核或评价的依据；作为质量管理体系存在的主要证据。

（4）**质量手册的编写步骤**

1）主管机构的组成和责任。由经授权的主管机构来负责质量手册编写过程中的协调控制工作。主管机构可以是一个人，也可由来自一个或多个职能部门的一组人组成。主管机构的责任是保证质量手册草案的准确和完整，对其内容、编写风格及与其他文件的协调性负责。

2）编写步骤：

① 确定并列出现行适用的质量管理体系方针、目标和程序或编制相应的计划。

② 依据所选用的质量管理体系标准确定相应的质量管理体系要素。

③ 使用各种方法，如调查或面谈，从各个方面搜集涉及质量管理体系和做法的资料。

④ 从业务部门搜集补充的原始文件或参考文献资料。

⑤ 确定待编手册的格式和结构。

⑥ 根据预定的格式和结构将现有文件分类。

⑦ 使用适于本企业的任何其他方法，完成质量手册草案的编制。

此外，根据《质量管理和质量保证》国际标准的实践以及已获准认证企业的经验，还应强调：

① 可以直接引用质量管理体系程序，而没有必要重复质量管理体系程序的细节；也可引用公认的标准或其他文件作为参考，以避免质量手册篇幅过长。

② 手册发布前，应由企业的管理者对其进行最后的审核，以保证清晰、准确、适用和结构合理。也可请预定的使用者对手册的可行性进行评定，然后批准发行，并在所有文本中标出批准的识别标记。

③ 经批准的手册内容（无论是整本还是按章节）应保证所有使用者都能适当使用。按序列号为接受者提供的文本能保证合理的发放和控制。管理部门应保证单位内每个使用者都熟悉手册中与其有关的内容。

④ 规定手册编制、控制和更改协调的办法。这项工作应委派给合适的文件管理部门。

⑤ 文件发行和更改控制对确保手册内容严谨审批是至关重要的。应考虑使用便于进行实际更改的方式，经审批的手册内容应该易于识别。为了保持每本手册的现行有效，手册的持有者应将签收更改页夹入手册中。

（5）质量手册的结构

质量手册共分八章，常见结构如下：

1. 质量手册综述

    1.1 质量手册目录

    1.2 质量手册修改控制

    1.3 术语

2. 企业概况

3. 质量方针和质量目标

4. 组织机构及职责

5. 管理职责

6. 资源管理

7. 产品实现

8. 测量、分析和改进

[阅读资料16-1] 质量手册范例（节选），参见本书配套资源。

4. 程序文件的编写

（1）**程序文件** 程序文件作为质量管理体系文件的层次B，是描述实施质量管理体系要素所涉及的各个职能部门的活动，是质量手册的基础。程序是完成某项活动的先后次序，描述程序的文件称为程序文件，是质量手册的支持性文件。程序文件应包括以下内容：

1）对影响质量的活动做出规定。

2）应包含质量管理体系中采用的全部要素的要求和规定。

3）每一个程序文件应针对质量管理体系中的一个逻辑上独立的活动。

4）对每一个程序文件的要求都应能回答"5W1H"，即做什么（What）、什么时间或时机去做（When）、什么地点要求什么场合做（Where）、由谁去做（Who）、为什么这么做（Why）以及如何做（How），包括如何确定保障条件等。

（2）**程序文件的作用**

1）使质量活动能够控制：①对影响质量的各项活动做出规定；②规定各项活动的方法和评定的准则，使各项活动处于受控状态。

2）阐明与质量活动有关人员的责任：①职责；②权限；③相互关系。

3）作为执行、验证和评审质量活动的依据：①程序的规定应在实际活动中执行；②执行的情况应留下证据。

（3）**程序文件的编制**

1）拟定程序文件清单：①确定必须开展的质量活动及该活动的职能部门；②整理现有文件，视其是否符合要求，分别给予废除、修改、采用或重新制定；③根据企业实际情况及质量管理体系要求列出程序文件清单。

2）制定内部程序文件编写导则：①规定本企业的程序文件的格式及风格；②规定程序文件的编号方法；③规定所使用的名词、术语、缩略语、称呼、代号等；④注明编写程序文件应注意的事项。

3）制定程序编写计划：①确定编写人员，由熟悉该项质量活动并受过GB/T 19001—ISO 9001：2000标准知识培训的人员承担；②根据工作进展要求及各部门的工作量而制定计划表。

（4）**程序文件的结构**

1）封面。可在单份或整套程序文件前加封面，便于识别文件和进行文件控制。

2）刊头。在每页文件的上部加刊头，便于文件的控制和管理。

3）刊尾。在每页文件或每份文件的末页底部加刊尾，说明文件的起草、审批、会签等情况。

4）修改控制页。可单设或与封面、其他附页合并，说明文件修改的历史情况。

5）正文部分

① 说明制定程序文件的目的。

② 程序文件的适用范围。

③ 实施程序的责任者的职责和权限。

④ 程序内容的描述。

⑤ 程序涉及或引用的其他文件。

（5）程序文件的编制要求　在 ISO 9000 系列标准中，对质量管理体系程序文件的要求分成了两大类。一类是"本国际标准要求的形成文件的程序"，明确规定必须建立的程序文件共有六处：一是文件控制，二是记录控制，三是内部审核，四是不合格的控制，五是纠正措施，六是预防措施。以上六处是对各种组织共性的要求，不包括产品实现过程所需要的文件。另一类是组织要求的文件，主要指产品实现过程所需要的文件，由组织根据其自身类别和所采用的过程规定应制定的文件。除此之外，根据已获认证物业服务企业的经验，还应满足以下要求：

1）逻辑性。每一个程序文件涉及质量管理体系中一个逻辑上独立的部分；应按照质量活动的逻辑顺序展开描述。

2）协调性。程序文件应起到承上启下作用，上与质量手册内容相吻合，下与工作规程文件（作业指导书）、质量记录相衔接；各程序文件描述的质量活动之间要协调；与其他规定相协调。

3）可操作性。程序文件目的明确，叙述通过什么方法和手段实现该项质量活动的目的；责任明确，规定了责任人及其权限，工作接口方式，避免工作相互推诿；步骤清晰，按质量活动的顺序描述；便于监督检查，规定应做的记录，为事后检查提供依据；语言准确、明了、措辞严谨，执行中不易引起混淆。

［阅读资料 16-2］　程序文件范例物业管理方案编制程序，参见本书配套资源。

5. 工作规程文件的编写

（1）工作规程文件　工作规程文件（详细作业指导书）属于质量管理体系文件的层次 C，其含义包括了除质量手册、程序文件外所有涉及质量管理体系的文件。

工作规程文件是质量手册和程序文件的引出文件，起进一步延伸和具体化的作用。作为详细的作业文件，用于细化具体作业过程和作业要求。

（2）工作规程文件的内容及编写

1）工作规程文件的内容：①用于规定某一具体方法和要求的作业指导书；②用于规定某一具体管理活动的具体步骤、职责和要求的管理细则；③用于指导相对独立的标准操作规范。

这类工作文件的内容应该满足"4W1H"原则和"最好、最实际"的原则。

"4W1H"原则为：在哪里使用该作业指导书（Where），什么样的人使用该作业指导书（Who），此项作业的名称是什么（What），此项作业的目的是干什么（Why）以及如何按步骤完成作业（How）。"最好、最实际"的原则为：最科学、最有效的方法，良好的可指导性和良好的综合效果。

2）工作规程文件的编写方法包括：

① 清理。清理现有文件，分析现有文件的正确性与充分性，列出需补充、修改的文件目录。

② 落实编写职责和计划。落实补充、修改、整理、加工文件的责任，明确工作要求，落实文件审查人员的责任和要求。

③ 协调性、可操作性的审核。文件使用人员、文件管理人员和负责人进行审查。

④ 试用与批准。通过试用考察其正确性、完整性和可操作性；按程序更改在试用中发现的不足方面，正式批准后发放执行。

3）工作规程文件的管理：①工作规程文件的批准，此类文件按规定的程序批准后才能执行，未经批准的此类文件不能生效；②工作规程文件是受控文件，批准后只能在规定的场合使用。

[阅读资料16-3] 物业消防系统设施设备承接查验标准工作规程，参见本书配套资源。

6. 质量记录的编写

（1）质量记录 质量记录是个"文件"，与其他文件的区别在于记录是对当时客观事实的陈述，不能进行修改。质量记录不仅要为记录者本人使用，而且要提供给别人（如管理者、业主和使用人、评定机构以及相关人员等）使用。

质量记录包括两类：

1) 一是与质量管理体系有关的记录，如质量管理体系审核报告、质量成本报告、质量培训/考核记录等。

2) 二是与特项服务有关的记录，如质量检验记录、不合格项目处置报告等。

（2）质量记录的作用 质量记录是质量管理的一项重要基础工作，是质量管理体系中的一个关键要素，其主要作用有：

1) 质量记录是信息管理的重要内容。离开及时、真实的质量记录，信息管理就没有实际意义。

2) 质量记录是记载过程状态和过程结果的文件。

3) 质量记录是一种客观证据，是一个组织质量保证的证实文件。

4) 质量记录为采取预防措施和纠正措施提供依据。

5) 质量记录有利于产品标识的可追溯性。

（3）质量记录的编制方法 质量记录的设计应与编制程序文件或工作规程文件同步进行，以使质量记录与程序文件协调一致，接口清楚。

1) 清理。清理现有质量记录表格，分析现有质量记录表格的正确性与适用性，列出需补充、修改的质量记录目录。

2) 落实编写职责和计划。落实补充、修改质量记录工作的责任，落实质量记录表格审查人员的责任，明确工作要求。

3) 质量记录表格的编制、修改和审查。按职责编写或修改质量记录表格，按职责审查每一份质量记录表格。

4) 试用。将各质量记录表格投入试用，跟踪并评价试用情况，修改不适用、不完善的部分。

5) 批准并印刷。按权限批准质量记录表格，发放给各有关人员使用。

思 考 题

16-1 在物业管理服务中常用的质量管理体系有哪些？简述对各自的基本认识。

16-2 简述实施质量管理体系的步骤。

16-3 编制质量管理体系文件时应满足或考虑的特点有哪些？

16-4 什么是质量手册？质量手册通常包括的内容是什么？

16-5 程序文件的要求回答"5W1H"，具体指的是什么？

16-6 工作规程文件内容应该满足"4W1H"，具体指的是什么？

16-7 什么是质量记录？质量记录有哪两类？

学习情境十七

物业档案管理

单元一 知识准备

学习目标
1. 了解物业档案、物业档案管理相关知识，并能在实践中灵活运用。
2. 熟悉物业档案的种类、归档范围，能对物业档案进行正确分类。

〖物业档案概念、内容与形式〗

物业档案是指在物业服务活动中形成的，反映物业状况、业主和使用人变迁以及物业服务企业管理服务、经营活动情况，具有保存、查考利用价值的不同形式与载体的历史记录。记录形式主要有文字、图表、声像等；载体为纸媒介和电子媒体（硬盘数字存贮）等。

物业档案的内容主要包括物业权属资料、技术资料和查验文件；业主和物业使用人权属档案资料、个人资料；物业运行记录、物业维修记录、物业服务记录、物业管理相关合同和企业行政管理资料。

物业档案的形式多样，主要有档、图、卡、册、表。"档"是指在物业管理服务过程中形成的各类文字材料，包括早期介入文件、承接查验文件、物业服务合同、业主投诉/报修记录等，它是物业档案的主要组成部分；"图"是指与物业相关的各类图纸，如房屋平面图、水电气线路图、给水排水管道图等；"卡"是指根据需要制作的内容浓缩、搜索方便的各类卡片，包括设备保养卡、维修记录卡等；"册"是指为增加信息容量、提高工作效率而将同一业务信息汇合在一起形成的便于查阅的文字材料，如业主交费底册等；"表"是指业主情况登记表、房屋质量验收登记表等各类表格。

物业档案是物业项目服务基本状况的综合反映，是开展物业管理各项工作的基础和依据。其作用表现为：物业本身的档案是物业管理中维修养护、更新改造必不可少的重要依据；业主和物业使用人档案是开展管理服务的前提和基础；具有一定的凭证作用；是开展物业管理研究的基本统计素材。

〖物业档案的种类〗

物业档案一般是按照物业管理的流程进行分类的,分为物业承接查验期档案、物业入住期档案和日常物业管理期档案。

1. 物业承接查验期档案

物业承接查验期档案主要是被承接查验物业及其附属设施设备的权属、技术和验收文件,即权属资料档案、技术资料档案和验收文件档案,一般称为物业基础资料档案。

2. 物业入住期档案

物业入住期档案主要是业主和物业使用人的权属资料、个人资料,其内容范围是业主资料和相关资料,即未来的主要服务对象的权属档案和个人档案。

这类档案需要业主和物业使用人的积极配合,需向业主明确说明建立档案的益处,并加强管理,避免出现因业主和物业使用人个人资料泄漏导致的不必要的法律纠纷。

3. 日常物业管理期档案

日常物业管理期档案主要包括物业运行记录档案、物业维修维护记录档案、物业服务记录档案和物业服务企业行政管理档案。物业运行记录档案包括建筑物运行记录和设施设备运行记录等;物业维修维护记录档案包括建筑物维修维护记录和设施设备维修维护记录等;物业服务记录档案包括小区及共用设施清洁服务记录、小区安全巡视记录、小区业主装修管理服务记录、小区增值服务记录、会所服务记录、社区活动记录和服务与投诉管理记录等;物业服务企业行政管理档案包括物业服务企业(物业项目管理处)人事、行政等相关部门的各类文件。

〖物业档案管理的概念与归档范围〗

物业档案管理是对物业资料的综合管理,是指在对物业的购置、维修变迁和管理过程中所形成的各种图、档、卡、册、表等物业资料经过收集和加工整理分类,运用科学的方法进行的综合管理,主要通过物业项目管理处实施。

物业档案管理工作的主要内容是档案资料的收集、整理、保存和利用等。物业档案管理的归档范围包括业主档案、物业项目档案和行政管理档案。

1. 业主档案

业主档案是指与物业管理区域内业主和物业使用人有直接关联的或由业主和物业使用人在工作、生活中形成的对物业管理工作具有保存价值的文字、图表、声像等历史记录。

业主档案的形成者包括:业主和物业使用人、探访业主和物业使用人的来访者、业主大会或业主委员会与物业服务企业相关的文件资料。

(1)业主 业主是物业的所有权人,因此,业主的资料是物业项目管理处最重要的客户资料,这其中包括业主的家属,他们也是物业服务企业的服务对象之一。

针对业主需要收集的文件材料包括:

1）业主详细资料登记表。

2）产权登记及权属变更材料。

3）物业（包括房屋、车库）购置合同及身份证复印件。

4）与物业服务企业签订的物业服务合同、管理规约等。

5）家庭主要成员登记表。

6）入住手续全套资料。

7）房屋装修全套资料。

8）缴纳各种费用的凭证。

9）房屋维修资料。

10）与业主有关的其他材料。

（2）**物业使用人**　是指物业的承租人，即物业的使用权人，这也是物业项目管理处的服务对象。由于物业使用人有较大的流动性及不稳定性，因此收集物业使用人的档案需要更详细。

针对物业使用人需要收集的文件材料包括：

1）物业使用人详细资料登记表。

2）业主与物业使用人签订的租赁合同的复印件。

3）物业服务企业与物业使用人签订的合同、公共契约等。

4）家庭主要成员登记表。

5）交接手续全套资料。

6）房屋装修全套资料。

7）物业使用人缴纳各种费用的凭证。

8）房屋维修资料。

9）与物业使用人有关的其他材料。

（3）**探访业主和物业使用人的来访者**　是指探访业主和物业使用人的外来人员。对于来访者，物业服务企业主要是通过来访登记簿对其实行约束管理的。物业项目管理处通过登记来访者姓名、被探访者姓名、被探访者住室、出入时间等掌握其行踪。来访登记簿是物业项目管理处需要保存的档案，假设事后发现异常，可以通过翻查来访登记核对或寻找证据。

（4）**业主大会和业主委员会**　业主大会和业主委员会档案是全体业主在行使权利、义务等自我管理活动中形成的各种文字、图表、声像等文件材料。

针对业主大会和业主委员会需要收集的文件材料包括：

1）业主大会和业主委员会关于筹备、换届、选举、人员变更情况等文字材料。

2）业主大会和业主委员会制定的章程、制度、公约等文字材料。

3）业主委员会发出的各种通知、会议记录、纪要及形成的报告等文字材料。

4）业主委员会采用招投标选聘物业服务企业形成的选聘方案、标书、标底、评标结果、中标协议书以及有关合同、招标会议记录等文字材料。

5）业主委员会与物业服务企业协商备忘录等文字材料。

业主大会和业主委员会形成的档案属于物业产权人及物业使用人共同所有，但在一般情况下，由于业主委员会不具备档案管理的基本条件，往往由物业项目管理处代为保管。那么，在实践中物业服务企业一要注意尊重业主大会和业主委员会的权利，二要注意一旦条件具备时，应及时、完整地将这些档案返还给业主委员会。

2. 物业项目档案

物业项目档案是指物业项目在形成与使用过程中所留下的对物业项目管理处在该物业项目管理活动中具有查考和保存价值的各种文字、图表、声像等历史记录。

（1）产权与工程技术资料

1）住宅区规划图纸、项目批文、用地批文。

2）建筑许可证、投资许可证、开发许可证。

3）拆迁安置资料。

4）红线图、竣工总平面图。

5）地质勘察报告、开工竣工报告、图纸会审报告、工程设计变更通知单。

6）工程合同、工程预决算资料。

7）竣工图。

8）单位建筑、结构及隐蔽工程竣工图，消防、燃气等工程及地下管网竣工图，房屋消防、燃气竣工验收证明书，水电、消防等设备的检验合格证书及设备技术资料。

9）主要材料质量保证书，新材料、配件的鉴定合格证书。

10）砂浆、混凝土块试压报告。

11）绿化工程竣工图。

12）住宅区各类房屋清单、出售房屋的产权范围或成本结算清单。

13）住宅区未完工的房屋共用设施设备及公共场地的竣工日期。

14）其他工程技术资料。

（2）装修档案

1）二次装修登记表，装修责任书。

2）施工单位资质证明、装修人员登记表。

3）室内装修设计平面图。

4）装修竣工图。

（3）维修资料

1）维修申请记录、回访记录。

2）维修派工单。

3）公共设施巡检记录。

（4）秩序维护和交通管理资料

1）日常巡视记录、交接班记录、值班记录、巡逻路线。

2）日常抽检记录、查岗记录、闭路电视监控系统录像带。

3）大宗物品搬入/出记录、突发事件处理记录。

4）车辆管理记录、车辆详细资料。

（5）设备设施管理资料（包括消防）

1）共用设备设施维修保养记录。

2）机电设备运行、巡视记录。

3）设备承包方案。

4）共用设备设施台账及更新记录。

（6）绿化清洁资料

1）清洁班检记录。

2）清洁周检记录。

3）绿化工作记录。

4）病虫害检查记录。

（7）社区文化资料

1）社区文化活动计划及实施情况记录。

2）社区文化活动图片及录像记录。

3）传媒报道资料。

4）文化活动场所、设施台账及使用记录。

（8）业主反馈资料

1）服务质量回访记录。

2）业主意见调查、统计记录。

3）业主投诉及处理记录。

3. 行政管理档案

（1）员工管理资料

1）员工个人资料，聘用记录。

2）员工业务考核及奖惩记录。

3）员工培训计划、培训档案、考核记录。

4）员工薪金变动及内务管理记录。

（2）行政文件资料

1）值班及检查记录。

2）财物记录。

3）内部管理规章制度、通知、通报等文件。

[案例17-1] 档案资料让物业管理公司节省百万余元

上海浦东新区某住宅小区，是浦东新区开发初期建造的安置房，前期物业管理由开发商自行管理。

2010年末，该小区成立业主大会，通过招投标方式，从社会上重新选聘了一家物业管理公司。新来的物业管理公司接手物业管理后，根据有关规定，将对该地区进行天然气通气。此时，有业主反映说，该地区的煤气管道有渗漏现象。物业管理公司立即进行检查，发现煤气管道都存在不同程度的锈蚀，情况严重的管道表面全部锈迹斑斑，并且有煤气渗漏现象。物业管理公司立即联系天然气公司的有关部门，对该地区煤气管道再次进行检查，天然气公司专业人员认为，天然气的压力比煤气高，鉴于煤气管道严重锈蚀，建议尽快调换煤气管道。

经测算，调换新的煤气管道，所需费用约为122万元。面对严重锈蚀的煤气管道和122万元的巨款，物业管理公司经理心急如焚。情急中他突然想到了接手该小区时的档案，档案中的资料应该是最完整的，能不能研究档案资料从中获得解决的办法？于是经理立即查阅资料。经查当时归档的案卷，该小区建造时涉及15家施工单位，其中自来水、煤气管所用管材基本上由

学习情境十七　物业档案管理

施工方供应，所用镀锌管的供货商为上海的两家建材公司，它们都是非正规建材供货单位，所用的管材是住建部已明令禁止使用的冷镀锌管。

鉴于以上情况，该物业管理公司立即起草了一份《关于某小区室内煤气管道严重锈蚀的情况》，并附上调查材料，送到了开发商手中，希望他们能予以配合，共同将这一问题解决。开发商有关领导看了调查情况后，认为该物业管理公司的请求是合理的，于是请物业管理公司委托天然气公司实地查勘，并报预算，工程费用由开发商列支。物业管理公司随即与天然气公司联系，签订了工程合同，并以最快的速度对所有煤气管道进行了调换，及时消除了事故隐患。

分析： 档案资料对于一个物业管理公司来说，是一笔十分宝贵的财富。物业管理公司在提供管理与服务的过程中，会产生各种各样的文件、资料，这些原始资料是物业管理的基础资料，将它们整理、汇总起来，可以为许多日常管理和服务工作提供资料参考。具体地说，设备、设施的台账可以为设备、设施的维修保养提供依据，让维修人员清楚什么时候需要更换零件、什么时候需要维护保养；业主的基本信息可以使物业管理公司更好地为他们提供个性化服务。在关键时候，这些无声的资料会像证人一样"站"出来"说话"。案例中的物业公司正是利用了"当初提供煤气管道的供货商"这一资料，及时地发现了问题的症结所在，找到了解决问题的途径和办法。

想一想： 假设你是该物业管理公司的负责人，在查阅档案时找不到文中所提及的管材相关资料时，你会怎样做？

单元二　物业档案的收集与整理

学习目标

1. 掌握物业档案的收集方法，具备物业档案的收集能力。
2. 掌握物业档案的整理方法，具备物业档案的整理能力。
3. 掌握物业档案管理作业程序，具备物业档案管理工作的组织协调能力。

〖物业档案的收集〗

物业档案的收集就是根据物业管理相关要求，物业服务企业通过健全的制度和作业程序，将分散在各个物业项目、部门、个人以及其他地方的有保存及利用价值的资料，有组织、有计划地集中到档案管理部门，实现档案的统一管理。物业档案的收集是物业档案管理工作的起点，是实现物业档案集中、统一管理的基本途径。收集的关键是完整，即凡是具有保存价值的文件材料都必须收集，并确保所有图纸、文件材料的完整齐全、准确、翔实。

所谓完整齐全，就是从时间上讲，档案资料要包括从规划设计到竣工的全部工程技术资料，以及验收和日后管理过程中形成的各种资料文件；从空间上讲，档案资料要包括物业从地下到楼顶、从主体到配套、从建筑到环境，以及各相关主体等方面的资料。

收集过程中，要力争做到：纳入计划，明确责任，即将物业档案收集工作纳入物业档案管理的程序和计划，纳入物业档案管理人员的职责范围；形式要标准规范，即要坚持高标准、高质量，力求文件材料的形式、规格、各项技术指标和验收标准达到高度统一，符合档案工作的

243

标准化、规范化的要求；载体要丰富，即在收集纸质档案的同时，要重视收集感光档案和磁性档案。

物业档案的收集，除新资料的收集外，还包括物业档案的更新。所谓物业档案的更新，是指物业档案建立以后，由于业主的产权交易、物业使用人的更换、物业的改建等因素，都会造成物业档案内容的变化，因此，为保证物业管理工作的正常进行，物业项目管理处必须做好物业现状变更文件材料的及时归档工作，使物业档案保持完整、准确、系统，做到物业档案与产权档案一致。物业档案更新时，凡涉及物业现状情况变更的，如结构、式样、层次、建筑面积等，包括翻建、改建、扩建、部分拆除等，必须依据设计、施工图样，并根据物业测绘人员实地查勘后填写更改通知；凡涉及产权情况变更的，如产别、产权人姓名和单位名称、他项权利设定等，必须依据房地产转移变更登记文件或有法律效力的文件；凡涉及物业委托管理人变更的，要依据委托管理合同等。总之，有变更就一定要有相应的变更依据。

1. 物业承接查验期档案的收集

物业承接查验期的档案，如果是新建物业，收集索取的对象主要是开发商；如果是物业管理机构更迭，收集索取的对象主要是之前的物业服务企业（由业主提出）。其收集范围以《物业承接查验办法》为依据。

物业承接查验期档案的收集，一是收集时间较集中，一般集中在物业承接查验阶段，并与承接查验同步进行；二是档案收集的技术要求高，涉及面广，对物业服务企业的技术力量是一个重要的考验，收集处理不全或遗漏，会对日后的物业管理工作造成长远的影响。如建筑的验收涉及设计、施工等方面，中央空调、电梯等附属设施设备涉及机械制造、制冷、电机、微电子和计算机等各技术领域，对相关技术人才和管理人才的要求较高。

2. 物业入住期档案的收集

物业入住期档案的收集与入住期物业管理工作密切相关，需同步进行。在组织接待业主（或物业使用人）入住期间，应同时组织好档案资料收集所必需的准备工作，包括：

1）设立档案资料收集整理工作小组，由该工作小组专责进行档案资料的收集和整理。

2）专责工作小组按照业主权属资料、业主和物业使用人个人资料档案分组，并确定各自档案资料的收集范围、相关表格和收集程序。

权属资料一般包括房屋产权证、购房合同复印件等。个人资料一般包括身份证和户口本复印件、联系方式等。

上述资料均应核对原件，并以核对原件后的复印件作为档案资料保存。在档案资料收集后，应及时整理并归档。

3. 日常物业管理期档案的收集

日常物业管理期档案的收集，是根据物业服务企业的有关规定，物业项目管理处待日常物业管理期的有关文件一旦实施完毕，应及时收集。一般可由相关业务部门收集立卷后，每月、每季或每年上半年向档案室移交。具体的移交规定，可由企业根据自身情况来决定，除一些需跨年执行处理的文件或某些特殊载体的文件时间可延长外，一般不应超过1年时间。手续办理完毕的文件，不能由承办部门或个人保存，必须向档案部门移交。

4. 物业档案的更新

（1）**新登记案件另行归档**　这种做法归档工作容易组织，可制定新老档案号功能对照表将两者联系起来，新档是物业经营与管理的主要依据，老档作为参考。但缺点是物业管理的来龙去脉失去连贯性，查阅不够方便。

（2）**新登记案件归入原档**　这种做法对物业的来龙去脉交代清楚，查阅方便。但归档组织工作困难，要逐处考虑新老资料的联系，对归档人员业务要求较高，归档拆装的次数增多，资料易破损。

〖 物业档案的整理 〗

物业档案整理工作就是将处于零乱状态和需要进一步条理化的档案，进行基本的分类、组合、排列和编目，使之系统化。

物业档案整理工作的要求就是归档的要求。归档要求可概括为：凡是收集齐全、完整应当归档的文件材料，必须经过系统地整理，按照文件材料的形成规律和它们之间的历史联系进行分类、立卷，使案卷能准确反映物业的基本面貌。归档要求做到分类科学，组卷合理，排列有序，保管期限准确，装订整齐、牢固，案卷封面、脊背、卷内目录和备考表（异动记录）填制准确，字迹工整，图样清晰，载体和装具质地优良，便于保管和利用。物业档案整理的具体实施包括以下环节：

1. 鉴定

鉴定是指对准备保存的物业档案资料去粗取精、确定档案保存价值的工作。鉴定包括鉴定档案资料的价值和真伪。其具体工作，一是制定档案价值的统一标准及各种档案的保存期限表，档案的保管期限可以参考国家档案行政管理部门会同有关主管部门制定的档案管理期限表，结合自己企业的实际情况确定；二是具体分析其档案的价值，确定其价值的保存期限；三是把无价值和保存期限已满的档案按规定处理，根据文档的保存期限和性质，定期对其进行剔除和销毁。对于无价值的资料和保存期限已满的档案，经主管领导批准后销毁，同时应建立已销毁文档清单备查。

2. 分类

分类就是将档案按其来源、时间、内容和形式的异同，分成若干类别和层次，使其构成有机的体系以利整理、保管和利用的过程。分类是档案系统化的关键性环节，是档案工作标准化、规范化的一项重要内容。

一般档案的分类方法有：年度分类法、组织机构分类法、事件分类法。在多数情况下，是两种分类方法结合运用的，如年度 - 事件分类法、年度 - 组织机构分类法等。选择何种分类方法，应根据具体情况而定。

（1）**年度分类法**　按照档案形成的不同年代进行分类。

（2）**组织机构分类法**　根据立档单位的内部组织机构进行分类。

（3）**事件分类法**　按照档案所反映的事件进行分类。

（4）**年度 - 事件分类法**　先按照年度对档案进行类别的划分，再按照档案所反映的事件进行分类。如按年度将某物业服务企业档案分为2018年度、2019年度、2020年度等，然后分别在3个年度里又划分了房屋维修、设备设施维护、业主信息、公共秩序维护、绿化管理、保洁服务等类别。

（5）年度-组织机构分类法　先按照年度对档案进行类别的划分，再按照立档单位的内部组织机构进行档案分类。如按年度将某物业管理企业档案分为2018年度、2019年度、2020年度等，然后分别在3个年度里继续划分了工程部、财务部或者A项目、B项目等类别。

为便于全宗内档案分类工作的进行，应编制一份分类大纲，即分类方案作为档案分类工作的依据。所谓分类方案，亦称分类大纲，是指标列各个类目的名称、表示全宗内档案分类体系的纲要。类目是档案分类表的构成单元，是在性质上或特征上具有共同属性的档案的总称。分类方案编制后不是一成不变的，在具体操作过程中可根据实际情况加以修正和补充。如在前述的分类方法中，年度是一级类目，事件或组织机构是二级类目；然后在二级类目下可再根据需要设置下一级或若干级类目，如在组织机构下设置设备、仪器档案，设备、仪器档案还可根据设备仪器的种类或型号细分为电梯、音响、空调机、文体健身器材、计算机、电话机及其他等。

3. 物业档案的更改

物业档案的更改是指按照一定的原则、制度与要求，用特定的方法改变物业档案某些内容的一项工作。为了维护物业档案的准确性，保证物业档案同它所反映的物业管理活动的现实情况相一致，必须根据现实情况的变化，及时对有关的物业档案进行相应的修改和补充。这项工作也称为物业档案的动态管理工作。如某业主在填写入住表格时将自己身份证号码写错了，事后才发现，便提出更改身份证号码的要求，随后档案室根据有关规定实施更改，以保证档案的准确性。

物业档案的更改是一项严肃的工作，必须严格遵守更改制度的有关规定，严格按照更改程序和更改方法进行。

（1）更改权　文件材料归档后档案不能随便进行更改。如需更改，应指定专人负责。

（2）更改程序

1）提出更改理由。如发现档案记录的数据与现实情况不相符或有新的数据需要补充，应由当事人提出书面理由。

2）有关负责人审查。当事人提出更改理由后，有关负责人应进行核实。

3）做出更改决定，并写明更改内容。

4）填写更改表，交由档案室实施更改。更改必须同时更改档案实体和已从档案实体中提取出来的档案信息，更改完成后，应进行检查并将更改表附在所更改的案卷内。

（3）更改方法

1）划改，即对要更改的内容用45°的斜线轻轻一划，然后在旁边写上正确内容。

2）刮改，即将要更改的内容用刀片轻轻刮掉，然后填上正确内容。

3）更换，即用正确的文件替换有错误的文件。这种情况要在卷内备考表上说明。

更改之后，要盖上业务校对章，更改人签名，注明更改日期。

4. 立卷

立卷或称组卷，是指把具有保存价值的文件材料按照其形成过程中的联系和一定的规律组成案卷。其作用在于揭示档案文件之间的联系，使文件更加系统化、条理化，便于保管和利用。

案卷由两部分组成：一是经过整理的文件材料本身，二是整理过程中形成的卷内目录、卷内备考表、案卷封面封底、卷盒。卷内目录是指案卷内登记文件及其排列顺序的目录，通常排列在文件材料之前。卷内备考表是指说明案卷内文件状况的表格，通常排列在文件材料之后。

案卷有装订和不装订两种形式。物业档案的案卷有文字材料型（如行政管理类档案等）、图样材料型（如基建档案等）、图文混合型（如修缮档案等）、声像材料型（如照片档案等）四种类型。

常见的物业管理立卷类别有以下几种：

（1）**租赁档案**　租赁档案采用按房屋租赁单元立卷，即以一份租赁合约及其相关文件材料为一个立卷单位。如租赁合约签署的租赁地址为 2503 房，便将有关 2503 房的租赁文件材料组成一个案卷；如租赁合约签署的租赁地址为 2503～2509 房，便将有关 2503～2509 房的租赁文件材料组成一个案卷。原租赁关系解除后，房屋再次出租，所签署的租赁合约及其相关文件材料应另外组成新的案卷。同一房屋单元的不同时期组成的租赁档案在实体排架上并不集中在一起。租赁档案案卷内文件材料的排列按结论性材料在前、依据性材料在后；中文译文在前、原文附后；文字材料在前、图样材料在后的原则进行。例如，组卷时应将租赁合同排在最前面。

（2）**住户（租户）档案**　以房屋单元为立卷单位，即在一段时期内一个房屋单元的住户资料，包括有关入住手续、家庭概况等文件材料组成一个案卷。这里的"一段时期内"指的是该房屋单元的住户资料积累到了一定厚度的时间段，对于不同的房屋单元其时间段长短不同。同一房屋单元的不同时期组成的住户档案在实体排架上并不集中在一起。住户（租户）档案卷内文件材料按时间顺序排列，即形成早的材料在前、形成晚的材料在后。

（3）**修缮档案**　以房屋单元为立卷单位，即在一段时期内同一单元的修缮材料组成一卷。如属公共设施或重大项目维修产生的档案归入基建档案类。同一房屋单元的不同时期组成的修缮档案在实体排架上并不集中在一起。修缮档案案卷内文件材料的排列同样按结论性材料在前、依据性材料在后；中文译文在前、原文附后；文字材料在前、图样材料在后的原则进行。

（4）**物业房产档案**　以小区或物业项目管理处为立卷单位。

（5）**设备、仪器档案**　以一种或一套设备、仪器为立卷单位。设备、仪器档案按依据性材料→设备、仪器开箱验收→设备、仪器安装调试→设备、仪器运行维修→随机图样排列。随机图样也可单独立卷。

（6）**基建档案**　以一个项目或一项工程为立卷单位。基建档案按依据性材料→基础性材料→工程设计（含初步设计、技术设计、施工设计）→工程施工→工程竣工验收排列。

（7）**行政管理档案**　按年度 - 事件 - 保管期限进行立卷，即将同一年度形成的同一事件且同一保管期限的文件材料组成一卷。卷内的文件材料按事件、时间或重要程度排列。

（8）**人员档案**　以个人为立卷单位。卷内文件材料先按材料类别再按形成时间先后排列。人员档案卷内文件材料可分成履历材料；自传材料；鉴定、考核、考察材料；评定岗位技能和学历材料，包括学历、学位、学绩、培训结业成绩表和评定技能的考绩、审批等材料；政审材料；加入中国共产党、共青团及民主党派的材料；奖励材料；处分材料；招用、劳动合同、调动、聘用、复员退伍、转业、工资、保险福利待遇、出国、退休、退职等材料；其他可供组织参考的材料等 10 大类。

（9）**财务档案**　财务档案按形式 - 年度 - 保管期限进行立卷，即将物业项目管理处形成的财务档案，先按财务报告类、会计账簿类、会计凭证类、工资单或其他四种形式分开，再按会计年度分开，最后按永久、定期（25年、15年、10年、5年、3年）等不同保管期限分别立卷。案卷顺序号按属类内（财务报告、会计凭证、会计账簿、工资单及其他）年度流水编号。卷内文件材料按时间顺序排列。

（10）荣誉档案　按荣誉档案的形式进行分类，以件为立卷单位。

（11）声像档案　照片（含底片）及JPG格式文件、数码资料、录音、录像等。照片，以张为单位立卷。照片的底片应单独整理与存放，照片和说明一同整理和存放。一般应以照片的自然张为单位编写说明，一组联系密切的照片应加总说明。JPG格式文件的立卷方法与照片（含底片）相同，只是利用计算机进行立卷。录音、录像以磁带、光盘为载体的，以盒或盘为单位立卷。如果同一内容分录了数盒或盘，应统一编一个案卷号，每盒再编案卷分号。录音、录像以数据形式为载体的，应充分利用计算机进行立卷。这类档案资料同以上各案卷的排列按时间先后进行。

其他还有经营管理档案、党群工作档案等，要求同行政管理档案。

5. 卷内文件处理的排列

物业档案可以以物业产权人为宗立卷；也可以按文件材料的重要程度排列，主要文件在前、次要文件在后，正件在前、附件在后，引件在前、定稿在后，结论性材料在前、依据性材料在后。如修缮档案案卷内文件材料的排列即按结论性材料在前、依据性材料在后，文字材料在前、图样在后的原则进行。

物业文件中附有照片的，必须进行系统的整理。每张衬纸只粘贴2张照片，不得将几张或几十张照片成摞地订在一张衬纸上；每张衬纸右侧贴照片，左侧（靠装订线一侧）留出4～6cm空白，供填写文字说明之用；每张照片都要编号，即编流水号；每张照片都必须有文字说明。文字说明的内容包括照片内容（如待大修的房屋正面、侧面照片或裂痕处照片等）、拍摄时间、拍摄地点、拍摄者。拍摄者的姓名要写全，应加职务或技术职称。文字说明应做到概括、准确、项目齐全、书写规范。没有文字说明的不能称之为物业档案。

6. 案卷装订

1）物业文件材料分类、组卷、排列、裱糊、折叠、编号等完毕，并符合规定要求，即可进行案卷装订。

2）卷内文件材料要排列得当、取齐，靠装订线一侧要留出2～2.5cm的空白，装订线内不得有文字或者图表。

3）案卷薄厚要适宜，一般案卷厚度以1～1.5cm为宜。案卷大而薄，应加垫条。垫条应放在最末一页文件的后面，垫条数量最多不应超过3个，不得用空白纸充当垫条。

4）装订采用三孔一线的方法（袋装的案卷除外），使用黑卷线，卷绳结头打在案卷背面，结头不应裸露在外。

5）案卷装订，要做到整齐，牢固，美观，无脱页、倒页现象。

6）对于特别珍贵的文件、图片，可使用合适的卷夹、档案袋、盒装封，有利于文件材料的保管，也便于提供利用。

另外，短期保存的案卷，一般也可不装订。不装订的案卷，每件文件右上角要加盖件号章，每件文件应用细线装订，以防丢页。

7. 卷内文件的编码

编码就是按照卷内文件材料的排列顺序依次编页号。凡有文字或图表的页面均应编号。页号位置为正面编在右上角，背面编在左上角。案卷封面封底、卷内目录（原有图样目录除外）、卷内备考表不编写页号。

编号时应注意，页号一律使用阿拉伯数字，从"1"编起，有效数字前不得出现一个或几个"0"。无文字、图表的页面和卷内目录不得编页号。要使用碳素墨水笔编页号，字体要端正、清楚。如出现倒号，将页号划掉，重新打号；漏号，采用分号式，将漏编的页与前页或者后页共用一个页号，如有一页漏号，其前页为7号，其后页为8号，可与前页共用一个号，即前页为"7-1"，该页为"7-2"；重号将重号改为分号式，如前后两页均为9号，则分别改为"9-1"和"9-2"；错号，将错号划掉，打上正确的页号；一个页面有两个或两个以上页号，将正确的页号留下，其余页号划掉。

另外编号前要去掉文件材料上的大头针、回形针、订书钉等；字迹已扩散的要复印，原件需保留，按原件在前、复印件在后的顺序排列；破损的页面要进行裱糊；文件材料用纸小于标准用纸的要进行裱糊、取齐，大于标准用纸的要进行折叠、取齐。

装订形式的案卷，采用大流水方式编写案卷页号；不装订形式的案卷，两页以上的单份文件应单独装订并单独编写页号。不装订案卷内的文件应逐件加盖档号章。

档号是指档案馆（室）在整理和管理档案的过程中，以字符形式赋予档案的一组代码，档号是存取档案的标记，并具有统计监督作用。档号的结构分为三种：第一种结构为全宗号-案卷目录号-案卷号-件、页（张）号；第二种结构为全宗号-类别（分类）号-案卷号-件、页（张）号；第三种结构为全宗号-类别（分类）号-项目号-案卷号-件、页（张）。物业档案可采用第三种结构，一案一号，全宗内不允许有相同的档号。

档号章位置在每件文件首页的右下角，其内容及填写规范如下：

（1）**全宗号**　档案馆给定立档单位（物业服务企业）的编号。

（2）**类别号**　即类目号、分类号，标注各级类目的符号。

（3）**项目号**　租赁、修缮、住户、房产、工程、课题、设备等档案的代字或代号，具体可引用有关管理部门编制的项目代号。如一个物业服务企业可用该公司所管辖的各管理处（小区）的代号作为租赁档案或修缮档案的项目号。

（4）**案卷号**　案卷排列的顺序号。

（5）**件号**　案卷内文件的顺序号。

8. 案卷封面的填制

1）案卷题名由责任者、内容（问题）和名称三部分组成，要求简明扼要，能确切反映卷内文件材料的主要内容，字数以不超过50字为宜。

2）编制单位填写案卷内文件材料的形成单位或主要责任者。

3）编制日期填写案卷内文件材料的起止日期。

4）保管期限填写划定的保管期限。

5）密级依据保密规定填写。

6）档号 填写档案的分类号、项目号和案卷顺序号。

9. 备考表的填制

备考表要标明案卷内文件材料的件数、页数以及在组卷和案卷使用过程中需要说明的问题，本卷立卷人、检查人、立卷时间。需要说明的问题包括：卷内文件材料、照片有破损、丢失或被水淹、虫蛀、鼠咬，文件材料用圆珠笔书写、字迹褪变等；立卷人即为整理该卷的责任者；检查人即为档案负责人；立卷时间即完成该卷全部整理工作的日期。有更改档案或补充档案材料都可在此说明。

10. 编制案卷脊背

财务档案的案卷背脊内容包括全宗号、目录号、案卷号、类别、期限、册号等。其他类别档案案卷脊背可编也可不编，其内容包括有案卷题名、档号。

11. 案卷排列

各类案卷经组卷后，必须装入盒内保存，并进行案卷排列，以确定案卷的前后次序和排放位置。案卷排列大致有以下几种方法：按案卷所反映的问题排列、按时间顺序排列、按地区排列、按地号排列。在同一类物业档案内，排列方法应统一，前后应保持一致，应便于管理和查找利用，不应任意改动案卷的排列。案卷排列顺序固定以后，应依次编制卷号。案卷排列既要考虑档案之间的有机联系，又要排列有序，整齐美观。

12. 案卷目录编制

案卷目录是著录全宗内所有案卷的内容与成分等情况，并装订成册的一种检索工具。它是按照一定的规则编排而成的档案条目组合，是档案管理、检索、报道的工具。案卷目录即案卷花名册，物业档案的各个类别，各为独立的案卷目录，有多少类就设多少个目录。根据一个全宗内案卷目录号不得重复的规定，物业档案各类目录的编制，应按各物业管理部门各门类档案的排列顺序编排案卷目录号。案卷目录应编制 1～3 份。

（1）**案卷目录的结构**　案卷目录的结构一般包括：

1）封面和扉页。应写明全宗号、案卷目录号、全宗名称、类别名称、目录中档案的起止日期。

2）说明。对目录结构、编制方法、档案完整程度等作必要的说明。

3）案卷目录表。它是案卷目录的主体，主要项目有案卷号、案卷题名、年度、页数、保管期限等。

4）备考表。说明案卷数量、目录页数、编制日期、案卷移出及销毁等情况。分类目录可直接列出该类案卷卷次，以便查阅。

物业档案全宗内案卷目录一般有案卷总目录、案卷分类目录、案卷专题目录等三种类型。

（2）**物业档案案卷总目录的编制**　物业档案案卷总目录是物业管理档案案卷的总登记账目，其目的主要是为掌握物业档案数量与物业档案基本内容，便于统计管理。案卷总目录包括如下项目：

1）总登记号。物业服务企业档案管理部门对接收的档案，按照归档时间顺序，以案卷为单位登记的流水编号。

2）归档时间。案卷归档的实际时间，按年、月、日填写。

3）案卷题名、档号、编制单位、编制日期。按照案卷封面上已填写的内容填写。

4）份数、张数。按照案卷备考表内注明的文件份数、文件总页数填写。

5）变更情况。填写案卷管理过程中各种变更情况。

6）备注。填写针对本案卷需要说明的事项。

案卷总目录只是按档案归档顺序登记的流水账本，一般不具有查找功能。物业服务企业可根据实际情况选择是否编撰案卷总目录。

（3）物业档案分类目录的编制　物业档案分类目录是以全宗内一级类目或二级类目、三级类目为基本单元，以该类目的案卷为登记单位，依照案卷已整理排列顺序进行流水登记的档案目录。

物业档案分类目录的项目与案卷总目录项目基本相同，主要有分类顺序号、归档时间、案卷题名、档号、份数、张数、编制单位、编制日期、密级、保管期限、变更情况、备注。分类顺序号填写该分类内的案卷排列顺序号，其他项目与总目录填法一致。具体到不同类目其分类目录的编制也不相同。

（4）物业档案专题目录的编制　物业档案专题目录是揭示物业档案全宗内有关某一专题的档案内容和成分的检索工具，属检索型目录之一。它的特点是选题的灵活性，集中了有关某一专题的全部档案，不受案卷顺序号的限制，目的是通过该专题的关键词来检索档案案卷号及其他相关内容。

物业档案专题目录的项目与分类目录基本相同，不同的是专题目录将该专题的关键词排在表格的最前面，案卷号等其他项目相应地排在后面。如物业租赁档案分类目录，其表格内各项目是按案卷号-地址-出租人（业主）-承租人-租赁时间-备注等顺序排列的；而物业租赁档案业主专题目录，其表格内各项目是按出租人（业主）-卷号-地址-承租人-租赁时间-备注等顺序排列的，即将出租人栏目排在其他各项的前面。

目录填制时应注意，所有数字都应采用阿拉伯数字；日期必须填写公元纪年，不得省略；各栏目的内容，盖章或书写均可，若盖章，须使用红色印泥，不得使用红色墨水，若书写，须使用碳素笔，以利永久保存；卷内目录用双面纸的均应填写，但不编页号；卷内目录应放在全卷文件材料首页之前；如发生变更，新旧卷合二为一，新卷文件材料接续填写。

〖物业服务企业档案管理标准作业程序〗

物业服务企业档案管理标准作业程序参见样本71内容。

单元三　物业档案的保管与利用

学习目标

1. 掌握物业档案的保管要求，能够对物业档案资料进行妥善的保管。
2. 掌握物业档案的使用要求，具备物业档案的使用能力。
3. 掌握物业档案管理制度，具备物业档案管理的组织协调能力。

〖物业档案的保管〗

物业档案保管是指按照一定的原则，采用适当的技术，改善档案的存藏环境与保管条件，以便最大限度地延长档案寿命的过程。

物业档案保管工作是采用一定的技术设备、措施和方法，对物业档案实行科学保管和保护，防止和减少物业档案的自然或人为损毁的工作。它是延长档案寿命，维护历史真实面貌的根本保证；是物业档案业务工作的关键性环节，对整个物业档案工作具有重大影响，在一定条件下甚至有决定性影响。

1. 物业档案保管工作的任务

物业档案保管的任务，概括来说，就是维护物业档案的完整与安全，有效地延长物业档案的寿命。它的具体任务是：

（1）**防止物业档案的损毁**　掌握物业档案损坏的原因和规律，采取有效的技术措施和方法，最大限度地消除可能导致档案损毁的各种自然的或人为的因素，把档案的自然损毁率降低和控制在最低限度。

（2）**延长物业档案的寿命**　采取积极有效的措施和方法，从根本上改善保管条件，去除档案本身不利于耐久储存的因素，增强物业档案对外界不利因素的抵抗力，缓解档案的老化趋势，并提高档案的修复和复制技术，尽可能地延长档案的寿命。

（3）**维护物业档案的安全**　一方面是指物业档案作为一种物质存在形态，必须保证其安全、完整地存在下去，不损毁丢失；另一方面是指物业档案作为一种社会现象，要建立切实可行的严格的安全保密制度，防止失盗和失密、泄密事件的发生，保证物业档案的信息安全。

2. 物业档案保管的期限

为了方便检索利用，物业档案需要分类进行存放保管。

物业承接查验期档案比较重要，一般需长期存放，且这类档案随时间推移而增减的情况不多，应专架专柜存放；物业入住期档案检索频度较高，需长期存放，且这类档案随时间推移会发生有限的增减，这类档案架或柜应留有余量；日常管理期档案种类繁多，随时间推移会不断增加，一般存放期不太长，会有相当多的案卷可因存放到期而移出或销毁。

3. 物业档案的存放管理

（1）**设立专用的档案库房**　物业档案保管的首要条件是设立具备相当容量和一定条件的库房。档案库房应以利于档案的安全保护为根本前提，要坚固耐用，能满足抗震、保温、隔热、防潮、防虫、防霉、防尘、防光、防火、防盗、防鼠等要求。库房窗户宜小不宜大，宜少不宜多，有条件实行空调控制的档案库房可不设窗户；库房的开间大小、层高，门窗的结构和形式，应考虑柜架排放，且方便管理、有利服务。库房面积应根据存储档案的类别、数量等不同情况确定，一般小库为 60～100 m^2，中库为 100～200 m^2，大库为 200～300 m^2。

（2）**档案装具**　档案装具是保管档案必需的基本设备，主要有档案柜、档案箱、档案架等。档案装具的选择应按库房特点、档案价值以及规格的不同，合理使用，灵活配置。目前普遍使用金属制品，因为其防火性、耐久性较好，并有组合构件形式，便于组装、使用。如图纸档案多的单位，最好选择专用图样柜，以利于图纸档案的保管。

档案装具在库内排放，应考虑便于提调运送档案、避免光线直射、利于空气流动、整齐美观的要求。一般库房门应对着库内的主通道，主通道的净宽不应小于1.5m；固定式的装具，相邻两排之间的净宽不应小于0.8m；为便于通风和防潮，装具不能紧贴墙壁，与墙壁的距离不应小于8cm，装具与墙壁之间的通道宽度不应小于0.6m；有窗户的库房，装具的行排应与窗户垂直，利于通风和避免室外光线直射档案；各排装具靠近主通道的一端，应有整齐统一的侧板，以便于贴插标签。

（3）档案的排列次序和方法　装具在库内的编排次序一般是站在库内主通道上，面对档案柜、档案架，左起第一排为首排，右起第一排为末排；档案的排放要保持相互之间的联系，按照分类方案逐类排放；每类档案排完后预留一定的空间；档案在柜架内的排放次序，应先左后右，先上后下；对于一个档架来说，起始案卷号在架的左上角，终止案卷号在架的右下角。档案在装具内不应放得过紧过挤，以免给提取和存放带来困难，并因此造成卷皮和卷盒的损伤。

（4）物业档案存放位置索引　为了便于保管和借阅，物业档案分库分类排好之后，应该编制档案存放位置索引。索引一般分为两种，一种是指明档案存放位置，以档案类项为单位，标明存放处所；另一种是指明各档案库房保存档案情况，以档案库房和档案架（柜）为单位，标明所存放的档案种类，多采取图表形式，把每个库房（楼、层、房间）内档案的存放情况绘成示意图，安置在入口处。

（5）档案安全检查　安全检查主要是检查不安全的因素，防止档案被盗、被损或泄密；查看档案有无发黄变脆、字迹褪色、虫霉感染、潮湿粘连等自然损毁现象，以便采取相应措施，积极防治；检查档案是否缺少、案卷有否错位；检查消防设备是否齐全、有无异常变化等情况，以防止意外事故的发生。

检查有一年或两年一次的定期检查和因人员调换工作、发生事故而进行的不定期检查两种。检查时，可先局部检查，发现问题再全面检查。检查时必须做检查记录，检查后要写检查报告，内容包括检查工作的组织、人员、检查时间、进行情况、发现的问题以及妥善处理发现的问题和改进工作的意见等。

〖物业档案的利用〗

建立物业档案的目的就是要使档案更好地发挥作用，满足查询者的需要。为充分地利用物业档案，应做好以下工作：

（1）建立完善的检索体系　物业档案管理部门应重视编制物业档案案卷目录、分类目录、专题目录、底图目录、人名索引、文号索引、物业卡片等各类检索，使档案查找迅速、准确。检索工作的编制要与物业管理工作保持一致。

（2）熟悉所藏档案的情况　物业档案管理人员应精通档案业务，熟悉各类档案的存放情况，以提高档案查准率和查全率，更好地为借阅者服务，满足物业管理服务的需要。

（3）利用方式多样化　利用各种方式提供全方位的服务，提高借阅率。

1）阅览服务。建立档案阅览室，为物业服务企业内部工作人员、业主和物业使用人查阅有关的档案原件、获取需要的信息提供服务。

2）外借服务。一般情况下档案不准外借，但遇到特殊需要，如制定大型的修缮计划需要用到房产资料的图纸，在阅览室中翻阅会不方便，应允许外借。但需办理外借手续，确定借用的时间，用后即还。

3）复制服务。档案复制服务是指对档案原件制成的各种复制本所进行的利用。根据利用档案的不同用途和范围，可分为原件副本和摘录副本两种。

4）咨询服务。它是指档案工作人员以档案为根据，通过口头（或电话）的形式，向利用者提供档案信息，解答利用者各方面的问题。

5）档案证明。制发档案证明是指根据使用者的询问和要求，为证实某种事实，根据档案记载摘抄并出具书面证明材料。

6）资料编辑。物业档案管理部门应积极开发物业档案信息资源，做好物业档案文件汇编、专题编研等工作，以便管理、业务人员能更好地使用档案资源。

（4）做好利用效果记录工作　物业档案利用效果要填写翔实、准确、及时。每年都要编写出档案利用年度分析报告，主要是分析、总结本年度档案利用的人次、卷次、内容、利用方式方法和效果以及存在的问题和拟采用的改进措施等，以充分发挥物业档案的作用。

〖物业档案管理制度〗

物业档案管理的相关制度参见样本72～样本76内容。

思　考　题

17-1　物业管理过程中所形成的物业档案，通常都有哪些表现形式？

17-2　简述物业档案的整理过程。

17-3　简述物业档案在整理时，如何进行案卷的装订工作。

17-4　简述物业档案在利用时，应做好哪些工作。

17-5　简述物业档案在存放管理方面的相关要求。

17-6　在物业档案管理过程中，如果出现没有保存价值的档案资料，应如何进行销毁？

17-7　简述物业档案应如何进行查阅。

学习情境十八

不同类型物业的管理与服务

单元一 住宅小区物业的管理

学习目标

1. 了解住宅小区物业管理特点、要求与管理原则，并能突出重点地计划、安排工作。
2. 熟悉住宅小区物业管理的组织实施，能参与住宅物业项目的管理方案的制定，具备一定的针对住宅物业类型的组织管理能力。

〖住宅小区特点、物业管理要求与原则〗

住宅小区是指按照城市统一规划进行综合开发、建设，达到一定规模，基础设施配套比较齐全，相对封闭、独立的居住区域。

住宅小区属于居住物业。居住物业是指具备居住功能、供人们生活居住的房屋建筑及其与之相配套的共用设施、设备场地。居住物业包括住宅小区、单体住宅楼、公寓、别墅、度假村等，由于具体功能的差异，不同形式的居住物业的物业管理服务内容、标准有所差异，但居住功能的共性要求决定了居住物业的物业管理服务内容、标准更多的共性要求。这里以居住物业最为普遍的存在形式住宅小区，介绍居住物业的物业管理。

1. 住宅小区的特点

（1）**以居住功能为主、其他功能设施齐全** 居住是住宅小区的主要功能，小区内社区商业、健身娱乐、文化教育、社会公共服务等设施较为齐全，能够满足居民基本需求，方便居民的生活，便于集中服务与管理。

（2）**人口密度高、人口结构复杂** 由于住宅小区开发建设是一种社会化属性，一般都具有一定建筑规模，且容积率高、建筑密度大，这就形成了住宅小区内人口密度高的特点。小区内的业主和物业使用人来自城市各行各业、各个阶层，在职业特征、文化素养、传统习惯、生活方式等方面形成了复杂的结构，长期相互影响中，形成了相对独立的"小区文化"。

2. 住宅小区的物业管理目标及管理要求

（1）**住宅小区物业管理的目标** 创造舒适、安全、安静、安详、和谐的居住环境；提供便利、快捷的多种服务，方便居民生活；发挥物业的最大使用价值，保证物业的正常使用。

（2）**住宅小区物业管理要求**

1）物质环境管理要求。搞好房屋建筑、配套设施设备和相关场地的养护维修；美化环境，保护环境，卫生保洁，保证园区的干净、整洁。

2）社会环境管理要求。业主自治管理与业主民主管理相结合，充分发挥业主大会及业主委员会的作用；业主自治管理与专业管理相结合，提高业主和物业使用人生活品质；业主自治管理与社区治理相结合，调动多方面的积极性，协调理顺内、外部各方关系，加强社区文化建设，实现小区和谐。

3. 住宅小区管理的原则

住宅小区管理服务内容广泛，是个庞杂的系统工程，要想提高物业管理水平和效率，保证小区的良好运转，实现良性循环，必须遵循以下几点原则：

（1）**服务第一、方便群众的原则** 住宅小区物业管理服务工作涉及千家万户，因此，应根据不同对象的服务需求，提供多种服务，提高服务质量，用优质完善的服务满足业主和物业使用人居住生活的需求。

（2）**统一经营、综合管理的原则** 现代住宅小区功能体系完整，配套设施、设备齐全，有很强的整体性、系统性。只有统一经营，多种经营，才能充分发挥住宅小区的整体性。

（3）**有偿服务、合理收费的原则** 住宅小区物业服务收费应当遵循合理、公开以及费用与服务水平相适应的原则，让业主和物业使用人能够接受并感到质价相符、物有所值。

[案例18-1] 小区内的单栋楼能独立实行物业管理吗

某单位将一小区内的一栋住宅楼全部买下，分给单位职工居住。小区内的物业由小区的物业管理公司进行统一管理。该单位感觉物业服务费比较高，而物业管理服务质量却难如人意，所以就想把自己买下的这栋楼封闭起来，由本单位自己进行管理或由本单位委托其他物业管理公司来管理。

开发商明确告知该单位，这是绝不可能的。该单位却不以为然，该单位员工认为，不是说业主有权选聘物业管理公司吗？开发商无权干涉。双方为此争得不可开交。

分析：根据《物业管理条例》"一个物业管理区域由一个物业服务企业实施物业管理"的规定，小区必须实行统一的物业管理，而不能由部分业主或使用人单独再委托其他的物业管理公司来管理。本案例中，购房单位虽然将小区内的一栋楼全部买下，但是该住宅楼仍是该小区的一部分，与小区整体不可分割，该单位的员工也只是这个小区业主和使用人的一部分，与其他业主和使用人权利等同。可见，单独封闭某一住宅是不允许的。

想一想：如果该小区物业管理公司确实服务不到位，收费不合理，该单位应该怎样维护自己的权益？

〖住宅小区物业管理的组织实施〗

住宅小区物业管理的组织实施工作应从以下几个方面着手并达到相应标准。

（1）**管理运作**　物业服务企业要建立现代企业制度，完善各项管理制度，制定各岗位考核标准，依照物业服务合同对住宅小区实行管理经营和有偿服务。

物业项目管理处的管理人员应遵守职业道德规范，主要负责人和业务骨干要经过专业的培训，持证上岗，有较强的事业心和开拓精神。员工要统一着装，工作规范，作风严谨。

（2）**房屋管理**

1）房屋外观完好、整洁，外墙面砖、涂料等装饰材料无脱落，无污迹。

2）小区内组团及栋号有明显标志及引路方向平面图。

3）禁止违反规划私搭乱建，不得擅自改变房屋用途。

4）无危及建筑物安全或损害他人合法权益进行房屋装饰装修现象。

5）房屋完好率、零修及时率和零修合格率应达到合同约定，并建立回访制度。

6）建立房屋资料档案，档案齐全，管理完善。

（3）**共用设施设备管理**

1）共用配套设施设备完好，能够保证正常运行无随意改变用途现象。

2）建立共用设施设备运行、使用及养护维修制度，操作规程与保养规范，无事故隐患。

3）建立共用设施设备档案，图纸资料等档案齐全，管理完善。

（4）**绿化管理**

1）保持小区绿地布局合理，花草树木与建筑小品配置得当。

2）无改变绿地使用用途，随意破坏、践踏、占用绿地现象。

3）保持绿地清洁，花草树木修剪整齐。

（5）**环境卫生管理**

1）小区内环卫设施要完备，设有垃圾箱、果皮箱、垃圾中转站等保洁设备。

2）有专职的清洁人员和明确的责任范围，小区实行标准化清扫保洁，垃圾日产日清。

3）房屋共用部位保持清洁，无乱贴、乱画，无擅自占用和堆放杂物现象，楼梯扶栏、天台、公共玻璃等保持清洁。

4）商业网点管理有序，符合卫生标准，无乱设摊点、广告牌和乱贴、乱画现象。

5）无违反规定饲养宠物、家禽、家畜现象。

（6）**秩序维护、车辆管理**

1）实行封闭式管理。

2）有秩序维护队伍，实行24小时值班及巡逻制度。

3）有安全防范、应急预案制度，有具体防范措施。

4）机动车停车场制度完善，管理责任明确，车辆进出有登记。

5）非机动车辆管理制度完善，按规定位置停放，管理有序。

（7）**消防管理**

1）健全专职和兼职的消防组织，建立严格的消防安全管理制度。

2）有消防设施设备巡查检修制度，节假日和重大活动全面检查制度，发现问题限期整改。

3）有防火防灾宣传教育制度。

4）有消防培训、演练制度。

（8）社区文化建设

1）有居民精神文明建设公约。

2）有娱乐场所和设施，定期组织开展健康有益的社区文化活动。

3）积极配合街道办事处、公安派出所、社区居民委员会开展工作。

（9）收费管理

1）在收费、财务管理、会计核算、税收等方面严格执行相关规定。

2）定期公示物业费及其他服务费用的收支情况。

（10）管理效益

1）为业主和物业使用人提供有偿便民服务。

2）结合建筑物生命周期，有物业项目管理规划。

3）企业经济指标保持盈余。

[阅读资料18-1] 深圳城建：棋高一着，参见本书配套资源。

单元二　写字楼物业的管理

学习目标

1. 了解写字楼物业管理分类、特点与要求管理，并能突出重点地计划、安排工作。

2. 熟悉写字楼物业管理的组织实施，能参与写字楼物业项目的管理方案制定，具备一定的针对写字楼物业类型的组织管理能力。

〖写字楼分类、特点与物业管理要求〗

写字楼是指供政府机构的行政管理人员和企事业单位的职员办理行政事务和从事业务活动的大厦。现代写字楼一般具有现代化的设备、智能化的设施，由办公室、会议室、文印室、档案室等办公空间，卫生间、机电设备间、食堂、礼堂、库房等辅助空间，门厅、大堂、走廊、楼梯间、电梯等公共空间三部分组成。

1. 写字楼的分类

目前，写字楼的分类尚无统一的标准，通常依照建筑面积、使用功能、现代化程度、综合条件等进行不同的分类。

（1）按建筑面积划分

1）小型写字楼，建筑面积一般在1万 m² 以下。

2）中型写字楼，建筑面积一般在1万~3万 m²。

3）大型写字楼，建筑面积一般在3万 m² 以上。

（2）按使用功能划分

1）单纯型写字楼，基本上只有办公一种功能。

2）商住型写字楼，具有办公和居住两种功能。

3）综合型写字楼，以办公为主，同时也具备其他多种功能，如公寓、餐厅、商场、娱乐厅等功能。

（3）按现代化程度划分

1）非智能型写字楼，也就是自动化程度较低的普通写字楼。

2）智能型写字楼，通常包括通信自动化、办公自动化、大楼管理自动化、建筑设备自动化等。

（4）按综合条件划分

1）甲级写字楼，具有优越的地理位置和交通环境，建筑物的物理状况优良，建筑质量达到或超过有关建筑条例或规范要求，有完善的物业管理服务，包括24小时的设备维修与保安服务。

2）乙级写字楼，具有良好的地理位置，建筑物的物理状况良好，建筑质量达到有关建筑条例或规范的要求，但建筑物的功能不是最先进的，有自然磨损存在，收益能力低于新落成的同类建筑物。

3）丙级写字楼，物业使用年限较长，建筑物在某些方面不能满足新的建筑条例或规范要求，建筑物存在较明显的物理磨损和功能陈旧，但仍能满足低收入承租人的需求，租金低，尚可保持合理的出租率。

2. 写字楼的特点

（1）建筑规模大、机构和人员集中 写字楼多为高层建筑，层数多，建筑面积大，少则几万平方米，多则几十万平方米。因此，可供租售的面积也不断增加，业主或租赁单位多，人口密度很大。

（2）建筑档次高、功能先进 写字楼配套的设施设备都是档次高、技术先进的，建筑材料和装修装饰材也是高技术性能的，尤其是楼宇智能系统、环保净化系统更为先进。

（3）地理位置优越、交通便利 写字楼多位于城市中心的繁华地段，与公共设施和商业设施相邻，有便利的交通条件，方便人员往来。

（4）使用时间集中、人员流动性大 写字楼的作息时间比较集中，上下班时间及办公时间人来人往，人流量较为密集；下班后及非工作日则正好相反。

（5）功能齐全、设施配套 现代写字楼一般拥有各类型会议室、小型酒吧、娱乐餐饮设施、健身房、停车场等。综合型写字楼还有餐厅、商场、商务中心、银行、邮电等配套服务场所设施，能为客户的工作和生活提供很多方便，满足他们高效办公、舒适生活的需要。

3. 写字楼物业管理的要求

写字楼主要是办理行政事务、从事业务活动的空间，这决定了其对物业管理的独特要求。

（1）确保设施设备完好运行、正常使用 写字楼内人员出入频繁，办公设备等需要全天不间断使用，接待客户、业务洽谈等对环境条件要求高，必须保证设施设备正常运行，尤其是人们对中央空调系统、弱电通信系统和电梯等的高度依赖，决定其不允许出现任何偏差。

（2）加强风险防范、提供安全保障 写字楼内由于建筑结构、装饰装修、人员流动等因素，带来的风险因素很多，如因人员流动大，楼内的电梯间、楼梯间及各种管道、通风口、竖井等隐蔽死角多，带来的盗窃风险、治安风险、消防风险等，应通过出入登记查证制度、定时巡逻检查等排除安全隐患；另外还要制定各类突发事件应急预案并组织演练，以强化风险控制能力、化解能力。

（3）**保持环境优雅整洁** 组织专业保洁人员通过定时、定期的清洁维护，保持楼内、电梯间、卫生间、走廊、大堂等公共区域的干净、整洁；定期消杀，及时清运楼内垃圾；定期清洁大楼外墙以保持楼宇外表美观；适当摆放绿色植物，净化环境、增加美感。

（4）**写字楼的科技含量大，对物业管理人员提出了更高要求** 写字楼自身规模大、功能多，特别是智能化的写字楼设备设施都很先进，这些先进设备的使用与维护，要求具有与之相适应的专业技术知识，对管理人员的要求自然更高了，按照国家有关规定许多设备设施的维修养护人员要持证上岗。同时，要指导业主和使用人正确地使用设备，避免因不正常的使用操作而导致设备损坏，这也是物业管理服务的工作内容之一。

〖 写字楼物业管理的组织实施 〗

1. 写字楼使用前的准备工作

1）物业服务企业与大厦业主或业主委员会签订物业服务合同，明确责、权、利关系，并制定管理规约。

2）制定物业管理方案，草拟各项管理制度、服务质量标准、岗位考核标准。

3）按照有关规定，做好承接查验工作。

2. 房屋的维护管理

（1）**装修监督管理** 告知业主和物业使用人房屋装饰装修中的禁止行为和注意事项；审核业主和物业使用人装饰装修方案；监控装饰装修施工过程；查验装饰装修工程是否与装饰装修方案一致。

（2）**日常养护维修** 制定严格的养护维修制度，做好物业日常巡查工作，组织必需的养护工作；发现问题应积极组织核查、维修。重点设施设备实行24小时值班制度，做好养护工作，以最短时间处理突发运行故障。

（3）**大修改造** 对大修改造项目应制订大修改造方案，函告业主、业主委员会，由其决定或组织业主大会讨论，监督大修工程施工过程，参与完工后的工程验收。

3. 安全防范管理

（1）**建立机构** 根据实际需要建立安全管理组织机构，配齐安全管理人员，包括秩序维护人员、消防管理人员。

（2）**完善制度** 建立有效的安全制度，如秩序维护员交接班制度、值班制度、电视监控管理制度、写字楼门卫值班制度、巡逻管理制度、消防管理制度、车辆管理制度，并保证安全制度的实施。

（3）**加强巡逻** 确立巡逻的岗位和路线，做到定时、定点、定线巡逻与突击检查相结合，特别注意出入口、仓库、停车场（库）等隐蔽处。

（4）**电子监控** 在主要入口处、电梯内、贵重物品存放处及易发生事故的区域或重点部位安装闭路电视监视器，发现异常及时采取措施。

（5）**消防防范** 配备必要的消防设备、器材，建立消防管理档案。定期组织及安排消防检查，消除消防隐患，迅速处理消防事故。

（6）**停车管理** 做好停车场管理工作，加强车辆进出与停车的引导服务和及时疏导来往车辆，使出入写字楼的车辆井然有序，保证车辆及行人的安全。

4. 清洁服务

实行标准化清扫保洁，制定完善的清洁细则，明确需要清洁的部位，所需清洁次数、时间，由专人负责检查、监督，指定地点设有垃圾箱、果皮箱、垃圾中转站等保洁设施设备。

写字楼的清洁卫生服务项目包括清洁保养工作，外墙的定期清洁，公共区域、走廊及通道的清洁，空调机房、变电房及楼房的配电室清洁，电梯清洁保养，消防系统及设备的清洁，供水、排水、泵房系统及其设备的清洁，公共照明设备的清洁，公共洗手间的清洁，写字楼外围区域的清洁等。

5. 绿化服务

绿化、美化管理既是一年四季日常性的工作，又具有阶段性的特点，必须按照绿化的不同品种、不同习性、不同季节、不同生长期，适时确定不同的养护重点，安排不同的落实措施，保证无破坏、践踏，保证写字楼内四季常青。

6. 写字楼的前台服务

写字楼的前台服务主要项目有：通信、引导服务和留言服务，信件报刊订阅收发、传送服务，客人行李搬运、寄送服务，物品寄存服务，预订餐饮、文化体育节目票务服务，出租车预约服务，洗衣、送衣服务，提供旅游活动安排服务，航空机票订购、确认服务，文娱活动安排及组织服务，花卉代购、递送服务，代购清洁物品服务，其他委托代办服务。

7. 写字楼的商务服务

（1）**硬件配置** 写字楼的商务中心应配备一定的现代化办公设备，如电话、传真机、电脑、打印机、电视、录音机、投影仪及其他的办公用品。商务中心设备的配置，可根据服务项目的增加而逐步添置。商务中心人员在使用过程中，应严格按照操作程序进行操作，定期对设备进行必要的保养，设备一旦发生故障，应由专业人员进行维修。

（2）**商务中心工作人员的要求** 商务中心的服务要周到、快捷。商务中心工作人员应具备良好的品德修养，有良好的服务意识；有流利的外语听、说、读、写能力；有熟练的中、英文录入能力；有熟练操作各种现代办公设备的能力；懂得商务管理、秘书工作知识和一定的设备清洁、保养基本知识。

（3）**商务中心的服务项目** 写字楼商务中心的服务项目应根据客户的需要进行设置，主要包括各类文件、名片的排版、印刷服务；客户外出期间保管、代转传真、信件等服务；电视、录像、电脑、投影仪等办公设备的租赁服务；商务会谈、会议安排服务；翻译服务；电话、传真、电讯、互联网服务；邮件、邮包、快递等邮政服务；商务咨询、商务信息查询服务等服务内容。

（4）商务中心的工作程序

1）接待客户并了解客户所需服务项目、服务时间及服务要求。

2）向客户讲明收费情况，开具收费通知单，并按规定收取押金。

3）按客人服务项目、服务要求及时、准确地完成服务。

4）填写商务中心费用收据单，并陪同客人到财务部结账。

写字楼内部人员因工作需要使用商务中心的设备，应填写商务中心设备使用申请单，经其所在部门同意，方可使用。用后应在费用结算单上签名。

8．写字楼的租赁管理

写字楼是收益性物业，除了业主少部分自用外，大部分用于出租。如果物业服务企业接受业主的委托代理物业租售业务，则营销推广是其一项经常性的管理工作内容。

要使写字楼保证较高的出租率和较高的收益，物业服务企业必须做好营销服务，开展写字楼营销的市场调研和营销计划制定；整体形象设计、宣传推广；引导潜在承租人考察物业；与潜在承租人联络、谈判、签约，帮助潜在承租人和业主沟通等业务。

[案例18-2] 车库进雨水奔驰车被泡两天，物业公司被判赔付

因突降暴雨，物业管理公司措手不及，以致车库进水，导致业主停在里面的一部新款奔驰车被全部淹毁。业主一气之下将某物业管理公司告上了法庭。

在雨水倒灌的过程中，物业管理公司有充分的时间通知原告车主到地下停车场取车，如将车开出地下停车场，将不会造成奔驰车被水淹没损害结果的发生。但由于物业管理公司主观上的疏忽，仅仅是通知其工作人员到车库入口筑坝拦水，当本案原告车主通过邻居得知车库进水时，此时水深将近1m，原告已无法进车库取车。在雨水倒灌的过程中，被告物业管理公司采取措施不力，奔驰车被水淹没了将近48小时后，才将其从车库中拖出。

分析：案发当日，物业管理公司未尽合理注意义务及充分的防御职责，因主观上疏忽，仅仅是通知其工作人员到车库入口筑坝拦水，未通知车主进车库取车。因此，物业管理公司具有过错，应负赔偿修复责任。此案例中的暴雨不属于不可抗力，因为凡是基于外来因素发生的（事件的发生是客观的），但当事人能够预见而由于疏忽没有预见或者未尽最大努力加以防止，不可抗力不能成立。

因此，法院判决：物业管理公司将奔驰车修复成被水浸泡前的原状，如不能按规定期限履行，就要赔偿业主修车发生的各项实际费用867336元，废弃的车辆零部件归物业管理公司所有。

想一想：如果你是该公司经理，暴雨来临时，你会怎样处理？

单元三　商业物业的管理

学习目标

1．了解商业物业的类型、特点与管理要求，能突出重点地计划、安排工作。

2．熟悉商业物业管理的组织实施，能参与商业物业项目的管理方案制定，具备一定的针对商业物业类型的组织管理能力。

〖商业物业的类型、特点与管理要求〗

商业物业是指能同时供众多零售商和其他商业服务机构租赁，用于从事各种经营服务活动的大型收益性物业。其有两层含义：一是以各种零售商店（或柜台、楼面）组合为主，包括其他商业服务和金融机构在内的建筑群体；二是购物中心的楼层和摊位是专供出租给零售商品的物业。

1. 商业物业的类型

商业物业一般可根据建筑规模、建筑功能和建筑结构等进行不同的分类。

（1）**按建筑规模划分**

1）居住区商场。建筑规模一般在 1 万 m^2 以下，商业服务区域以某一居住小区为主，服务人口通常在 5 万人以下，年营业额一般在 3000 万～1 亿元之间。

2）地区购物商场。建筑规模一般在 1 万～3 万 m^2，商业服务范围以某一区域为主，服务人口在 10 万～30 万人，年营业额一般在 1 亿～5 亿元。

3）市级购物中心。建筑规模一般都在 3 万 m^2 以上，其商业辐射区域可覆盖整个城市，服务人口在 30 万人以上，年营业额一般在 5 亿元以上。

（2）**按建筑功能划分**

1）综合型。包括购物、娱乐场所、餐饮店、影剧院、银行分支机构等。

2）商住两用型。低楼层是商场、批发部等，高楼层为办公室、会议室、居住用房。

（3）**按建筑结构划分**

1）敞开型。商业场所多由露天广场、走廊通道并配以低层建筑群构成，其中设有大型停车场、小件批发市场等。

2）封闭型。商业场所为商业楼宇，如商场、商厦、商城、购物大厦、购物中心、贸易中心等。

2. 商业物业的特点

（1）**建筑空间大，装饰设计新颖、别致、有特色**　建筑内部一般用大间隔、大空间设置；外观设计讲求宏伟、富丽，有的还配置休闲广场；内部装饰追求典雅、奇特。建筑外部、进出口处都要有鲜明的标志。

（2）**设施齐全**　现代商业设备、设施先进，除一般现代楼宇拥有的基本设备、设施外，还有自动扶梯、观光电梯、餐饮和娱乐等设备设施。

（3）**客流量大**　商场进出人员杂，客流量大，不受管制，易发生意外，安全保卫非常重要；还有些商品属于易燃易爆物品，消防安全也不能马虎。

3. 商业物业的管理要求

（1）**营造良好商业形象**　高知名度和美誉度是实现商业物业招商的重要基础。物业服务企业要配合业主或经业主授权做好营销宣传，营造优质的商业环境和商业特色。

（2）**确保环境安全**　商业物业建筑类型复杂、建筑面积大、进出口多，且人流量大，出入人员复杂，以及部分商品的易燃易爆物品性质，带来公共秩序、消防安全、偷盗斗殴等风险。

物业项目管理处应通过严密的制度程序、应急预案,完善技防和人防措施,最大限度地保证业主和顾客的安全。

(3)确保顾客消费便利 内部要设置明显的引导、提示标识,为顾客提供消费引导;提供舒适的购物洽商、交款取物、茶饮休憩条件与空间,保证消费的便利。

(4)确保设施设备运行可靠 设施设备正常运行是开展经营活动基础保证,任何设施设备故障都会给销售者和顾客带来不便,甚至会带来巨大混乱,造成不安全因素。因此,要精心养护、及时维修设施设备,保证运行可靠。

[阅读资料18-2] 全国首部商场管理标准今推行,将禁带饮料进商场。参见本书配套资源。

〖 商业物业管理的组织实施 〗

1. 安全保卫管理

1)要保证所有固定装置设备和装饰品均达到安全标准,以免造成对顾客和儿童的意外损伤。

2)不间断值班巡逻,在营业时间内应安排便衣秩序维护员巡逻。

3)在商场的重要部位,如收款台、财务室、各出入口等处,安装电子监控系统,实现全方位监控。

4)营业时间结束时,组织严格清场,确保商场内无藏匿人员,以免商品失窃。

5)结合实际情况,制定各类应急预案并组织演练,保证在紧急情况下能够顺利实施预案。

6)与公安部门建立工作联系,积极主动协助、配合公安部门的工作,并得到其相应支持。

2. 消防管理

1)制定严密的消防安全制度,制定规范有效的各类消防安全作业程序。

2)组建一支素质高、责任心强、专业技术过硬、经验丰富的专业消防队伍。

3)对销售者进行宣传、培训,提高其消防安全意识,掌握消防器材的使用。

4)每天对消防设施设备进行检查,定期进行维护,保证其随时能正常投入使用。

5)配置避难指示图、各出入口指示、灭火器材存放位置等消防标识,并保持标识完整清晰。

6)保持消防通道畅通无阻,一旦发生火警,能及时疏散人群。

7)制定消防预案,对内部所有人员进行培训,定期或不定期地组织演习。

3. 环境保洁及绿化管理

1)制定合适的保洁服务质量标准,设立清洁检查机制,并有效落实和实施。

2)保洁工作安排在非营业时间。营业时间采用流动保洁,并且避免拖湿作业。

3)设专岗专人负责随时、定时收集垃圾杂物,并清运到垃圾存放点。

4)定期清洁商业物业外墙面、广告牌,确保外观整洁,雨天、雪天及时采取防护措施。

5)置放的绿化、盆栽植物保持干净、鲜活,枯萎的要及时调换。

学习情境十八　不同类型物业的管理与服务

4. 车辆管理

1）车辆管理要分设送货车、小车、摩托车、自行车专用停放场所。

2）设专岗专人负责指挥维持交通，安排车辆停放；专岗专人负责看管车辆。

3）要与交通管理部门建立工作联系，有助于车辆疏导工作和快速处理解决交通纠纷问题。

5. 房屋及配套设施设备管理

1）确保商业物业外观完好整洁，引导标志齐全完好。

2）结合营业时间，制定设备设施日常性、阶段性维修养护计划，不影响正常经营活动。

3）加强对供电设备的维修、养护管理，保证两路供电系统并配置备用发电机，以备断电时应急使用。

4）建立有效的巡视检查制度，对设施设备定时、定期巡查，发现问题，第一时间及时解决。

6. 建立商业识别系统

商业识别系统（简称CIS）是强化商业物业形象的一种重要方式，即以商场楼宇所特有和专用的文字、图案、颜色、字体组合成一定的基本标志，作为顾客和社会公众识别自己的特征，强化和识别商场楼宇形象。

7. 销售者的选配

配合业主，依据所管商业物业的营销定位、经营品类、经营层次、不同租期等选配销售者。大型商业物业应有省市级、全国性乃至世界级的分店作为基本销售者；中型商业物业应考虑经营商品和零售类型尽量齐全；小型商业物业，主要功能是为居民提供生活方便，不必考虑求全。

[案例18-3]　店铺屡次违反管理规定怎么办

某商业楼宇一层有店铺近20家，他们大多都能够按照有关管理规定开展经营活动。但其中一家店铺，近来屡屡违规，经常将一些招牌、商品和杂物摆出店门之外，影响了环境的整洁美观。管理人员数次劝说、批评、警告，但其店铺往往不予理睬，仍然我行我素。

难道真就没有好的解决办法了？管理处有关人员聚集在一起，分析情况，商量对策。最后决定由主管找店铺老板正式谈话，若不见效，则采取处罚措施。

主管将该店铺老板约到管理处办公室。首先，严肃指出其屡次乱摆乱放，严重违反了符合政府法规精神有违业主和使用人认可的管理规定，理应予以惩处，但考虑到其曾经能够积极配合管理工作，所以再给一次自觉整改的机会；然后，提出三个问题请其换位思考——假如你是管理人员，你如何去履行自己的管理职责呢？假如你的同行都像你一样，你想象我们商厦又是怎样一种面貌呢？如果你是客户，你愿意到门前乱七八糟的店铺里购物吗？

严肃较真的态度、推心置腹的谈话，使店铺老板感同身受，当即保证不再乱摆乱放。事后，他马上进行了整改。

分析：纠正违规行为需要有处罚手段，否则不足以维护正常管理秩序。但动辄处罚并非最

265

佳选择，因为无论处罚谁谁的心里都不舒服。处罚只能是不得已而为之，最好的办法还是通过说服、教育解决问题。

想一想：如果你是该商业物业的物业管理员，你会怎么处理此事？

单元四　工业物业的管理

学习目标

1. 了解工业物业的类型、特点与管理要求，能突出重点地计划、安排工作。
2. 熟悉工业物业管理的组织实施，能参与工业物业项目管理方案的制定，具备一定的针对工业物业类型的组织管理能力。

〖工业物业的分类、特点与管理要求〗

工业物业是指对自然资源或农产品、半成品等进行生产加工，以建造各种生产资料、生活资料的生产活动的房屋、区域或产业园区。

直接用于生产或为生产配套的各种房屋，包括主要车间、辅助用房及附属设施用房，称为工业厂房。工厂一般都有储备原材料和储备产品的建筑物，称之为仓库。在一定区域内建造的，以工业生产用房为主，并配有一定的办公楼宇、生产用房（住宅）和服务设施的地方，称为工业园区。以上所说的工业厂房、仓库、工业园区等统称为工业物业。

1. 工业物业的分类

根据工业项目对环境的影响情况，工业物业可分为：

（1）**无污染工业物业**　指物业内的工业项目对空气、水不产生污染，亦无气味、无噪声污染。

（2）**轻污染工业物业**　指物业内的工业项目不产生有毒、有害物质，不产生废水、废渣，噪声污染小，无燃煤、燃油的锅炉等设施。

（3）**一般工业物业**　指物业内的企业项目必须设置防治污染设施。

（4）**特殊工业物业**　指物业内的工业项目因大量使用有毒、有害的化学品，必须设置完善的防治污染设施。

2. 工业物业的特点

（1）**投资大，投资回收期长**　工业物业建设需要巨大资金，从投资决策、规划设计、土地征用、施工建设，到厂房建成投入使用，再到资金的回收，一般需要较长时间。

（2）**非流动性**　生产不同的工业产品对工业物业的要求是有区别的，再加上一些工业物业具有规模大、投资大的特点，使得工业物业在房地产市场中交易缓慢，具有非流动性。

（3）**工业设备的功能容易过时**　新技术革命对原有的技术设备是很大的冲击，会增加投资者的风险。增加工业物业的功能用途以防范投资风险，是投资者的选择，但也形成了工业物业的多用途特点。

（4）对周围环境容易产生污染　　工业污染主要是由生产中的"三废"（废水、废气、废渣）及各种噪声造成的。

（5）建筑独特，基础设施齐全　　工业厂房通常采用框架结构的大开间建筑形式，室内采光、通风好。房屋抗震性、耐腐蚀性和楼地面承载能力强，工业物业内一般有高负荷变电站和污水处理厂，通信设施齐全，以满足企业的生产要求。

3. 工业物业的管理要求

（1）对治安保卫和消防工作有严格要求　　高科技型生产企业从原材料到产品、成品，不仅价格昂贵，而且技术保密性强，一旦丢失或损坏，会给企业生产带来很大损失。因此，必须加强安全防范，建立一套有效的安保和消防制度，防患于未然。

生产企业会使用和接触一些危险品，如管理不善，易发生火灾、爆炸事故。因此，物业项目管理处要做好危险品的管理工作，定期检查，消除不安全因素。

（2）要求加强对重点设备设施的管理　　工业用水、用电不同于生活用水、用电，其耗水量、耗电量大。尤其是有连续生产要求的，一旦发生停水、停电就会带来巨大损失。因此，工业厂房必须保持持续的供水、供电，如果确实因维修、抢修而临时中断的，必须要提前做好安排。

（3）对保洁工作的高标准要求　　由于使用功能的特殊性，工业物业对生产用房难保洁要求不同，应根据具体情况、要求制定不同的保洁作业程序和规范。对难以保持清洁的工业厂房，应勤清洁、清理、清扫；对清洁度要求高的厂房要采取高新保洁技术，以达到保洁技术要求。做好工业垃圾的分离及处置工作，尤其对有毒有害的工业废气物等更要做好妥善处理。

（4）对物业管理的专业性要求强　　各类生产企业有其各自的生产设备和设施，专业性强，对物业管理的水电气供应要求也不同。这就要求物业服务企业应有专业技术人才储备，有针对性地制定管理制度、作业规程等，保证正常的生产秩序。

〖工业物业管理的组织实施〗

1. 制定严格的管理制度

1）工业厂房与仓库的物业管理规定。
2）各个岗位的工作职责与操作规定。
3）机器设备的安装、管理、使用规定。
4）材料领取、加工、检验、耗用等规定。
5）产品入厂、入库的规定。
6）成品发货出厂、出库等制度。
7）安全保卫制度。
8）消防安全制度。
9）根据工业物业的具体情况以及物业管理的服务要求，制定物业管理公约。

2. 工业物业共用部位的管理

1）工业厂区、园区的共用部位、公共场所、园林绿地，不得随意占用或堆放物品。

2）爱护公共部位、公共场所清洁卫生。

3）不得擅自利用基地或屋顶、外墙、技术层搭建和安装设备、企业标志或广告。

3. 工业厂房和仓库的管理

1）按操作规程、规范使用水电气等，因使用不当而造成损失的，由责任人承担赔偿。

2）对厂房和仓库进行分割改造和内部安装设备，施工前应向物业项目管理处提供图纸，并取得认可；施工时接受物业项目管理处的监督和管理。

3）工业废弃物不得随意倾倒排放，可以由物业服务企业集中处理。

4）应按照楼层的承受负荷要求放置设备和货物。如因超载放置造成损失，由责任人承担赔偿。

5）不得擅自改变物业的用途和功能。

6）禁止在厂内堆放易燃、易爆、有腐蚀性的危险品和有害物品。

4. 工业物业设施设备的管理

工业物业设施设备大体可分为工业生产专用设施和设备、工业生活共用设施和设备以及工业物业附属设施和设备三大类。工业生产专用设施和设备，由工业企业自管；工业生活共用设施和设备以及工业物业附属设施和设备（以下简称为工业物业设施设备），可委托物业服务企业管理。

1）物业项目管理处要定期对道路路面进行维护，保证其完好，以便工业企业的正常使用。道路上不得随意占用、堆放原材料和其他物品，以保障道路畅通。

2）维护工业物业辖区内各种公共标志的完好性。这些标志为进入辖区内的车辆和人员提供向导和警示的作用。因此，需要经常地、定期地进行检查、维护及核对，及时修复或更换破损的标志或已作了内容调整的标志。

3）工业区内的地下管线，包括热力管线、燃气管线、生活污水管线、生产废水管线、电力管线、自来水管线和雨水管线等，其所经过的上方应设置明显标识，以防止因重载车辆的碾压和施工对管线造成意外的损坏。

物业管理人员要定期对这些管网进行检查、测试及维护，以保证这些管线正常使用。

5. 工业物业的环境管理

（1）工业物业内环境污染的防治　环境污染的防治包含两个方面，即防与治，预防为主，治理为辅。

1）空气污染的防治。尽可能消除扬尘，减轻物业范围内空气中二氧化硫气体和机动车尾气的含量。提示工业企业改变能源结构，减少直接燃煤的比例；硬化地面，减少尘土；绿化净化空气中二氧化硫和机动车尾气；限制车辆驶入，减少尾气排放。

2）水体污染的防治。禁止和防止工业废水排入；在工业物业辖区内的沟渠、池塘里，饲养水草、种植荷花，以净化水体。

3）噪声污染的防治。通过绿化可以消声、防噪，美化环境；限制车辆进入物业区域，同时，区域内的主路可以采取曲线型以限制车速；进行技术革新改造，减少噪声。

4）固体废弃物污染的防治。建立垃圾分类收集系统，做到从工业物业辖区内及时输出或处理。有条件的物业可自行处理，没有条件的应把垃圾送到城市垃圾处理中心集中处理。

5）电磁波污染的防治。通过绿化能防止和阻碍电磁波的穿入，减轻其直接影响。

（2）绿化和保洁工作　工业物业内绿化能改善工业区域内的小气候，并美化人们的工作、生活环境。

1）工业物业内绿地的类型有公共绿地，包括工业厂区、生活区域、文化活动场所的绿地；公共场所、公共建筑及共用设施绿地；宿舍、住宅及庭院绿地；道路及广场绿地。

2）工业物业内环境卫生要注意将"扫"和"防"结合，道路要天天清扫、洒水。公共场所必须设置卫生桶、卫生箱，垃圾要日产日清，制定纠正不良卫生习惯的措施。

3）认真清理工业物业内的违章搭建。违章搭建是对整个工业区和谐环境的破坏，它既有碍观瞻，又影响人们的生产、生活，还可能带来安全隐患。

4）努力建设新型的人文环境。新型的人文环境应该是和睦共处、互帮互助、温馨文明、轻松有序的生产、办公环境。新型的人文环境可以焕发热情，提高工作效率。

6. 工业物业的安全管理

（1）安全保卫管理

1）工业厂房和仓库都要建立严格的值班守卫制度，对人员、产品的进出都要进行认真的检查登记。

2）无关人员不得进入厂房和仓库重地。

3）下班后厂房与仓库要严格执行值班、巡逻制度以及其他安全措施。

4）严格执行两人以上进入仓库、锁门等制度。

（2）消防管理

1）建立严格的消防制度，配备专门的消防管理人员。

2）保证消防器材的正常使用，并配有先进的报警设备、工具等。

3）不定期地组织消防教育和消防演习并制定紧急情况下的应急措施方案。

4）保持消防通道畅通无阻，一旦发生火灾能及时疏散人群。

（3）车辆管理

1）建立健全车辆管理制度。

2）将机动车和非机动车分区，并设专人管理。

3）配置相应的监控、防盗技术设备。

4）物业项目管理处应与车主签订车辆停放管理合同，明确双方责任。对工业区的车辆统一管理，对外来车辆也应做相关规定。

5）严格检查进出大门的相关车辆。

［阅读资料18-3］　工业物业管理管什么，参见本书配套资源。

单元五　其他物业的管理

学习目标

1. 了解其他物业的类型与管理特点，能突出重点地计划、安排工作。
2. 了解酒店的物业管理，能参与酒店物业项目的管理方案的制定，具备一定的针对酒店

物业管理实务 第2版

物业类型的组织管理能力。

3. 了解医院的物业管理，能参与医院物业项目的管理方案的制定，具备一定的针对医院物业类型的组织管理能力。

4. 了解学校的物业管理，能参与学校物业项目的管理方案的制定，具备一定的针对学校物业类型的组织管理能力。

〖其他物业的类型与管理特点〗

1. 其他物业的主要类型

除了住宅小区物业、写字楼物业、商场物业、工业物业以外，还有许多其他的物业类型，如文教、卫生、体育与寺庙等。为了学习方便，我们统称为其他物业，人们一般接触的其他物业有以下几类：

（1）**文化类物业**　包括学校、图书馆、博物馆、档案馆、展览馆等。
（2）**体育类物业**　包括体育场、健身房、游泳馆、网球场等。
（3）**传媒类物业**　包括电台、电视台、音像影视制作基地等。
（4）**卫生类物业**　包括医院、卫生所、药检所、疗养院等。
（5）**餐饮类物业**　包括酒楼、饭店、咖啡屋、啤酒屋等。
（6）**交通类物业**　包括车站、码头、机场、停车场、桥梁等。
（7）**娱乐类物业**　包括电影院、游乐场、夜总会、舞厅等。
（8）**宗教类物业**　包括寺庙、教堂、宗祠等。

2. 其他物业管理的特点

（1）**服务对象不同**　其他类型物业的服务对象首先具有年龄、文化、性格、兴趣、信仰等方面的差别，其次具有滞留时间上的差别。如游乐场各种年龄层次的对象都可能参与，一般在2小时左右，流动性很大，服务对象以物业使用人身份出现，人员结构复杂。

（2）**服务需求不同**　在其他类型物业中求知场所要求灯光柔和、环境宁静，一般应铺设地毯；医疗卫生场所特别强调通风并配置足够的座椅，供患者和家属等候使用，并且应该限制住院部的探视时间；影视院、医院、图书馆、博物馆等区域要有吸烟限制等。

（3）**管理要求不同**　物业用途不同其管理侧重点也有差别，如图书馆、资料文物馆对环境条件提出了更高的要求，在防火、防盗、防潮、防尘、防虫、防鼠、防有害气体等方面必须采取专门的有效措施；医院化疗、放射性工作室应作防护测定，并配以警示装置等。

（4）**经费来源不同**　在其他类型物业的管理中，凡属营业性的，如娱乐、健身房等可采取自负盈亏的方式实施管理；半公益性的，如疗养院、卫生所等，经费来源基本上由主管部门补贴；凡属公益性的，如图书馆，经费来源基本上依靠财政拨款，同时开展复印、翻译、展览等收费性服务项目来补贴。

〖酒店的物业管理〗

酒店也称饭店，主要是为宾客提供饮食和临时住宿的场所。现代化的高档饭店，为了方便、吸引宾客还配备并向宾客提供舞厅、卡拉OK、游泳池、高尔夫球、台球、保龄球、酒吧、健身房等娱乐及健身设施和服务。

1. 酒店物业管理的特点

（1）**宾客流动频率高**　酒店的主要功能一是餐饮，二是临时住宿。宾客到餐厅用餐少则半小时（早餐），多则2~3小时（中、晚餐）。客房住宿流动频率也很高。因此，需要的服务人员不仅数量多，而且专业技术要熟练、素质要高，这一点在高档酒店管理中尤其明显。

（2）**服务时间既短又长**　主要表现在餐饮和其他娱乐活动服务项目中，酒店提供一日三餐，对每餐或每批宾客直接服务的时间是短暂的；但是，餐厅一天要翻几次台，有的酒店还有夜总会、舞厅等，一般都要到夜里一两点钟才结束。为此服务要几班倒，时间又很长。

（3）**卫生管理、服务标准要求高**　酒店是为宾客提供餐饮与住宿的公共场所，因此对其卫生条件要求特别高。提供的各种食品必须新鲜清洁、无毒无害；餐厅、餐桌、餐具必须经过严格消毒，无尘无污；服务人员必须衣着干净整洁；客房必须按规范要求每天清扫换洗。下榻酒店的人员来自全国各地乃至世界各地，对所提供的服务有着很高而不同的需求，这就要求物业管理人员具备较高的素质。服务人员从穿戴、妆容到站姿、坐姿，到迎送宾客的礼貌语言、微笑服务，到端菜、送菜、报菜名等都有严格的规范要求。

（4）**建筑规模大，档次高**　现代高档的酒店，为了吸引宾客，建筑规模一般都比较大，特别是商务会议型与度假休闲型酒店，其主体建筑加上配套设施，多数都在10万m^2以上。而且，设计的造型各具特色，建筑使用的主要材料、设备如钢材、木材、石材、涂料、电器材料、卫生洁具、餐具以及制冷、供电、空调、监控、供暖、供水等主要设备大多是进口产品。

2. 酒店物业管理的组织实施

（1）**客人接待服务**　酒店一般设有专门接待客人的前台或总台，客人到来时，前台服务人员要主动接待，落实好客人的住宿、吃饭或娱乐等要求。对服务人员的礼貌服务要求做到：

1）服务人员形象要求高，要化妆，统一着装。

2）迎送客人，要热情大方，使用礼貌用语，表达欢迎与欢送之情。

3）热情服务，主动接待，有问必答，满足需求。

（2）**酒店钥匙的管理**

1）客房门钥匙由前厅总服务台负责管理。在客人办理住宿登记时，由酒店总服务台发给客人，退房时交回钥匙。客人住宿期间丢失钥匙，应填写配置调换钥匙登记表，经前厅经理同意、签字并由保安部批准后，方能配置或调换。

2）库房钥匙要有专人保管，同时严格执行登记制度。重要库房、保险柜必须采取双人双锁或三人三锁制，钥匙由两个或三个人分别掌管。

3）客房各楼层的总钥匙必须统一放置在前台钥匙柜内，任何人不能将钥匙带出酒店。

4）因工作需要，酒店员工需要临时借用客房门钥匙时，必须办理登记和审批手续，并按时交回。

5）前台晚班人员要清点钥匙并做好记录。如发现钥匙短缺时，应及时做好记录并报告上级主管。

6）秩序维护部门负责对酒店钥匙管理的检查和监督，积极配合各部门做好钥匙的管理工作。

（3）**酒店建筑及设备设施的养护管理**

1）做好设施设备的更新改造工作。酒店的物业对设施设备性能要求高、更新迭代快，物业项目管理处应协助制定设施设备更新改造计划，并付诸实施。

2）做好建筑及其装饰的养护与维修，酒店的建筑及其装饰是酒店的标志性形象。需注意养护，保持其特有的风貌与格调，切忌破损。

（4）**酒店的保洁服务**

1）搞好客房卫生服务，每天都要按规范清扫、擦拭房间，更换床单、被套、枕巾、拖鞋、浴巾、毛巾、牙具等。及时换补房间内租摆及小吧台的酒水、饮料。

2）做好餐厅的卫生保洁，餐厅应保持空气清新，温度适中，窗明几净，一尘不染，餐具用后必须清洗消毒。

3）其他公共区域的卫生保洁。其他公共区域主要包括大堂、会议厅、楼道、楼梯、电梯、公共卫生间、楼外广场、绿地、外墙墙面、停车场、娱乐场所等，应制定严格的卫生保洁规范要求、岗位职责、操作规程以达到保洁标准要求。

（5）**酒店的安全保卫管理**　为了保证宾客的人身、财产安全，应设立专门的保安、消防机构，由经过专门培训的保安、消防人员进行管理。应设立监控室，实行24小时监控与巡逻，发现隐患及时采取排除措施；一旦发生险情事故，应启动预案首先组织宾客撤离，并采取应急措施。

（6）**环境绿化管理**　酒店的绿化工作除了对区域内的环境美化外，更主要的是对楼宇内的美化。

（7）**多种经营项目管理**　酒店开展的多种经营服务项目，如商务中心、舞厅、卡拉OK、台球、高尔夫球、游泳池、保龄球等，应选派懂专业技术的人才实行专业化管理。

〖 **医院的物业管理** 〗

医院是为患者提供医疗服务和进行医学教学、科研的特殊场所。医院大体上可分为办公楼、门诊部、住院处、教学楼、宿舍、配电室、机房、库房、锅炉房、停车场等。

1. 医院物业管理的特点

（1）**工作专业性强**　医院每天都会有大量的医疗废物产生，这些废弃物携带病菌和有害物质，必须按严格的规定分类处理和清运。保洁人员必须执行严格的消毒、隔离和防护制度，防止出现交叉感染等情况。

护工人员的基本素质要求较高，需要和各类病人及医护人员常接触沟通，这就要求护工人员有一定的医疗、医护知识，清楚遇到突发事件时的处理程序。

（2）**设施设备运行具有连续性**　医院物业功能的特殊性，决定了设施设备需要24小时不间断地运行，无法利用停水、停电的方式进行设施设备养护维修，需要采取应对性较强的技术措施。

2. 医院物业管理的组织实施

（1）**房屋及附属设备设施的维修养护与运行管理**　主要包括对房屋建筑、中央空调系统、备用发电机、照明系统、给水排水系统、制冷系统、电梯、通风系统、污水处理系统等的维修养护和运行管理，保证24小时的水、电、气、热供应以及电梯、变配电、锅炉房、氧气输送系统的正常运行。

为满足临床医疗的要求，后勤设备设施的完好率和安全系数都要达到较高水平，因此，要求不得出现任何有损业主、患者的安全事故。医院设备设施的维修养护必须适应医疗服务专业性、时效性、稳定精确性强的特点，根据医疗要求和设备运行规律加强维修设计，提高维修效率。在业务技术方面，要求设备技术人员必须具有一定的技术理论水平，又富有维修工作的实际经验，并有独立工作能力和灵活处理技术问题的应变能力。

（2）**安全保卫服务**　医院是治病救人、救死扶伤的专业医疗机构，医院的安全保卫工作尤为重要，必须有一个安全有序的环境作为保障，给医务人员患者提供一个安全的环境。

1）消防无小事，从上到下都要引起重视，平时经常巡视，消除安全隐患。一经发现问题，及时组织有关人员处理解决。要配备专职的消防工作人员，成立义务消防队伍，并不定期举行消防演习。

2）保安人员要加强对医护人员的安全保护，对于盗窃、斗殴或医疗纠纷要有处置预案。

3）慎防医托。医托或劝说病人到其指定的医院看病，或向病人派送传单，严重影响医院的医疗秩序。保安人员必须提高警惕，不断积累经验，一旦发现可疑人员，立即协助医院保卫科进行查处。

4）停车场的管理。医院人流量大，车流量也大，一定要规范停车场的管理，确保停车场内车辆有序停放，行驶畅通。

（3）**保证被褥用品洗涤及供应管理服务**　洗衣房担负着医院医护工作人员工作服和住院病人被服的洗涤和消毒工作，要确保送洗被服的清洁和卫生，防止院内交叉感染。

1）按规定下科室回收脏被服要做到分类放袋，分类处理；传染性及带血、便、脓污染衣物要密封回收；一般病人衣被及医护人员工作服分开回收。

2）为防止交叉感染，各类衣物执行分类洗涤原则，回收的脏被服要及时消毒浸泡。

3）清洁被服要按时下发到科室，双方做好清点登记，每天做好日工作量统计。

（4）**环境管理服务**　医院物业的环境管理对于医院的形象十分重要，也是防止内部交叉感染的主要途径之一。

1）严格遵守医疗医护消毒隔离制度。严格区分无污染区和污染区的地拖、桶、扫帚、手套等清洁工具，不能混淆使用。

2）保持安静的就医环境。保洁人员工作时动作要轻快，不可干扰医护人员工作和病人的休息。

3）保洁频次要高。医院人流量大，保洁人员要加强巡查，随脏随清洁。

4）在垃圾处理时要区分有毒害类和无毒害类，定期消毒杀菌。医用垃圾的销毁工作要统一管理，不能流失，以免造成大面积感染。

5）做好消杀工作。熟知作业过程规范，熟练使用各种消杀药物，防止虫鼠传播病菌和白蚁侵蚀物业。

6）做好绿化美化，定期对树木和绿地进行养护、灌溉和修剪，保证无破坏和随意占用绿地现象。

（5）**饮食管理**　医院的饮食管理要满足患者的医疗康复、职工的生活服务和院内的综合服务这三个方面的要求。医院餐饮的服务对象是特定的群体，出品的食物除追求色、香、味之外，更注重营养搭配、医疗辅助作用。要实行制作、销售过程的卫生监管。

1）配餐员要熟悉治疗饮食的种类，掌握饮食搭配的基本原则，根据医嘱与病员饮食计划，按时、准确、热情地将热饭热菜送到病员床边。送餐过程中需保持卫生。

2）提前一天统计第二天饮食，及时收回餐具，避免损失，便利周转。洗餐具时小心操作，搞好消毒，节约用水。每天清洗配餐间、餐车、残渣桶。

3）配餐员要注意个人清洁卫生，工作时穿戴工作衣帽、口罩。

（6）**服务管理**　医院的服务管理主要指护工服务，专业陪护，导医、导诊等的管理。

1）护工服务是医院物业管理的特色，它是对医生和护士工作的延续和补充，是医护人员的得力助手。护工必须掌握必要的专业医疗医护知识，必须遵守医院和公司的各项规章制度及操作规程。

护工的工作内容包括：负责为病人打开水，协助生活行动不便及卧床的病人进行各种必要的活动；保持病房整洁，物品摆放整齐；及时收集送检人的化验标本并取回报告单，急检标本要立即送检；递送各种治疗单划价、记账，特殊检查预约和出院病历结算等；护送病人做各项辅助检查和治疗，特殊危重病人必须有医护人员陪同；点收医护人员工作服、患者的脏被服和病人服，污被服不能随地乱扔乱放；认真清点洗衣房收送给科室的洗涤物品。

2）专业陪护。专业陪护人员为病人提供专业化、亲情般服务，并作为整体化护理的一个重要补充，是一种新型的护理模式。陪护人员要认真做好病人的生活护理、心理护理、健康宣教、饮食指导、病情观察等工作，治疗处置时要协助护士再次做好查对病人用药过程中的反映，发现异常情况及时报告。做好病人的基础护理，落实各项护理措施，预防合并症的发生。

3）导医、导诊。导医、导诊员的职责是正确引导病人就诊，为病人的就诊提供方便、快捷的服务。导医、导诊员要清楚院容、院貌、科室设备、医院设施、专业技术水平、特色专科，做到有礼貌，有问必答、百问不厌，引导患者挂号、候诊、检查，指导最佳就诊时机，合理安排检查项目，指导就诊。

（7）**开设便民服务**　根据医院的实际情况，开设一些便民设施，例如OTC（自助药店）、鲜花店、礼品店、自动售货机、自动饮料机等，方便就医患者及前来探望的客人。

〖学校的物业管理〗

学校是有计划、有组织进行系统教育的机构。学校的建筑大体有办公楼、教学楼、实验楼、宿舍楼、食堂、体育馆、礼堂、购物中心、操场、停车场等。

1. 学校物业管理的特点

（1）**作息时间相对固定，管理时段性强**　学校有寒暑假，在校时学生的作息时间相对比较固定，管理的时间性要求比较强。因此，应根据学校的作息时间划分不同的时间段，合理地分配管理服务内容，如环境卫生管理可以安排在学生上课时间进行，桌椅、门窗的维修，灯管、灯具的更换可以安排在放学以后，而对于设备、设施的大修、更换等可以安排在寒暑假期间等。

（2）**对设备设施的安全性要求高**　学校是青少年集中的场所，他们充满活力，行动敏捷，动作幅度大，相对而言，对设备、设施的坚固性、耐久性、安全性要求高。因此，要充分考虑学生的人身安全问题，固定于地面的文体器材一定要牢固，定期检查，有损坏及时维修。加强对学生的教育引导，使学生融入物业管理工作之中，自觉地遵守规则并制止有损学校物业的行为。

2. 学校物业管理的组织实施

（1）**学生公寓的管理**

1）安全管理。制定公寓安全管理工作目标、方案和措施，保证消防器材正常使用；定期组织安全教育活动，可以利用谈心、板报、表扬等形式对学生进行思想教育；充分发挥学生的主观能动性，以寝室为单位，抓好各项安全制度的落实，实行寝室长安全责任制；明确安全要求，不准在寝室内内使用大功率加热器、乱拉私拉电源线、网线；不准在寝室内吸烟、点蜡烛、焚烧垃圾和废纸、信件等；不准乱动消防器材和设施，不准往窗外扔物品等。

2）住宿管理。寝室成员办理住宿登记卡和床头卡，并将床头卡按要求挂在指定位置；要求学生按时就寝，如有特殊情况，需要向公寓管理人员请假；学生不准擅自调整寝室，如有需要，应按相关规定要求进行调整；严禁私自留宿外来人员，如遇特殊情况需留宿，必须携有关证件到公寓管理部门按规定办理手续；对学生公寓进出楼的来访人员验证登记，禁止无证来访者及推销商品者进入公寓。

3）卫生管理。物业项目管理处负责公寓楼外周边的卫生保洁和楼内大厅、走廊、卫生间、洗漱间、楼梯间以及公共部位的暖气片、灭火器、门窗等处的卫生保洁；监督管理各寝室内部卫生，组织学生成立考评小组，制定完善的考核体系，每周不定期、不定时地检查各寝室卫生情况，促进学生寝室内部的卫生管理。

4）公共关系管理。学生公寓管理，要处理好物业服务企业、学校、学生三者之间的关系，要建立三者共同参与，相互协作的关系。由物业项目管理处和学校组成学生公寓管理委员会，企业负责学生生活后勤的保障和资产运作，为学生提供良好的后勤服务保障；学校负责学生的思想政治教育与学习管理，提倡学生自主管理，建立学生公寓管理委员会，定期召开各种会议，收集学生意见，反映建议和要求，参与决策和管理，真正形成促进学生全面发展的良好氛围。

（2）**教学楼的管理**

1）教学楼内外的卫生保洁。要求清洁教室、大厅、走廊、楼梯、电梯、厕所、道路等共用地方，做到无污迹、无水迹、无废弃物、无杂物、无积水、无积雪；为屋顶、墙角除迹，做到墙面无灰迹、无蜘蛛网；常规性保洁可安排在上课时间或课后。保洁人员工作时要轻、快，不可干扰教学；每天上课前，须擦拭黑板、黑板槽、讲台，拖净讲台踏板，掏空讲桌内的垃圾，各种教具摆放整齐有序。

2）设备的管理。每天检查门、窗、桌椅、灯、开关的完好情况，发现问题及时修理；每天巡查各楼层，注意各类管线、设施设备是否有损坏，同时记录需修理的电灯、线路，并及时维修，保障电的正常供应，如发现停电，要立即抢修，确保及时供电；保证空调的正常使用，检查地漏、下水管道是否通畅，确保无堵塞、外溢现象，检查厕所内设施的完好情况，发现问题及时维修；保证电子教学设备设施的完好和正常使用；楼内要备有应急灯和手电筒，以备急用。

（3）**环境管理** 协助学校做好绿化美化，尤其是绿化改造的总体规划和设计；做好花坛绿地等集中地段的绿化美化工作，做到绿化图案美观，密度合理，时间适宜，以美化校园环境。及时完成绿化带内缺株树木的补栽和花草的更换，特别是要及时对老化树木进行修枝，保证学生安全。

教学楼内的墙壁上可装饰艺术品、字画等，保持其卫生干净，烘托学习气氛，为师生提供一个清新、优美而典雅的良好环境。

[案例18-4] 保安酒后殴打学生案件

某高校物业管理中心的两名保安，外出吃饭，由于喝酒过量，在回宿舍的途中酒醉，行走不便，强行要一名学生送俩人回宿舍，该学生没有理会，俩人便强行抓住该学生，发生了纠缠，并且动起手来，俩人将该学生的眼镜打碎，伤及其眼眉。该学生被送往医院救治，眉骨处缝合了3针。事发后，其他学生报告给学校保卫处，校保卫处立即将两位保安人员送往派出所，经查属实，两名保安被拘留审查。

物业管理中心知道此事后，立即由中心主任和主管副主任前往医院看望学生，并表示慰问。同时决定在学生住院期间，每天负责送饭给被打伤的学生。在核实了事件发生的情况后，按照规定，对两位保安做出开除的决定，扣罚当月工资，罚款500元。

学生家长得知此事后，立即向学校提出要求，赔偿伤病和精神损失，还要物业管理中心做出检查，否则就要在报刊上予以曝光。

针对此情况，物业管理中心进行了分析，认为此事发生在保安下班后，个人喝酒过量所导致的，系个人行为，与物业管理中心无关，物业管理中心只是有教育不严的问题。为此，对家长不予理会，仍然每天送饭到医院，并且为其熬制鸡汤等营养品，悉心照顾该学生，一直到其出院为止，并为其交付了住院费和医药费。在这期间，学生家长多次威胁，物业管理中心都没有做出过激回应。一个月后，学生家长提出解决学生补考的要求，不再提物业管理中心检查等要求。物业管理中心立即联系了教务处，办理了学生缓考手续，此纠纷圆满解决。

分析：保安打人违反相关法律。但是，此系保安班后个人行为，与物业管理中心无关，物业管理中心不应该承担经济赔偿责任和法律责任，但应承担教育和管理职工的责任。物业管理中心在处理此事中本着"以人为本"，坚持为被打学生送饭，还为其支付了医药费和住院费，做到了仁至义尽，并以冷处理的办法避免矛盾激化，最后解决了问题，可以值得借鉴。

想一想：该物业管理中心的做法对你有何启示？

思 考 题

18-1 住宅小区的物业管理目标及管理要求是什么？

18-2 写字楼物业管理要求有哪些？

18-3 商业物业管理应该从哪几方面组织实施？

18-4 工业物业的管理要求是什么？

18-5 其他类型物业管理的特点是什么？

18-6 酒店的保洁服务包括哪些内容？

18-7 医院的护工的工作内容有哪些？

18-8 学校教学楼的管理包括哪些内容？

参 考 文 献

[1] 鲁捷.物业管理项目实务[M].沈阳：辽宁人民出版社，2009.
[2] 李春云.物业管理顶岗指导手册[M].北京：中国电力业出版社，2011.
[3] 卜宪华.物业管理招标投标实务[M].大连：东北财经大学出版社，2008.
[4] 中国物业管理协会设施设备技术委员会.物业承接查验操作指南[M].北京：中国市场出版社，2013.
[5] 鲁捷，赵学岩.物业管理基础知识[M].北京：清华大学出版社，2010.
[6] 鲁捷.物业管理法规案例分析[M].大连：大连理工大学出版社，2009.
[7] 李文翎.商业物业管理[M].北京：科学出版社，2019.
[8] 戴玉林.商业物业的物业服务与经营[M].北京：化学工业出版社，2012.
[9] 上海华联物业管理有限公司.华联商业物业管理企业标准[M].上海：上海科学技术出版社，2004.
[10] 余源鹏.行政办公楼物业管理服务实务[M].北京：机械工业出版社，2012.
[11] 张作祥.物业管理实务[M].北京：清华大学出版社，2014.
[12] 王比刚，王寿华.物业管理服务常见问题100例[M].北京：中国建筑工业出版社，2014.
[13] 刘新华，周哲.物业管理[M].北京：清华大学出版社，2011.
[14] 梁晓东.物业管理前期服务实用工作手册[M].北京：机械工业出版社，2011.
[15] 邵小云，等.物业管理工作手册[M].北京：化学工业出版社，2013.
[16] 谢凯.小区物业管理[M].广州：广东人民出版社，2008.
[17] 邵小云.物业服务改进全案[M].北京：化学工业出版社，2012.

"十二五"职业教育国家规划教材
经全国职业教育教材审定委员会审定

物业管理实务

样本手册

目 录

样本1： 投标综合说明书 ……………………………………………… 1
样本2： 法定代表人资格证明书 …………………………………… 2
样本3： 物业管理专案小组配备 …………………………………… 2
样本4： 客户服务中心接待服务作业程序 ………………………… 3
样本5： 客户问询接待作业程序 …………………………………… 5
样本6： 会议接待服务作业程序 …………………………………… 6
样本7： 报修处理标准作业规程 …………………………………… 9
样本8： 客户投诉处理标准作业程序 ……………………………… 14
样本9： 投诉处理内部工作程序 …………………………………… 17
样本10： 客户投诉的立项和销项规定 …………………………… 18
样本11： 客户沟通作业程序 ……………………………………… 20
样本12： 客户满意度调查作业程序 ……………………………… 23
样本13： 装修申请作业程序 ……………………………………… 24
样本14： 装修巡查作业程序 ……………………………………… 26
样本15： 装修验收作业程序 ……………………………………… 29
样本16： 房屋维护维修工作规程 ………………………………… 30
样本17： 物业设施设备维修作业程序 …………………………… 31
样本18： 推尘工作规程 …………………………………………… 34
样本19： 瓷砖、大理石墙面的清洁工作规程 …………………… 35
样本20： 玻璃门、窗、幕墙的清洁工作规程 …………………… 36
样本21： 不锈钢制品清洁工作规程 ……………………………… 36
样本22： 地毯清洁工作规程 ……………………………………… 37
样本23： 客梯清洁工作规程 ……………………………………… 38
样本24： 公共部位卫生间清洁工作规程 ………………………… 39
样本25： 地面打蜡工作规程 ……………………………………… 40
样本26： 灯具清洁工作规程 ……………………………………… 40
样本27： 清洁"开荒"管理标准 ………………………………… 41
样本28： 停车场和园区路面清洁作业程序 ……………………… 42
样本29： 自行车库（棚）清洁作业程序 ………………………… 43
样本30： 绿地清洁作业程序 ……………………………………… 44
样本31： 雕塑、宣传栏、标识牌清洁作业程序 ………………… 44
样本32： 喷水池清洁作业程序 …………………………………… 45
样本33： 外墙清洗作业程序 ……………………………………… 46
样本34： 吸尘机使用作业指导 …………………………………… 47

样本 35：单擦机使用作业指导	47
样本 36：吸水机使用作业指导	48
样本 37：高压清洗机使用作业指导	48
样本 38：垃圾中转站、垃圾箱清洁作业程序	49
样本 39：垃圾清运作业程序	49
样本 40：绿化养护工作职责与检查标准	50
样本 41：绿化养护管理作业程序	51
样本 42：绿化管理作业程序与标准	53
样本 43：绿化养护作业指导书	56
样本 44：室内绿化养护管理作业指导书	59
样本 45：值班工作管理规程	60
样本 46：交接班管理规程	61
样本 47：门卫值守工作规程	62
样本 48：巡逻工作规程	64
样本 49：监控系统管理规程	66
样本 50：入口岗工作规程	68
样本 51：停车场管理规范	69
样本 52：车辆被损、被盗作业程序	71
样本 53：消防器材管理标准作业规程	71
样本 54：消防系统维修保养标准作业规程	74
样本 55：消防安全管理标准作业程序	77
样本 56：安全防火管理规定	82
样本 57：消防安全检查制度	82
样本 58：临时动火作业安全规定	84
样本 59：部分重点部位消防安全制度	85
样本 60：安全疏散设施管理制度	86
样本 61：火灾应急处理标准作业程序	86
样本 62：消防系统操作标准作业程序	88
样本 63：突发事件处理作业程序	91
样本 64：消防火灾应急处理预案	93
样本 65：电梯困人救援应急处理预案	96
样本 66：高空抛物事件应急处理预案	97
样本 67：盗窃事件应急处理预案	98
样本 68：水浸事件处理程序	99
样本 69：商业网点管理规定	99
样本 70：有偿便民服务项目作业程序	101
样本 71：物业服务企业档案管理标准作业程序	103

样本 72：档案借阅保密制度 …………………………………………………… 106
样本 73：档案鉴定销毁制度 …………………………………………………… 107
样本 74：档案库房管理制度 …………………………………………………… 107
样本 75：档案安全管理制度 …………………………………………………… 108
样本 76：声像档案管理制度 …………………………………………………… 108

样本1：投标综合说明书

业主：_____

1. 根据已收到的招标编号为物招审字（　　）第（　　）号的_____物业的招标文件，遵照《××市物业管理招标投标管理办法》的规定，经考察现场和研究上述招标文件、招标文件补充通知、招标答疑纪要的所有内容后，我方愿以_____万元的总投标价，承担上述物业的全部管理工作。

2. 一旦我方中标，我方保证按我方所递交的投标书中承诺的期限和招标文件中对承包期限的要求如期按质提供服务。

3. 一旦我方中标，我方保证所提供的物业管理质量达到我方所递交的投标书中承诺的质量等级。

4. 一旦我方中标，我方保证按投标文件中的物业管理班子及管理组织来设计、组织管理工作。如确需变更，必须征得业主的同意。

5. 我方同意所递交的投标文件在投标有效期内有效，在此期间内我方的投标有可能中标，我方将受此约束。

6. 我方同意招标文件中各条款，并按投标标价总额3%交纳保证金___万元（大写）。若我方违约，则扣除所交纳的全部保证金。

7. 除非另外达成协议并生效，招标文件、招标文件补充通知、招标答疑纪要、中标通知书和本投标文件将构成约束我们双方的合同。

投标单位：（印鉴）
法定代表人或委托代理人：（签字、盖章）
日期：　　年　　月　　日

样本2：法定代表人资格证明书

单位名称：××物业管理公司

地址： 省 市 街 号

姓名： 年龄： 民族：

职务： 技术职称： 身份证号码：

×××系××物业管理公司的法定代表人。负责为××物业项目提供物业管理服务，签署上述物业项目的投标文件，进行合同谈判，签署合同和处理与之有关的一切事务。

特此证明。

投标单位：（盖章）

上级主管部门：（盖章）

日期： 年 月 日

样本3：物业管理专案小组配备

1. 由我公司抽调有丰富管理经验和较强指挥能力的人员组成物业管理班子。总负责人（项目经理）和各级负责人（部门人员）配置见下表。

项目经理及部门人员配置表

管理部门人数：

领导层	职能部门	职责

2. 物业管理专案小组主要成员简介

1）总经理：统筹整项发展计划，为此专案组最高负责人。

2）董事：专职处理该发展计划的物业管理服务工作。此先生在××及××前后共有××年的专业物业管理经验，其物业管理顾问的经历计有××、××、××等。

样本4：客户服务中心接待服务作业程序

1.0 目的
统一接待业主的流程，规范操作步骤，明确岗位职责和要求，从而完善面向客户的沟通渠道，提高处理客户服务需求的能力。

2.0 适用范围
本作业程序适用于客户服务中心的接待工作。

3.0 职责

3.1 客户服务专员

3.1.1 负责接待业主通过各种形式提出的服务意见或需求。

3.1.2 负责对接待业主的情况进行记录。

3.1.3 负责直接处理或转交责任部门处理业主意见或需求。

3.1.4 负责跟踪处理业主意见或需求的完成情况。

3.2 客户服务主管

3.2.1 负责监督控制客户服务专员处理接待业主情况的工作。

3.2.2 负责对2天内未处理完毕的业主意见或需求进行跟踪处理。

3.3 客户服务中心经理

3.3.1 负责监督控制客户服务中心整体处理接待业主情况的工作。

3.3.2 负责对1周内未处理完毕的业主意见或需求进行跟踪处理。

3.3.3 负责对无法处理的事项进行上报。

3.4 其他责任部门

负责处理相关责任范围内的业主意见或需求。

4.0 程序

4.1 客户服务专员负责接待业主通过上门、致电或网上反映等各种渠道向管理部提出的服务意见或需求。

4.2 客户服务专员在客户接待记录表上填写接待日期、业主姓名/联系电话、房号、事由；如有其他岗位接待业主后，须及时将接待业主情况告知客户接待员，由其填写客户接待记录表。

4.3 客户服务主管每天须对客户接待纪录表上记录的情况进行审核。

4.4 投诉类接待业主情况，按投诉处理作业规程操作。

4.5 非投诉类接待业主情况，如果可以直接处理的，由客户接待员负责落实处理完毕，并将处理情况和处理结果记录在客户接待记录表上。

4.6 如果无法直接处理的，由客户服务专员转相关责任部门处理，并由客户服务专员负责跟踪处理情况。如果在2天内处理完毕的，由客户服务专员将处理情况和处理结果记录在客户接待记录表上。

4.7 如果在2天内未能处理完毕的情况，转由客户服务主管负责处理。如果能在1

周内处理完毕的,由客户服务主管将处理情况和处理结果记录在客户接待记录表上。

4.8 如果在 1 周内未能处理完毕的情况,转由客户服中心经理负责处理。处理完毕后,由经理将处理情况和处理结果记录在客户接待记录表上。如果无法处理的,由经理在客户接待记录表上说明原因。

4.9 客户服务中心经理每周一须对上周本部门《客户接待记录表》进行审核。

5.0 相关记录

客户接待记录表,见表 5-1。

表 5-1 客户接待记录表

序号	日期	接待方式		姓名	电话	房号	内容摘要	接待人	处理结果	备注
		电话	其他							

6.0 客户服务中心接待流程图(图 5-1)

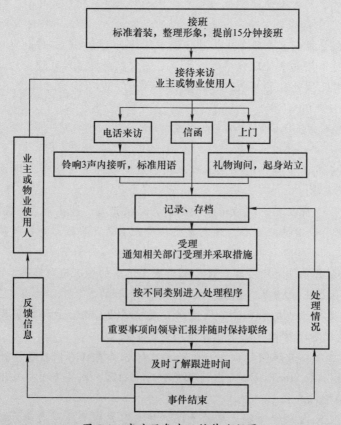

图 5-1 客户服务中心接待流程图

样本5：客户问询接待作业程序

1.0 目的
统一客户问询接待的流程，规范操作步骤，明确岗位职责和要求，提高客户服务专员接待客户问询的能力。

2.0 适用范围
本作业程序适用于客户服务中心的问询接待工作。

3.0 职责
3.1 客户服务专员
3.1.1 负责接待和解答客户通过各种形式提出的问询。
3.1.2 负责对客户问询接待的情况进行记录。
3.2 客户服务主管
负责监督控制客户服务专员处理客户问询接待情况的工作。

4.0 程序
4.1 问询接待服务程序
4.1.1 接到电话或访客到服务台查询某被访者时，可通过电话与其联系，征得其同意后，可将电话转接给访客。

4.1.2 被访者不在时，原则上不把电话号码告知查询者，但可征询查询者是否需要留言。

4.1.3 一时找不到被访者，绝不能轻易回复查询者。经过多次查找，仍找不到被访者，应向询问者表示歉意，并说明情况，同时请其留言或留下联系方式。

4.2 问询接待服务应掌握并备有的查询资料
4.2.1 本项目服务功能、区域的划分及布局。
4.2.2 本项目周边地区的交通、商店、娱乐场所、银行。
4.2.3 本项目各类活动的时间、地点、内容。
4.2.4 本项目电话分布情况。

4.3 问询服务的注意事项
4.3.1 接受问询时，倾听要专心，以示尊重和诚意。

4.3.2 答复问询时，做到百问不厌、有问必答、用词得当、简洁明了，不能说含糊不清的话。

4.3.3 对于一时回答不了或回答不清的问题，可先向访客致歉，待查询或请示后再向其作答。凡是答应随后再做答复的事，一定要守信履约。

4.3.4 回答访客的问题时，要自动地停下手中的其他工作。在众多访客询问时，要从容不迫，一一作答，不能只顾一位而冷落了他人。

4.3.5 对访客的合理要求要尽量迅速做出答复，对访客的过分或无理的要求要婉言拒绝。

5.0 相关记录

客户接待记录表，见表5-1。

6.0 客户问询接待流程图（图5-2）

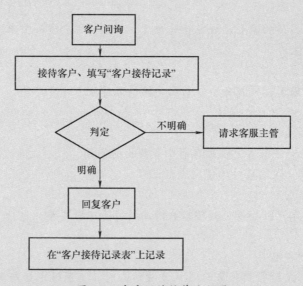

图5-2 客户问询接待流程图

样本6：会议接待服务作业程序

1.0 目的

为了规范会议接待行为，统一服务标准，持续、稳定的为用户提供良好会议接待服务，特制定本规程。

2.0 适用范围

本作业程序适用于物业项目管理处承担的各种会议接待工作。

3.0 职责

3.1 客户服务中心负责会议接待的具体实施。

3.2 客户服务专员负责会议登记和提前确认工作，确保会议如期召开；并记录好会议召开的单位、出席人数和召集的领导职务来决定会议的大小，采取相应的服务措施。

3.3 客户服务中心负责安排工作人员对会议室进行布置，保障会议室整洁舒适。

3.4 会议接待员负责在会议进行期间巡查，及时处理突发事件，确保会议顺利进行。

4.0 程序

4.1 会议预定

4.1.1 属临时会议填写"临时会议记录表"，加班会议填写"会议确认单"。

4.1.2 客户服务专员接听电话或当面预定，仔细倾听、记录预定人员所预定的会议时间、地点、人数、预定人姓名、会议是否需要找电子屏幕、会标等相关事项，并复述预定内容。确定后填写相关记录。

4.1.3 客户服务专员确定会议，特别是需要用设备的会议后，马上告知客户服务主管并联系会议负责人做好相关会议准备。

4.2 一般会议

4.2.1 会议准备：

4.2.1.1 通知保洁部至少在会议前 1 小时做好会议室卫生。

4.2.1.2 会标/字幕：客户助理需前一天通知工程部，具体工作由服务中心负责。

4.2.1.3 鲜花：按客户要求准备，应在会议举行前一小时放好。

4.2.2 会议接待阶段：

4.2.2.1 负责接待会议人员应在会议开始前 20 分钟到达会场，再次确认会场布置并等候客人到来。

4.2.2.2 客人到场后，主动向客人问好并请客人就座。

4.2.2.3 客人就座后，要及时送上茶水，上茶的顺序为：按职位大小依次上茶；如果是接待业主的客户应该先客后主。

4.2.2.4 确认客人已全部到齐且茶水已上完之后，方可离开会议室。若因特殊情况有部分客人不能按时到场，要随时注意客人是否到场，第一时间为客人送上茶水。

4.2.2.5 上第一次茶水与第二次茶水之间的间隔时间为 5~10 分钟，以后按客人喝水的情况间隔一定时间进入会议室加水。

4.2.3 会议结束阶段：

4.2.3.1 会议结束后，接待人员在会场门口恭送客人离开，同时迅速检查会场是否有客人遗忘的物品。如发现物品，可当场交还给客人；若客人已离开会场，应联系订会人，寻找失主。如订会人联系不到失主的情况下，交部门保管，同时作记录，并尽量与失主取得联系，在确认后请失主及早领取或送还。

4.2.3.2 清理会场物品，会议负责人将用品整理，存放于服务间。

4.2.3.3 联系保洁员做会场卫生。

4.2.3.4 恢复会议室的布置，并关好门、窗。

4.2.3.5 在会议确认单上填上会议结束时间，并交部门存档。

4.3 重要会议服务

4.3.1 会议准备阶段：

4.3.1.1 根据此类会议特点，通常需提供：会标及指引牌、座次卡、纯净水、茶水、扩音及录音服务、投影仪及投影屏调试服务、特别的会场布置及足够的座位、接待迎送服务等。

4.3.1.2 会标及指引牌：会标资料客户需提前三天通知。根据客户要求，由服务中心负责联系装饰公司量尺寸，将包含会标内容、长度、字体格式、颜色及大小等内容的样稿送至客户处签字确认；会议举行前一天挂好，并请会务组负责人确认。

4.3.1.3 会场布置：根据客户要求布置会场。

4.3.1.4 纯净水按客户要求在会前一天准备好。

4.3.1.5 座次卡：由订会人负责按照客户提供的座次卡名单将座次卡制作好，并按客户要求摆放，并请会务组领导确认。

4.3.1.6 会议前一天工程部做相关调试，确保各项设备正常运行。

4.3.1.7 茶杯（提前消毒）、烟灰缸在会议前一天按要求准备好。

4.3.1.8 因此类会议无法准确估计参会人员人数，除按客户要求准备座位外，还应准备部分备用的桌椅。

4.3.1.9 会场布置完毕，通知保洁部在会前一天将会场卫生打扫完毕。

4.3.1.10 以上各项，均要求在会议进行前一天请会务组负责人到会场确认，以确保会议顺利进行。

4.3.1.11 在会议前一天通知秩序维护部做好车辆指挥停放工作，并提供规范的服务。

4.3.1.12 服务人员会前熟悉会议程序并做好分工。

4.3.1.13 进行全面会前检查。

4.3.2 会议接待阶段：

4.3.2.1 由于参加此类会议的客人到场都较早，帮接待会议的服务人员及工程部人员在会议开始前2小时到达会场。将指引牌摆放在指定地点，并再次确认会场布置。

4.3.2.2 协助会务组工作人员做好投影仪、投影屏调试及会议文件和材料摆放工作。

4.3.2.3 会前根据会议需要播放适合的背景音乐，在会议正式开始前半小时停止播放。

4.3.2.4 客人到场后，主动向客人问好，请客人签到后在预先安排好的位置就座，并送上茶水。

4.3.2.5 在第一位客人到场至会议正式开始的时间里，服务人员必须随时细心观察会场动态，及时为陆续到达的客人提供相关服务。

4.3.2.6 会议正式开始时，将"会议进行中"的标牌挂于会场的前后门；会议进行中，服务人员在合适的位置观察会场动态，随时准备为客人提供服务。

4.3.2.7 会议进行中，服务人员应定时在场内巡视，随时为客人添加茶水；若客人要求，可提供烟灰缸，并注意随时更换。

4.3.2.8 会议进行中，如有重要或紧急事件需与会者处理，由服务人员递交便条。

4.3.2.9 配合工程部人员做好会场扩音及录音工作。

4.3.2.10 随时注意保持良好的场外环境。

4.3.3 会议结束阶段：

4.3.3.1 会议结束后，接待人员在会场门口恭送客人离开，同时迅速检查会场是否有客人遗忘的物品。如发现物品，可当场交还给客人；若客人已离开会场，应交客户服务中心保管，同时作记录，并尽量与失主取得联系，在确认后请失主及早领取或送还。

4.3.3.2 清理会场物品，组织专人将剩余物品等交还会务组，并将全部用品的使用情况做好统计及整理，迅速上交会务组。

4.3.3.3 如会务组将相关资料暂存会场（不超过8小时）再取走。在此期间，服务人员必须做好安全保密工作；在参会人员及会务组人员全部离场后，其他人员一律不得进入会场。由服务人员关闭所有门窗，并由相关管理人员确认。

4.3.3.4 联系保洁员做会场卫生，并对茶杯等共用物品进行消毒、存放。

4.3.3.5 恢复会议室的布置，并关好门、窗。

4.3.3.6 在会议服务确认表上填上会议结束时间，并交客户服务中心存档。

5.0 相关记录

（略）

样本7：报修处理标准作业规程

1.0 目的

规范住户报修及公共设施设备报修处理工作，保证维修工作得到及时有效的处理。

2.0 适用范围

本作业规程适用于各管理辖区内住户家庭及各类设施设备的报修处理工作。

3.0 职责

3.1 工程部主管负责维修工作的组织、监督以及对公司制定的维修项目收费标准以外的报修内容进行收费评审。

3.2 客户服务中心人员负责具体记录报修内容，及时传达至工程部，并跟踪、督促维修工作按时完成。

3.3 工程部维修人员负责确认报修内容及维修工作。

4.0 程序

4.1 业主（用户）报修

4.1.1 客户服务中心人员接到住户报修要求，应立即将情况登记在"来电来访登记表"中。

4.1.2 客户服务中心人员在5分钟内将记录的报修内容（包括：住户名称、地址、联系电话、报修内容、预约维修时间等）填入服务派工单（一式两联）相应栏目，并在2分钟内通知工程主管或其他指定人员前来领取服务单，工程部领单人在来电来访记录表上签收，将服务派工单（第一、第二联）带回工程部。

4.1.3 工程部主管或领单人按照报修内容，填写维修接单记录表，安排维修人员。

4.1.3.1 如住户报修内容属维修项目收费标准中的项目，住户要求尽快前去维修的，应安排维修人员在接单后15分钟内带齐工具、备件，持服务派工单到达维修现场。

4.1.3.2 报修内容属维修项目收费标准中的项目，住户另有预约维修时间的，维修人员应按预约的维修时间到达维修现场。

4.1.3.3 对于不属于维修项目收费标准中的项目，由工程部主管在接单后15分钟内对维修可行性和维修费用作出评审，回复住户是否可以维修，经征得住户对维修费用的认可及同意维修后，再按上述时效和维修要求安排维修人员前往维修。

4.1.4 工程部维修人员到达维修现场，应遵循岗位礼仪规范进入住户房间、提供服务。

4.1.5 工程部维修人员维修时应首先对报修项目进行对比确认，不相同的，在服务派工单上如实填写实际的维修项目及收费标准。

4.1.6 维修人员向住户出示收费标准，住户同意维修后开始维修，如住户不同意维修的应提醒住户考虑同意后再行报修，并及时返回工程部向工程主管说明情况，与工程部主管一同在服务派工单上注明原因并签名确认后交还客服中心备案。

4.1.7 如果维修材料是住户提供的，由维修人员对材料质量进行验证，并将验证结果（合格、不合格、质量不佳等）填写在备注栏内。对于验证不合格的材料，维修人员应主动提示住户使用不当材料的结果，但应注意尊重住户的选择。

4.1.8 维修工作完成后，维修人员应按维修项目收费标准在服务派工单上注明应收的各项费用金额，并请住户试用或检查合格后，在服务派工单上签名确认。

4.1.9 维修人员将服务派工单（第一、第二联）交回工程部，主管确认后将服务派工单（第一联）交回客户服务中心作为计收服务费用及回访的依据。

4.2 公共设施设备的报修处理

4.2.1 客户服务中心人员接到住户直接反映的公共设施设备报修信息后，应立即在来电来访记录表上填写住户的反映内容，并在3分钟内将报修内容填入内部工作联系单（一式两联），在5分钟内通知工程部前来领单。

4.2.2 客户服务中心人员接到其他部门人员反映的公共设施设备报修信息后，应立即在内部转呈问题记录表上填写人员反映的内容，并在3分钟内将报修内容填入内部工作联系单（一式两联），在5分钟内通知工程部前来领单。

4.2.3 客户服务中心人员将内部工作联系单（第一、第二联）交给工程部主管或其他指定人员，接单人应在来电来访记录表或内部转呈问题记录表上签收。

4.2.4 工程部主管或领单人按照报修内容，填写维修接单记录表，安排维修人员带齐维修工具、备件于10分钟内赶到现场进行维修。

4.2.5 完成维修工作后，维修人员应在内部工作联系单上详细注明维修有关事项。

4.2.6 维修人员将已签名确认的内部工作联系单（第一、第二联）交工程部主管。

4.2.7 工程主管在对维修员的维修情况进行现场确认，在内部工作联系单上签名确认后将内部工作联系单（第一联）返还客服中心存档。

4.3 费用结算

4.3.1 对于业主家庭有要求的，维修要采取月底统一结算的形式进行扣款，并在服务派工单上"客户付款方式"栏说明，对于无特别要求的业主家庭和租户家庭，应在维修工作完成后的当日（最迟不超过第二天）收款。

4.3.2 客户服务中心综合管理员在收费完毕后，应在服务派工单中的"收款说明"栏，签字确认。

4.3.3 客服中心综合管理员于每月月底前将当月服务派工单及内部工作联系单中涉及费用的项目分别进行统计。

4.4 资料保存

来电来访记录表、服务派工单、内部转呈问题记录表、内部工作联系单由客服中心负责保存，保存期为两年。

4.5 本规程执行情况作为物业公司相关人员绩效考评的依据之一。

5.0 相关表格

5.1 客户报修记录表（表5-2）。

5.2 维修服务派工单（表5-3）。

5.3 内部转呈问题记录表。

5.4 内部工作联系单。

表5-2　客户报修记录表

序号	栋号	房号	业主姓名	报修项目简述	预约维修时间	留钥匙（条）	派工单编号	联系电话	备注

表 5-3　维修服务派工单

_____年_____月_____日　　　　　　　　　　　　　　　　　编号：_____

报人		栋/房号		联系电话	
报时间			预约时间		
完成时间			完成状态		
故障内容					

维修（服务）情况概述：

耗料：		业主反馈意见：（满意/不满意）	
维修人员签字：		业主签字：	
材料费用	人工费用	共计费用	
财务签字		统计签字	

6.0 报修处理作业流程（图 5-3）

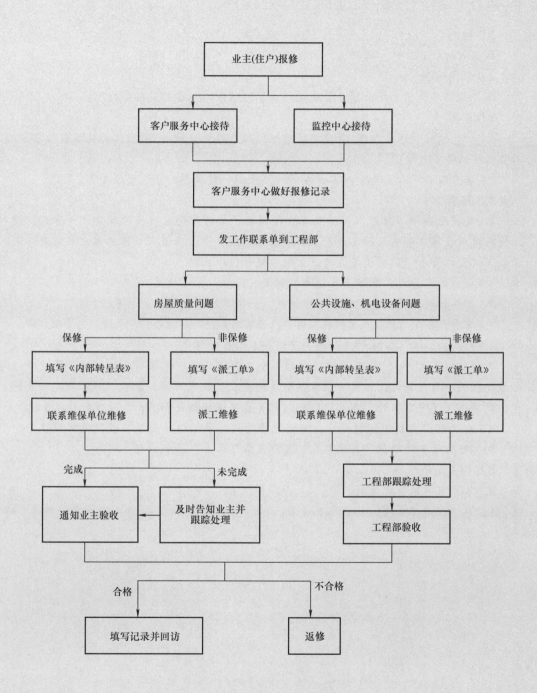

图 5-3　报修处理作业流程图

样本8：客户投诉处理标准作业程序

1.0 目的
规范投诉处理工作，确保客户的投诉能及时、合理地得到解决。

2.0 适用范围
本作业程序适用于物业项目管理处物业管理服务工作的有效投诉处理。

3.0 职责
3.1 物业项目管理处经理：负责对投诉处理效果的检查；对一般投诉的处理进行指导；对重大投诉要亲自处理。

3.2 客户服务中心：负责对客户投诉的记录和一般投诉的协调处理工作。

4.0 程序
4.1 客户服务中心客服人员接到客户投诉后，应首先向客户表示歉意，并将客户投诉情况记录在客户来电来访记录表上；或者客户服务中心客服人员根据客户来电来访记录表上记录的信息经分析属投诉的，立即按投诉程序处理。

4.2 投诉内容登记：事情发生地点、时间、经过、内容及要求。

4.3 投诉接待人员应使用行业语言规范，严禁与客户进行辩论、争吵。

4.4 客户服务中心客服人员根据投诉内容填写客户投诉处理表，并立即报告客服主管。

4.5 一般投诉由客服主管通知相关部门或班组及时解决。

4.6 遇到重大投诉，客服主管应向物业项目管理处经理汇报，由物业项目管理处经理组织相关人员进行讨论，按要求落实解决措施；并向客户做好解释工作，确定回复时间。紧急情况及突发事故，各部门或班组都有责任通知相关部门，先处理后补办手续。

4.7 相关部门在处理完投诉后，要迅速将处理结果汇报物业项目管理处客户服务中心，由客服主管安排回访，并填写在"客户投诉记录表"的相应栏目内。

5.0 相关记录
5.1 客户来电来访记录表。

5.2 客户投诉记录表，见表5-4。

样本8:客户投诉处理标准作业程序

表5-4 客户投诉记录表

投诉方式		电话投诉□ 信函投诉□ 上门投诉□ 网上投诉□ 其他方式□			
投诉者情况	姓名	工作单位(或居住地址)		联系电话	投诉日期
受理部门/人			受理日期		
序号	投诉性质	投诉内容具体描述:			
1	有效投诉□				
2	意见调查出现的不满意、意见或建议□				
3	对服务过程不满意□				
责任部门/人提出解决问题的方案					
		方案提出人/日期:	负责人/日期:		
实施情况			实施记录有效附件(把相关的单据附件于此表后作为附件)		
		实施人: 日期:			
处理结果验证		□符合要求,处理结束 □不符合要求,继续处理 验证人: 日期:	回访情况(附相关单据)		
备注					

6.0 客户投诉处理流程图（图 5-4）

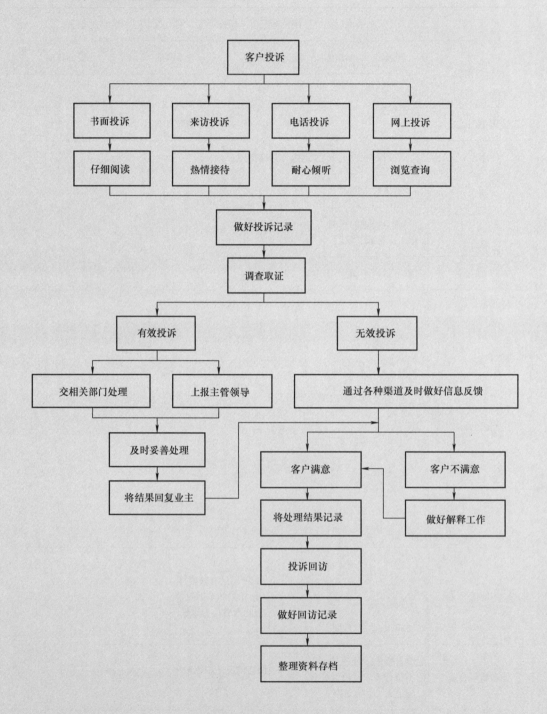

图 5-4　客户投诉处理流程图

样本9：投诉处理内部工作程序

1.0 目的
为规范投诉处理程序，使投诉处理工作做得更加及时有效，不断提高业主的满意度，特制定本程序。

2.0 适用范围
本工作程序适用于物业项目管理处内部投诉处理工作。

3.0 工作内容
3.1 被投诉部门负责人在时效要求内将内容处理完毕，并按客户投诉记录表对投诉处理过程做好记录。在投诉处理完毕的当天将客户投诉记录表交到客户服务中心。客服人员收到处理完毕的客户投诉记录表后应在客户来电来访记录表上记录。

3.2 物业项目管理处经理在接到重大投诉和重要投诉后应按公司不合格纠正与预防标准作业规程文件的规定处理。

3.3 客户服务中心客服人员收到被投诉部门投诉处理的反馈信息后，将情况上报客服主管，并在当天将处理结果通报给投诉的业主（用户）。通报方式可采用电话通知或由巡楼组管理员上门告知。

3.4 客服主管在投诉处理完毕后，安排客服人员回访。在每月30日前对投诉事件进行统计、分析，将统计、分析结果上报物业项目管理处经理，并将业主（用户）投诉意见表汇总上交公司品质部，由品质部长期保存。

3.5 对其他形式的投诉（如信函），客服部参照本程序办理。

3.6 对无效投诉的处理原则：本着为业主（用户）服务的态度，尽量为业主（用户）提供方便。

3.7 对正在给业主（用户）造成损害的事件，应先立即采取措施制止或减轻伤害，再做处理。

3.8 投诉的处理时效如下：

3.8.1 轻微投诉一般在2日内或按业主（用户）要求的期限内处理完毕，超时需经物业项目管理处经理批准。

3.8.2 重要投诉一般在3日内处理完毕，超时需经物业项目管理处经理批准。

3.8.3 重大投诉应当在2日内给投诉的业主（用户）明确答复，解决时间不宜超过10日。

4.0 相关记录
4.1 客户投诉记录表。

4.2 投诉处理记录表。

样本10：客户投诉的立项和销项规定

1.0 目的
规范对客户投诉处理、跟进的管理工作，提高服务质量，保证有求必应，有始有终。

2.0 适用范围
本规定适用于各物业项目管理处对投诉案的处理。

3.0 职责
3.1 客户服务中心客服人员详细了解投诉案的情况，根据公司的有关规定判断是否立项。立项后要认真、负责地跟进，问题解决后也要了解处理情况，予以记录和销项。

3.2 物业项目管理处经理要经常定期、不定期地检查有关人员在处理投诉过程中的立项、销项情况，查阅记录，加强业务指导，完善责任制，根据工作情况给予相关人员奖惩，使投诉的管理有始有终。

4.0 定义
4.1 立项是指管理处客户服务中心客服人员接到各有关人员或客户的投诉后，按有关规定需要进行完整的处理和跟进，并在投诉记录表上进行详细记录，称为立项。

4.2 销项指相对于"立项"而言，一个是始，一个是终。经立项的投诉事项，必须按有关程序处理和跟进，当处理完毕后再反馈回管理处客服人员处，按规定在原立项案件记录处理的完成情况和时间，并由客服人员签名，如因种种原因而无法处理的投诉案件要由管理处经理签名，称作销项。

5.0 程序
5.1 立项的条件与规定

5.1.1 当接到口头或电话投诉后立即填写投诉记录表，如符合以下条件之一者就可以确定立项或不立项：

5.1.1.1 需要派人到现场进行处理或施工，在处理过程中要求跟进和质量检验的投诉案都要立项。

5.1.1.2 各部门领导、有关人员发现的问题，在通知客户服务中心后，需要处理跟进的事项都要立项。

5.1.1.3 客户反映问题、疑问查询后，认为有必要跟进处理的问题要立项。

5.1.1.4 紧急求救的处理要立项。

5.1.1.5 在公司或物业项目管理处权力、责任范围以外的事，客户要求帮助了解和查询的事项要立项。

5.1.1.6 投诉事项经有关人员解释后，客户认为已无问题并不需要跟进，则不用立项。

5.1.2 立项的规定：

5.1.2.1 客户服务中心人员在接到指令或投诉后，要尽可能详细地了解事情的真相，以确定口头解释、立即立项或是弄清情况后再立项等处理方法和步骤。

5.1.2.2 当无法确定如何处理或是否立项时，要立即请示主管或物业项目管理处经理，以确定是否立项。

5.1.2.3 指令和投诉案一经立项，有关人员就有责任跟进、催办，直到销项。绝不能拖着不办，不了了之。

5.1.3 立项时应在投诉记录表中填写以下内容：

5.1.3.1 是否立项与立项时间。

5.1.3.2 投诉联系人。

5.1.3.3 立项处理案的地址和联系人的联系电话。

5.1.3.4 立项内容。

5.2 销项的条件与规定

5.2.1 销项或不能销项的条件：

5.2.1.1 立项的案件已处理完毕，投诉人已在维修服务单上签名认可，副本已送到客户服务中心人员处，可以销项。

5.2.1.2 非维修立项案件，在接到有关单据、文字或主管人员的口头或电话通知后，经了解事情属实，可以销项。

5.2.1.3 在处理某一立项案件时，同时又发现连带或是其他问题，如新问题已上报立项，原案件已处理完毕，可以销项。

5.2.1.4 在处理立项案件中，如发现连带或其他问题，继续在处理中，又无法重新立项，此案件不能销项。

5.2.1.5 重大事项在处理完毕后，经请示物业项目管理处经理同意后才可以销项。

5.2.2 销项规定：

5.2.2.1 已立项案件在未处理完成之前，任何人无权随便销项。

5.2.2.2 立项案件在处理完成后，除符合以上所提条件，尚需经过核实，才能销项。

5.2.2.3 立项案件如因种种原因而无法处理（或暂时无法处理）下去，可作好记录，每季度经物业项目管理处经理协调同意后才能销项。

5.2.3 销项时应记录的内容：

5.2.3.1 案件的最后处理结果。

5.2.3.2 同意销项人员的签名（一般案件不要签名，但无法处理案件销项，要由审批人签名），客服人员签名。

5.2.3.3 销项时间。

6.0 相关文件和记录表格

6.1 客户投诉处理标准作业程序。

6.2 投诉记录表。

6.3 投诉记录月总结表，见表5-5。

6.4 维修服务单。

表 5-5　投诉记录月总结表

统计时间：_____年_____月_____日至_____年_____月_____日

本月投诉：共_____宗。		其中：有效投诉：_____宗。
协助处理投诉：_____宗。		无效投诉：_____宗。

投诉内容 （可加附页）	有效投诉：
	协助处理投诉：
	无效投诉：
投诉处理结果	
本月投诉小结	

填表人：_____　审批人：_____　审批日期：____年___月___日

样本 11：客户沟通作业程序

1.0 目的

规范物业项目管理处与客户沟通、协调工作，确保物业管理工作的顺利开展，确保物业管理服务工作的质量。

2.0 适用范围

本作业程序适用于物业项目管理处在日常的管理服务工作中与客户的正常工作往来。

3.0 职责

3.1 客户服务中心经理负责与客户相关单位的沟通、协调，制定回访计划，安排回访。

3.2 工程部经理负责依照本规程实施与客户相关单位的正常工作往来。

3.3 客户服务中心主管负责依照本规程实施具体工作。

4.0 程序

4.1 与客户相关单位的沟通、协调方式。

4.1.1 工作协调、沟通方式：

4.1.1.1 客户服务中心经理应当每季度至少与服务单位进行一次例行工作沟通，沟通的主要内容是向服务单位通报一个季度的工作简况，解决需经服务单位协助支持方能解决的问题。

4.1.1.2 重点服务项目应当不定期与服务单位相关人员进行沟通，沟通的主要内容是针对碰头研究的工作，汇报工作情况，解决需经服务单位协助支持方能解决的问题。

4.1.2 专题解决问题会议。

在遇到需经服务相关单位同意方能进行工作时，项目经理应申请召开专题会议，协商解决专项问题。

4.1.3 定时工作沟通制度：

4.1.3.1 项目经理每天与服务相关人员碰头，研究工作。

4.1.3.2 每周和每月向服务单位提供周报和月报，由服务单位审查，并作出整改通知。

4.1.3.3 每月至少发出一次服务征询函，征询服务单位意见，与服务单位商讨并提出改进措施。

4.2 回访。

4.2.1 回访时间安排：

4.2.1.1 投诉事件的回访，应在投诉处理完毕后的 3 天内进行。

4.2.1.2 特约服务的回访，应安排在合同执行期的中期阶段和结束后进行。

4.2.1.3 其他管理服务工作的回访，应安排在完成管理服务工作后的 1 周内进行。

4.2.2 回访率：

4.2.2.1 投诉事件的回访率要求达到 100%。

4.2.2.2 其他管理服务工作的回访率按当时情况由客户服务中心经理确定。

4.2.3 回访人员的安排：

4.2.3.1 投诉的回访由客服部经理组织进行。

4.2.3.2 一般投诉由被投诉项目主管与工程部共同进行。

4.2.4 回访的内容：

4.2.4.1 质量评价。

4.2.4.2 服务效果的评价。

4.2.4.3 客户的满意程度评价。

4.2.4.4 缺点与不足评价。

4.2.4.5 服务意见、建议的征集。

4.2.5 客户服务中心经理依照回访计划，通知相关人员进行回访，回访人员应使用统一的回访记录表。

4.2.6 回访人员在限定时效内进行回访，回访工作一般采用与服务单位面谈、现场查看的方式综合进行，将回访内容简要记录在回访记录表上，并请受访人员对记录内容签名确认。

4.2.7 回访人员在回访记录表上签名确认，并将表格交回客户服务中心。

4.2.8 客户服务中心经理对处理完毕的回访记录表进行审核，并加注意见。对于回访内容反馈为不合格的事件上报总经办，按客户投诉处理标准作业规程处理，并将处理意见记录在回访记录表上。

4.2.9 客服人员每季度末对回访结果进行统计、分析，对发现的回访不合格、连续就同一事项投诉两次以上或同一种维修超三次及以上的问题，写成统计分析报告，以书面形式经客户服务中心经理审核后，报项目经理决定是否按照公司相关制度的规定办理。

4.2.10 回访记录表于下一季度第一月10日前统一交由客户服务中心存档保管两年。

4.3 下列工作应当及时向服务单位申报，请求支持：

4.3.1 服务工作涉及部分业主（客户）利益，需服务单位出面协调的。

4.3.2 物业项目管理处制定了新的管理措施需要服务单位支持工作的。

4.3.3 其他需向服务单位请示、寻求支持的工作。

4.4 下列情况出现时，客户服务中心应当及时通报相关服务单位：

4.4.1 新的行业法规颁布执行时。

4.4.2 所服务的项目出现了重大变故或发生重大事件时。

4.4.3 有重要的活动时。

4.5 客户服务中心向服务单位申报工作应当提前15日进行，通报情况应当在事实发生（决定）后的3个工作日内进行。

4.6 客户服务中心向服务单位申报工作、通报情况时原则上应以书面形式送达。

4.7 客户服务中心与服务单位来往工作的信函、记录、决议，一律在客户服务中心归档，长期保存。

5.0 相关文件和记录

5.1 客户投诉处理标准作业规程。

5.2 回访记录表，见表5-6。

表5-6　回访记录表

地址		回访人		回访形式	
回访事由					
回访记录					
	记录人：		业主（用户）签名： 年　　月　　日		
主管意见					
	签名： 年　　月　　日				

样本 12：客户满意度调查作业程序

1.0 目的
为了亲近客户并与客户进行有效沟通，为改善服务提供准确信息，不断提升客户满意度，特制定本规程。

2.0 适用范围
本作业程序适用于客户满意度调查。

3.0 职责
3.1 品质管理部负责制定客户满意度调查工作计划，对客户满意度调查情况进行总结分析。

3.2 物业项目管理处经理负责对客户满意度调查情况进行审核，并上报品质管理部。

3.3 客服主管负责组织落实客户满意度调查，分析结果，提出改善措施。

3.4 客服专员负责具体实施客户满意度调查，回收满意度调查表。

4.0 程序
4.1 对于日常维修，由客户在服务记录单上填写对维修后服务的满意程度，然后由维修人员上交到客户服务中心。

4.2 对客户反馈意见受理，由受理部门进行回访（登门回访、电话回访等），将客户对处理结果是否满意记录在客户反馈意见处理单中，批准的客户反馈意见必须进行回访。

4.3 对于定期的客户满意度调查，首先由品质管理部做出具体安排，客服主管对调查任务进行具体分工，客服专员启动电话、网络以及登门拜访的形式进行调查，调查资料回收后，由客服主管进行汇总分析，撰写客户满意度调查分析报告，将整理结果填入客户满意度调查统计表，对各方面存在问题分类整理，分析原因、制定相应措施并及时改进，满足客户要求。

4.4 对实施纠正、预防措施后仍不能达到客户满意的，要评价纠正、预防措施的有效性并重新制定纠正改进措施，加以实施。物业项目管理处跟踪验证，并将结果通报给客户。客户服务中心对上述调查资料进行统计分析，对客户的需求和期望及需改进的方面得出定性或定量的结果。

4.5 客户满意度调查分析报告由客服主管汇总整理、保存，并将统计结果报物业管理处经理和品质管理部。

5.0 相关记录
5.1 服务记录单。

5.2 客户满意度调查问卷。

5.3 客户满意度调查分析报告。

5.4 客户满意度调查问卷满意度统计表。

6.0 客户满意度调查流程图（图 5-5）

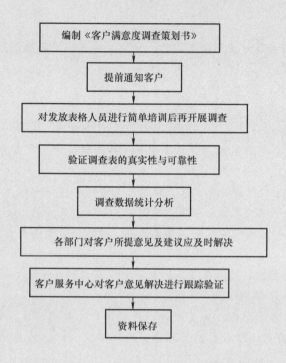

图 5-5 客户满意度调查流程图

样本 13：装修申请作业程序

1.0 目的
为了规范住宅室内装饰装修的申请工作，确保装修管理工作的顺利实施，特制定本规程。

2.0 适用范围
本作业程序适用于住宅物业的装修申请管理工作。

3.0 职责
3.1 项目经理负责装修申请的审批及重大违章装修的处理。
3.2 楼栋管理员负责受理业主装修申报及装修资料的收集、整理、归档。
3.3 装修管理员负责装修方案初审，物业工程部负责业主的装修技术的审批。
3.4 秩序维护部负责装修安全消防的审批及安全巡查。
3.5 物业财务部负责装修相关费用的收取。

4.0 程序

4.1 装修申请

4.1.1 业主提出装修申请时，楼栋管理员应要求业主如实填写《装修申请表》各款内容，并提供装修施工设计图（包括平面设计图、单元立面图、空调安装图、电力照明设计及用量图、给水排水设计图等）和相关技术资料。

4.1.2 如业主自请装修施工单位，还需附装修施工单位营业执照、资质证书复印件（需加盖公章）各一份。

4.1.3 如物业使用人要求装修，还需出具业主同意的有关证明。

4.1.4 如业主或物业使用人自行装修，还需提供自行装修保证书。

4.1.5 工程主管确认业主或物业使用人身份后，向业主提供装修管理规定或装修手册。

4.2 装修审批

4.2.1 工程部需认真审查如下事项：

4.2.1.1 审查装修设计是否对房屋结构、外墙立面、公共设施设备造成改动、破坏；

4.1.2.2 装修是否存在有严重的消防隐患；

4.1.2.3 是否有其他违章情况。

4.2.2 初审合格后报工程部作技术审批，工程部作技术审批后由项目经理做最终签批，审批工作在3个工作日内完成。

4.2.3 工程部将审批后的装修申请通知业主，对需要业主修改装修设计的，应告之业主修改。

4.2.4 装修申请获得批准后，工程部应通知业主带领装修施工队一同到客户服务中心办理有关手续，交纳相关费用参照业主修收费一览表，包括：

4.2.4.1 业主应交纳一定数额的装修保证金和垃圾清运费（业主委托）；

4.2.4.2 装修施工单位交纳一定数额的装修保证金和施工人员证件工本费。

4.2.5 装修施工单位将施工人员照片两张和身份证复印件交客户服务中心。

4.2.6 客户服务中心将其中一张照片和身份证复印件及施工人员基本情况登记在施工人员登记表。

4.2.7 施工人员的另一张照片用于制作成施工人员的临时出入证。

4.2.8 客户服务中心在业主和装修施工单位办理完上述手续后，通知有关人员开通业主水电，并向业主发放施工许可证，告知业户可进场装修。

4.3 装修申请资料管理

4.3.1 将装修申请过程中所形成的资料按业主进行归类，等装修完工，通过验收，由客服务中心收集、整理各装修单元装修资料，统一归档。

4.3.2 装修档案管理按公司有关文件管理规定执行。

5.0 相关记录（略）

6.0 相关支持文件（略）

7.0 装修申请流程图（图7-2）

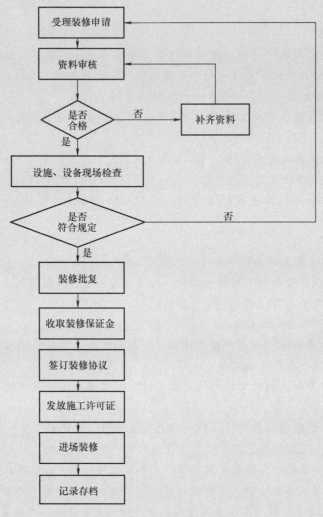

图 7-2 装修申请流程图

样本 14：装修巡查作业程序

1.0 目的

为了规范住宅室内装饰装修的现场巡查工作，确保装修管理工作的顺利实施，特制定本规程。

2.0 适用范围

本作业程序适用于住宅物业的装修现场巡查管理工作。

3.0 职责

3.1 项目经理负责装修中重大违章装修的处理。

3.2 楼栋管理员、巡查员负责装修现场的主要巡查工作和一般违章装修的处理。

3.3 秩序维护部负责装修安全、装修人员出入的巡查。

3.4 客户服务中心、保洁部和工程部各司其职。

4.0 程序

4.1 装修巡查人员的选拔与培训

4.1.1 装修巡查人员应在秩序维护员、机电设备维修工中择优选拔工作责任心强、文化程度高、沟通及语言表达能力较好的人员，经培训考核合格后负责装修巡查工作。

4.1.2 装修巡查人员培训内容：建筑、装饰装修等相关政策法规；土建工程、建筑结构基本知识及建筑工程识图；水、电工程施工及通信、燃气管线维护等基本知识；消防设施设备的维护等。

4.1.3 装修巡查人员的培训与考核。工程部维修主管应定期组织巡查人员进行业务理论知识的培训，培训方式可由维修主管进行理论讲解或召开研讨会相互介绍工作体会等，通常情况每周组织一次理论培训，每月进行一次业务知识考核，对考核不合格者重新接受培训、补考，未能通过补者，限期整改或调离工作岗位并依照相关规定进行处罚。

4.2 装修巡查人员编配

物业项目管理处应根据小区申报装修户数、建筑面积、户型特点、楼宇结构等编配装修巡查人员数量，建议每50户装修户或两栋小高层、单栋高层建筑（装修户较集中时）编配一名巡查员，并依据小区装修进度和户数等实际情况实时调整巡查人员编配数量。

4.3 装修巡查规定

4.3.1 维修主管每周、巡查员每天对责任区域内装修单位进行1~2次装修巡查。

4.3.2 巡查员每天对责任区域内新开工单位数量、装修验收数量、违规查处件数等巡查数据资料进行登记汇总后报物业项目管理处，维修主管在下午下班前将每天装修动态数据录入物业项目管理处的动态管理系统。

4.3.3 巡查员发现装修施工违规作业时，应根据现场实际情况，采取果断措施及时纠正或责令停工并通知维修主管、业主和装修单位负责人到现场接受处理，责成违规当事人写出书面材料，并根据违规事实及造成的危害程度，填写装修违规通知单，由维修主管确认签发。

装修单位应及时按照规定和要求进行整改，并将违规处理结果及整改方案报管理处，整改结束报物业项目管理处验收合格后，方可恢复施工作业。

4.3.4 装修违规通知单一式二联，由物业项目管理处维修主管负责签发；填写时，应详细注明违规地点、违规单位、时间、违规事实、处理结果及巡查人等；第一联，经装修单位负责人签名确认接收后，交回物业项目管理处归入业主装修档案；第二联经维修主管签名后，交装修单位负责人。

4.4 装修巡查工作的重点

4.4.1 是否有装修禁止行为规定的相关内容。

4.4.2 是否落实装修施工管理有关规定与要求。

4.4.3 是否按照装修施工现场安全作业的有关注意事项和规定执行。

4.4.4 装修施工人员的管理，建筑施工材料的搬运及建筑垃圾的清运。

4.4.5 楼宇、公共建筑外观，公共设备、电梯等安全使用情况检查。

4.5 维修主管每月 30 日前，应将小区装修申请总户数、施工总户数、完成装修总户数等装修数据汇总录入装修动态管理系统，为调整工作重点提供参考依据。

4.6 物业项目管理处应协调小区安全巡逻、道口护卫员参与装修管理工作，协助装修巡查员共同做好装修管理工作。

4.7 安全巡逻护卫员协助装修管理工作的分工与职责：

4.7.1 协助做好装修施工人员管理工作，防止施工人员从事非装修以外的工作和随意在非施工区域停留或在小区内串栋、串户、饮酒滋事，扰乱正常秩序。

4.7.2 结合每班日常巡楼工作，协助做好装修管理。巡楼中发现违规或异常装修施工行为，应立即制止并及时通知装修巡查人员现场确认，并协助做好施工现场安全防火、防事故工作及装修人员留宿管理。

4.8 道口护卫员协助装修管理工作的分工与职责：

4.8.1 严格落实出入证管理制度，加强装修施工人员出入验证核对工作，妥善保管出入证副卡，做到准确查收，及时清退，并协助服务中心做好每天施工人员出入及留宿情况统计核对工作。

4.8.2 严格装修材料进场查验制度，禁止不符合装修安装要求的金属防盗网（门）、铝合金门（窗）、玻璃、超宽（长）板材、石材或其他违禁装修材料进入小区；严禁未采取包装措施的散装沙、石、水泥等进入小区；严禁运载超大型、超重、超高材料车辆进入小区等。

5.0 记录（略）

6.0 相关支持文件（略）

7.0 装修巡查流程图（图 7-3）

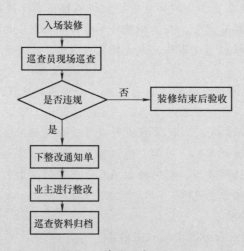

图 7-3 装修巡查流程图

样本 15：装修验收作业程序

1.0 目的

为了规范住宅室内装饰装修工程验收的工作，确保装修管理工作的顺利实施，特制定本规程。

2.0 适用范围

本作业程序适用于住宅物业的装修现场验收工作。

3.0 职责

3.1 物业项目管理处经理负责装修中重大违章装修的处理。

3.2 验收小组负责现场验收工作。

3.3 财务部门负责违章行为扣款事项。

3.4 客服部、保洁部和工程部各司其职。

4.0 程序

4.1 装修工程施工完成后，业主及委托的装修单位负责人共同到物业项目管理处，办理装修工程初验手续，清退装修施工许可证、施工人员出入证及装修垃圾清运证等相关证件。

4.2 装修工程验收由物业项目管理处维修主管或巡查员、业主和装修单位负责人到现场共同进行核查。

4.3 现场验收重点：

4.3.1 房屋室内建筑结构是否有未经批准私自改动的行为，承重结构是否完整。

4.3.2 是否按业主装修申报项目内容进行施工，有无未申报增加项目；有无违规装修行为；阳台、窗、门封闭或安装防护网、防盗（网）门是否符合装修相关要求，有无破坏楼宇外观；排水管道是否顺畅，有无堵塞现象。

4.3.3 隐蔽工程是否符合相关技术要求。

4.3.4 通信及智能化线路、燃气管道、照明线路有无私自改动，是否影响使用安全及功能。

4.3.5 其他违反装修的行为。

4.4 对在装修初验核查中发现的违反装修管理规定的行为或未经申报批准私自改动的项目内容，经物业项目管理处、业主双方确认后，由维修主管签发装修违规整改通知书，10 日后组织复查。

4.5 装修初验核查合格的，由物业项目管理处维修主管在装修开工申请表"完工验收情况"一栏中签署意见，签名确认。

4.6 装修初验合格 10 日后，业主及委托的装修单位负责人，到物业项目管理处办理清退装修押金、交纳装修税及退场手续。

5.0 记录（略）

6.0 相关支持文件（略）

7.0 装修验收流程图（图7-4）

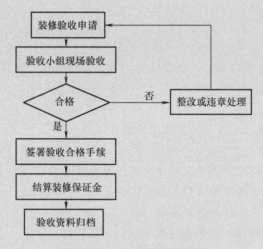

图7-4 装修验收流程图

样本16：房屋维护维修工作规程

1.0 目的
确保维护、维修工作的正常开展，规范维修工作程序。

2.0 适用范围
本工作规程适用于物业项目管理处的房屋维护维修工作。

3.0 内容

3.1 从事维护维修工作的人员需接受岗前培训。物业项目管理处负责岗位培训工作，专业技术培训除公司组织的技术培训外，还应参加行业有关培训。

3.2 维护维修人员每日定时对公共设施设备进行巡查。对即时可以处理的维修项目应即时维修，对不能即时维修的项目作详细记录，填写巡查记录表，并及时上报领导跟进处理。

3.3 工程主管负责制定公共设施设备及房屋维护保养计划，根据计划及时对设施设备及房屋进行维护维修保养。

3.4 维修人员接单后，根据维修或保养内容，凭维修单到材料仓库按程序领取相关材料。

3.5 设施、设备维修或保养现场应根据实际情况设置警示牌及围护措施，防止行人误入维修区；高空作业应做好安全措施，现场放置警告标识，必要时应派专人监护。

3.6 对直接影响小区业主正常生活、工作秩序的维修或保养，应提前一天发布通告，告知业主。

3.7 维修或保养工程结束后应在维修单上注明完成情况及消耗的材料情况，以便核算维修或保养的费用。

3.8 工程结束，维修或保养人员应收回现场警示牌、围护栏等，并将维修单交客户服务中心前台接待员，工程主管到现场检查验收，不符合要求的应尽快要求返工。

3.9 行政内勤管理员对维修或保养所用材料进行核算，分别按管理费支付或由业主分担，报物业项目管理处经理主任审批后，将维修单转交给财务内勤入账。

3.10 每月公共设施、设备维护、维修、保养应分类装订归档，并进行工作总结。

3.11 因维修人员主观故意造成维修工作迟滞而影响业主正常生活，引起投诉的，经查实后应根据维修人员违规处罚制度进行处理。

3.12 因维修人员玩忽职守，对维修任务敷衍了事，不负责任而造成维修质量低劣引起业主不满的，经查实维修人员要立即道歉并返工，赔偿所造成的损失，对该维修人员应根据维修人员违规处罚制度进行处理。

3.13 利用职务之便敲诈勒索、吃拿卡要、肆意刁难业主的物业管理人员，一经查实，立即开除。

样本17：物业设施设备维修作业程序

1.0 目的
使室外共用设施恢复使用功能及外观，确保正常的运作，为业主和物业使用人提供一个安全、舒适、美观的生活环境。

2.0 适用范围
本作业程序适用于公司承接物业管理区域内共用设施。

3.0 维修原则
3.1 坚持经济、合理、安全、实用的原则。在保证使用功能和正常运作的前提下，注意节约维修费用。

3.2 坚持修理及更换配件应尽量与原有配件型号规格一致的原则。

3.3 坚持为业主和物业使用人服务的原则。

4.0 维修依据
4.1 符合维修方案或设计图纸的要求，满足合同的规定。

4.2 符合房屋修缮工程质量检验评定标准有关条款标准。

5.0 维修标准
5.1 小区道路(人行道和车道)

5.1.1 修补损坏的混凝土路面。

如果损坏面积不大，可以用107胶拌水泥，按照附带的说明书进行修补；对于大面积损坏的修补，采用1∶2∶2硅酸盐干硬性混凝土。室外共用设施的维修方法如下：

5.1.1.1 将人行道或车道表面松散或破碎的混凝土凿掉，凿除深度以达新面及结实面为准。

5.1.1.2 用凿子将坑底彻底凿毛(注意要戴上护目镜),破坏面的混凝土边缘要向里掏凿成凹齿形,再用钢丝刷将破坏面上的一切散砂粒刷除干净。

5.1.1.3 将要修补的混凝土表面充分湿润(由表及里)。

5.1.1.4 湿润水完全渗入里面而混凝土表面无积水时,在表面涂一层普通硅酸盐素水泥浆,在水泥浆硬化前将修补用混凝土拌合物填入坑内,并将其捣实,如修补面积较大,应用平板式振动器振捣。填入坑内的混凝土要稍稍高出坑内,以便捣实下沉(混凝土坍落度要控制在≤3cm)。

5.1.1.5 用木抹子轻轻地将修补表面抹平。在混凝土开始硬化时,还要用抹子再细抹一遍。然后养护不少于7昼夜,并浇水以保持混凝土具有足够的水分处于湿润状态(养护期间不得让人或车行走,保持表面清洁)。

5.1.2 修补块材地面(地面砖、石块材料、预制混凝土块等)。

5.1.2.1 凿除损坏的块材面层,凿掉结合层,清扫残渣,喷洒水使表面充分湿润。

5.1.2.2 待表面积水完全渗入后,涂抹普通硅酸盐素水泥浆(如为人行道板混凝土预制块,无须此道工序)。

5.1.2.3 将块材充分洒水或浸湿后,用1:2.5水泥砂浆坐浆砌筑,并用木锤或皮锤锤平、锤直,抹去砖缝多余泥浆。

5.1.2.4 必须留灰缝,灰缝表面必须光滑平整,不得高出块材面。

5.1.2.5 修补工作完毕后,把块材表面清扫干净。

5.1.2.6 对于有防水要求的块材地面,预制水泥砂浆防水层(可掺入3%防水剂),然后再坐砌块材。

5.2 路灯

5.2.1 灯不亮:参照住户室内维修规定中的关于"灯不亮"的维修规定进行维修。

5.2.2 灯柱油漆:先将灯柱清洁,生锈处应用砂纸打磨后清洁,再刷防锈漆两道,刷面漆两道。

5.3 雨水管道

5.3.1 如雨水管道堵塞,排水不畅,应先查找堵塞位置和原因,如因杂物堵塞引起,应清除杂物,使之通畅;如因管道不够标准或倒坡,应开挖重新铺设管道,注意管道要做衬底(基础),使管道放置平稳;如因管道接口错位,应开挖校正接口,并注意保证坡度和接口防漏以及管道的平稳。

5.3.2 如管道损坏,无法修复,应用同型号及规格的管道替换,接口应用沥青麻丝或防水水泥砂浆砌结。

5.3.3 最后修复地坪。

5.4 化粪池

5.4.1 如池水外溢或排水不畅,应打开井盖,清掏池内沉淀物和堵塞杂物,并制定定期清掏制度。

5.4.2 如井盖缺损,应及时更换同型号及规格的井盖,使其保持完好,避免引发人身安全事故。

5.4.3 如池壁缺损，应先通知有关用户停用卫生间，然后抽干化粪池清掏沉淀物，再将缺损池壁修复，注意池壁要做好防渗处理。

5.5 隔油池

5.5.1 如隔油板缺损，应更换新隔油板，并应建立定期检查更换制度。

5.5.2 如隔油排水管道堵塞，通常是油脂凝固后附于管壁上，缩小管道流通断面并最终堵塞管道，可打开盖板，用工具将凝固的油脂清除，使管道排水顺畅。

5.5.3 如池（井）盖缺损，无法修复，应及时更换新盖，其上部不允许堆放杂物。

5.6 电缆沟

5.6.1 如是沟盖板损坏，应按原设计规格制作，并按设计要求把损坏的盖板换掉。

5.6.2 如沟内积水过多，影响电的正常供应，应先关掉总闸，然后打开沟盖板，查明积水原因和位置，一般地电缆沟内积水有两种原因：一为沟底坡度不够标准或倒坡，遇此种情况应通知开发单位或供电部门及时解决；二为沟内掉入杂物，使水流不畅，遇此种情况将杂物清除即能恢复正常。

5.6.3 如是电缆线路出现故障，应先告知有关用户，然后请供电部门及时修复。

5.7 排水渠

5.7.1 如是盖板损坏，应按原设计要求，使用同一规格和同一种材料，把损坏的盖板换掉。

5.7.2 如是渠壁损坏，应将损坏处凿除、清洁、喷水湿润，然后用与原壁相同的材料修复；如是混凝土或钢筋混凝土渠壁还须在喷水湿润后先刷一道素水泥浆，然后再做饰面面层。

5.7.3 如是杂物(如淤泥、塑料袋等)堵塞，使排水不畅，应及时清除池(井)壁坏面。如池（井）壁损坏，通知业主和物业使用人停用或采取其他措施，不影响业主和物业使用人的日常运作，然后抽干池里的水，并清理里面的淤泥杂物等沉淀物，将破损面凿至结构层，并清理、喷水湿润，刷素水泥浆再修补饰面（如贴瓷片等），清理饰面残余的水泥浆等。

5.8 自行车棚、架

5.8.1 自行车棚，层面漏水(雨水渗漏)：如是钢筋混凝土层面，先找出渗漏部位，针对破损情况采用防水材料嵌补或做防水层；如因结构损坏而导致漏水，应加固结构部分，再重做防水层；如是玻璃钢瓦层面，可用沥青麻丝堵塞被损孔洞。

5.8.2 自行车架，如配件缺损，应用同一型号规格的配件修复，如需电焊，须在焊口上刷两道防锈漆。

5.9 路障

5.9.1 混凝土路障

5.9.1.1 如缺损较少，可用高标号水泥砂浆修复，具体做法为凿除破损面松动的混凝土，清洁表面，喷水湿润，刷素水泥浆，补水泥砂浆，然后养护保护。

5.9.1.2 如缺损较多，应及时更换新路障。

5.9.2 钢管路障，如钢管锈蚀，应先用粗砂纸将铁锈打磨掉，然后清理表面，刷两道防锈漆，最后再涂刷红白相间的荧光漆。

5.10 绿化水管管网

5.10.1 漏水

5.10.1.1 如是水管接头处漏水，应先将水管总阀关掉，然后在漏水接口处将水管卸下，在外丝管缠绕上防水胶带或止水麻丝，再将水管接好，打开总阀并做闭水检查，至不漏为止。

5.10.1.2 如水龙头漏水，应先关总水阀门，然后拆下水龙头检查是否因内芯或止水胶片破损漏水，更换相应配件，装回水龙头，开总阀门，检查至不漏为止，如无法修复，应立即更换新龙头。

5.10.2 水管锈蚀

5.10.2.1 如锈蚀程度不大，可将相关部位除锈后，清洁干净，然后刷两道防锈漆，并应定期检查。

5.10.2.2 如锈蚀程度较大，应更换该段水管（注意应用热镀锌管更换）。

5.11 垃圾屋（池）、垃圾中转站

5.11.1 如饰面（如瓷片、抹灰）破损，可以采用两种方法：

5.11.1.1 将破损部位松散层清除，再用相应的材料修补相关部位。

5.11.1.2 直接用水泥补，然后经刷漆等处理保持维修后外观协调、统一。

5.11.2 如五金部件（如闸门、铁栏等）缺损：

5.11.2.1 检查缺损部位，查明原因，然后用相应的配件修复，并刷两道防锈漆。

5.11.2.2 如是缺损较严重以至无法正常使用，应及时更换新配件。

样本 18：推尘工作规程

1.0 目的

保证大厅地面及楼层地面的清洁工序得以正确操作。

2.0 适用范围

本规程适用于大厅大理石地面及楼层大理石地面的保洁服务。

3.0 作业程序

3.1 在尘推头上喷洒适量的清洁光亮剂。

3.2 平握尘推，尘堆把手应与操作者上衣第二颗扣子与第三颗扣子之间，保持直行，靠近墙角打一个"U"形的转弯，重叠三分之一的距离，尘堆不离地面，按"U"字东西往返推尘，将灰尘推到拐角用抹布抹掉。

3.3 棉尘推药剂处理工作规程。

3.3.1 将尘堆头整齐地平铺在地面。

3.3.2 将静电除尘剂装在喷壶里喷洒在尘推上，使尘推头上的纤维湿透（一只尘堆头需喷 100 毫升静电除尘剂）。

3.3.3 将尘堆头放在不通风的地方闷透（需3个小时以上时间，12小时以上为佳）。

4.0 标准

4.1 地面无水迹、无斑迹、无灰尘。

4.2 保持地面清洁、光亮。

4.3 尘推洗干净晒干后方可使用。

5.0 注意事项

5.1 不可靠近客人，应至少距离客人1m。

5.2 不可跟在客人后面推尘，应在距离客人2m处时绕道推尘。

5.3 在不影响客人的情况下，用洗地机对污渍地面进行擦洗。

5.4 喷洒过的尘堆不能立即使用。等待静电剂完全被尘推吸收后方可使用。

样本19：瓷砖、大理石墙面的清洁工作规程

1.0 目的

保证瓷砖及大理石墙面清洁工序得以正确操作。

2.0 适用范围

本规程适用于大楼内所有贴瓷砖的内墙面、大理石墙面和业主（客户）户内贴瓷砖墙面（有偿服务）。

3.0 作业程序

3.1 准备两个桶，一桶装清水，一桶放入1∶50的洗洁精和水。

3.2 用铲刀、刀片轻轻刮掉墙面的污垢、脏渍。

3.3 将毛头浸入配有洗洁精的水桶内，拿起后拧成半干，套在伸缩杆头上，沿着墙壁从上往下来回擦抹。

3.4 有污迹的地方，再用短柄刷刷洗。

3.5 用毛巾浸透清水后拧干，彻底清抹一次。

3.6 换清水，将毛巾搓洗后拧干，再清拭一遍。

3.7 用干拖把拖干附近被水淋湿了的地面。

4.0 要求和标准

4.1 墙面抹擦每周一次，墙面清洗每月一次。

4.2 目视墙面干净无污迹，清洗后，用白色棉纸擦拭墙面50cm，无明显污染。

5.0 注意事项

用铲刀刮除墙面污垢时，注意不要刮坏墙面。

样本20：玻璃门、窗、幕墙的清洁工作规程

1.0 目的

保证玻璃门、窗、幕墙清洁工序得以正确操作。

2.0 适用范围

本规程适用于各类玻璃门、窗、玻璃幕墙、门厅镜面装饰、各种镜面的清洁。

3.0 所需用品

玻璃刮、沾水毛头、水桶、刮刀、伸缩杆、毛巾、抹巾、安全带、安全帽、玻璃清洁剂等。

4.0 作业程序

4.1 按玻璃清洁剂与水1∶50的比例兑好玻璃清洗溶液。

4.2 用刀片刮掉玻璃表面上明显的污迹。

4.3 用沾水毛头浸入稀释后的清洗液，打半干后套在伸缩头上，以适当的力量按在玻璃（幕墙）顶端自上而下均匀垂直地洗抹。

4.4 污点较重的部位需重点擦洗。

4.5 稍等片刻，用玻璃刮保持45°角从上至下再从左至右将水刮下，用干净抹布擦净玻璃刮上的残余水分。

4.6 一洗一刮连贯进行。

4.7 用抹布将玻璃框擦干净。

4.8 用拖把将地面上的污水拖干。

5.0 标准

玻璃表面无污迹、无水迹、无手印，清洁后用白色棉纸巾擦拭50cm无灰尘。

6.0 注意事项

6.1 高空作业时，严格按公司安全管理制度做好各项安全工作。

6.2 若玻璃表面有难以除去的污垢（新楼第一次清洁时此种情况较多），用刀片轻轻将污垢刮去（45°~60°斜刮），再用清洁剂涂在上面，按上述规程做一遍。

6.3 作业时，注意防止玻璃刮的金属部分刮花玻璃，尤其要注意保护镀膜玻璃的外涂层。

样本21：不锈钢制品清洁工作规程

1.0 目的

保证不锈钢制品清洁工序得以正确操作。

2.0 适用范围

本规程适用于护栏、标牌、宣传栏等不锈钢面。

3.0 所需用品

工具篮、伸缩杆、喷壶、抹布、不锈钢清洁剂、不锈钢油污清洗剂。

4.0 作业程序

4.1 用兑有中性清洁剂的溶液擦不锈钢表面。

4.2 然后用无绒毛巾抹净不锈钢表面的水珠。

4.3 放置少许不锈钢油污清洗剂于无绒毛巾上，对不锈钢表面进行均匀全面的抹拭。

4.4 表面面积较大的可用手动喷壶将不锈钢油污清洗剂喷于不锈钢表面，然后用无绒干毛巾拭抹。

5.0 标准

5.1 亚光面不锈钢表面无污迹、无灰尘、0.5m 内可映出人物影像。

5.2 镜面不锈钢表面光亮，2m 内能清晰映出人物影像。

6.0 注意事项

6.1 不锈钢油污清洗剂不宜过多，防止玷污他人衣物。

6.2 要使用干净的干毛巾，防止砂粒划伤不锈钢表面。

样本22：地毯清洁工作规程

1.0 目的

保证地毯清洁工作规程的正确操作。

2.0 适用范围

本规程适用于所有地毯的清洁工作。

3.0 地毯干洗作业程序

3.1 准备工具及用品，包括刷地机、刷盘、吸尘器、加压式喷雾器、长把刷、局部防污工具以及粉末清洁精、预先处理剂等。

3.2 清理作业区域的碍事物品，进行吸尘作业。

3.3 用地毯清洁剂清除地毯污迹，如有油污多的地方，要先喷洒预先处理剂，使油污溶解。

3.4 在准备作业区域内均匀地喷洒粉末清洁精，喷洒量为 $100g/m^2$ 左右（大约手捧一把）。为防止粉末干燥，一次喷洒面积以 $10m^2$ 为好。

3.5 在刷地机上装好刷盘，按机器使用要领进行操作，依次从里到外对地毯进行刷洗。

3.6 用机器刷完后，待粉末干燥后再回收（30分钟左右）。

3.7 用长把刷把进入纤维内的粉末刷出，再用吸尘器将粉末回收。

3.8 作业结束后，确认作业效果，收拾机器工具。

4.0 地毯湿洗作业程序

4.1 准备机械器材，包括地毯清洗机、刷盘、吸尘器、加压式喷雾器、长把刷、局部除污工具、防污垫布以及地毯清洗剂、预先处理剂等。

4.2 清理作业区域的碍事物品，进行吸尘作业。

4.3 用地毯清洁剂清除地毯污迹，地毯上油污要先喷洒预先处理剂，使油污溶解。

4.4 使用地毯清洁机自动喷水、搓洗、吸水、吸泡沫，从里到外清洁地毯，不要有遗漏处。

4.5 用起毛刷刷起并理顺地毯绒毛。

4.6 用吹风机送风干燥或自然晾干。地毯自然晾干6小时后人方可在其上走动，故此操作应放在夜间进行。

4.7 作业结束后，确认作业效果，将机器工具洗净、揩干。

样本23：客梯清洁工作规程

1.0 目的
保证客梯清洁工序得以正确操作。

2.0 适用范围
本规程适用于所有客梯的清洁工作。

3.0 作业工具及用品
不锈钢清洁剂、金属光亮剂、干净抹布、百洁布、玻璃刮刀、推杆。

4.0 作业程序
4.1 用抹布将灰尘、斑迹彻底擦净。

4.2 喷上不锈钢清洁剂后，用干净抹布彻底擦净，每个部位均要擦拭到并且用力要均匀。

4.3 均匀地喷上金属光亮剂后立即用干抹布擦拭，直至光亮。

4.4 用平口起子将踏脚板沟缝内的杂物剔除。

4.5 用抹布裹着平口起子，擦拭踏脚板沟缝内的污迹。

4.6 用抹布将电梯门的浮灰从上到下彻底擦拭干净。

4.7 检查镜面，如有黏附性的污迹，应用玻璃刮刀将其铲除。

4.8 用抹布将地面上的灰尘和污渍擦去。

4.9 每日上午7：00~8：00，下午1：30~2：00两次对各个客梯重点清洁，其他时间内循环保洁各个客梯。

4.10 擦拭完电梯，电梯保洁员在保洁部休息室休息。

4.11 每日上午8：30~9：30电梯使用高峰期，电梯保洁员由部门安排做机动事务。

4.12 对所有工具进行清洁后，放回储备室。

5.0 标准
5.1 保证客梯轿厢内无灰尘、无手印、无污迹、干净明亮。

5.2 电梯轿厢地面无烟头、垃圾等杂物。

5.3 用纸巾擦拭50cm无明显污迹。
6.0 注意事项
6.1 在清洁客梯作业时，应避开人流量高峰期。

6.2 使用金属亮光剂不可过多，以防电梯内气味太浓。

6.3 清洁电梯轿厢时注意让乘客先行，不能当着乘客面清洁，有乘客进入电梯时，应暂停保洁作业，待乘客走出电梯方可继续进行保洁作业。

样本24：公共部位卫生间清洁工作规程

1.0 目的
保证卫生间清洁工序得以正确操作。
2.0 适用范围
本规程适用于所有卫生间的清洁工作。
3.0 作业工具及用品
清洁剂、空气清新剂、干净抹布、百洁布、玻璃刮刀、推杆。
4.0 作业程序
4.1 先用清洁剂清洗小便池，并喷洒除臭剂。

4.2 按顺序擦拭面盆、水龙头、台面、镜面。

4.3 墙面要用清洁剂清洁。

4.4 地面要用拖把拖干，保持地面干燥、干净。

4.5 配备好卷筒纸及洗手液。

4.6 检查皂液器、烘手器等设备的完好情况。

4.7 喷洒适量空气清新剂，保持卫生间内空气清新、无异味。

4.8 清洁完毕后，检查是否有遗漏，填写卫生间清洁记录表，见表9-7。

表9-7 卫生间清洁记录表

序号：

时间	镜面	台面	面盆	地面	墙面	便池	马桶	卫生纸	洗手液	审核
08：30										
10：00										
11：30										
14：00										
15：30										
17：00										

注：每做卫生一次，在相应表格内记录（打"√"）。

填表人：_____ 审核人：_____

5.0 标准
5.1 卫生洁具做到清洁、无水迹、无头发、无异味。
5.2 墙面四角保持干燥、无蜘蛛网,地面无脚印、无杂物。
5.3 镜面、玻璃保持明净,无灰尘、无污物、无手印、无水迹。
5.4 金属器具保持光亮,无浮灰、无水迹、无锈斑。
5.5 卫生用品齐全,无破损。
5.6 保持卫生间内空气清新。

样本25:地面打蜡工作规程

1.0 目的
保证地面打蜡工序得以正确操作。

2.0 适用范围
本规程适用于所有地面打蜡工作。

3.0 作业工具及用品
清洁剂、空气清新剂、干净抹布、百洁布、玻璃刮刀、推杆。

4.0 作业程序
4.1 准备好抛光机、吸水器、去蜡水、面蜡、底蜡、刷地机、清洁剂等。

4.2 打蜡前将需要打蜡的区域清理干净。

4.3 地面先吸尘,将去蜡水稀释(1:30)后,用拖布均匀地涂在地面上,用机器擦洗、吸干。

4.4 用百洁刷摩擦地面,要全部磨到,使原来大理石表面的蜡质全部溶解。

4.5 用吸水器吸干地面,再用清水洗两次,并吸干,拖干净,使地面光亮、清洁、无污迹。

4.6 待地面干燥后将底蜡用蜡拖均匀地涂在地面上,纵横各一次,等地面干燥后,再打1~2次底蜡,并用抛光机抛光。

4.7 最后上一次面蜡,并用抛光机抛光。

4.8 检查工作质量,合格后收拾工具,清洗干净,做好记录。

样本26:灯具清洁工作规程

1.0 目的
确保公共场所灯具清洁工序得以正确操作。

2.0 适用范围
本规程适用于路灯、楼道灯、走廊灯、办公室和各活动场所的灯具。

3.0 职责

3.1 保洁班负责灯具的清洁工作。

3.2 其他部门协助工作。

4.0 作业程序

4.1 准备梯子、螺丝刀、抹布、水桶等工具。

4.2 关闭电源,架好梯子,工作人员站在梯子上,一手托起灯罩,一手拿螺丝刀,拧松灯罩的固定螺丝,取下灯罩。

4.3 先用湿抹布擦抹灯罩内外污迹和虫子,再用干抹布抹干水分。

4.4 将抹干净的灯罩装上,并用螺丝刀拧紧固定螺丝。

4.5 清洁日光灯具时,应先将电源关闭,取下盖板,取下灯管,然后用抹布分别擦抹灯管和灯具及盖板,最后重新装好。

5.0 标准

清洁后的灯具、灯管无灰尘,灯具内无蚊虫,灯盖、灯罩明亮清洁。

6.0 注意事项

6.1 在梯子上作业时应注意安全,防止摔伤。

6.2 清洁前应首先关闭灯具电源,以防触电。

6.3 人在梯子上作业时,应注意防止灯具和工具掉下碰伤行人。

6.4 用螺丝刀拧紧螺丝钉,固定灯罩时,应将螺丝钉固定到位,但不要用力过大,防止损坏灯罩。

样本27:清洁"开荒"管理标准

1.0 职责

1.1 环境管理部主管负责清洁"开荒"工作计划的制定,并组织实施和质量检查。

1.2 保洁员负责依照本规程进行清洁"开荒"工作。

2.0 程序要点

2.1 工作计划制定

2.1.1 工作计划制定内容

2.1.1.1 清洁"开荒"工作区域。

2.1.1.2 清洁"开荒"工作方式。

2.1.1.3 清洁"开荒"的准备工作。

2.1.1.4 清洁"开荒"的组织与实施。

2.1.1.5 清洁"开荒"费用预算。

2.1.2 工作区域

2.1.2.1 物业内外建筑垃圾的清理。

2.1.2.2 共用部分(洗手间、设备房、电梯等)清扫。

2.1.2.3 办公室、建筑物内设施的清洁。
2.1.3 工作方式
2.1.3.1 物业项目管理处自己做。
2.1.3.2 聘请专业清洁公司承做。
2.1.3.3 物业项目管理处与聘请专业清洁公司相结合。
2.1.4 准备工作
3.1.4.1 现场查看。
2.1.4.2 物料准备。
2.1.4.3 人员动员。
2.1.5 组织与实施
2.1.5.1 外墙的"开荒"清洁。
2.1.5.2 室内的"开荒"清洁。
2.1.5.3 洗手间的"开荒"清洁。

3.0 注意事项
3.1 高空作业时注意抓牢作业工具，防止摔落，不准在高空投掷工具或物品。
3.2 注意墙面附着物，避免碰损或伤害自己，作业时不要做较大的悠荡动作。
3.3 高空作业时临近人员必须临近到位，严禁离开。
3.4 清洁水磨石、大理石、木质地板等，禁用强酸强碱的清洁剂。
3.5 在刮洗玻璃幕墙时，注意不要刮花。
3.6 员工在作业时必须戴口罩及橡胶手套。
3.7 作业完毕，应收拾好作业工具、清洁用品。

4.0 检查标准
4.1 检查玻璃、地面、墙身，应无污渍，无油漆，无灰尘污垢，无附着物。
4.2 检查办公室、共用部分，应无污渍，无灰尘污垢，无杂物，无蜘蛛网。
4.3 检查洗手间，应无杂物、泥沙、污垢，设施完好，地面干净无异味，无积水。

5.0 管理与检查
5.1 "开荒"工作前，主管必须详尽地告诉作业人员工作时应注意的安全事项。
5.2 主管应每天检查清洁"开荒"工作进行情况，并记录于工作日记中。
5.3 主管要现场跟踪检查，确保操作正确。
5.4 主管要将工作检查表及相关工作记录按公司规定归档保存。

样本28：停车场和园区路面清洁作业程序

1.0 目的
确保公共场地和路面的清洁工序得以正确操作。

2.0 范围

本作业程序适用于停车场、人行道及消防通道的清洁。
3.0 职责
保洁班负责公共场地和路面的清洁工作。
4.0 作业程序
4.1 用扫把将道路中间和公共活动场所的果皮、纸屑等垃圾放入塑料袋，然后倒进垃圾箱内。
4.2 对有污迹的路面和场地用水进行清洗。
4.3 雨停后，用扫把将马路上的积水清除。
5.0 标准
5.1 每天打扫一次，7：00~16：00 每小时循扫一次，保持整洁。
5.2 保持公共场地、路面无杂物。

样本29：自行车库（棚）清洁作业程序

1.0 目的
保持自行车库（棚）的整洁，车辆摆放整齐。
2.0 范围
本作业程序适用于自行车库（棚）的清洁。
3.0 职责
保洁班负责自行车库的卫生工作。
4.0 作业程序
4.1 准备扫把、水桶、抹布等工具。
4.2 用扫把清扫自行车库（棚）内的果皮、纸屑、灰尘及垃圾等。
4.3 用干净扫把将自行车库（棚）顶上、墙上的蜘蛛网、灰尘清除。
4.4 用湿抹布擦抹棚架和自行车库门。
4.5 将自行车库（棚）内的自行车按顺序排列整齐。
4.6 对没有使用且积尘明显的自行车，每天打扫自行车上的灰尘；长期停放超出规定时限且又影响美观的车辆按自行车管理规定处理。
5.0 标准
5.1 每天打扫1次，目视无果皮、纸屑、蜘蛛网，墙面无灰尘。
5.2 自行车摆放整齐，无积尘。
5.3 棚顶每周清扫1次。

样本30：绿地清洁作业程序

1.0 目的
保持草地和绿化带的清洁。

2.0 范围
本作业程序适用于小区内草地和绿化带的清洁。

3.0 职责
保洁班负责小区内的绿化清洁工作。

4.0 作业程序
4.1 用扫把清扫草地上的果皮、纸屑、石块等垃圾。
4.2 对烟头、纸屑等杂物用扫把清扫，不能打扫起来的小杂物，用手捡入垃圾箱内。
4.3 在清扫草地的同时，清理绿篱下面的枯枝落叶。

5.0 标准
5.1 每天清扫一次，保持清洁干净。
5.2 目视无枯枝落叶，无果皮等垃圾和杂物；烟头控制在每 $100m^2$ 5 个及以内。

样本31：雕塑、宣传栏、标识牌清洁作业程序

1.0 目的
保持雕塑装饰物、宣传栏、标识牌的清洁。

2.0 适用范围
本作业程序适用于小区内的雕塑、宣传栏、标识牌的清洁。

3.0 职责
保洁班负责雕塑等装饰物、宣传栏、标识牌的清洁。

4.0 作业程序
4.1 雕塑装饰物的清洁：

4.1.1 雕塑（如雕塑龙）的清洁：备高压水枪，从上至下冲洗一遍，目视无灰尘，见其本色，用湿抹布擦拭。如有污迹用清洁剂涂在污迹处，用抹布擦抹。

4.1.2 其他雕塑、装饰的清洁：准备长扫把、抹布、清洁剂、梯子等工具，用扫把打扫装饰物上的灰尘，清洁人员站在梯子上，用湿抹布从上往下擦抹一遍，如有污迹用清洁剂涂在污迹处，用抹布擦抹，然后用水清洗。不锈钢装饰物按不锈钢的清洁保养规定进行操作。

4.2 宣传栏的清洁：用抹布将宣传栏里外周边全面擦抹一遍，玻璃用玻璃刮清洁，按玻璃门、窗、镜面的清洁规定进行操作。

4.3 标识牌的清洁：用湿抹布从上往下擦抹标识牌，然后用干抹布擦一次。如有广

告纸时先撕下广告纸，后清洁。

5.0 标准
宣传栏、标识牌每周清洁一次；雕塑装饰物每月清洁一次，清洁后检查无污迹、积尘。

6.0 注意事项
6.1 梯子放平稳，清洁人员禁止爬上装饰物，防止人员摔伤。
6.2 清洁玻璃时注意避免划伤手。
6.3 清洁时不要损伤被清洁物。

样本32：喷水池清洁作业程序

1.0 目的
保持喷水池内外干净、清洁。

2.0 适用范围
本作业程序适用于小区喷水池的清洁。

3.0 作业程序
3.1 平时保养：保洁员每天用捞筛对喷水池的水面漂浮物进行打捞，保证池内无杂物。
3.2 定期清洁：
3.1.1 打开喷水池排水阀门放水，待池水剩下三分之一时，保洁员入池清洗。
3.1.2 用手刷加适量的清洁剂由上而下刷洗水池瓷砖。
3.1.3 用抹布擦洗池内的灯饰、水泵、水管、喷头及电线表层的青苔、污垢。
3.1.4 排尽池内污水并对池底进行拖、擦。
3.1.5 注入新水。
3.1.6 清洗喷水池周围地面污迹。

4.0 标准
每周清洁一次，目测水池清澈见底，水面无杂物，池底洗净后无沉淀物，池边无污迹。

5.0 注意事项
5.1 清洗时应先断开电源。
5.2 擦洗电线、灯饰时不可用力过大，以免损坏。
5.3 清洁时，不要摆动喷头，以免影响喷水观赏效果。
5.4 注意防滑、防跌倒。

样本33：外墙清洗作业程序

1.0 目的
保持外墙干净、清洁。

2.0 适用范围
本作业程序适用于所有楼宇外墙的清洗。

3.0 清洗条件
由于外墙清洗一般是在室外高空进行，危险性大，因此要注意清洗的气候条件及人员的身体条件。

3.1 气候条件。一般情况下，风力应小于四级，尤其是高空风力。下雨、下雪、下雾及高温（35℃以上）气候条件，均不宜进行外墙的清洗作业。

3.2 人员的身体条件。外墙清洁人员须经过专门培训、取得高空作业证书，并在证书有效期内持证上岗。

4.0 清洗方式

4.1 擦窗机。擦窗机也叫室外吊篮，清洁人员站在吊篮内，通过吊篮上、下、左、右移动，进行清洗工作。吊篮内应有电话，保持与外界随时联络。

4.2 吊板。吊板是由悬挂支架、牵引绳（直径16mm）、吊板、安全带和安全滑动锁组成。清洗时，将清洗人员吊到工作位置上进行外墙清洗作业。使用这种清洗方式，危险性较大，因此，要求各项安全措施到位，以避免危险事故的发生。

5.0 擦窗机的操作

5.1 操作程序

5.1.1 查看清洁现场，确定工作方案，做好准备工作。

5.1.2 现场测风力，看是否符合工作条件。

5.1.3 检查擦窗机性能，工作位置地面设好围栏、安全告示牌，由安全员现场监督。

5.1.4 准备清洗工具。

5.1.5 清洁人员携带清洗工具和用品进入吊篮，系好安全带。

5.2 安全操作规程

5.2.1 清洁工人须经专门培训，经考试合格后持证上岗，且定期体检，确认身体合格。

5.2.2 清洁工人在工作前及工作期间，不准喝酒，更不准在吊篮内嬉笑打闹或投掷物品。

5.2.3 作业期间必须穿工作服，戴安全帽及手套，系好安全带。在吊篮工作时要设法使吊篮稳定，防止大的晃动。

5.2.4 作业前应由安全员进行现场安全检查，对屋面结构悬挂装置的连接件、紧固件、牵引绳等进行检查，确认无隐患后方可作业。

5.2.5 在吊篮作业中，严禁修理或移动吊篮悬挂机构及制动器等。在移动屋面某部分结构或吊篮跨越障碍移动时，吊篮中严禁站人，必须用缆绳稳定吊篮以防止碰撞到其他地方。

5.2.6 严禁用吊篮作垂直运输,更不能超负荷。

5.2.7 注意气候条件,雨天应停止作业。

5.2.8 指挥人员必须集中精力从事专项指挥工作,不得兼做其他工作。

5.2.9 爱护设备及工具。提升机每24小时注油并检查一次,悬挂钢丝绳每工作56小时全面检查一次,提升机制动器每日检查一次。

5.2.10 作业后,保养设备及工具按指定位置集中放置。吊篮停放或悬挂在安全地点,并上好安全锁,防止损坏。

样本34:吸尘机使用作业指导

1. 使用前先检查机械是否完好正常。
2. 选择好清洁项目适合的配件。
3. 装好尘袋及尘隔、软管、吸把。
4. 用扫把全面清扫大垃圾和杂物。
5. 插好电源、开机,从内到外吸尘。
6. 吸尘完毕后,先将尘袋内尘灰倒净,清干净尘隔。
7. 用抹布抹干净机身和配件,放回指定位置。
8. 注意事项:
(1)吸尘机不能吸水,以免烧坏电动机。
(2)吸尘机不能吸大垃圾,以免管道堵塞,影响吸力。

样本35:单擦机使用作业指导

1. 使用前先检查机械是否完好正常。
2. 选择好清洗项目适合的配件。
3. 装上适合清洗项目的地刷或针座连接器。
4. 将清水倒入水箱中,按比例倒入清洁剂。
5. 插好电源,将单擦机手柄调整至适合操作的高度。
6. 先放水、后开机,手柄放低,横向左边,手柄抬高,横向右边。左右横向须重叠三分之一清洗。
7. 清洗完成后,先将水箱清洗药剂放干,后卸洗地刷,再收电源线。
8. 将水箱及洗地刷冲洗干净,用抹布抹干净机身,放回指定位置。
9. 注意事项:
(1)在清洗过程中,电源线不能靠近转盘,以免转盘磨烂电源线发生漏电,造成意外事故的发生。

（2）手柄没有调整到适合操作高度时，不能开机，以免打坏机械。

（3）在工作过程中，如机械发出异常响声，应立即停机检查，以免机械带病工作，损坏机械。

样本36：吸水机使用作业指导

1. 使用前检查机械是否完好正常、安全阀是否能自由上下活动。
2. 装好吸水软管，选择好吸污水项目适合的配件并装好。
3. 插好电源，开机吸污水，由前往后刮、拉。
4. 如污水产生泡沫时，污水箱须加入消泡剂，消除污水泡沫。
5. 污水箱污水已满时，安全阀会自动封闭吸风口，此时，应立即停机将污水倒干净。
6. 倒完污水后，重新开机吸污水。
7. 完成吸污水后，冲洗干净污水箱，收好软管和电源线。
8. 用抹布抹干净机身，放回指定位置。
9. 注意事项：

（1）吸水机在工作时，不能将污水箱装得过满，以免污水进入机械内，造成机械损坏。

（2）污水会产生泡沫时，污水箱内须放消泡剂，以免污水进入机械内，造成机械损坏。

样本37：高压清洗机使用作业指导

1. 使用前先检查机械是否完好正常。
2. 装好高压软管、喷枪、喷头及喷杆。
3. 接好水管并放水，打开喷枪开关，将水管内空气排净。
4. 打开电源、开机、检查压力表水压。
5. 用调压按钮调节到适当压力。
6. 对准需要清洁的表面进行喷射。
7. 清洁完成后，先关闭开关，再按喷枪开关，释放机械内压。
8. 拆卸所有配件，用抹布抹干净机身、配件，放回指定位置。
9. 注意事项：不可对准人和动物喷射。

样本38：垃圾中转站、垃圾箱清洁作业程序

1.0 目的
保持垃圾中转站和垃圾箱的清洁。

2.0 适用范围
本作业程序适用于小区内的垃圾箱和垃圾中转站的清洁。

3.0 作业程序
3.1 垃圾中转站的清洁

3.1.1 清洗中转站地面，打扫墙壁。

3.1.2 用水冲洗中转站通道及地面，油污处用去污粉或洗洁精刷洗。

3.1.3 排水沟内的垃圾应及时捞出，然后用水清洗排水沟。

3.1.4 用喷雾器配药水对垃圾中转站及周围10m范围进行消杀。

3.1.5 清理垃圾站工具房，用干净扫把清洁墙面，清扫地面垃圾，用湿抹布抹门窗和工具架。

3.2 垃圾箱的清洁

3.2.1 垃圾装入垃圾袋中，将垃圾袋放入垃圾车内，用扫把将剩余垃圾扫干净。

3.2.2 清除箱内垃圾后，将箱搬到有水源的地方，先用水冲洗一遍，然后对污迹处倒入少许去污粉并清洗，再用水冲洗干净，搬到原处放好。

4.0 标准
中转站目视无污迹，每天清运、清洗一次；垃圾箱每天清理三次。

样本39：垃圾清运作业程序

1.0 目的
保持垃圾中转站的清洁和正常使用。

2.0 适用范围
本作业程序适用于小区内的垃圾清运工作。

3.0 作业程序
3.1 业主（或使用人）每天早上8：00以前、中午13：00～14：00、傍晚17：00～18：00，将垃圾投到垃圾箱内。

3.2 垃圾应放入垃圾袋中，以便保洁员清运；特殊情况应及时清运。

3.3 垃圾不得长时间摆放在门口或楼梯内。

3.4 保洁员在规定时间内将垃圾收集、装车运送到垃圾中转站。

3.5 每天早晨环卫局清运一次垃圾。

3.6 保洁员先清运垃圾，后清洁中转站。

3.7 工作结束后填写垃圾清运记录，见表9-8。

表9-8 垃圾清运记录

序号：

日期	清运区域	清运情况	责任人	备注

经办：_____   审核：_____

4.0 标准

4.1 巡视小区内无垃圾存放。

4.2 垃圾清运后，垃圾箱内无残余垃圾（特殊情况除外）。

4.3 日产日清达到100%。

4.4 垃圾中转站内无残余垃圾。

样本40：绿化养护工作职责与检查标准

1.0 适用范围
本工作职责与检查标准适用于物业管理区域内的绿化养护工作。

2.0 职责
绿化班长负责绿化工作的作业指导和日常巡查，填写绿化检查记录表。

3.0 工作规程
3.1 及时登记物业管理区域内绿化状况，完善绿化档案。

3.2 托管绿地，根据绿化检查标准定期巡查，填写绿化检查记录表，发现问题及时出具不合格整改单，并跟踪检查，直到合格为止。

3.3 自管绿地，严格按照绿地养护规程实施。

4.0 绿地养护工作的检查
4.1 绿化工作每次完成后，填写绿化养护操作记录表，并由班长核实后签字确认。

4.2 绿化班长每周进行检查，并将结果记录于绿地养护质量巡查表相应栏中。

4.3 环境绿化部主管每月对物业管理区域内的绿地养护情况进行一次检查，并将检查结果记录于绿地养护质量巡查表中。

4.4 绿地养护外包的，每月由环境管理部填写分承包方服务质量检查评价表评定意见。

5.0 记录

5.1 分承包方服务质量检查评价表。

5.2 绿化养护操作记录表。

5.3 绿地养护质量巡查表。

5.4 绿化检查记录表，见表10-3。

表10-3 绿化检查记录表

序号：

日期	检查区域	检查情况	责任人确认	检查人确认	备注

经办：_____ 审核：_____

样本41：绿化养护管理作业程序

1.0 目的

为监督物业管理区域内绿化养护供方的绿化养护工作，特制定本办法。

2.0 适用范围

本作业程序适用于物业管理区域内室内外绿化养护工作。

3.0 职责

3.1 环境管理部是本作业程序负责的管理部门。

3.2 环境管理部主管是绿化过程的监管的主要责任人。

4.0 工作程序

4.1 环境管理部主管负责配合物业项目管理处经理对绿化养护供方的评审工作并与其制订绿化养护服务合同。

4.2 每年11月底前，环境管理部应对绿化专业公司上报的下一管理年度的绿化养护计划、措施进行评审，包括：养护内容、方法、质量标准、养护频次等。保证供方所制定的养护计划符合物业管理区域内的实际运行的需要和可验证性，并上报物业项目管理处经理审核。

4.3 环境管理部主管负责供方的养护人员的管理工作，包括：

4.3.1 对养护人员的资质和绿化养护技能进行验证，并将绿化养护人员相关证书复印、备案。

4.3.2 对养护人员进行岗前培训，包括物业管理区域概况、绿化区域分布情况、安全要求、物业项目管理处有关制度等，并组织对相关养护人员进行考核，合格后方允许上岗。

4.3.3 督促和检查养护人员遵守物业项目管理处的规章制度，如服饰、安全操作等。

4.3.4 监督供方养护人员按合同的保密要求使用物业项目管理处所提供的文件资料或信息。

4.3.5 随时抽查绿化养护人员到岗情况，如有人员缺席应及时要求供方改进，并记录。

4.4 环境管理部主管督促供方按养护计划、措施进行绿化养护工作，督促内容包括：

4.4.1 按绿化合同和养护计划要求的频次进行绿化养护工作。

4.4.2 督促养护人员进行浇水、擦叶、除尘、修剪、清除杂物等日常性绿化养护工作，并做好养护措施工作记录。

4.4.3 按绿化养护合同实施物业管理区域内室内盆花的摆放，保证盆花品种、数量、摆放位置等符合绿化养护合同或物业项目管理处的其他要求。

4.4.4 按季节和现场实际情况及时更换物业管理区域内花盆和花坛的各类花卉或盆栽。

4.4.5 每月28日前向环境管理部提交当月的室内绿化养护措施记录表、绿化养护措施检查记录表和绿化养护成活率汇总表，并上报下月绿化养护工作计划、措施。

4.5 根据现场绿化工作的需要，环境管理部负责向供方提供必要的绿化资源保证，如绿化养护设备的专用库房，绿化养护所需要的用水、用电等，并负责对该资源利用情况进行必要的监管。

4.6 当供方因为某些原因提出不履行或延期履行绿化合同或计划要求的项目内容，环境管理部主管负责确定该要求是否违约，采取相应的批准或拒绝措施。

4.7 环境管理部主管负责对绿化供方绿化养护工作进行监督和检查，包括：

4.7.1 对绿化供方的养护工作、措施到位情况进行每周不少于3次的抽查，对不合格项应督促绿化专业公司及时整改，直至合格为止，并记录。

4.7.2 对供方更换的管辖区域内室内外盆栽进行验收，所送至物业管理区域的盆栽必须整齐鲜艳、无黄叶、无积尘、无虫口，株型健康，并记录。

4.7.3 每月至少以绿化检查标准为准则，对物业管理区域内室内外绿化状况检查一次，发现与绿化标准不符合，应及时通知绿化供方整改，并记录。

4.7.4 随时抽查绿化供方是否及时按要求做好绿化工作记录。

4.8 如因物业管理区域开展重大活动或其他原因对绿化工作有特殊要求，环境管理部应在第一时间与供方联系，按重大活动或其他专项布置要求对供方绿化布置工作进行监督、检查，并在活动结束后及时清场，不影响物业管理区域内对外的正常运营。

4.9 每月28日前，环境管理部主管应对绿化专业公司的当月养护工作按抽查情况、措施落实情况、服务质量、成活率等进行考核、打分，填写绿化养护评分表，并提交部门经理。

4.10 环境管理部主管负责对绿化养护评分表进行审核并签名确认后按规定程序传递至物业项目管理处经理审阅。

4.11 物业项目管理处负责根据项目经理审阅意见，按绿化养护服务合同向绿化供方付款。

4.12 环境管理部主管每月底按部门统计项目汇总表要求对绿化养护情况进行汇总。

5.0 相关文件

5.1 统计管理办法。

5.2 绿化养护服务合同。

5.3 摆花协议。

6.0 相关记录

6.1 绿化养护成活率汇总表。

6.2 绿化养护措施检查记录表。

6.3 绿化养护考核表。

6.4 室内绿化养护措施记录表。

样本42：绿化管理作业程序与标准

1.0 目的

保护、完善绿化带，保护、美化环境。

2.0 适用范围

本作业程序与标准适用于住宅小区物业管理区域内的绿化。

3.0 职责

3.1 环境管理部主管负责拟定绿化方案，签订绿化工程合同。

3.2 绿化技术人员负责绿化工程施工质量监控和日常绿化管理。

3.3 绿化工负责绿化带除草。

4.0 程序与标准

4.1 确定绿化方案

4.1.1 环境管理部主管根据业主委员会的委托和要求，提出初步绿化方案。

4.1.2 环境管理部主管就初步拟定绿化方案，向业主委员会征求意见。

4.1.3 根据业主委员会的意见，环境管理部主管修改完善绿化方案，并提交物业项目管理处经理审核，报公司批准。

4.2 委托施工

4.2.1 绿化工程承包商的确定按供应商选择程序进行。

4.2.2 环境管理部主管与被选定的供应商签订绿化工程合同。

4.3 施工质量监控

4.3.1 绿化技术人员按绿化工程合同的规定对施工质量进行监控。

4.3.2 绿化技术人员对发生的不符合要求的情况，记入绿化工程存在问题处理单，并将处理单交承包商限期整改。

4.3.3 绿化技术人员跟踪整改的进程，并检验整改结果，决定认可或要求其继续整改。

4.3.4 对合同期限内不能完工的绿化工程，绿化技术人员应向承包商寻求补偿。

4.4 绿化工程的验收

4.4.1 绿化工程施工完毕，环境管理部主管应组织人员进行验收。

4.4.2 参与验收的人员包括：绿化班班长、业主委员会委派的人员、物业项目管理处经理以及承包商等。

4.4.3 参与验收的人员在绿化工程验收移交记录表上签字，即为验收合格。

4.4.4 若验收时发现存在问题，绿化管理人员按规定进行处理。

4.5 绿化工程验收接管后的自行养护

4.5.1 浇水。由绿化工按以下要求进行：

4.5.1.1 对新栽绿化地，自栽种之日起10天内，须早晚各浇水一遍，待成活后，可酌情减少浇水次数。

4.5.1.2 持续一星期干旱时，需浇水一遍。

4.5.2 除草。由绿化工按以下要求进行：

4.5.2.1 除草责任范围和工作内容的确定。绿化班班长根据物业管理绿化面积，除草人数的多少，划分和规定除草责任范围和工作内容，并列出除草责任范围和工作内容一览表。

4.5.2.2 绿化工对自己责任范围内的绿化带里的杂草每半个月清除一次，保证无显目的杂草。

4.5.3 施肥。每季度应施肥一遍，并保持生长良好。

4.5.4 杀虫。每星期至少检查一遍，如有虫害应及时进行消杀。

4.5.5 修剪。每年不少于5次，应保持绿化植物的整齐、美观。

4.5.6 补种。枯死、病死和损坏死亡的绿化植物应及时补种。

4.5.7 填写绿化养护记录表。以上项目均由绿化班班长以绿化养护记录表的形式完成，并每月上交部门主管签署意见。

4.6 绿化带的日常维护

4.6.1 绿化带的开挖或占用

4.6.1.1 绿化班班长知道或发现施工单位需要或正在开挖、占用绿化带时，应要求施工单位提交临时占用、开挖共用地（道路）申请表，对未经批准擅自开挖、占用绿化带的，按业主违例事件处理程序对委托该施工单位的业主进行处理。

4.6.1.2 绿化班班长办理审批手续，并将经批准的临时占用、开挖公共用地（道路）申请表原件交施工单位据以施工，复印件存底备查。

4.6.1.3 开挖或占用完毕，绿化班班长应检查绿化带恢复情况。

4.6.2 绿化带受损的处理。绿化班班长发现绿化带受损时，可以：

4.6.2.1 要求责任人限期恢复绿化带原状。

4.6.2.2 安排绿化养护单位恢复绿化带并要求责任人支付该费用。

4.7 日常巡视

4.7.1 绿化班班长每天对绿化带至少巡视一遍,并做绿化巡视记录。

4.7.2 环境管理部主管对汇总的绿化巡查记录进行分析(必要时)采用统计技术进行处理。

5.0 相关记录

5.1 绿化工程存在问题处理单复印件,临时占有、开挖共用地(道路)申请表复印件,绿化巡视记录,绿化养护记录表按公司规定保存。

5.2 保洁员除草责任范围和工作内容一览表原件由绿化班班长保存。

5.3 绿化工程验收移交记录表按公司规定保存。

6.0 附件

6.1 绿化工程存在问题处理单,见表10-4。

6.2 绿化工程验收移交记录表,见表10-5。

表10-4 _____绿化工程存在问题处理单

序号	检查项目	存在问题	整改期限	责任人	备注
检查人			检查时间		

表10-5 绿化工程验收移交记录表

验收日期: 　　年　　月　　日

工程名称		开工时间	
工程地址		竣工时间	
单项工程名称		单项工程验收意见	验 收 人
备注			
验收结论		委托方签章	年　月　日

样本43：绿化养护作业指导书

1.0 目的
保持植物的正常生长，为业主提供幽雅、舒适的生活环境。

2.0 适用范围
本作业指导书适用于会所的绿化养护工作。

3.0 方法和过程控制

3.1 乔、灌木的整形修剪

3.1.1 修剪前应仔细观察植物形态，确定修剪方法和修剪速度。

3.1.2 按照因地制宜、因树修剪的原则，结合植物的特性、绿化景点，修剪乔木成伞形、蘑菇形、圆锥形、柱形等；灌木球、绿篱修剪成圆球形、方形、菱形、葫芦形、波浪形、屋脊形等，做到合理修剪。

3.1.3 修剪造型乔木时，用大剪刀或剪枝剪修剪，直径2cm以上较粗的枝条，用锯子锯断后再整理；修剪灌木球，用大剪刀修剪，绿篱用割灌机或剪篱机并按规定高度进行修剪。

3.1.4 生长季节：灌木球10~15天修剪一次；绿篱10~15天修剪一次；冬季40天修剪一次。乔木造型在休眠期或秋季修剪，每年1~2次。

绿篱的新长枝不超过20cm，灌木球新长枝不超过30cm。

对修剪后的枝条叶片，打扫干净，树上和绿篱上应没有修剪遗留枝条，及时清扫枯枝、枯叶，以免影响造型美观和引起病虫害。

3.2 植物浇水

3.2.1 夏、秋季节，喷淋时间一般应在每天上午11点钟以前和下午4点钟以后，冬、春季应在上午10点以后，下午5点钟以前进行。

3.2.2 大面积浇水可用胶管浇水，半捏住出水口，让水洒开，扩大浇水面积。单株淋水可用人工提水的方法进行。

3.2.3 掌握草坪、树木的需水量，适当浇水并浇透。浇绿篱时，水管来回移动，让土壤、绿篱充分吸收水分，又不会使水分流失浪费水源。

3.2.4 夏、秋生长季节，每天浇水1~2次，冬、春季每周浇水1~2次，连续雨天不浇水，但需浇灌雨淋不到的地方。

3.2.5 对新栽植物因根部受损，根浅，抗旱能力差、蒸发量大，故应保证一次浇透水。

3.2.6 植物消杀后，如属除草，3天内不能浇水；杀虫杀菌，1天内不浇水。

3.2.7 每月冲洗大树2次，保持树木的清洁、干净。

3.3 松土除草

3.3.1 杂草要做到随长随拔，减少杂草繁殖，尽量在杂草结籽前拔除。

3.3.2 小面积除草，采用人工除法，用除草工具插于土中深3~5cm，把杂草连根拔起，清除干净。

3.3.3 大面积的杂草，用化学除草剂消除，根据植物的单子叶、双子叶分类，选用相应的除草剂进行除草。一般来说，草坪内的杂草多为双子叶或阔叶类，可用"使它隆"清除。

3.3.4 冬、春季节，用移植铲、锄头或小铁耙对黄心梅绿篱、红桑、美人蕉进行松土、除草，以保证营养和水分的吸收，提高植物的抗害能力。

3.4 防风、防涝与防冻

3.4.1 平时应注意对灌木和乔木进行培土。

3.4.2 新种植乔木须用木条或竹竿搭成四脚架做护架。

3.4.3 台风季节或根据乔木特性，对乔木进行适当的修剪，以减少阻力，增强植物的抗风能力。

3.4.4 对下沉的绿地进行填土改造，保证绿地美观和不积水。

3.4.5 注意搜集天气信息，随时做好防风防涝的准备工作。

3.4.6 台风前先进行全面检查，注意加固树木护架，增加抗风能力。

3.4.7 经常检查，保持雨水井、明沟、暗沟畅通，排水良好。

3.4.8 暴风雨时，检查小区的排水情况和乔木倾斜倒伏情况，确保路道通畅。

3.4.9 风雨过后，对住宅内的绿化进行全面检查，发现受害的树木应在12小时内根据情况，采用锯树、扶正、培土、支架或拉绳等方法处理。

3.4.10 支撑物或拉绳与树干之间垫上柔软的物品，以防树皮破损。

3.5 补栽补种

3.5.1 确定须补种的植物品种、地点、数量和环境。

3.5.2 补种地点根据实际情况进行翻土或挖穴，加填塘泥或粪土作为基肥。

3.5.3 根据苗木的根系，挖穴补种，一般穴比根系大10~15cm，填土时比根部高出10~20cm，同时，应留树穴，便于浇水。

3.5.4 补栽前，进行挖苗或购苗，剪去包装物以及部分树叶和分枝，炎热季节补种，大部分树叶需被剪掉并保持水分充足，同时，应适当遮阴，冬季补种，需剪去少部分枝叶。

3.5.5 补栽前，将补栽地点的土敲松、敲细，然后浇上水，用脚踏平或用铁锹拍平，使新种草根植入泥土。

3.5.6 对新种乔木，用锄头柄在土球周边夯实，修好穴位，然后浇足水，再搭支架保护。

3.5.7 浇水定根时一次浇透，每天早晚各浇一次，待苗成活后再逐步减少水量。

3.6 病虫害的防治

3.6.1 应贯彻"预防为主，综合防治"的基本原则。

3.6.2 根据病虫害的发生规律，采取有效措施，在病虫害发生前予以有效控制，在南方每年的3~11月，病虫害发生较多，冬季病虫害发生较少。

3.6.3 采用化学防治和人工防治相结合的方式，在每年3~11月，清除病虫害虫茧、虫囊、病叶枯枝和进行化学防治，冬季可用人工防治，清除虫茧、虫囊和枯枝病叶，同时，给树木松土，清除土中虫茧。

3.6.4 提高识别病虫害能力，及时发现病虫害情况，及时报告，及时消杀，有效控制虫害的扩大，尽量减少农药浪费和减少环境污染。

3.6.5 住宅小区内尽量用低毒或无毒无味和无污染环境的农药进行消杀。

3.6.6 防治病虫害，可用相同属性的两种农药混合或更替防治，减弱病虫害抗药性。

3.6.7 根据植物的病虫害危害活动情况，正确使用农药并配制适当的浓度，做到对症下药。

3.6.8 使用农药时由监督人指定消杀范围、消杀对象及农药使用倍数，由消杀人实施并填写植物病虫害防治记录表，消杀结束后，及时清洗检查器具，保持器具完整。

3.6.9 农药由主管及班长严格保管。每次消杀时，消杀人必须记录农药的使用情况，由班长监督实施。

3.7 草坪的养护

3.7.1 每天上班，巡视草坪生长情况和打扫草坪上的树叶和杂物。

3.7.2 草坪上的杂草，每天都进行清除，做到随时随地拔除杂草。

3.7.3 在春、夏、秋生长季节，浇水量要足，不能只浇土壤表层。一般保持水分深入土层 3~5cm 左右。

3.7.4 在生长季节，草坪大约 20~30 天修剪一次，高度为 3~4cm，在冬季每 40~50 天修剪一次，高度为 4~5cm。春季第一次修剪，修剪高度为 1.5~2cm。每次修剪后，把草坪打扫干净，以免影响美观和引起病虫害。

3.7.5 路牙、小径、散水坡、污水井和雨水井、树木、绿篱边隔离带的草坪，用修边剪修剪，保持边缘线条清晰、整齐。

3.7.6 用大剪刀或修边剪剪除草坪上的突起部分，保持草坪整齐、美观。

3.7.7 根据土壤情况，适当给草坪施肥，一般每年至少施肥 4 次。生长季施尿素，秋、冬季节施复合肥或有机肥，每平方米施用肥料大约 8 克。

3.7.8 发现草坪枯黄或枯死，需及时汇报主管处理。

3.7.9 草坪下陷，应及时填土，保持草地平整。

3.7.10 经常检查草坪病虫害发生情况，防止病虫害的大量发生。

3.7.11 草坪出现病虫害，如锈病、褐斑病、立枯病，用多菌灵 600~800 倍稀释液或百菌清、甲基托布津 800~1000 倍稀释液消杀，地老虎、斜纹夜蛾、淡剑夜蛾等虫害的幼虫用辛硫磷、敌敌畏、敌百虫其中两种农药混合 600~800 倍稀释液进行消杀，上述虫害的成虫用巴丹农药 500~600 倍稀释液消杀。其他药剂的配制由保洁绿化部主管和绿化工程师指导进行。

3.8 植物施肥

3.8.1 根据植物生长情况选定所施用的肥料，如垃圾肥、饼肥、农家肥等有机肥；氮、磷、钾、复合肥等无机肥。美人蕉、杜鹃、鹅掌柴、春羽等施用农家肥，黄心梅、红桑、满天星绿篱、灌木球、花丛施用无机肥。

3.8.2 施肥方法：有机肥用作基肥，用锄头和铁铲挖成穴、环沟，施入有机肥后覆盖好；无机肥多用撒施、喷施和根施。

3.8.3 施无机肥后及时淋水，第二天早晨再淋一次，充分溶解。一般在阴天、傍晚、微细雨或雨后施用。

3.8.4 在植物发芽前、孕蕾期、花后或贫瘠土多施，肥壮、发芽后、开花期、雨季少施。

3.8.5 生长、新栽、盛暑、休眠期忌施浓肥、热肥和生肥。

样本44：室内绿化养护管理作业指导书

1.0 目的
为规范室内绿化养护管理，确保室内绿化生长良好，四季常青，使室内环境格调高雅而制定。

2.0 适用范围
本作业指导书适用于室内绿化保养工作。

3.0 工作内容

3.1 配置工具为水桶、花罐、水勺、花铲、枝剪、抹布、地拖。

3.2 室内绿化人员负责室内所有花卉、阴生植物等的养护管理工作。

3.3 室内绿化管理人员应维护其格调高雅的环境，保持所有花卉植物生机勃勃，色彩艳丽。

3.4 每天上岗后，首先巡视所有绿化布置及设施是否正常，发现问题及时纠正、排除或上报有关负责人。

3.5 室内观叶植物一般隔3天淋水1次，室外花卉每天淋水1次。

3.6 经常巡视，发现花卉有黄叶、枯叶，及时剪除，如有花卉死亡或已无观赏价值，上报负责人及时更换。

3.7 定期更换（4~5周）室内植物位置及更换时花、插花。

3.8 每天清花盆碟底水1次，每周清花缸底水1次。

3.9 注意事项

3.9.1 客人多时暂停工作，注意过往客人，不要妨碍客人活动，更不能把水溅到客人身上。

3.9.2 运送花卉注意行人，一次量不能太多，严防损坏花卉，并且要小心轻放，不能损坏地面。

3.9.3 换花时注意花型底面不要背向客人，花架、套盆要配合得体，注意有残缺的地方要尽量隐蔽好，花槽换花时要注意高低整齐、疏密适宜。

3.9.4 换花时要做好盆花的修剪、整形和清枯叶的工作，确保新换花卉的观赏效果。

3.9.5 换花时要注意盆边盆面清洁，并随时带抹布，换室内花卉时，应抹净槽面及工作场地。

3.9.6 留意虫、病斑的活动情况，做好病虫害的预测、预报工作，及时向上级反映汇报，确保将病虫害控制到最小范围。

样本45：值班工作管理规程

1.0 目的
为规范公共安全防范管理值班工作。

2.0 适用范围
本管理规程适用于公司各物业项目管理处。

3.0 工作内容
3.1 秩序维护员必须按时上岗工作，并严格履行岗位责任制的各项要求，坚守岗位，不迟到、不早退、不喝酒。

3.2 夜间巡逻和值班人员要依时巡查，提高警惕，及时处理各种突发事件。

3.3 值班人员发现情况时，应做好控制工作，并及时报告给班长，具体内容包括：

3.3.1 报告时简要说明事发地点、性质、人数和特征等。

3.3.2 及时劝阻和处理违反管理规定的人员和事件。

3.3.3 遇紧急事件及重大事故保护好现场。

3.4 班长应及时向公共秩序维护部主管报告，进行妥善处理，并将情况和处理结果记录在"公共秩序维护××岗位工作日志"上。

4.0 相关记录
"公共秩序维护××岗位工作日志，"见表11-3。

表11-3 公共秩序维护××岗位工作日志

编号：_____

日期	年 月 日	班次	班	值班班长	
值班队员：				缺勤人员及原因	
值班记事			处理情况		
部门经理： 值班经理： 检查时间：			接班班长： 交接时间：		

样本46：交接班管理规程

1.0 目的

为认真做好岗位的工作交接与公物交接，减少因交接不清引起的工作失误及公物损失。

2.0 适用范围

本管理规程适用于公司各物业项目管理处。

3.0 工作内容

3.1 按时交接班，接班人员应提前10分钟到达岗位。接班人员未到达前，当班人员不能离岗。

3.2 交班人在下班前必须填好值班记录，应做到三清：本班情况清，交接的问题清，物品、器械清。

3.3 接班人要详细了解上一班执勤情况和本班应注意事项，应做到三明：上班情况明，本班接办的事情明，物品、器械清点明。

3.4 交接时所有事项交代清楚后，要在交接班记录表做好记录并签名。

3.5 交班人发现问题要及时处理，不能移交给下一班的事情要继续在岗处理完，接班人协助完成。

3.6 接班人验收时发现问题，应由交班人承担责任。验收完毕，交班人离开岗位后所发生的问题由接班人承担责任。

3.7 发现问题，交接双方须当面说明。如果交班人离开后，接班人才发现属于上一班问题的，应立即报告值班负责人或公共秩序维护部处理。

3.8 接班人未到，交班人不得下班。如果接班人未到，交班人下班，这期间发生的问题，由交班人负责。

4.0 相关记录

交接班记录表，见表11-4。

表11-4 交接班记录表

_____年_____月_____日

值班岗位		领班员			交班员	
值班班次		值班时间			接班员	
交接物品	物品		数量	物品		数量
	对讲机		部	手电筒		支
	巡更棒		支	锁匙		把
	记录本		本	大衣		件
	记录卡		张	雨衣		件
	其他					

（续）

值班工作情况	
	交班员签名：
遗留待处理工作	
	接班员签名：
检查意见	签名： 时间：

注：1. 接班员未到，交班员不得离开岗位。
　　2. 做好交接班记录，如有物品遗失，责任自负。
　　3. 记录应填写清楚，不得乱写乱画，随意涂改。

样本47：门卫值守工作规程

1.0 目的
为规范门卫值守工作，维持良好的工作和生活秩序。

2.0 适用范围
本工作规程适用于公司各物业项目管理处。

3.0 工作程序

3.1 工作时间安排

3.1.1 实行24小时全天候值班制，三班倒，每班、每岗1人工作8小时。

3.1.2 值班时间分为早班：8：00～16：00，中班16：00～24：00，晚班：24：00～8：00，早、中、晚三班每10天依次轮换1次，即每月10、20、30日（二月份为28日或29日）为倒班日。

3.2 来人来访登记

3.2.1 对外来人员（业主和物业使用人的亲友，各类访客，装修等作业人员，员工亲友等）一律实行进出登记制度。

3.2.2 必须持有效证件登记，特指没有过期的身份证、暂住证、工作证等。

3.2.3 接过来访客人证件时，应使用"谢谢"等文明用语。

3.2.4 认真核对证件和持有人是否相符，若不符不予以登记和放行。

3.2.5 来访者必须说准所访问业主和物业使用人的姓名及楼、单元号等，必要时，须用对讲机通话确认后方可登记进入。

样本47：门卫值守工作规程

3.2.6 认真填写来访登记表，要求字迹清楚，项目全面准确。

3.2.7 若遇不登记强行进入者，应予以劝阻，并立即报告班长。

3.2.8 当业主和物业使用人带有亲友或访客时，应有礼貌的请其出示有效证件予以登记并做必要的解释工作，以消除业主和物业使用人的不满情绪。

3.2.9 若遇公司（管理处）领导陪同客人，应立即起立敬礼，以示欢迎，并热情回答客人的询问。等客人走后，将参观人数、单位、职务等情况记录清楚以备查。

3.2.10 当外来人员离开时，应及时核准将所押证件退还给访客，说"谢谢"等礼貌用语，并做好离开时间的登记工作。

3.3 服务要求

3.3.1 熟悉业主和物业使用人的基本情况，包括业主和物业使用人姓名、楼座、人口、车辆等。

3.3.2 遵守公司制定的"文明礼貌用语规范"。

3.3.3 当业主和物业使用人出入时，应主动为业主和物业使用人开启门锁，点头微笑以示问候。

3.3.4 发现有老、弱、病、残、双手拿重物的业主和物业使用人进出大门有困难时，要主动帮助打开大门或搀扶上下台阶。

3.3.5 当有业主和物业使用人搬迁时，应协助维护进出秩序，指定其使用专用电梯和车辆、物品的停放位置。

3.4 记录

将发现或处理的情况认真详细地记录，班长将本次的情况收集并记录在公共秩序维护管理-每日情况汇总表、值班情况记录表内，存档。

4.0 相关记录

4.1 来访登记表，见表11-5。

4.2 公共秩序维护管理-每日情况汇总表。

4.3 值班情况记录表，见表11-6。

表 11-5 来访登记表

管理处： 班次： 编号：

来访人姓名	住址（工作单位）	证件/证件号码	被访人楼号	姓名	来访时间	离开时间	备注	值班员
说明	业主访客、公司员工、参观人员进入小区只记录来人姓名（多人前来可只记录一主要人员）、人数、被访人姓名、住址、时间并在备注栏注明许可进入人。其他按本表项目要求登记							

表11-6 值班情况记录表

编号：_____

日期		班次		值班队员	
值班记事				处理情况	
岗位物品 移交清单	对讲机（耳机）编号：_____ 状态：完好（　）缺损（　）_____ 钥匙：_____ 巡更棒：完好（　）缺损（　）_____ 警用器械：_____ 车辆：_____ 其他：_____				
班长检查： 主管检查： 检查时间：				交班人员： 接班人员： 交接时间：	

注：移交物品如没有则用斜线划去此项。

样本48：巡逻工作规程

1.0 目的

全方位巡查物业管理区域，维持良好的工作和生活秩序。

2.0 适用范围

本工作规程适用于各物业项目管理处巡逻工作。

3.0 准备工作

按秩序维护员仪容仪表规定和交接班管理规程做好上岗执勤的准备工作和交接工作。

4.0 内容

4.1 工作时间安排

4.1.1 巡逻实行24小时值班制。

4.1.2 早班：8：00～16：00，中班：16：00～24：00，晚班：24：00～8：00，早、中、晚三班每10天依次轮换一次，即每月10日，20日，30日为倒班日。

4.2 巡逻时间及规律

4.2.1 小区巡逻时间安排

4.2.1.1 巡逻周期：60分钟1次，每周将巡逻范围内所有楼宇的楼道、天台巡查一遍。

4.2.1.2 巡逻规律：不制定固定路线，但不留"死角""偏角"。

4.2.2 大厦巡逻时间安排

4.2.2.1 巡逻周期：90分钟1次。

4.2.2.2 巡逻规律：先从天台起，自上而下，从每层楼依次巡逻到地下室，最后到室外。

4.3 巡逻防范的基本任务

4.3.1 预防和制止违反管理规约的行为

4.3.1.1 在车辆、行人通行的地方施工，对沟井坎穴不覆盖防护板、标志、防围的或者故意损毁、移动覆盖防护板、标志、防围的。

4.3.1.2 损毁路灯、邮筒、共用电话或其他共用设施的，破坏草坪、花卉、树木的。

4.3.1.3 使用音响器材音量过大影响他人工作或休息的。

4.3.2 预防和制止违反消防管理的行为

4.3.2.1 在有易燃、易爆物品的地方违反禁令，吸烟、使用明火的。

4.3.2.2 指使或者强令他人违反消防安全规定，冒险作业的。

4.3.2.3 占用防火间距或者搭棚、盖房挖沟、砌墙堵塞消防车通道的。

4.3.2.4 埋压、圈占或损毁消防火栓、水泵、水塔、蓄水池等消防设施或者将消防器材、设备挪作他用的。

4.3.3 维护正常秩序

4.3.3.1 保护各类治安事件现场，疏导群众，维护秩序。

4.3.3.2 维护辖区内车辆秩序。

4.3.3.3 巡视安全预防情况，提示商铺、住户清除隐患。

4.4 巡逻防范的基本要求

4.4.1 在巡逻过程中，应多看、多听，以确保完成巡查任务。

4.4.2 检查防盗、防火、水浸等情况，发现问题立即处理，并报告班长。

4.4.3 巡查各个重点部位、安全死角等，发现有可疑人员应前往盘问，检查证件。

4.4.4 对流动摆卖的小贩、推销人员，应劝其离开物业管理区域。

4.4.5 对装修工程进行监管，对违规装修行为进行劝阻，并报告班长。

4.5 巡逻防范工作的检查

4.5.1 交接班时，交接双方班长要到各岗位检查：交接是否认真，手续是否办妥，仪容仪表是否符合有关规定等，发现问题，及时纠正，并做好记录。

4.5.2 每1小时巡逻班长到各岗位巡视1次，并不少于2次检查巡逻签到情况，认真填写公共秩序维护工作班检查表。

4.5.3 公共秩序维护部主管巡视检查各岗位每班不少于2次，并填写《员工考核表》。

4.5.4 巡查时，发现有不认真或违纪等情况，要及时纠正，做好记录并上报。

4.5.5 本班执勤中遇到疑难问题时，班长应立即到场，按有关规定处理，不能解决时报告公共秩序维护部主管处理。

4.6 记录

将巡逻中发现或处理的情况认真详细地记录在秩序维护巡逻签到表内，班长将本次的情况收集并记录在公共秩序维护-每日情况汇总表、值班情况记录表内，存档。

5.0 相关记录

5.1 公共秩序维护工作班检查表。

5.2 员工考核表。

5.3 秩序维护巡逻签到表。

5.4 公共秩序维护管理-每日情况汇总表。

5.5 值班情况记录表。

样本49：监控系统管理规程

1.0 目的

规范监控中心的工作内容，维护闭路监控系统的良好运行状态，保证设备的有效正常使用。

2.0 适用范围

本管理规程适用于物业项目管理处。

3.0 职责

3.1 公共秩序维护部主管负责对监控中心工作的指导检查。

3.2 监控班长负责监控中心工作的具体组织实施与落实。

3.3 监控中心值班员负责日常管理工作。

3.4 工程维修部设备责任人负责监控设备的维修保养。

4.0 工作规程

4.1 系统设备的正常使用

4.1.1 对监控中心的内部管理

4.1.1.1 对监控中心值班人员的要求：必须经过相关专业的培训，考核合格，持有上岗证，并且具备处理突发事件的能力。

4.1.1.2 监控中心值班人员必须熟悉物业管理区域的环境、楼宇结构、设施、设备、器材布置及其控制范围。

4.1.1.3 利用通信设施及时通知相关人员处理有关事宜及各部门的工作联系。

4.1.1.4 通过监视器密切监视出入人员情况，发现可疑人员及情况及时通知就近人员监视和处理，及时跟踪处理结果。

4.1.1.5 消防主机报警必须立即核实，如属误报及时复位，如属真火警则按灭火预案处理。

4.1.1.6 监控中心必须与秩序维护员宿舍保持有效联系，以保证在紧急情况时得到支援。

4.1.1.7 指挥处理各种紧急情况，下达处理方案，必要时上报领导或向社会机构求援，事后及时做好详细记录。

4.1.1.8 监控中心值班人员不得让无关人员在监控中心逗留，做好客户资料及影像记录的保密工作。

4.1.2 监控中心必备的常用联系电话、资料和消防设备

4.1.2.1 监控中心必备的常用联系电话：物业项目管理处各部门、业主和物业使用人的联系电话，供水、供电、供气、辖区派出所、居委会等部门的联系电话，重要设施厂家或保养单位的联系电话，公司内部联系电话、紧急电话。

4.1.2.2 控制中心须必备的防火器材：控制中心应配有防火衣、灭火器、应急灯、手电筒消防工具箱（市政消防专用工具、消防扳手、斧头、铁撬、铁钩、铁铲、面具）等消防设备，所有设施、设备必须保存完好并不得挪作他用。

4.1.3 对影像资料的管理

4.1.3.1 监控中心值班人员必须对录制影像内容进行控制，录制重点部位，如停车场、突发事件、出入口等的内容。

4.1.3.2 需确保影像资料录像效果良好，录像设备使用时间不得超过使用年限的要求。

4.1.3.3 影像资料须有明确的录制时间标识，须按载体存放要求保管。

4.1.3.4 非公司人员观看、借用影像资料须经公共秩序维护部主管同意，借用影像资料必须填写物品借用登记表，并在一周内予以归还。

4.2 设备的日常检查维护

4.2.1 摄像镜头的维护保养

4.2.1.1 每季由设备责任人拆下摄像机的防护罩进行内部清洁除尘，清洁除尘时须使用干燥、清洁的软布和中性清洁剂，以防止产生静电和腐蚀摄像机，并做好记录。

4.2.1.2 对带有云台的摄像镜头进行维修保养时，还需要对云台的机械部位加适量的润滑机油，以保证云台转动灵活。

4.2.1.3 对效果不好的摄像镜头，必须及时调整好焦距、方向等，保证安装牢固，并由监控中心值班员确认是否符合安全使用要求。

4.2.1.4 对室外监视摄像机进行维修保养，在每次清洁除尘、安装防护罩时，必须注意用防水胶圈或胶布密封接合部位，以防止雨水的渗入。

4.2.1.5 在对摄像机清洁除尘时，必须注意不用手触摸摄像机镜头，只能用专业擦拭布或镜头纸对摄像机镜头进行擦拭。

4.2.2 监控主机的维护保养

4.2.2.1 每周由监控中心值班人员对监控中心主机进行外部除尘，除尘时必须使用干燥、清洁的软布和中性清洁剂。

4.2.2.2 每月由设备责任人检查视频线接头，并检查接头与主机接口是否松动，以保证连接牢固，并做好检查记录。

4.2.2.3 检查主机上的各种指示灯是否正常显示。

4.2.3 录像设备的维护保养

4.2.3.1 每周由中心值班人员对录像机进行外部除尘，除尘时必须使用干燥、清洁的软布和中性清洁剂；

4.2.3.2 每月由设备责任人检查录像设备的录像效果，保证其运转正常，录像效果清晰。如检查时发现录像效果模糊不全等现象时，必须查明原因，采取相关的措施，并做好记录向上级汇报。

4.2.4 电源部分的维护保养：每半年由设备责任人对摄像设备电源和监控中心内的监控设备电源的电压进行测量，并做好记录。

4.3 监控中心的交接班

4.3.1 值班人员在进行交接班时，必须检查监控中心各种设备是否正常，如有异常情况一定要交代清楚方可换班。

4.3.2 交接班时要做好各种表格的记录和物品的交接，保证监控中心的正常运行。

4.3.3 交接班时，交班队员要将当班期间发现的一切可疑状况交代给接班队员。

4.4 监控中心各种资料的保存

监控中心值班员必须认真填写各种资料表格，并上交物业项目管理处保存。

5.0 相关记录

5.1 中控室交接班记录表。

5.2 物品借用登记记录表。

5.3 消防主机运行记录表。

5.4 消防联动柜运行记录表。

5.5 消火栓巡查记录表。

5.6 消防中心报警处理记录表。

样本50：入口岗工作规程

1.0 目的

规范入口岗的工作内容，维护物业管理区域出入口的正常秩序。

2.0 适用范围

本工作规程适用于物业项目管理处。

3.0 工作规程

3.1 车辆进岗

3.1.1 车辆驶近道闸前时，应立即走近车辆，向驾驶人立正行礼。

3.1.2 当司机开启车窗时，递上停车卡的同时说"先生（小姐），请收好停车卡"。

3.1.3 在发卡的同时，另一名值班员应迅速在车辆出入登记表上准确填写各栏目。

3.1.4 发卡登记完毕后，应立即将道闸开启放行，并提示行驶路线，若后面有紧跟车辆排队时，应示意其停下，并致歉"对不起、久等了"，然后发卡。

3.1.5 车辆安全进入道口后，方可放下道闸，确保道闸不损坏车辆。

3.1.6 政府部门执行公务车辆进入时，查证后放行，应登记车牌号，做好记录。

3.2 车辆出岗

3.2.1 车辆驶近道闸前时，即上前立正行礼并说"先生（小姐）您好，请您交还停车卡"，并核对车牌号，另一名值班员应在车辆出入登记表上准确填写有关内容。

3.2.2 按标准收取停车费，开具发票，并说"谢谢"，收费手续完毕后开启道闸放行。

3.2.3 若后面有车紧跟，应示意停下，另一名值班员应立即放下道闸，再按上述规定处理，并说"对不起，久等了"。

3.3 注意事项

3.3.1 车辆出入后切记一定要放下道闸，以防车辆冲卡。

3.3.2 放下道闸时应格外小心，防止道闸碰损车辆和行人。

3.3.3 规范使用车辆管理服务文明礼貌用语。

4.0 质量记录

车辆出入登记表。

样本51：停车场管理规范

1.0 目的

确保停车场内的车辆及设施、人员安全，保证停车场车辆停放整齐有序。

2.0 适用范围

本管理规范适用于物业管理区域内停车场的车辆停放管理。

3.0 职责

3.1 秩序维护部主管负责监督、检查车辆停放管理。

3.2 秩序维护部当值领导负责车辆停放管理的指导、检查及车位使用费收缴工作。

3.3 当值管理员负责停车场的管理工作。

4.0 规范要点

4.1 车辆进场停放

4.1.1 停车场只对物业管理区域内的住/租户、本公司职员及前来物业管理区域内消费及访客的客人开放，其余外来车辆不允许在停车场内停放。

4.1.2 当有车辆进场时，当值管理员应首先将车辆的牌号抄写至停车卡中，并将停车卡交给车主，迅速指引车辆慢行，安全地停放在相应的车位上，提醒车主锁好车锁、带走车上的贵重物品。

4.1.3 检查车辆是否有损坏或其他不正常情况，如有不正常情况应立即当面向车主提出，并在车辆停放登记表上作详尽记录。

4.1.4 收取车位使用费

4.1.4.1 属长期停放并已交纳车位使用费的车辆，管理员应要求车主出示交费收据，并翻查车辆车位使用费交付登记表核实后允许停放。

4.1.4.2 其他车辆依照车位使用费收费标准收取车位使用费。

4.1.5 填写收费收据交车主，并在车辆车位使用费交付登记表上准确登记。

4.1.6 填写车位使用牌并贴于车辆明显处。

4.2 车辆离场

4.2.1 当有车辆离场时，当值管理员应及时检查车主证件及相关资料，包括：

4.2.1.1 检查车主证件、停车卡记录与车辆是否相符，不相符时不允许放行。

4.2.1.2 检查车位使用费是否已交足，没有交足车位使用费，应要求车主补交车位使用费后再离场。

4.2.1.3 检查业主证/租户证或员工证。

4.2.2 若检查中发现异常情况，应立即拦截车辆，并及时通知当值领导前来协助处理。

4.2.3 车辆离场后，及时在车辆停放登记表上登记。

4.3 巡视

4.3.1 车场当值管理员每小时至少详细检查车辆的车况1次，发现漏油、未上锁等现象及时通知车主，并在值班记录本上做好记录，同时报告当值领导处理。

4.3.2 发现无关人员或可疑人员到车场时要及时劝其离开，若有紧急情况按突发事件处理标准作业规程处理。

4.3.3 清点车库内车辆，与车辆出入登记表上是否一致。

4.3.4 协助清洁工维护好车场卫生。

4.4 电子收费系统

4.4.1 已租车位的车辆驶入停车场，电子收费系统会识别车上的电子出入卡自动放行，车辆管理员通过电脑进行记录。

4.4.2 临时车辆驶入停车场，驾驶人需按电子收费系统上的出入键取得临时停车磁卡，然后电子收费系统的栏杆自动升起放行。

4.4.3 已租车位的车辆驶出停车场时，电子收费系统会识别车上的电子出入卡自动放行，车辆管理员通过电脑进行记录。

4.4.4 临时车辆离场，司机到收费处交电子磁卡，核实停车时间和停车费用，交款后取回磁卡，出场时将磁卡插入收费系统，检查交款情况无异后自动放行。

5.0 相关记录

5.1 车辆停放登记表。

5.2 车位使用牌。

5.3 车辆车位使用费交付登记表。

6.0 相关支持文件

6.1 突发事件处理标准作业规程。

6.2 秩序维护部交接班管理标准作业规程。

7.0 附录

车位使用费收费标准。

样本52：车辆被损、被盗作业程序

1.0 目的
及时发现和处理车辆被损坏或被盗等事故，减少业主和使用人的财产损失。

2.0 适用范围
本作业程序适用于各物业项目管理处停车场内的车辆。

3.0 作业程序
3.1 车辆被损的处理

3.1.1 当车辆管理员发现停车场里的车辆被损坏时，车管员应立即通知车主，并报告主管。

3.1.2 属撞车事故的，车辆管理员不得放行造成事故的车辆，应保护好现场。

3.1.3 属楼上抛物砸车事故的，车辆管理员应立即制止，并通知肇事者对造成的事故进行确认。

3.1.4 车辆管理员认真填写交接班记录，如实写明车辆进场时间、停放地点、发生事故的时间以及发现后报告有关人员的情况。

3.2 车辆被盗的处理

3.2.1 车辆在停车场被盗后，由物业项目管理处确认后立即通知车主，协同车主向公安机关报案。

3.2.2 物业项目管理处要协助车主立即通知保险公司，并协助车主向保险公司索赔。

3.2.3 物业项目管理处、车主应配合公安机关和保险公司做好调查处理。

3.2.4 车辆管理员认真填写交接班记录，如实写明车辆进场时间、停放地点、发生事故的时间以及发现后报告有关人员的情况。

4.0 相关记录
4.1 交接班记录表。

4.2 情况说明表。

样本53：消防器材管理标准作业规程

1.0 目的
规范消防器材管理工作，确保消防器材性能完好，齐全好用。

2.0 适用范围
本作业规程适用于物业管理区域内各类消防器材的管理。

3.0 职责
3.1 公共秩序维护部负责消防器材管理的监督、检查工作。

3.2 各部门具体负责所管辖区域内消防器材的保养、管理。

4.0 规程要点

4.1 登记入库

4.1.1 采购领回的消防器材应先进行检验。验证数量，检验器材的性能、规格、使用期限、适用范围等是否符合国家标准，凡不符合标准的一律退回。

4.1.2 符合标准的消防器材进行入库登记。

4.2 领用与归还

4.2.1 训练器材由班长领出。训练结束后统一送还仓库保管。

4.2.2 配置在各部门、公共场所、配电室、值班岗亭的消防器材，由公共秩序维护部主管和配置场所的负责人双方签字确认，并由配置场所的负责人监督其部门员工保管，公共秩序维护部定期检查。

4.2.3 配置在消防监控中心的消防器材必须经值班人员签字确认，并进行值班移交登记。

4.2.4 各部门借用消防器材时，须经公共秩序维护部主管同意，归还时由值班班长签收后入库保管，仓库保管员填写消防器材借用登记表。

4.3 使用与维护

4.3.1 水带、水枪

4.3.1.1 水带（含接口）和水枪应合理配置于小区楼宇楼层的消防栓（箱）内以及各值班岗亭里。

4.3.1.2 水带、水枪只用于火场供水和平时训练。

4.3.1.3 水带使用后应保持清洁、整齐、清洗晾干后卷放在货架上（岗亭或消防箱内）。

4.3.1.4 水带接口相互连接时，应灵活、松紧适度，保证其密封性，并连接可靠，加压时不能自行脱开。

4.3.1.5 平时训练用水带（水枪）时，收卷水带应小心轻放，防止水带接口、水枪震动摔打破损。

4.3.1.6 注意防潮、防震、防腐蚀、防霉和腐烂、防破损及防生锈，水带、水枪应置于通风干燥的地方。

4.3.2 安全绳、安全带、安全钩、高空缓降器。

4.3.2.1 使用时应先测试安全绳的静电负荷，检查其牢固性，确认无任何断裂现象，方可使用。

4.3.2.2 使用安全钩时应先检查各部件的动作是否灵活，定期用4500N的工作拉力作负重测试，如发现问题停止使用。

4.3.2.3 安全带要端正清洁，半圆环、带扣等活动部件要转动灵活。当出现破损、灼伤、恶化、磨损及变形时，不能用于高空作业。

4.3.2.4 高空缓降器应定期作拉力测试，保持绳索光洁，无腐蚀及磨损。

4.3.2.5 平时应刷洗干净、晾干后统一放置在货架上。

4.3.3 消防斧及消防腰斧

4.3.3.1 消防斧和消防腰斧用于火场破拆。

4.3.3.2 消防斧应注意保养，防止生锈、潮湿，存放于货架上。

4.3.3.3 消防腰斧有变形、裂缝或橡胶柄套损坏时，应停止使用。

4.3.4 消防电话、对讲机

4.3.4.1 消防电话只能用作火警报警，不能用于私人用途。电话应经常擦拭，防积尘、防污垢、防线路破损。办公室电话一般应控制说话时间不超过5分钟。

4.3.4.2 对讲机按《秩序维护员器械管理标准作业规程》相关要点执行。

4.3.5 室外消防栓

4.3.5.1 室外消防栓是连接市政供水的管网系统，应每月逐个做出水实验。

4.3.5.2 消除阀塞启闭杆端部周围的杂物，用消防专用扳手转动启闭杆，加注润滑油。

4.3.5.3 用油沙头擦洗出水口螺纹上的锈渍，检查闷盖内胶垫圈是否完好。

4.3.5.4 打开消防栓，检查供水情况，再放净锈水后关闭，并观察有无漏水现象。

4.3.5.5 外表油漆剥落及时修补。

4.3.5.6 消除消防栓附近的障碍物，3m内不准堆放任何物品。

4.3.6 灭火器

4.3.6.1 在值班岗岗亭和各楼层消防箱内配置灭火器，高层和超高层楼均应配置手提式"1211"灭火器，配电室、机房内均应配备推车式"1211"灭火器。

4.3.6.2 灭火器应置于通风干燥、不受暴晒、不接触热源或剧烈震动的地点。

4.3.6.3 压力表指针应在绿色区域，发现重量减轻10%，检查后要及时灌装。

4.3.6.4 铅封完好，一经开放，须按规定再充装，并作密封试验，重新铅封。

4.3.6.5 喷嘴和喷射管无堵塞、腐蚀损坏；推车式灭火器的行车结构灵活，有检验标志。

4.3.6.6 喷筒保持畅通，刚性连接式喷筒可绕其轴线回转，并可任意停留。

4.4 器材保管

4.4.1 消防器材应由公共秩序维护部统一保管，建立消防器材台账。

4.4.2 保管要求

4.4.2.1 消防器材必须整齐存放于货架上，铭牌朝外，标识清楚。

4.4.2.2 必须保持干净、整洁、无积尘。

4.4.2.3 存放的器材必须在接警时能及时取用。

4.4.2.4 所有器材一律不准挪作他用。

4.4.2.5 各类器材应分类堆放，标识清楚，严格按器材说明书的内容放置。

4.4.2.6 存放的环境温度适宜。

4.5 维修保养

4.5.1 消防安全员巡检时，发现破损、漏气、霉烂、腐蚀的消防器材应立即送到公共秩序维护部进行登记、保养和维修。

4.5.2 公共秩序维护部主管根据消防器材检查保养情况，组织消防器材的报废、充气和更换工作。

4.5.3 一般维修由公共秩序维护部主管负责指导维修。

4.5.4 需外委维修（或应急消防部门有特殊规定）的送应急消防局或安装厂家进行维修。

4.5.5 公共秩序维护部主管监督填写各类维修保养记录，每次巡检、维修、保养均应有完整的记录，公共秩序维护部班长认真填写消防器材保管记录表和消防器材配置统计表，并将各类表格归档，按公司规定保存。

5.0 相关记录

5.1 消防器材检查登记表，见表 12-1。

表 12-1　消防器材检查登记表

物业项目管理处　　　检查人：_____　　　_____年 _____月 _____日

名称	型号、规格	数量	检查情况	备注

5.2 消防器材配置统计表。
5.3 消防器材保管记录表。
5.4 消防器材借用登记表。

6.0 相关支持文件

6.1 消防系统操作标准作业规程。
6.2 消防系统运行管理标准作业规程。
6.3 消防演习标准作业规程。

样本 54：消防系统维修保养标准作业规程

1.0 目的

规范消防系统维修保养工作，确保消防系统设备各项性能良好。

2.0 适用范围

· 本作业规程适用于物业管理区域内消防系统设备的维修保养工作。

3.0 职责

3.1 物业项目管理处经理负责审核消防系统维修保养年度计划并检查计划的执行情况。

3.2 公共秩序维护部主管负责制定消防系统维修保养年度计划，组织监督该计划的具体实施。

3.3 公共秩序维护部班长及秩序维护员具体负责消防系统的日常保养工作。

4.0 程序要点

4.1 消防系统维修保养年度计划

4.1.1 每年12月，由公共秩序维护部主管组织制定下一年度的消防系统维修保养年度计划，经物业项目管理处经理审核，报公司审批。

4.1.2 消防系统维修保养年度计划必须具备下列要求：

4.1.2.1 有明确安排设备的小修、中修、大修计划。

4.1.2.2 有具体组织实施维修保养的时间。

4.1.2.3 有明确的维修保养周期。

4.1.2.4 有具体的维修经费预算。

4.2 对消防系统进行维修保养时，应严格遵守消防系统操作标准作业规程，并按消防系统维修保养年度计划进行。

4.3 检查

4.3.1 日检。每班次在值班班长的指导下由秩序维护员对火灾报警系统进行下列检查：

4.3.1.1 进行系统设备的外观检查。

4.3.1.2 火警功能。误报火警应勘察误报的火灾探测器探头现场有无蒸气、烟雾、粉尘等影响探头正常工作的环境干扰存在，如有干扰存在，应设法排除。对于误报频繁又无环境干扰影响探头正常工作的，或探头显示灯不亮、不能接收信号，应及时清洗更换。

4.3.1.3 自检功能。按自检键后，进行复位，让系统处于正常状态，不能复位应查明原因。

4.3.1.4 故障原因：

① 主电源故障，检查输入电源是否完好，熔丝有无烧断、接触不良的情况。

② 备用电源故障，检查充电装置，电池是否损坏，有无断线。

③ 探测回路故障，检查该回路至火灾探测器的接线是否完好，有无探测器被取下，终端监控器有无损坏。

4.3.2 月检。每月固定日期在公共秩序维护部主管的指导下，由班长组织对消防系统进行下列功能检查，并填写消防系统月检查保养记录表。

4.3.2.1 日检全部内容。

4.3.2.2 测试控制器主要工作电压是否正常。

4.3.2.3 火灾探测器（温感、烟感、破玻）安装倾斜度应不大于45°，与底座接触是否良好，外观是否洁净完好，指示灯是否闪亮。随机取5%的烟感喷烟后，察看消防主机是否收到报警信号。

4.3.2.4 对楼层消防栓泵进行外观检查，查看外接线是否固定良好，如油漆脱落应补刷新漆。

4.3.2.5 检查手动按钮、紧急旋钮安装是否牢固，有无破损及丢失；任选两个手动报警按钮进行模拟报警，测试报警功能是否正常。

4.3.2.6 对消防主机、联动控制柜、动力配电箱、灭火显示器及其附属设施进行擦拭除尘，线路松动应加以紧固。

4.3.2.7 对主电源和备用电源做自动转换试验。

4.3.3 季检。每季度检查要试验自动报警系统的系列功能，并填写消防系统年（季）检查保养记录表，具体内容包括：

4.3.3.1 采用专用检测仪器分批试验火灾探测器的动作及确认灯显示。

4.3.3.2 试验火灾报警的声光显示。

4.3.3.3 实验水流指示器，压力开关等报警功能，信号显示。

4.3.3.4 对备用电源进行1~2次充放电试验，1~3次主要电源和备用电源自动切换试验。

4.3.3.5 用手动或自动检查防火卷帘门的关闭情况、防火卷帘有无变形、扭曲情况。

4.3.3.6 用手动或自动检查消防栓泵、自动喷淋灭火系统的控制设备。

4.3.3.7 对固定式"1211"灭火系统进行外观巡视，查看管网系统的密封情况，读出压力表指针数值，用手动或自动检查固定灭火系统的控制设备。

4.3.3.8 用手动检查消防应急广播、火灾应急照明及疏散指示标志灯。

4.3.3.9 进行从消防联动柜上按强制"消防"开关键使客货梯停于首层的试验；

4.3.3.10 在消防管理中心进行消防通信设备对讲通话的试验；

4.3.3.11 进行检查所有转换开关和强制切断非消防电源功能的试验。

4.3.4 年检。每年12月由公共秩序维护部主管和班长组织对火灾自动报警系统的功能作下列检查和试验，并填写消防系统年（季）检查保养记录表。

4.3.4.1 应用专用检测仪器对所安装的火灾探测器探头（取50%）进行一次实效模拟试验，对电缆、接线盒、设备作直观检查、清理灰尘。

4.3.4.2 进行本规程所有季检内容。

4.3.4.3 试验火灾应急广播设备的功能。

4.4 维修保养

4.4.1 由公共秩序维护部主管指导完成对消防系统设备的外部清洁及部分附件的维修保养。

4.4.2 每班次秩序维护员应对消防设备外部清洁一次，用压缩空气进行吹污、除尘，再用干的干净抹布擦拭，保持设备光洁。

4.4.3 消防系统设备故障的维修一般不超过8小时，在8小时内无法解决的，应将其故障原因、解决时间上报物业项目管理处经理，并按批准的时间限期解决。

4.4.4 需外委维修的，由公共秩序维护部主管委托安装厂家或应急消防局进行维修保养。

4.4.5 消防泵维修保养见《给水排水设备设施维修保养标准作业规程》相关要点。

4.4.6 消防系统设备的检查、维修保养均应有完整的记录，并分类归档管理，保存期为5年。

5.0 相关记录

5.1 消防系统月检查保养记录表。

5.2 消防系统年（季）检查保养记录表，见表12-2。
5.3 消防器材系统维修经费预算计划表。
6.0 相关支持文件
6.1 消防系统操作标准作业规程。
6.2 给水排水设备设施维修保养标准作业规程。
6.3 餐饮设备管理标准作业规程。

表12-2 消防系统年（季）检查保养记录表

单位名称		防火负责人	
日期	设备种类	检查试验内容及结果	检查人
仪器自检情况		故障及排除情况	备注

样本55：消防安全管理标准作业程序

1.0 目的
规范物业管理区域内的消防安全管理工作，确保及时消除火灾隐患，保证业主和物业使用人的人身和财产安全。

2.0 适用范围
本作业程序适用于物业项目管理处消防安全管理工作。

3.0 职责
3.1 物业项目管理处经理为消防安全管理直接责任人，对消防安全管理工作负有直接领导责任。

3.2 公共秩序维护部主管具体负责物业管理区域内消防安全管理工作的组织、实施、监督和检查。

3.3 公共秩序维护部班组长、消防安全员负责消防安全管理工作的具体实施。

4.0 程序要点
4.1 消防安全管理基本原则
4.1.1 "谁主管，谁负责"的原则。

4.1.2"统一指挥"的原则。

4.2 消防安全管理工作建设

4.2.1 贯彻执行国家消防法律法规及各类防火技术规范。

4.2.2 坚持"预防为主,防消结合"的方针,做到防患于未然。

4.2.3 建立逐级防火岗位责任制,健全消防安全管理制度,全体员工负有消防安全责任。

4.2.4 以公共秩序维护部全体人员为主组织培训义务消防队伍。

4.2.5 制定各项消防安全管理计划,完善消防培训制度,提高全体员工消防技能与素质。

4.2.6 定期对消防设备设施及器材进行维修、检查和保养,确保其状态完好。

4.2.7 制定各类火灾应急预案,并进行定期演练。

4.3 日常检查

4.3.1 巡检内容

4.3.1.1 自动报警(灭火)系统的检查:

① 打开消防主机门检查线路,接口有无松动、脱落,信号灯显示是否正常。

② 检查消防联动柜各类信号灯显示是否正常,标识是否清楚,试灯时是否出现故障情况。

③ 巡视"1211"气体系统,查看接口和密封处是否密封,观察压力表指针读数有无明显减小。

④ 火灾探测器探头应无灰尘,无污染,接收效果好,指示灯闪亮。

⑤ 紧急按钮和启动键完好无损。

4.3.1.2 安全疏散出口的检查:

① 楼梯间、消防通道、电梯前室、疏散出口应保持畅通无阻,无杂物堆放。

② 疏散门应向疏散方向开启,自动启闭的门应有手动开启装置。

③ 当门开启后,门扇不应影响疏散通道和平台的宽度。

④ 太平门应为推闩式外开门。

⑤ 疏散出口应设置明显的消防安全标识。

4.3.1.3 应急照明与疏散指示标志的检查:

① 疏散指示牌应用不燃材料制作,或用玻璃、其他不燃烧透明材料制成保护罩。

② 疏散通道中,疏散指示标志(包括灯光式指示标志)宜放在通道两侧及拐弯处的墙面上;检查出口指示灯玻璃有无划伤或破裂现象,灯箱外表及面板应干净可视。

③ 检查出口指示灯安装是否牢固。

④ 远离出口的地方,应将"出口标志"与"疏散通道方向"的指示标志联合设置,箭头须指向通往出口的方向。

⑤ 疏散用应急照明和疏散指示灯光标志,可用蓄电池作备用电源,且连续供电时间不应少于20分钟,检查时拔掉插头,如灯不亮,应通知工程维修部及时维修。

4.3.1.4 室内消防栓检查:

① 在每层楼的疏散楼梯间均设有室内消防栓箱，箱内装有水带、水枪、消防软管和灭火器。
② 检查时应整理箱内水带、水枪、灭火器消防水喉是否齐全完好、放置整齐，便于取用，无发霉、发黑和生锈、漏水，接口垫圈是否完整无缺。
③ 检查消防栓箱上手动报警盒，弹片是否松动、损坏，测试时消防中心有无报警信号显示。
④ 检查报警按钮，指示灯及报警控制线路功能是否正常、无故障。

4.3.1.5 灭火器配置检查：
① 灭火器配置应根据配置场所的火灾危险程度和灭火器配置基准表配置灭火器。
② 灭火器设置应便于取用，稳固，不影响安全疏散，标签明显，放在显眼的地方，铭牌朝外，有防潮或防腐蚀处理。
③ 检查发现重量减轻10%时，应及时更换充气。

4.3.1.6 机房检查：
① 对配电箱柜、配电室、高压开关柜室、柴油机房、中央空调房、锅炉房、水泵房、电梯机房等应重点检查。
② 检查机房内有无任何易燃、易爆物品堆放，严禁烟火。
③ 检查机房内推式"1211"灭火器的放置位置、重量以及保养情况，发现损坏、重量减轻漏气，应及时更换充气。

4.3.1.7 电气线路检查：
① 检查电气线路，防止漏电、短路、超负荷、接触电阻过大等引起火灾。
② 检查电气线路是否老化、破损、断落、碰线等，发现问题应及时通知电工维修。
③ 开关、插座的底盒应为铁盒或阻燃塑料盒，电线应套蛇皮管或阻燃塑料管，接线头外应套黄蜡管。

4.3.1.8 防排烟系统检查：对于高层或超高层建筑的防排烟系统，应定期清洗送风管道、排风管道、排烟口、防火阀和正压送风口，避免烟气堵塞或管道不通。

4.3.2 巡检要求
4.3.2.1 防火安全员负责日常巡查，按本规程"4.3.1"内容进行巡查，填写消防安全巡检记录表。
4.3.2.2 每周由公共秩序维护部班长组织对公共场所进行一次消防检查。
4.3.2.3 每月由公共秩序维护部主管组织对所有机房进行一次消防巡查。
4.3.2.4 每两个月由公共秩序维护部主管组织对高层、超高层建筑进行一次消防检查。
4.3.2.5 每季度由公共秩序维护部主管组织对经营场所进行一次消防检查。

4.3.3 隐患与处置
4.3.3.1 消防安全员在消防安全检查中发现火灾隐患，应及时报告公共秩序维护部主管，填写消防检查整改通知书给隐患部门，限期在7日内整改完毕。
4.3.3.2 外来施工人员需要在机房、楼层进行动火施工的，施工单位应在施工前到公共秩序维护部办理临时作业动火申请表，经审批后，方可施工，由公共秩序维护部指派防火安全员到现场监督施工,并采取必要的安全防火措施。

需上报市应急消防局审批的,经批准后方可施工,由公共秩序维护部指派防火安全员到现场监督施工,并采取必要的安全防火措施。

4.3.3.3 对违章施工人员违反操作安全规程的,应立即令其停止施工。不办理相关手续而擅自动火的,发现后除责成其补办临时作业动火申请表,并对施工单位负责人进行处理。

4.3.4 复查

4.3.4.1 防火安全员对查出的火灾隐患,应在规定的时间内进行复查,督促隐患部门切实整改,彻底消除隐患。

4.3.4.2 对重点防火部位应经常复查,将复查结果进行整理归档,建立防火档案。

4.3.5 队务工作

4.3.5.1 日常工作:

① 消防监控中心实行 24 小时监控,分早、中、晚三班,班组长跟班轮值巡查。

② 交接时由班组长整队结合,并对值班情况进行讲评。

③ 具体的交接班管理按公共秩序维护部交接班管理标准作业规程执行。

4.3.5.2 排班:

① 每周定期按时倒班(特殊情况除外)。

② 排班由公共秩序维护部主管负责。

4.3.5.3 消防文书:

① 消防文书是记载消防安全管理的资料,在消防安全管理中具有较强的严肃性。必须安排具备文字处理能力、并对消防安全管理业务熟悉的人员担任。

② 公共秩序维护部主管应指定人员负责文件和资料的管理,对文件资料进行分类归档保存。

③ 各类记录表归档管理的保存期按公司规定执行。

4.3.5.4 部务会议:公共秩序维护部主管每周定时召开部务会,总结每周消防安全检查、日常工作等情况,并对值班过程中出现的违纪和存在的各种问题及时整改及纠正。

4.3.5.5 奖惩制度:公共秩序维护部每月应进行评比,对工作表现突出,业务知识和技能熟练的秩序维护员进行申报嘉奖,对违纪现象及工作较差的给予纠正,限期整改。不能改正的给予辞退处理。

4.3.5.6 内务管理:内务管理由公共秩序维护部各班长负责,按秩序维护员内务管理标准作业规程的内容执行。

4.3.6 动火安全管理

4.3.6.1 在重点部位动火,必须由物业项目管理处经理会同公共秩序维护部主管会审,无异议才能动火,动火后要认真检查现场,防止留下火种而引燃着火。

4.3.6.2 动火前必须做到"八不、四要、一清",标准见临时动火作业安全规定。

5.0 相关记录

5.1 临时作业动火申请表,见表 12-3。

5.2 消防检查整改通知书。

5.3 消防安全巡检记录表，见表12-4。

6.0 相关文件

6.1 消防系统运行管理标准作业规程。

6.2 公共秩序维护部交接班管理标准作业规程。

6.3 秩序维护员内务管理标准作业规程。

表12-3 临时作业动火申请表

编号：_____

单位		地址		动火负责人	
动火作业起止时间				动火部位	

动火作业安全措施：

施工单位负责人意见：

签名：
年　　月　　日

公共秩序维护部意见：

签名：
年　　月　　日

物业项目管理处经理意见：

签名：
年　　月　　日

表12-4 消防安全巡检记录表

____年____月____日　　　　　　____班　　　　　　编号：_____

项目	消防栓	疏散灯应急灯	开关	防火门电井门机房门	通道	烟感器	报警按钮	正压送风口
巡视检查情况记录	时间： 地点： 记录：	时间： 地点： 记录：	时间： 地点： 记录：	时间： 地点： 记录：	时间： 地点： 记录：	时间： 地点： 记录：	时间： 地点： 记录：	时间： 地点： 记录：
其他异常情况记录								
班长抽检评语								
经理阅示							消防安全员签字：	

样本56：安全防火管理规定

1. 全体员工必须加强安全防范意识，执行公司制定的安全管理制度，协同公共秩序维护部门认真做好各部门安全防火工作。

2. 各岗位人员必须严守岗位，发生事故或发现可疑情况应迅速处理上报，并负责保护好现场。

3. 未经物业项目管理处经理批准，外来人员禁止进入配电房、电梯机房、锅炉房、空调机房、水泵房。经批准进入人员必须办好登记手续，由值班领导及值班人员负责接待。

4. 各岗位值班人员除设备安全运行外，必须对所属机房范围进行安全防火检查。各级人员必须定期对所属范围进行安全防火检查。如发现不安全因素，及时进行整改。

5. 不得随意配制各机房钥匙，无关人员不得借用锁匙，无人值班时各机房、班（组）工作场地门窗必须锁好。

6. 在指定地点吸烟，烟灰烟带要丢进烟灰缸内。

7. 维修工作中需使用易燃材料时，应特别小心。各班组不得存放1公斤以上易燃油料。

8. 需要动火作业时，要办妥动火作业证后方能施工，施工前尽可能排除易燃物品，施工后认真检查，确无火种后方可离开。

9. 不得随意挪动消防设施，发现消防设施损坏或泄漏应及时告知公共秩序维护部。

10. 发现火警及时报告，尽力配合消防队员扑灭火灾。工程维修部的首要任务是保证供水、供电；保证消防设备设施正常运行，并组织人群的保护和疏散工作。

样本57：消防安全检查制度

1. 消防安全三级检查制度

（1）一级检查由公共秩序维护部指导、监督各部门组织实施

1）员工每天对本岗位、本地段消防安全情况进行检查，排除火灾隐患并及时上报。

2）消防安全员负责对项目进行日常消防安全检查，并记录检查情况。

3）消防安全员负责检查项目的消防设备设施、器材状况，并记录检查情况。

4）消防安全员负责施工现场防火安全检查。

5）公共秩序维护部主管每周向物业项目管理处经理汇报检查情况。

（2）二级检查由物业项目管理处组织实施

1）物业项目管理处经理每周组织各部门对管辖地段、设备物资(特别是易燃易爆物品)进行一次检查。

2）检查各部门对消防安全工作的执行落实情况，处理及整改火灾隐患，向员工进

行安全教育。

3）每月向公司总经理汇报一次消防安全工作情况。

（3）三级检查由公司总经理实施

1）每月由公司总经理或授权他人对各物业项目管理处进行重点检查或抽查，尤其是节假日前要组织消防安全大检查。公司总经理每年应不少于一次对各项目进行全面检查。

2）检查各物业项目管理处贯彻执行消防安全制度情况，重点检查要害部位消防安全管理及执行情况。

2. 检查内容

（1）消防通道是否畅通，疏散标志是否完好。

（2）整个消防系统是否运行正常、值守可靠；消防器材有无管好、用好和到期更换，保证其完好状态。

（3）各项消防安全制度、措施是否得到落实，有关资料记录是否完整、真实。

（4）抽查员工消防器材演练，检查消防队伍建设和训练情况。

（5）易燃易爆危险物品贮存、管理、使用是否符合安全要求。贮存容器、管道有无定期测试，有无跑、冒、滴、漏现象。

（6）仓库内货物、物资分类及存放是否符合安全规定，库房内灯泡功率应在60W以下，灯距、堆放距离、堆放高度、通风、室温是否符合防火安全要求及值班情况等。

（7）燃气设备运行是否正常，有无超负荷运行；电线、电缆的绝缘有无老化、受潮、漏电、短路等；电动机有无空转现象，防雷设备是否完好，有无乱拉电线情况。

（8）危险场所动火是否按规定办理手续，焊工操作时是否达到动火安全制度的要求。

（9）门卫对出入人员是否携带易爆危险物品进行严格检查。

3. 检查方式

（1）各部门主管对责任区内消防设备器材进行日常巡视、养护，并做好记录。

（2）防火安全员负责对物业管理区域进行日常消防安全检查。

（3）公共秩序维护部主管每月对日常巡视工作进行一次检查总结，并做好记录。

（4）物业项目管理处经理每季度不定期组织一次消防安全措施落实、消防设施状况检查，并做好记录。

（5）公司根据项目防火的特点，组织人员对项目消防设施进行检查，对人员进行抽检或演练，并做记录。

（6）消防安全检查要认真填写消防日检查登记表，消防安全周检、月检、季检、年检记录表，并将记录资料统一交由公共秩序维护部存档。

4. 火灾隐患的整改

（1）发现火灾隐患，检查负责人应填写火灾隐患整改通知书，并派发到有关部门。

（2）有关部门接到整改通知后，及时组织人员进行整改，并按规定时限完成。

（3）有关部门整改完毕后，检查负责人应组织人员进行复查，并记录复查结果。

5. 相关表格

火灾隐患整改通知单，见表12-5。

表 12-5　火灾隐患整改通知单

部门		部位	
检查发现情况			
整改意见			
		公共秩序维护部：　　年　月　日	
请在　　年　月　日之前完成			
整改结果	签名：		年　月　日

注：整改结果须由部门负责人签字后交回公共秩序维护部。

火灾隐患整改通知单存根

部门		发现时间		检查人	
部位		通知时间		批准人	
基本情况 整改意见					

样本 58：临时动火作业安全规定

各单位经批准实施临时动火作业时，必须做到动火前"八不"，动火中"四要"，动火后"一清"。

1. 动火前"八不"

（1）防火、灭火措施没落实不动火。
（2）周围的杂物和易燃品、危险品未清除不动火。
（3）附近难以移动的易燃结构物未采取安全防范措施不动火。
（4）盛装过油类等易燃、可燃液体的容器、管道用后未清洗干净不动火。
（5）储存易燃易爆物品的场所未采取安全措施，危险性未排除不动火。
（6）进行高空焊割作业，未清除地面的可燃物品且未采取相应的防护措施不动火。
（7）未配备灭火器材或器材不足时不动火。
（8）现场安全负责人不在场不动火。

2. 动火中"四要"

（1）现场安全负责人要坚守岗位。
（2）现场安全负责人和动火作业人员发现不安全苗头时，要立即停止动火。

(3）一旦发生火灾或爆炸事故，要立即报警和组织扑救。
(4）动火作业人员要严格执行安全操作规程。

3. 动火后"一清"

完成动火作业后，动火人员和现场责任人要彻底清理动火作业现场后，才能离开。

样本59：部分重点部位消防安全制度

1. 重点部位管理制度

（1）建立健全重点部位消防安全责任人制度，检查、督促和落实消防安全工作措施。
（2）加强重点部位的"人防、物防、技防"措施，完善重点部位突发事件应急预案。
（3）定期检查各重点部位的消防设备设施和安全防范情况，认真做好记录。
（4）严格遵守安全用水、用电规定，对易燃、易爆及有毒化学物品等危险品要分工专人按制度严格管理。
（5）重点部位出现消防安全隐患，应及时上报，并迅速整改。对重点部位出现的责任事故，要追究责任人和相关领导的责任。

2. 一般物品仓库一、二级防火安全制度

（1）库内严禁吸烟和动用明火，不准存放易燃物品。
（2）库内物质堆放整齐、分类清楚，堆距、垛距、棚距要符合要求。
（3）库内所设的电气设备应符合仓库防火管理规定。
（4）非工作人员不得随意入库，工作需要进库时不许带引火物。
（5）下班后必须进行防火检查，切断电源。

3. 变电所消防安全制度

（1）外来人员未经物业项目管理处经理批准严禁入内。
（2）确因工作需要进入变电所外来人员，需经物业项目管理处经理批准并履行登记手续。
（3）变电所内严禁存放易燃易爆危险品。
（4）变电所内严禁动用明火。
（5）变电所内需保持供用电设备清洁。
（6）值班人员不准擅离职守，不准睡觉、喝酒或做与本职工作无关的工作。

4. 监控中心消防安全制度

（1）外来人员未经物业项目管理处经理批准严禁入内。
（2）严禁吸烟和动用明火，确因工作需要动用明火时，须经公共秩序维护部批准。
（3）监控中心严禁存放易燃易爆危险品。
（4）配线架接地线必须达到有关技术规范要求。
（5）定期检查监控设备，按规程进行作业，如遇故障，应在采取防护措施后进行维修。

样本60：安全疏散设施管理制度

1. 应保持疏散通道、安全出口畅通，严禁占用疏散通道，严禁在安全出口或疏散通道上安装栅栏等影响疏散的障碍物。
2. 应按规范设置符合国家规定的消防安全疏散指示标志和应急照明设施。
3. 应保持防火门、疏散指示标志、应急照明、机械排烟送风、广播等设备设施处于正常状态，并定期组织检查、测试、维护和保养。
4. 严禁在安全出口上锁。
5. 严禁关闭、遮挡或覆盖疏散指示标志。

样本61：火灾应急处理标准作业程序

1.0 目的
规范火灾的处理程序的方法，确保火灾得到及时有效的控制和处理。

2.0 适用范围
本作业程序适用于物业管理区域内火警、火灾的应急处理。

3.0 职责
公共秩序维护部负责组织并协助应急消防灭火扑救。

4.0 程序要点

4.1 报警与确认

4.1.1 火警信息。火警信息包括：

4.1.1.1 消防监控中心接收的火警信号。

4.1.1.2 员工发现的火警。

4.1.1.3 用户的报警。

4.1.2 火警信息的确认。根据火警信息来源不同，火警信息确认包括：

4.1.2.1 消防监控中心从消防报警系统收到的火警信号，应立即用对讲机通知就近秩序维护员或房屋管理员立即到现场核实。若属于非误报，则应查明报警原因，确认过程中应随时保持与消防监控中心的联系，并报告确认情况。

4.1.2.2 发现火警的员工应立即赶赴火警现场，判明是否属于火警，若是人为违章造成的火警现象应予制止；若是火警，则按火灾应急预案进行处理。

4.1.2.3 用户报警。任何人员或部门接到报警时，应立即报告消防监控中心，并按火灾应急预案进行处理。

4.2 火警、火灾处理原则及方法

4.2.1 火警、火灾的处理原则

4.2.1.1 坚守确认的火警应在第一时间内向消防监控中心报告和拨打"119"报警的

原则。

4.2.1.2 立即开展扑灭火灾的原则。

4.2.1.3 积极疏散受影响的业主和使用人，抢救被困人员的原则。

4.2.1.4 将易燃易爆物品迅速撤离火源的原则。

4.2.1.5 尽力抢救生命财产的原则。

4.2.2 火灾的处置方法

4.2.2.1 员工发现火灾，应就近取用灭火器材迅速扑灭火灾。

4.2.2.2 火灾若有发展趋势，应呼叫邻近人员参与扑救，向消防监控中心报告和拨打"119"报警。

4.2.2.3 取用灭火器材时应正确选用灭火器，以免用错灭火器使回火复燃。

4.3 火灾扑救及现场控制

4.3.1 公共秩序维护部主管应临场指挥，控制现场，具体要求如下：

4.3.1.1 拨打"119"报警，并派人员到必经路口引导。

4.3.1.2 紧急组织人员赶赴火灾现场，进行外围警戒和交通管制，并安排人员采集占用消防通道证据。

4.3.1.3 立即组织人员赶赴火场进行疏散，救护被困人员，抢救财物。

4.3.1.4 通知电工断开相关电源，开启自动灭火系统、排烟系统和防水泵，保证消防供水。

4.3.2 火灾现场及影响区人员的疏散

4.3.2.1 消防监控中心应通过消防应急广播装置进行广播，通报火灾情况，引导疏散。

4.3.2.2 秩序维护员应逐层逐户通知住户，引导疏散，做好撤离准备。

4.3.2.3 值班电工在切断电源后应开通应急照明电源，火灾现场员工打开所有安全通道，引导业主和使用人有序撤离。

4.3.3 火灾扑救

4.3.3.1 在应急消防队到达前，公共秩序维护部主管或履行其职责的相关人员应负责火灾现场的指挥，调动一切人员利用所有消防设备和装备器材开展扑救。

4.3.3.2 应急消防队到达后，指挥人员应迅速向应急消防队指挥员报告火情，移交指挥权，组织物业项目管理处所有参与人员配合扑灭火灾。

4.3.4 交通管制和现场秩序维护

4.3.4.1 公共秩序维护部主管或代履行其职责人员负责火灾现场交通管制和现场控制。

4.3.4.2 撤出或移走妨碍消防车辆、救护车辆通行的障碍。

4.3.4.3 阻拦与扑救无关的人员进入火灾现场或影响区，防止火场中物品被盗窃。

4.3.4.4 看管被抢救的公私财物，在火灾扑灭前严禁任何人转移。

4.3.4.5 保护现场使用的消防器材、装备正常使用。

4.3.5 疏散及转移物资

4.3.5.1 公共秩序维护部主管负责指挥秩序维护员疏散、安顿业主和使用人，运送受伤人员。

4.3.5.2 秩序维护员应迅速进入火灾现场，撤出易燃、易爆物品，抢救公私财物。
4.4 火灾扑灭后的处置
4.4.1 公共秩序维护部主管应组织秩序维护员对抢救出的物品进行确认、安置、保管。
4.4.2 公司领导对受灾业主和使用人进行安慰，解决实际问题。
4.4.3 物业项目管理处经理应召集参与灭火扑救的部门负责人，总结灭火工作的经验教训。
4.4.4 公共秩序维护部主管及相关人员应配合应急消防部门对火灾现场进行调查分析，评估火灾造成的损失，填写火警、火灾事故报告表，组织对火灾应急预案的可靠性和有效性进行评估，必要时进行修改。
4.4.5 工程维修部应对消防设备设施进行检查和清点，对已损坏的设备设施进行修复或提出补充申请。

5.0 相关记录
火警、火灾事故报告表。

6.0 相关支持文件
6.1 消防系统操作标准作业程序。
6.2 火灾应急预案标准作业程序。

样本62：消防系统操作标准作业程序

1.0 目的
为规范消防系统设备的操作。

2.0 适用范围
本作业程序适用于物业管理区域内消防系统设备的操作。

3.0 职责
3.1 公共秩序维护部主管负责监督检查消防系统各类设备的操作程序。
3.2 公共秩序维护部负责消防系统操作的业务指导工作。
3.3 秩序维护员负责按本规程正确操作消防设备。

4.0 程序要点
4.1 消防主机
4.1.1 确认报警：当接到消防主机报警时，按"消音"键消去报警声；按"复位"键，查看消防主机能否复位进入系统正常状态。如能进入系统正常状态，证明是误报，按"复位"键复位；如不能进入系统正常状态，证明是故障或火警预报，查"状态"键确认AV值。
4.1.2 查看状态确认AV值，证明有火警信号出现，立即派人到现场查看。
4.1.3 火警预报或故障报警时，把火警预报或故障点暂时隔离、锁住，使系统进入正常状态。

4.1.4 开锁。处理完火警预报或故障报警时，把已隔离的点打开，让系统恢复正常运行状态。

4.2 打印

4.2.1 安装打印纸。

4.2.2 安装完打印机纸后，如有报警或故障，打印机将自动打印记录。

4.2.3 打印完成后，取出打印纸。

4.3 消防电话

消防联动柜上的消防电话，可通向各楼层（备有插孔）高压房、水泵房，在楼层查看报警点位置情况时的操作要领。

4.3.1 按"楼层"（水泵房、高压房）键一次。

4.3.2 与楼层（或机电维修部电工）通话。

4.4 消防广播

4.4.1 进行消防广播疏散时，按消防广播指示灯、相邻楼层数码灯，灯亮。

4.4.2 接通开关。

4.4.3 调节广播旋钮，应控制音量以达到清晰、清楚。

4.4.4 向楼层开始广播。

4.5 客货梯

4.5.1 当发生火情时，从消防联动柜上按"电梯回降"键，客货梯迫降到一楼停止运行。

4.5.2 从客货梯前室首层击破玻璃，按"消防"开关键，客货梯会迫降到首层。

4.6 消防泵

当有"火险"报警时：

4.6.1 自动启动：

4.6.1.1 在楼层击破"消防栓报警盒"时，消防联动柜发出声响报警。

4.6.1.2 消防泵自动启动。

4.6.2 手动启动：

4.6.2.1 选择"自动/手动"选择开关置于"手动"位置。

4.6.2.2 按启动钮"手动"启动消防水泵。

4.7 喷淋泵

当有"火险"报警时：

4.7.1 自动启动：

4.7.1.1 喷淋泵处于"自动"位置。

4.7.1.2 喷淋头爆裂，水流指示动作，消防联动柜发出声响报警。

4.7.1.3 喷淋头自动启动。

4.7.2 手动启动：

4.7.2.1 选择"自动/手动"开关置于"手动"位置。

4.7.2.2 按启动钮"手动"启动消防水泵。

4.8 防火卷帘

当有火情或浓烟时：

4.8.1 自动启动：

4.8.1.1 消防联动柜发出声响报警，出现防火卷帘关闭讯号。

4.8.1.2 防火卷帘自动关闭。

4.8.2 手动启动：

4.8.2.1 把"自动／手动"选择开关置于"手动"位置。

4.8.2.2 按楼层防火卷帘启动钮。

4.8.2.3 消防联动柜上会发出声响报警，出现关闭信号。

4.8.2.4 从楼层防火卷帘开关装置向下按启动钮（向下为打开，中间为停止），防火卷帘会向下关闭。

4.9 停非消防电

发生火灾需要截断电源时，从消防联动柜上按"停非消防电"键，停电灭火。

4.10 消防栓

4.10.1 室内消防栓：

4.10.1.1 发生火灾后用钥匙将消火栓箱打开，或硬物击碎箱门上的玻璃。

4.10.1.2 按下紧急报警按钮。

4.10.1.3 消火栓箱上的红色指示灯亮，送出火警信号。

4.10.1.4 消火栓可以直接启动消防水泵供水。

4.10.1.5 取出挂架上水枪接上水带接口，并将水带接在消防栓接口上。

4.10.1.6 按逆时针方向旋转消防手轮。

4.10.1.7 出水灭火。

4.10.2 室外消火栓：

4.10.2.1 用专用消防扳手沿逆时针方向旋转打开出水口闷盖。

4.10.2.2 接上水带（水枪）或吸水管。

4.10.2.3 用专用扳手打开阀塞即可供水。

4.10.2.4 使用后应关闭阀塞，上好出水口闷盖。

4.10.3 消防水喉：

4.10.3.1 打开消火栓箱门将卷盘旋出。

4.10.3.2 拉开胶管和小口径水枪。

4.10.3.3 开启供水闸阀即可进行灭火。

4.10.3.4 使用完后，将供水闸阀关闭，将胶管排除积水后卷回卷盘，把卷盘转回消火栓箱内。

4.11 灭火器

4.11.1 将灭火器提到火场上。

4.11.2 拆下铅封，拔掉保险销。

4.11.3 在灭火器有效喷射距离内，将喷嘴（或胶管喷口）对准火焰根部。

4.11.4 按下压把后,开启密封,灭火剂喷出。
4.11.5 松开压把,间歇喷射机构复位,喷射停止。
4.11.6 喷射时,应迅速左右摆动,向前平推扫射,防止回火复燃。
4.11.7 在室外操作时,应选择在上风方向喷射。

5.0 相关支持文件
5.1 消防演习标准作业规程。
5.2 消防器材管理标准作业规程。

样本63:突发事件处理作业程序

1.0 目的
采取快速、有效的措施处理突发事件,从而控制事态的发展。

2.0 适用范围
本作业程序适用于物业项目管理处各种突发事件的处理。

3.0 职责
3.1 物业项目管理处经理负责突发事件的对外处理协调和具体处理工作。
3.2 物业项目管理处经理在第一时间到达现场,了解情况并进行适当处理。
3.4 公司派专人负责审核紧急事件的处理意见。
3.5 公司总经理负责审批最后的处理结果。

4.0 程序
4.1 物业管理服务中常见的突发事件:
4.1.1 火警、匪警、盗警。
4.1.2 交通事故。
4.1.3 工程、设备设施突发事故。
4.1.4 其他突发事件。
4.2 公司根据4.1条款,制定突发事件处理预案。
物业项目管理处根据突发事件处理预案处理相关突发事件。
4.3 详细作好突发事件的相关记录。
4.4 物业项目管理处主任及时将相关事项报告公司总经理、副总经理和专管人员。
4.5 突发事件处理完成后,项目物业管理处需填写重大事件报告表上报公司。

5.0 相关记录
5.1 突发事件处理登记表,见表13-1。
5.2 应急服务记录,见表13-2。
5.3 重大事件报告表。

6.0 相关文件
突发事件应急预案。

表 13-1　突发事件处理登记表

事发地点		事发时间	

事件概述：

签名/日期：

处理情况：

签名/日期：

管理处领导意见：

签名/日期：

表 13-2　应急服务记录

类别		发生时间	
发生地点		发现人	
监控中心当班安管员（或管理处接报人）			
接报时间			
通知何人处置		通知时间	

发现情况：

处理经过：

备注	

7.0 突发事件处理流程图（图 13-2）

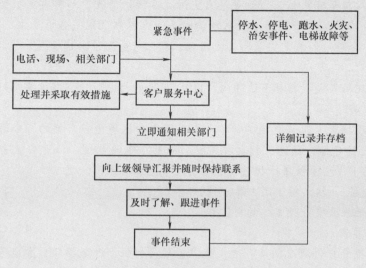

图 13-2 突发事件处理流程图

样本 64：消防火灾应急处理预案

1.0 目击报警

1.1 物业管理区域内任何区域一旦着火，发现火情的人员应保持镇静，切勿惊慌。

1.2 如火势初期较小，目击者应立即就近用灭火器将其扑灭，先灭火后报警。

1.3 如火势较大，自己难以扑灭，应采取最快方式用对讲机、电话或打碎附近的手动报警器向消防监控室报警。

1.4 关闭火情现场附近之门窗以阻止火势蔓延，并立即关闭附近的电闸及煤气。

1.5 引导火灾现场附近的人员用湿毛巾捂住口鼻，迅速从安全通道撤离，同时告诉疏散人员不要使用电梯逃生，以防停电被困。

1.6 切勿在火灾现场附近高喊"着火了"，以免造成不必要的混乱。

1.7 在扑救人员未到达火灾现场前，报警者应采取相应的措施，使用火灾现场附近的消防设施进行扑救。

1.8 带电物品着火时，应立即设法切断电源，在电源切断以前，严禁用水扑救，以防引发触电事故。

2.0 消防监控室报警

2.1 消防监控室值班人员一旦发现消防监控设备报警或接到火警报告后，应立即通知秩序维护人员赶赴现场确认，并通知消防专管员。

2.2 火情确认后立即通报公共秩序维护部主管或当班领班，由其迅速召集人员前往现场灭火、警戒、维持秩序和组织疏散。

2.3 立即将火情通报物业项目管理处经理或值班负责人以及工程部主管。

2.4 值班人员坚守岗位，密切观察火灾附近区域的情况，如有再次报警，应立即再次派人前往查看确认。如有业主打电话询问，注意不要慌张，告诉业主："火情正在调查中，请保持冷静，如果需要采取其他措施，我们将会用紧急广播通知您"，同时提请业主关好门窗。

2.5 接到现场灭火指挥部下达的向"119"报警的指令时，立即按要求报警，并派人前往路口接应消防车。

2.6 接到现场灭火工作总指挥传达的在辖区内分区域进行广播的指令时，立即按要求用普通话进行广播，注意广播时要沉稳、冷静，不要惊慌，语速要适当，语音要清晰。特殊情况下，应派秩序维护员或管理员逐单元上门通报，通报顺序为：起火单元→起火层上面2层→起火层下面1层→相邻单元。

2.7 详细记录火灾扑救工作的全过程。

3.0 报警要求

3.1 内部报警应讲清或问清：起火地点、起火部位、燃烧物品、燃烧范围、报警人姓名和报警人电话。

3.2 向"119"报警应讲清：物业辖区名称；火场地址，包括路名、门牌号码、附近标志物等；火灾发生部位；燃烧物品；火势状况；接应人员等候地点及接应人；报警人姓名；报警人电话。

4.0 成立临时指挥部

4.1 物业项目管理处经理或值班负责人接到火警报告后，应立即赶赴指定地点或火警现场，并通知相关人员到场，成立临时灭火指挥部。

4.2 临时指挥部由物业项目管理处经理、公共秩序维护部主管、工程部主管、客户服务中心主管、消防专管员以及其他相关人员组成，由项目管理处经理任临时总指挥。项目管理处经理尚未到场时，由秩序维护部主管或值班负责人代任总指挥。

4.3 临时灭火指挥部职责：

4.3.1 根据火势情况及时制定相应对策，向各部门下达救灾指令。

4.3.2 根据火势情况确定是否疏散人员。

4.3.3 立即集合义务消防队，指挥义务消防队员参加灭火，并保证消防用水的供应。

4.3.4 在火势难以控制时，应及时下达向"119"报警的指令。

4.3.5 根据火势情况，安排疏散组、抢救组、警戒组，组织救人，抢救和保管重要物资及档案，维持现场秩序。

4.3.6 根据火势情况决定是否启用紧急广播进行报警。

4.3.7 下令将消防电梯降至首层，派专人控制，专供灭火工作之用。同时停止起火区域的其他电梯和中央空调运行。

4.3.8 根据火势情况决定是否采用部分或全部断电、断气、打开排烟装置等措施。

4.3.9 消防队到达后，及时向消防队领导准确地提供火灾情况和水源情况，引导消防队进入火灾现场，协助消防队灭火，并协助维持现场秩序，安顿疏散人员。

4.3.10 火灾扑灭后，组织各部门员工进行善后工作。

5.0 人员疏散和救护

5.1 火灾发生后，由疏散组负责安排人员，为业主和物业使用人、访客指明疏散方向，并在疏散路线上设立岗位进行引导、护送业主和物业使用人、访客向安全区域疏散。这时切记要提醒大家不要乘坐电梯，如果烟雾较大，要告知大家用湿毛巾捂住口鼻，尽量降低身体姿势有序、快速离开。

5.2 人员的疏散以就近安全门、消防通道为主，也可根据火场实际情况，灵活机动地引导人员疏散。

5.3 认真检查起火区域及附近区域的各个单元，并关闭门窗和空调。发现有人员被困在起火区域，应先营救被困人员，确保每一位业主和物业使用人、访客均能安全撤离火场。

5.4 接待安置好疏散下来的人员，通过良好的服务稳定人们的情绪，并及时清点人员，检查是否还有人没有撤出来。

5.5 疏散顺序为：先起火单元起火层上面2层和下面1层，后相邻单元。疏散一般以向下疏散、底层向外疏散为原则，若向下通道已被烟火封住，则可通过屋顶或转移平台撤离。

5.6 在火场上救下的受伤业主和使用人、访客以及扑救中受伤的员工，由抢救组护送至安全区，对伤员进行处理，然后送医院救治。

6.0 警戒

6.1 秩序维护部接到火警通知后，应迅速成立警戒组，布置好辖区内部及外围警戒。

6.2 清除辖区外围和内部的路障，疏散一切无关车辆和人员，疏通车道，并对占用疏散通道、消防通道的物品、车辆等拍照取证。

6.3 控制起火大楼底层出入口，严禁无关人员进入大楼，指导疏散人员离开，保护从火场上救出的贵重物资。

6.4 保证消防电梯为消防人员专用，引导消防队员进入起火层，维持灭火行动的秩序。

6.5 加强对火灾区域的警戒，保护好火灾现场，配合应急消防部门和调查组对起火原因的勘查。

6.6 保证非起火区域和全体业主和物业使用人、访客的安全，防止犯罪分子趁火打劫。

7.0 善后工作

7.1 火灾扑灭并经应急消防部门勘查后，工程部应迅速将辖区内的报警和灭火系统恢复至正常状态。

7.2 秩序维护部组织人员清理灭火器材，及时更换、补充灭火器材。

7.3 客户服务中心统计人员伤亡情况和辖区财产损失情况，上报灭火指挥部及总经理。

7.4 客户服务中心组织员工对受灾业主和物业使用人、访客进行慰问，并根据实际需要给予切实帮助。

7.5 环境管理部组织员工对火灾现场进行清理，恢复整洁，对因逃生或救火损坏的花木进行抢救或补种。

7.6 灭火指挥部应召开会议，对火灾扑救行动进行回顾和总结。

7.7 由物业项目管理处经理发动员工，收集可疑情况，配合调查组对火灾事故进行调查，并责成消防专管员写出专题报告，分清责任。

7.8 如果物业项目办有财产保险、公众责任险，则由财务部门联系保险公司进行索赔。

样本65：电梯困人救援应急处理预案

1.0 公共秩序维护部

1.1 监控室值班人员接到电梯报警信号或者得知电梯困人信息后，应立即将摄像监视器主画面切换到报警电梯进行观察并实施录像，同时应确定报警电梯号和被困楼层，并通过电梯对讲系统了解情况并进行安抚：首先，使用礼貌用语对电梯轿厢内乘客进行说明以缓解乘客的紧张情绪，让被困人员保持镇静，耐心等待维修人员来解救。

1.2 即时通报工程部、客户服务中心及公共秩序维护部领导发生困人电梯情况。

1.3 公共秩序维护部接报后，立即组织实施现场警戒和秩序维护。

1.4 营救阶段，把电梯内监控录像的情况反馈给工程部施救人员。与被困人员进行联系，了解被困人员情况，如电梯中有无老人、孕妇，有无人员晕倒或严重不适应等情况。

1.5 协助工程部人员解救被困人员。

1.6 如有客人需要或出现伤亡事故，尽早拨打120急救电话，并做好配合工作。

2.0 工程部

2.1 工程部得知电梯困人后，须及时通知电梯维保公司，工程部电梯工应立即直赴现场查看，做出组织营救方案。

2.2 电梯故障状态的救援和盘动电梯放人，只在紧急情况下进行，所以操作者须是受过专业训练的电梯技术人员，其他人员如从事该工作会产生危险后果。

2.3 确认升降机轿厢的位置，如升降机停留在平层位置±50cm时可直接开启轿门将乘客救出，如果超出上述标准，则严格按照盘车规范进行操作救人。

2.4 在进行盘动电梯之前必须切断电梯总电源。

2.5 当盘动电梯下行时，遇到不能盘动时，可能是电梯轿厢下梁的安全钳已经动作，应马上打电话通知电梯公司人员进行救援。

2.6 盘动电梯轿厢最好至最近楼层楼面，通常是以节省人力和时间来决定上行或下行。

2.7 松闸操作必须要有两名人员同时进行，松闸时要一点一点地松，以防盘车失控造成轿厢蹲底或冲顶。

2.8 盘车到平层位置后（钢丝绳上有标记），维修人员方可到轿厢停站楼层用外层门钥匙打开层、轿门放人。

2.9 维修人员使用外层门钥匙打开层门时，必须确认轿厢是否在本层，一定要注意安全，以免发生坠落事故。

2.10 盘动电梯轿厢至接近楼层楼面后，一定要将电梯制动装置等各方面复原，然后用电梯厅门专用外开锁钥匙,在本层打开电梯厅、轿门放出被困人员。

2.11 盘动电梯时,发现电梯制动装置人为打开后,一定要小心缓慢地行进,不能不顾电梯盘动速度,长时间打开抱闸,以防止电梯轿厢总重量大于对重重量产生重力加速而失去控制的危险。

2.12 要对被困人员进行安抚,并将援救的进展情况随时告知被困人员。

2.13 救助人员必须在熟悉电梯性能状态并能保证自身安全的情况下进入电梯营救,避免二次伤亡。如果不能保证救助人员安全,要及时请示部门领导,等待消防维保单位或者拨打110求救电话请公安部门协助营救。

2.14 事故后期处理:事后,工程部需会同电梯维保公司进行事故分析,彻底检查电梯故障原因,写出事故报告和今后的预防方案,防止再次发生类似事件。

2.15 详细记录事故情况,包括接报时间、电梯维修人员通知到场时间、被困人员解救时间、电梯恢复正常运行时间等情况,做好详细记录进行归档。

3.0 客户服务中心

3.1 客户服务中心员工接到通知后应派人员立即赶赴现场查看,对被困人员进行安抚,并将援救的进展情况随时告知被困人员。

3.2 协助工程部做好援救工作。

3.3 记录被困人员的姓名、楼栋房号、联系方式以便提供后续帮助,客户服务中心主管将视情况对被困客人进行回访及致谦。

样本66:高空抛物事件应急处理预案

1.0 未受伤

1.1 接报告,客户服务中心或公共秩序维护部应立即进行调查寻找肇事者,同时通知行政当值。

1.2 客户服务中心主管视情节严重程度,在必要时向警方报案。

1.3 找到肇事者,行政当值要求写确认书,并向其发出警告。

1.4 如果未能找出肇事者或者事件严重,应拍摄记录并张贴通告,通知业主和使用人,指出该行为的严重性。

1.5 客户服务中心对现场拍照,客户服务中心主管记录事件经过以作存档。

2.0 受伤

2.1 接报后,客户服务中心立即协助救护(只有受过紧急救护训练者才可救护伤者),将伤者送往医院或拨打120救助。

2.2 客户服务中心通知客户服务中心主管,客户服务中心主管立即报警。

2.3 客户服务中心主管安排人员设法寻找肇事者,证人及坠物地点等。

2.4 公共秩序维护部封锁现场,待警方到场协助警方处理。

2.5 客户服务中心拍照,客户服务中心主管记录事件经过以作存档。

样本67：盗窃事件应急处理预案

1.0 窃贼已逃离现场

1.1 员工不得擅自进入盗窃现场，以免破坏现场影响警方破案，并守候在被盗单元门外，保护现场，禁止无关人员进出。

1.2 通知秩序维护部领班、主管、值班负责人，并记录发现的时间、经过及当时情况，同时通知客户服务中心主管联络业主或使用人，请其尽快返回。

1.3 公共秩序维护部当值领班、主管应立即调动当值秩序维护人员（必须留守人员除外）以两人一组携带警棍、对讲机对小区楼层、地下停车场进行搜索。

1.4 各岗位严密监控小区人员，门岗加强对出小区人员的盘查。

1.5 监控中心密切注意监控屏幕，发现可疑人员立即通报，并将摄像头跟踪可疑人员摄像。

1.6 若发现偷窃可疑人员，立即将其控制在一定范围内或在确保自身安全情况下捉拿偷窃人员。

1.7 若偷窃可疑人员逃离控制，由物业项目管理经理、秩序维护部主管安排采用交通工具，在保证安全的情况下追踪偷窃人员以协助警方破案。

1.8 立即通知警方到场捉拿偷窃人员，并应尽力配合协助警察调查取证工作。

1.9 若没有发现偷窃可疑人员，建议住户决定是否报警。

1.10 秩序维护部现场拍照，行政当值做好事件记录，以作存档。

2.0 窃贼正在现场作案

2.1 巡逻人员保持镇定，尽量不要惊动窃贼，立即在安全距离内用对讲机报告秩序维护部领班、主管、值班负责人。

2.2 若已被窃贼发现，应与窃贼周旋，在不清楚窃贼是否有凶器前，将窃贼控制在一定范围内，并立即报告公共秩序维护部领班、主管求援。

2.3 公共秩序维护部领班、主管立即调动当值秩序维护员（必须留守人员除外）携带警棍增援，并通知警方到场处理。

2.4 若窃贼携带凶器应将窃贼控制在一定范围内等候警察到场处理，或在确保自身安全的情况下捉拿偷窃人员。

2.5 若偷窃可疑人员逃离控制，由物业项目管理处经理、公共秩序维护部主管安排采用交通工具，在保证安全的情况下追踪偷窃人员以协助警方破案。

2.6 警方到场后，应尽力配合协助警察调查取证工作。

2.7 客户服务中心现场拍照，值班负责人做好事件记录，以作存档。

样本68：水浸事件处理程序

1. 秩序维护员如发现物业管理区域内有水浸，应立即将出事地点和情况报告给班组长，同时尽快采用就近的防水设施保护好受浸楼层各电梯口，以免电梯受损。
2. 班长组接报后应立即赶到现场查看情况，组织抢险。
3. 班组长应立即通知有关部门，查明浸水原因，并采取有效的阻截措施。
（1）因暴雨洪水造成水浸，应当在各低于水位的出入口使用备用拦水闸板和沙包。
（2）因自市政地下水反溢造成水浸，应暂时将反溢的地下水道入口封闭，并用排水水泵抽排积水。
（3）因机管设施的损坏或故障造成水浸，关闭控制有关故障部位的水掣或供水泵。
4. 组织值班人员根据水浸情况，协同有关部门采取有效措施。
（1）将电梯开高离开受浸范围。
（2）关闭受浸区域的电源。
（3）在水浸通道上摆放拦水沙包。
（4）疏通排水渠、开启排水泵。
（5）附近的电表房、设备房等公共设施周围堆放沙包隔离，防止浸水。
5. 水浸地方，立即安排保洁员清除积水并清理现场环境。
6. 工程部尽快修复受损的设施，恢复正常运行。

样本69：商业网点管理规定

为规范物业管理区域内商业网点的日常管理、维护业主和物业使用人及各商业网点经营者的合法权益，使各商业网点成为秩序井然、清洁、优雅、有安全保障的购物经商场所，特制定本规定。

1. 经营管理

（1）严禁任何单位及个人利用各商业网点进行反华宣传和非法聚会威胁国家安全。
（2）各商业网点每天的营业时间早上不得早于6：00，晚上不得晚于11：00。
（3）各商业网点如遇特殊情况需歇业三天以上，须提前通知物业项目管理处，以便于向相关业主解释。
（4）严禁大音量开放音响，影响物业管理区域内的正常生活、工作。
（5）各商业网点堆放物品高度不准超过地面至天花板距离的2/3，否则须承担由此造成的法律责任。
（6）未经允许，各商业网点不得占用约定空间以外的公共部位陈列商品或摆放任何物品。
（7）请勿在各商业网点内大声喧哗、吵闹、追逐。

（8）各商业网点从业人员不得擅自在约定空间以外推销商品、散发广告传单。

（9）装设户外广告、招牌须通知物业项目管理处，不得涉及黄色、低级、庸俗的内容。

（10）禁止移挪园区内已设置的各种通道指示牌、告示牌，若有损坏，须按价赔偿。

（11）各商业网点如需进行装修，须到物业项目管理处申报，经审核批准后方可实施。

（12）使用水、电、气、暖等公共能源，须按物业项目管理处有关规定执行。

（13）餐饮类各商业网点需有卫生许可证，食品原材料及加工流程应严格按照相关法律法规执行。

（14）严禁出售劣质、过期、变质商品。

2. 消防安全

（1）消防安全管理责任必须贯彻"谁使用、谁负责"的原则。各商业网点经营人为消防安全第一责任人，主要管理者为直接责任人。

（2）各商业网点、仓库内必须严格按《中华人民共和国消防法》的有关规定，配备消防器材。

（3）各商业网点、仓库的装修、装饰、改建、扩建工程及用电工程，须到物业项目管理处申报，经审核批准后方可实施。必要时，须经政府消防主管部门审核批准。

（4）商业网点内不得搭建封闭阁楼，且阁楼搭建面积不得大于商业网点面积的2/3，须使用阻燃材料。

（5）商业网点、仓库内门窗不得安装防盗网，以确保发生火灾时人员能及时疏散。

（6）商业网点、仓库内不得使用任何电热器具、安装大功率电器，不得使用气体设备或明火。

（7）商业网点、仓库内不得私拉乱接电线，室内配电线路必需套绝缘管，离开时须关闭总电源。

（8）商业网点、仓库内照明灯正下方不准堆放物品，不得使用220V交流移动式照明灯具。

（9）仓库内仓储物品应分类、分堆存放，堆垛之间要留出一定的间距和通道，分堆间距不得少于1m，堆与墙距不得少于0.5m，库内主要通道的宽度不应少于2m。

（10）商业网点内不得存放易燃易爆物品、化工产品，不得堵塞、占用消防通道和公共空间。

（11）商业网点内的消防栓、消防箱、消防管道等消防设施，不得擅自动用和任意破坏。

3. 检查监督

（1）物业项目管理处每季度首月应召开各商业网点会议，各商业网点负责人需出席会议。

（2）物业项目管理处房屋管理员负责每日督查各商业网点日常管理状况，并做好记录。

(3) 物业项目管理处应严格控制各商业网点安全及卫生状况，对不符合规定的及时做出处理。

(4) 物业项目管理处定期对商业网点进行考核，对不符合管理要求的根据合同约定对其进行处罚。

样本70：有偿便民服务项目作业程序

1.0 目的
规范便民服务工作，确保为业主和物业使用人提供及时、方便、满意的服务。

2.0 适用范围
本作业程序适用于物业项目管理处开展的为业主和物业使用人提供的有偿服务工作。

3.0 职责
3.1 公司总经理负责审批便民服务项目及相关便民服务的收费标准。

3.2 物业项目管理处经理负责策划并落实便民服务项目、制定相关收费标准及进度跟进。

3.3 物业项目管理处客户服务中心主管负责具体组织实施有偿便民服务，监督服务质量和协调便民服务过程中的有关问题。

3.4 物业项目管理处员工负责依照本程序开展各自负责的有偿便民服务工作。

3.5 财务部负责收取相关便民服务费用。

4.0 程序要点
4.1 便民服务项目制定与论证

4.1.1 物业项目管理处经理结合业主和物业使用人实际需求情况策划开展便民服务项目。

4.1.2 物业项目管理处客户服务中心主管负责进行便民活动调查，便民服务项目调查应按照住户意见征集、评价标准作业程序相关条款进行。

4.1.3 物业项目管理处客户服务中心主管对征集到的便民服务调查表进行归纳总结，挑选出必要可行的服务项目，报物业项目管理处经理。

4.1.4 物业项目管理处经理会同物业项目管理处客户服务中心主管制定切实可行的便民服务项目收费标准。

4.1.5 物业项目管理处经理将便民服务项目及收费标准报公司总经理审批。

4.1.6 便民服务项目及收费标准经公司总经理审批后，由物业项目管理处客户服务中心主管具体组织实施。

4.2 便民服务项目实施

4.2.1 经公司总经理审批后的便民服务项目及收费标准，物业项目管理处经理负责以适宜的方式通告业主和物业使用人。

4.2.2 便民服务项目公告方式可采取下列方式：

4.2.2.1 在物业项目出入口处醒目位置张贴。
4.2.2.2 在物业项目管理处宣传栏、公告栏张贴。
4.2.2.3 投递到业主和物业使用人信箱或家中。
4.2.3 便民服务项目可包含但不限于以下几种：
4.2.3.1 代购代送燃气。
4.2.3.2 代请家教。
4.2.3.3 代理物业出租。
4.2.3.4 家电维修。
4.2.3.5 接送小孩入学、入托。
4.2.3.6 家庭卫生清洁。
4.2.3.7 家庭绿化保养。
4.2.3.8 洗衣服务。
4.2.3.9 打字、复印、传真服务。
4.2.4 便民服务项目可采取亲临预约、电话预约或订立长期服务协议建立服务关系。
4.2.5 客户服务中心员工接待预约须详细登记，并依约妥善落实。
4.3 便民服务项目费用收取及收费标准
4.3.1 向业主提供服务时可采取记账月结方式。由客户服务中心人员根据业主服务要求，将每次为业主提供的服务情况逐一登记，并请业主确认，经主管审核后加以分类汇总以月结报表形式报财务部负责在月底一次性收取该月内相关服务费用。
4.3.2 向物业使用人提供服务时，应由物业使用人到财务部预交一定的服务费用或押金，然后由相关服务人员按要求提供服务，服务完毕后将每次服务情况详细登记并请使用人确认，报物业项目管理处客户服务中心主管审核无误后报财务部结算相关费用。对订立有长期服务协议的，应按协议条款进行费用结算。
4.3.3 在开展便民服务活动过程中，如出现亏损时，应向物业项目管理处经理提出，由物业项目管理处经理决定处理措施。
4.3.4 物业项目管理处经理应采取如下措施扭转便民服务亏损局面：
4.3.4.1 设法增加接受服务的业主和物业使用人人数。
4.3.4.2 提高收费标准或报总经理审批后停止该项服务。
4.3.4.3 其他适宜措施。
4.4 便民服务基本工作原则
4.4.1 优质服务原则。
4.4.2 时效制原则。
4.4.3 提供便民服务不影响其他业主或使用人原则。
4.4.4 保本微利原则。
4.4.5 社会效益与经济效益综合评价原则。
4.4.6 严禁服务人员与业主和使用人私下结算、不接受业主和使用人任何赏赐原则。
4.5 便民服务回访工作及质量评价

4.5.1 物业项目管理处客户服务中心主管应定期对开展的便民服务项目进行回访，具体操作按回访管理标准作业程序进行。

4.5.2 在回访过程中接到业主或物业使用人投诉的，应按住户投诉处理标准作业程序进行处理。

4.5.3 物业项目管理处客户服务中心主管根据回访及业主或物业使用人投诉情况，监督便民服务质量，处理便民服务过程中发生的问题，对难以处理的重大问题应上报物业项目管理处经理决定处理措施。

4.5.4 物业项目管理处经理根据掌握的便民服务回访及投诉情况、相关的服务记录，做出对便民服务项目的质量评价，作为对各相关服务人员绩效考评的依据之一。

5.0 相关记录

5.1 便民服务活动记录表。

5.2 有偿便民服务月结统计表。

6.0 相关支持文件

6.1 回访管理标准作业程序。

6.2 投诉处理标准作业程序。

6.3 物业项目管理处员工服务管理标准作业程序。

6.4 费用收取标准作业程序。

7.0 附录

有偿便民服务项目及相关收费标准。

样本71：物业服务企业档案管理标准作业程序

1.0 目的

规范档案的编号、分类、整理、保管及借阅工作。

2.0 适用范围

本作业程序适用于物业服务企业各类档案的管理。

3.0 职责

3.1 总经理审批档案的借阅申请及清单。

3.2 行政部经理监督档案管理的实施工作。

3.3 档案管理员负责档案的日常管理工作。

4.0 程序要点

4.1 档案的编号

4.1.1 公司、部门编号：

4.1.1.1 物业部编号为：W·Y。

4.1.1.2 部门编号：

① 办公室：B·G。

② 财务部：C·W。

③ 事务处：S·W。

④ 工程处：G·C。

⑤ 护卫处：H·W。

4.1.1.3 年份编号：引用年份序号——2020、2021、2022……。

4.1.1.4 档案顺序号：采用阿拉伯数字取3位有效数字——001、002、003……。

4.2 档案的分类

4.2.1 区分全宗，按物业管理的组织机构划分，全宗可分为以下几类：

4.2.1.1 行政、人事类。

4.2.1.2 财务类。

4.2.1.3 公共事务类。

4.2.1.4 保洁类。

4.2.1.5 园林绿化类。

4.2.1.6 机电维修类。

4.2.1.7 经营类。

4.2.1.8 品质类。

4.2.2 全宗档案的分类采用组织机构-事件分类法：

4.2.2.1 办公室：员工人事档案类、图纸类、后勤类、收文类、发文类、报表类。

4.2.2.2 财务部：账册类、凭证类、合同类、工程图纸类、收文类、发文类、业主档案类。

4.2.2.3 事务部：员工档案类、维修类、投诉类、回访类、有偿服务与多种经营类、计划总结类。

……

4.3 立卷与编制目录

4.3.1 立卷：就是按照单份文件相互之间的联系和价值大小组合成案卷。档案管理员按以上分类方法，用档案盒（或文件夹）将档案分别立卷，内容如下：

4.3.1.1 根据档案（或文件夹）的规格准备相应的档案标贴纸。

4.3.1.2 在档案标贴纸上打印出标准黑一号字体的档案类别名称，其格式一般是由组织机构、名称组成，如物业行政、人事部收文：×××-X·Z-收文；物业财务部报表：×××-C·W-报表；物业部服务处业主档案：×××-×××-F·W-业主档案。

4.3.1.3 将制作好的档案标贴纸贴在档案盒（或文件夹）左侧立面距顶部3cm位置处，并排列在档案柜中。

4.3.1.4 将需归档的资料按其所属类别及入档时间先后顺序存放于相应档案盒（或文件夹）内。

4.3.2 编制目录：

4.3.2.1 档案目录内容包括：序号、文件编号、文件标题、页数、发文单位、发文日期、接收日期、归档编号、备注等项目。

4.3.2.2 档案管理员在档案盒内首页位置准备活页档案目录。

4.3.2.3 每一份档案在归档时，均需将该份档案登记在档案目录中，以便查阅。

4.4 档案的保管期限

4.4.1 档案的保管期限分为永久保存、定期保存两种。

4.4.2 各部门负责人应依据部门工作情况及其部门有关标准作业程序，对档案的保存价值进行鉴定及标注。

4.5 档案的保管

4.5.1 档案保管的工作任务：

4.5.1.1 便于查阅。

4.5.1.2 保证档案的安全。

4.5.1.3 防止档案的损坏。

4.5.1.4 采取修复技术，延长档案寿命。

4.5.2 档案保管的责任部门：

4.5.2.1 财务部保管财务档案。

4.5.2.2 办公室保管公司对内、对外文件，合同，员工档案，图纸，后勤资料及公司其他部门所需保管的资料；ISO 9000 质量体系文件、资料，质量记录和员工绩效考评档案；分供方评审、物业租赁和多种经营资料。

4.5.2.3 工程处保管工程图纸，合同，收发文，业主档案，员工档案，维修记录，投诉资料，回访记录，有偿服务多种经营记录及计划、总结及物业各职能部门需要保管的其他档案。

4.5.2.4 各职能部门除经常使用的部分资料外，原则上不保管档案。

4.5.3 档案的保管程序：

4.5.3.1 各职能部门将需保管的资料经文书处理程序后，移交给档案管理员。

4.5.3.2 档案管理员将该管理资料登记在档案目录中，归入相应案卷并统一编号。

4.5.3.3 档案管理员定期将档案目录输入计算机，以便查询。

4.5.3.4 档案原则上保管各材料的原件。

4.6 档案的密级

档案的密级分为三级：绝密、机密、普通。

4.6.1 绝密档案包括：员工人事档案，合同，业主档案，公司重大经营、管理、决策形成的档案，财务类档案，其他属绝密的档案。

4.6.2 机密档案包括：ISO 9000 质量体系文件、重要的会议记录（纪要）、公司收发文（通知、通告除外）、工程图纸、维修记录、回访记录、计划总结和其他属机密的档案。

4.6.3 普通档案包括：公司的通知、通告等文件。

4.7 档案的查阅权限

4.7.1 总经理可查阅公司所有档案。

4.7.2 副总经理（总经理助理）可查阅分管工作的档案。

4.7.3 部门负责人可查阅该部门所有档案。

4.7.4 其他人员根据审批查阅有关档案。

4.8 档案的查阅／借阅／复制

4.8.1 查阅／借阅／复制人到档案室在文件查阅／借阅／复制登记表中登记。

4.8.2 档案管理员审核其查（借）阅资格：

4.8.2.1 权限内（经授权／审批）的按正常手续办理。

4.8.2.2 权限外的，档案管理员开具档案查阅／借阅／复制审批单给查阅人办理审批手续。

4.8.2.3 属部门（财务类除外）的档案，由部门负责人审批；属管理处的档案，由管理处经理审批；属公司的档案，由总经理审批；财务类的档案也应由总经理审批。

4.9 在档案归还日期前，档案管理员应督促借阅人将档案完好交还档案室。

4.10 须复制档案的，绝密档案报总经理审批；机密档案由人事部负责人审批；普通档案由部门负责人审批。

4.11 档案的销毁

4.11.1 超过保管期限的档案，由档案管理员依据档案的保管期限每年编制销毁计划及清单，报行政部、人事部经理审核。

4.11.2 行政部、人事部经理审核无误后报总经理审批。

4.11.3 总经理审批同意后由行政部、人事部经理指定3名监销人员（档案管理员、人事部文员、行政部文员）将超过保存期限的档案销毁。

4.11.4 监销人员确认销毁文件无误签字后，选择安全地点销毁档案。

5.0 相关记录

5.1 档案目录。

5.2 档案查阅／借阅／复制审批表。

5.3 档案查阅／借阅／复制登记表。

5.4 档案销毁清单。

6.0 相关支持文件

6.1 文书管理标准作业程序。

6.2 各部门有关标准作业程序。

样本72：档案借阅保密制度

1. 凡公司人员因工作需要查阅档案，应在档案室查阅，并办理登记手续，如确需借出须办理借阅手续，并及时归还。

2. 凡查阅密级档案，须经分管领导批准、部门主要负责人签字后方可现场阅档，同时不得摘录、复印和外借。

3. 凡查阅或借阅档案资料者，均要注意保密，不得擅自复制、转借他人或其他单位,更不得涂改、损坏、裁剪、拆散、抽页等,违者按规定追究当事人的责任。

4. 外单位借阅档案资料,须持单位介绍信,经分管领导、处室主要负责人批准后方可接待。

5. 凡未经整理、登记完毕的档案材料,一律不得借出。

6. 提高警惕,加强库房安全管理,查阅档案资料时严禁吸烟,严防国家秘密被盗窃。

7. 档案管理人员要做好保密工作,对已划分密级的档案,在案卷上标记,不准私自摘录和利用机密性档案的内容。

8. 档案管理人员要及时做好档案借阅利用的统计工作,并做好利用效果的整理工作,编制出更高层次的档案信息。

样本73:档案鉴定销毁制度

1. 公司档案鉴定工作由分管领导、有关处室主要负责人和档案管理人员组成鉴定小组。

2. 根据有关档案保管期限的规定,结合档案的实际情况,确定档案的保管期限。

3. 对确无保存价值的档案,由档案室提出销毁申请,鉴定小组审核,按规定报主管领导批准后方可销毁。

4. 对确定销毁的档案应逐件登记造册,并在销毁清单上注明销毁原因、日期和鉴定意见。

5. 销毁档案时,应由鉴定小组指定专人销毁,监销人在销毁清册上签字,档案室对已销毁的档案应及时在各种登记簿和检索工具中注销。

样本74:档案库房管理制度

1. 库房内档案、资料须按类别存放,并编制档案存放索引。

2. 库房内做到柜架排列整齐,档案存放有序,环境整洁,不得存放杂物,并达到"七防"要求,以确保档案材料绝对安全。

3. 定期进行室藏档案的核对工作,每半年逐卷检查一次,做到账物相符,对破损或载体变质的档案,应及时进行修补和复制。

4. 适时开窗通风,保持库内温湿度正常。

5. 保持库房整洁,每周保洁三次,每月进行一次大扫除。

样本 75：档案安全管理制度

1. 库房系机要重地，非经同意，严禁入内。
2. 库房内严禁吸烟，各种易燃、易爆物品和食品一律不得带入库房。
3. 零散文件材料和杂物一律不得存放在库房，杜绝昆虫危害档案。
4. 进库的档案、资料必须认真检查，凡不符合保管要求的一律不得入库。
5. 工作人员离开办公室应随手熄灯、关门，下班时必须关闭门窗。
6. 库房钥匙由专人保管，钥匙一律不得借给他人使用。
7. 公司人员必须学会使用消防器材，档案管理人员应熟练掌握使用消防器材，同时对消防器材每年检查两次，对失效的要及时调换更新。
8. 对档案安全工作进行定期检查，发现问题及时汇报并采取应对措施。

样本 76：声像档案管理制度

1. 任何单位和个人不得私自翻拍、复制、剪接、销磁、涂改声像资料。
2. 查阅声像档案必须有完备的审批手续，对照片只提供正片，不提供底片，如因工作需要借用原件，需经分管领导批准。
3. 对声像档案的鉴定、统计和销毁，要根据声像档案的特点并结合其他类别档案管理的有关规定执行。